올쏘 기출ALL 통합사회 1

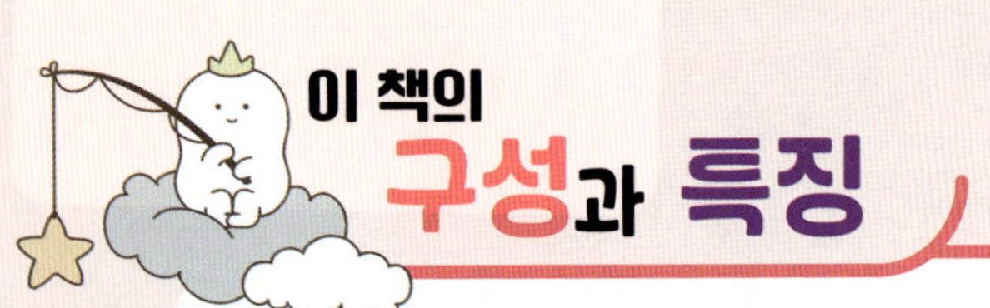

핵심 개념 정리와 자료 분석

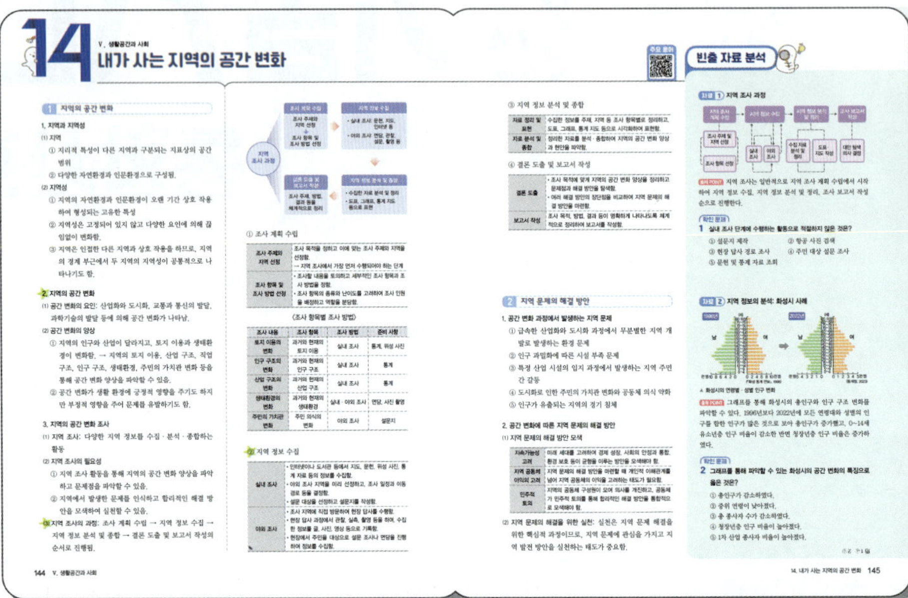

- **교과서 핵심 개념 정리**
  시험에 자주 나오는 핵심 개념만을 쏙쏙 뽑아 보기 쉽게 정리하였습니다.

- **빈출 자료 분석**
  시험 출제 빈도가 높은 자료만 모아 출제 포인트를 제시하였습니다.

- **주요 용어(QR 활용)**
  개념 정리의 용어들을 쉽게 풀이하였습니다.

개념 확인 문제와 예상 적중 기출 문제

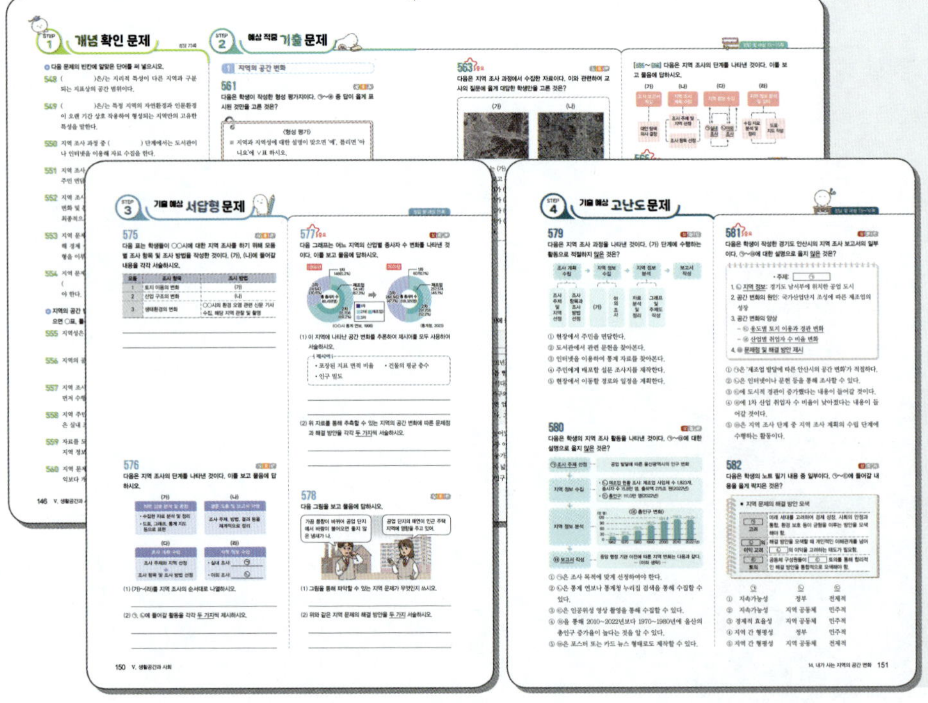

- **개념 확인 문제**
  단답형 문제와 OX 문제를 풀어 보며 핵심 개념을 확실히 익힐 수 있도록 구성하였습니다.

- **예상 적중 기출 문제**
  핵심 내용과 자료를 활용한 기출 예상 문제를 풀어 보며 내신 시험 대비 기초를 다질 수 있습니다.

- **기출 예상 서답형 문제**
  출제 가능성이 높은 빈출 자료를 활용한 서답형 문제로 시험을 대비할 수 있습니다.

- **기출 예상 고난도 문제**
  내신 1등급을 위한 고난도 문제를 통해 어려운 내신 시험도 대비할 수 있습니다.

대단원 마무리 문제

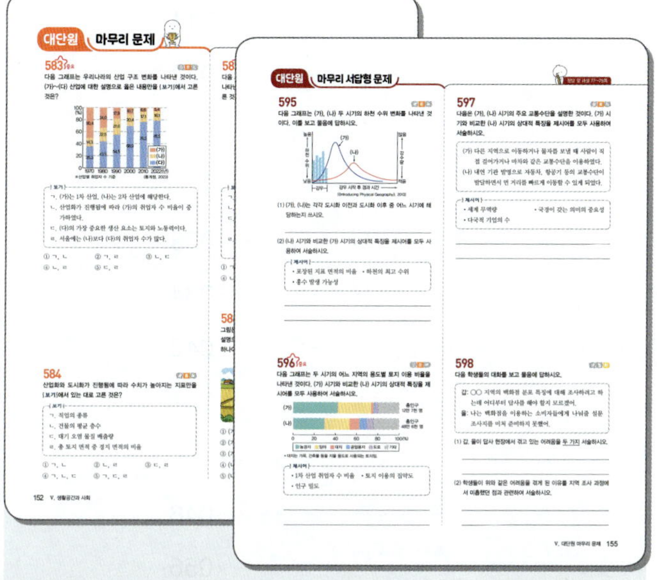

단원 전체 내용을 종합적으로 점검하고 단원 핵심 문제를 풀어 볼 수 있도록 구성하였습니다.

부록 | 시험 대비 문제

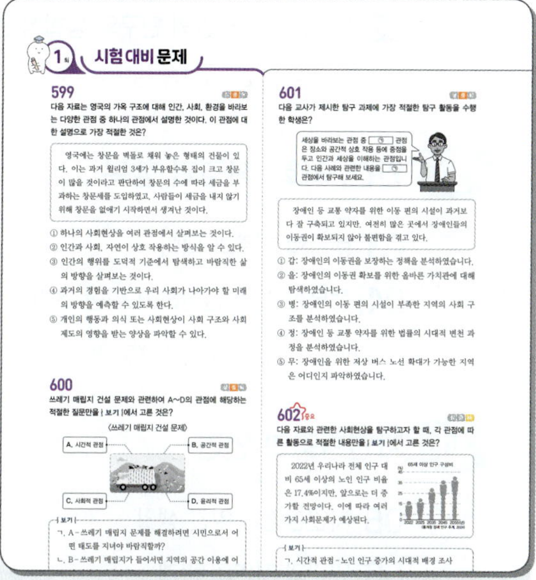

시험 직전에 학습 내용을 점검하고 출제 가능성이 높은 문제를 풀어 보며 시험에 완벽하게 대비해 보세요!

정답 및 해설

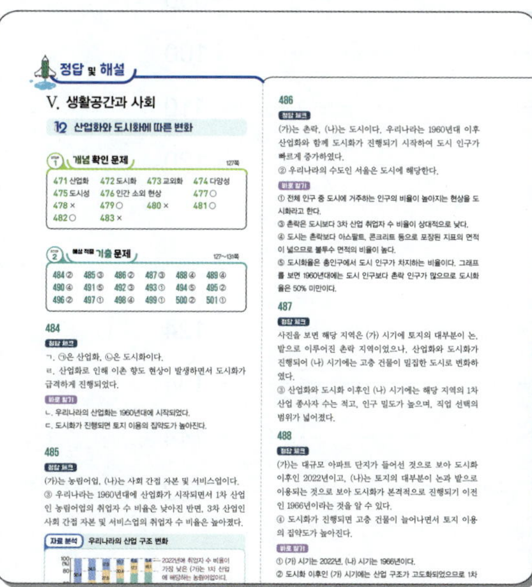

정답 체크
정확한 답과 친절한 해설을 제공하여 스스로 학습하고 시험에 대비하기에 부족함이 없도록 하였습니다.

바로 알기
잘못된 선지 내용을 바로잡고, 핵심 내용을 다시 확인할 수 있도록 꼼꼼하게 해설하였습니다.

자료 분석·문제 분석
문제에 제시된 자료를 정확하게 분석하여 문제의 출제 의도를 이해할 수 있도록 하였습니다.

개념 정리
문제에 적용된 핵심 개념을 제시하여 문제 풀이만으로 핵심 내용을 완벽하게 학습할 수 있도록 하였습니다.

이 책의 Contents

I 통합적 관점

	올쏘 기출 ALL	동아출판	리베르스쿨	미래엔	비상교육	아침나라	지학사	창비	천재교과서
01. 세상을 바라보는 다양한 관점	6~13	10~15	10~15	10~13	8~17	8~11	12~17	8~13	8~13
02. 인간, 사회, 환경의 탐구와 통합적 관점	14~21	16~23	16~21	14~19	18~23	12~16	18~23	14~19	14~17

II 인간, 사회, 환경과 행복

	올쏘 기출 ALL	동아출판	리베르스쿨	미래엔	비상교육	아침나라	지학사	창비	천재교과서
03. 행복의 기준과 의미	26~33	30~37	26~31	24~29	28~35	20~27	32~39	26~33	24~31
04. 행복한 삶을 실현하기 위한 조건	34~41	38~45	32~39	30~37	36~45	28~34	40~47	34~41	32~39

III 자연환경과 인간

	올쏘 기출 ALL	동아출판	리베르스쿨	미래엔	비상교육	아침나라	지학사	창비	천재교과서
05. 자연환경과 인간 생활	46~55	52~63	44~54	42~53	50~61	40~51	56~65	48~55	46~55
06. 인간과 자연의 관계	56~65	64~69	55~61	54~59	62~69	52~59	66~73	56~61	56~63
07. 환경 문제 해결을 위한 노력	66~75	70~77	62~71	60~65	70~77	60~69	74~81	62~69	64~71

IV 문화와 다양성

	올쏘 기출 ALL	동아출판	리베르스쿨	미래엔	비상교육	아침나라	지학사	창비	천재교과서
08. 다양한 문화권과 삶의 방식	80~89	86~93	76~82	72~79	82~91	74~81	90~97	76~83	78~87
09. 문화 변동과 전통문화	90~99	94~101	83~88	80~87	92~99	82~89	98~105	84~91	88~97
10. 문화 상대주의와 보편 윤리	100~109	102~109	89~95	88~93	100~105	90~97	106~113	92~99	98~105
11. 다문화 사회와 문화 다양성	110~119	110~117	96~105	94~101	106~113	98~106	114~121	100~107	106~113

V 생활공간과 사회

	올쏘 기출 ALL	동아출판	리베르스쿨	미래엔	비상교육	아침나라	지학사	창비	천재교과서
12. 산업화와 도시화에 따른 변화	124~133	125~131	110~118	106~115	118~127	110~117	130~137	114~121	118~125
13. 교통·통신 및 과학기술의 발달에 따른 변화	134~143	132~139	119~128	116~123	128~137	118~127	130~145	122~129	126~133
14. 내가 사는 지역의 공간 변화	144~151	140~147	129~137	124~131	138~143	128~135	146~151	130~139	134~143

01 세상을 바라보는 다양한 관점

1 다양한 관점의 필요성

1. 관점의 의미

(1) 관점: 사물이나 상황, 현상을 바라볼 때, 어떤 것에 초점을 두어 저마다 인식하고 이해하는 방향이나 태도

(2) 같은 현상이라도 어떤 관점으로 보느냐에 따라 그 현상이 일어난 원인과 미칠 영향, 문제 해결 방안이 다르게 보일 수 있음.

2. 세상을 바라보는 다양한 관점: 시간적 관점, 공간적 관점, 사회적 관점, 윤리적 관점

3. 사회현상과 사회문제를 다양한 관점으로 바라볼 때의 유용성

(1) 편협한 시각에서 벗어나 객관적 사고를 할 수 있음.

(2) 창의적 사고를 통해 혁신적 방법으로 사회현상과 사회문제를 바라볼 수 있음.

(3) 개방적 사고를 통해 사회를 구성하는 다양한 사람을 이해할 수 있음.

2 세상을 바라보는 다양한 관점의 특징

1. 시간적 관점

(1) 의미

① 과거에 발생한 사건이나 삶의 자취에 초점을 두고 당시의 시대적 상황과 역사적 사실을 현재와 연결 지어 의미를 부여하는 것

② 유적이나 사료를 바탕으로 현재 나타나는 특정 현상이나 양상에 영향을 미친 역사적 배경과 시대적 맥락에 초점을 두고 사회현상을 살펴보는 것

(2) 특징 및 관련 질문

특징	• 과거의 특정 사건이나 상황이 그 사회현상에 어떤 영향을 미쳤는지 알 수 있음. • 현재 마주하는 사건이나 상황이 미래에 어떤 영향을 미칠 것인지 예상할 수 있음. • 과거의 사실과 사건을 바탕으로 현재의 사회현상을 이해하고 미래의 방향을 예측하여 바람직한 해결 방안을 찾는 데 도움이 됨.

관련 질문	• 사회현상이나 사회문제가 언제 발생하였는가? • 과거부터 현재까지 사회현상이나 문제가 어떻게 변화해 왔는가? • 사회현상으로 인해 우리 사회는 앞으로 어떻게 변화할 것인가?

2. 공간적 관점

(1) 의미

① 어떤 사회현상과 관련이 있는 위치나 장소, 분포 유형, 이동과 네트워크 등 공간 정보를 고려하는 것

② 장소와 지역 및 공간적 상호 작용에 중점을 두고 사회현상을 살펴보는 것

(2) 특징 및 관련 질문

특징	• 주변 환경이 인간과 사회에 어떤 영향을 미치는지를 파악하는 데 도움이 됨. • 자연환경과 인문환경 요소를 고려함으로써 특정 지역에서 발생하는 현상이나 문제를 효과적으로 이해하고, 그에 적합한 해결책을 마련하는 바탕이 됨. • 지역 간 상호 작용의 변화가 인간의 삶과 세계, 지구 전체에 미치는 영향을 알 수 있음. • 공간적 상호 작용에 대한 이해는 지역 간 협력과 연대를 이끌어 내는 데 중요한 역할을 함.

관련 질문	• 사회현상이 발생한 곳은 어디이고, 그 지역의 자연적·인문적 특징은 무엇인가? • 사회현상이 발생한 지역의 주민 생활은 어떠한가? • 우리가 살아가는 공간의 변화 원인은 무엇이고, 이러한 변화는 인간의 삶에 어떤 영향을 미치는가?

3. 사회적 관점

(1) 의미

① 사회 구성원으로서 개인과 그를 둘러싼 사회 구조 및 제도의 상호 작용에 초점을 두어 사회현상을 이해하는 것

② 사회 구조와 사회 제도를 중심으로 사회현상을 탐구하고 대안을 살펴보는 것

(2) 특징 및 관련 질문

특징	• 개인의 행동과 의식 또는 사회현상이 사회 구조와 사회 제도의 영향을 받는 양상을 파악할 수 있음. • 공동체의 문제를 해결하기 위해 사회 제도를 먼저 개선함으로써 구성원이 어떤 행동을 하도록 유도할 수 있음. • 사회현상이 나타난 배경을 구조적·제도적·정책적 측면에서 살펴보고 문제를 파악하여 해결책을 모색함. • 사회 변화와 발전의 원동력을 파악하고, 이를 기반으로 미래에 대한 전망을 세울 수 있도록 해 줌.

빈출 자료 분석

관련 질문	• 일상생활에서 법, 제도, 정책 등이 우리에게 어떤 영향을 미치는가? • 사회 구조와 문화는 인간의 사고와 행동을 어떻게 변화시키는가? • 정책 결정 과정에서 정부와 시민의 역할은 무엇인가?

4. 윤리적 관점

(1) 의미

① 도덕적 가치와 규범을 고려하여 사회의 다양한 현상과 문제를 이해하고, 사회 구성원들의 삶의 방향성을 모색하는 것

② 어떤 사회현상에 대해 무엇이 옳고 그른지, 좋고 나쁜지를 판단하여 어떻게 행동할지 결정하고, 사회 구조나 제도가 지향해야 하는 가치나 규범을 파악하는 것

(2) 특징 및 관련 질문

특징	• 다양한 사회현상을 도덕적 가치와 도덕 규범에 따라 평가하고 사회가 나아갈 바람직한 방향을 제시함으로써 개인의 도덕적 삶과 정의로운 사회를 이루는 데 도움이 됨. • 개인적 측면에서 자신이 추구하는 가치나 그에 따른 삶의 방향을 찾을 수 있음. • 사회적 측면에서 더 나은 사회를 위한 규범과 가치를 설정하고, 이를 실천하는 방안을 모색함.
관련 질문	• 개인의 이익이 우선인가, 사회적 이익이 우선인가? • 어떤 보편적 가치나 원칙을 중심으로 사회문제를 해결할 것인가? • 일상생활에서 도덕적 행위를 판단하는 기준은 무엇인가? • 이해관계의 상충이나 권리 충돌을 해결하기 위해 필요한 도덕적 가치와 규범은 무엇인가?

5. 다양한 관점 적용 사례

기후변화 문제의 원인과 해결 방안 모색	• 시간적 관점: 산업 혁명 이후의 산업화 과정과 그에 따른 시기별 이산화 탄소 농도 변화 관찰 • 공간적 관점: 국가 간 또는 선진국과 개발도상국 간 이산화 탄소 배출량 차이 분석 • 사회적 관점: 국제 사회나 개별 국가의 제도적 노력 검토 • 윤리적 관점: 인간과 자연의 관계를 파악하고 앞으로 지향해야 할 가치 탐색
우리나라의 고령화 현상 대처 방안 모색	• 시간적 관점: 우리나라의 노년층 인구 비율 변화 추이 분석 • 공간적 관점: 농촌과 도시의 노년층 인구 비율의 차이 분석 • 사회적 관점: 우리나라의 노년 부양비 변화 추이 분석 및 복지 제도 개선 방안 검토 • 윤리적 관점: 노부모 부양에 관한 책임 의식 검토 및 성찰

자료 1 우리나라의 장래 인구 추계

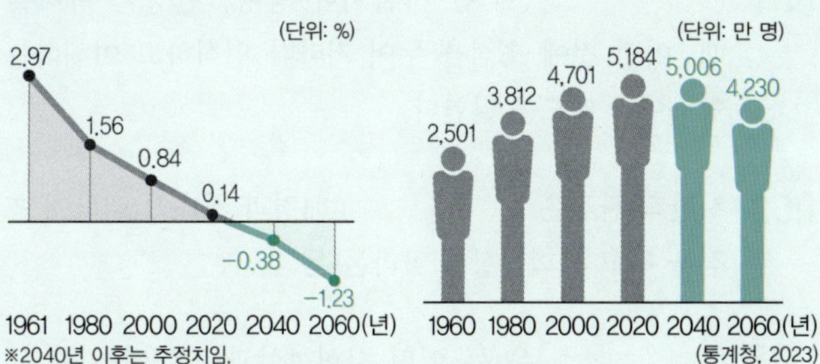

출제 POINT 우리나라의 인구 성장률은 지속적으로 감소하고 있으며 총인구도 줄어들 것으로 예상된다. 사회현상을 바라볼 때 시간의 흐름에 따라 수집한 자료를 바탕으로 과거와 현재의 관계를 파악하고 미래의 방향을 예측할 수 있다.

확인 문제

1 위 자료에 적용된 인간, 사회, 환경을 바라보는 관점으로 가장 적절한 것은?

① 시간적 관점　　　② 공간적 관점

③ 사회적 관점　　　④ 윤리적 관점

⑤ 통합적 관점

자료 2 인공지능 기술과 윤리

2020년에 국내 한 회사가 대화형 인공지능 캐릭터를 개발하였다. 이 캐릭터에 적용된 대화형 인공지능 기술은 실제 사람들 간의 일상 대화를 심층적으로 학습한 것인데, 혐오와 차별적 표현을 그대로 학습하여 사용한 것이 문제가 되어 서비스가 중단되었다가 재출시되었다. 이에 인공지능 기술에 적용할 윤리적 기준을 마련해야 한다는 의견이 제기되었다.

출제 POINT 현대 과학기술의 발달로 여러 문제가 대두되고 있다. 사회현상을 윤리적 관점으로 바라봄으로써 무엇이 옳고 그른지, 좋고 나쁜지를 판단하여 바람직한 방향을 결정할 수 있어야 한다.

확인 문제

2 윤리적 관점을 적용할 때 고려해야 하는 사항을 | 보기 |에서 모두 골라 기호를 쓰시오.

보기
ㄱ. 규범　　　　ㄴ. 장소 ㄷ. 도덕적 가치　　ㄹ. 역사적 배경

정답 1 ① 2 ㄱ, ㄷ

정답 02쪽

● 다음 문제의 빈칸에 알맞은 단어를 써 넣으시오.

001 (　　　　　)(이)란 사물이나 상황, 현상을 바라볼 때, 어떤 것에 초점을 두어 저마다 인식하고 이해하는 방향이나 태도를 말한다.

002 시간적 관점은 (　　　　　) 배경과 시대적 맥락에 초점을 두고 사회현상을 바라본다.

003 (　　　　　)은/는 어떤 사회현상과 관련이 있는 위치나 장소, 분포 유형, 이동과 네트워크 등 공간 정보를 고려하는 관점이다.

004 공간적 관점으로 사회현상을 바라볼 때 장소와 지역 및 공간적 (　　　　　)에 초점을 둔다.

005 사회적 관점은 (　　　　　)와/과 사회 제도에 초점을 두어 사회현상을 이해하고자 한다.

006 (　　　　　)은/는 행위의 도덕적 기준을 탐색하고, 사회현상을 규범적 차원에서 살펴보는 관점이다.

● 세상을 바라보는 다양한 관점에 대한 설명이 맞으면 ○표, 틀리면 ×표 하시오.

007 같은 사회현상은 어떤 관점으로 보더라도 그 현상이 일어난 원인과 미칠 영향, 문제 해결 방안이 같게 보인다.
(○ | ×)

008 시간적 관점을 적용하면 우리 사회의 변화 방향을 예측하기 어렵다.
(○ | ×)

009 시간적 관점을 적용하여 사회현상을 이해하면 과거의 특정 사건이나 상황이 그 사회현상에 어떤 영향을 미쳤는지 알 수 있다.
(○ | ×)

010 사회적 관점은 도덕적 가치와 규범을 고려하여 사회현상을 이해하는 관점이다.
(○ | ×)

011 공간적 관점을 적용하면 주변 환경이 인간과 사회에 미치는 영향을 파악하는 데 도움이 된다.
(○ | ×)

012 윤리적 관점을 적용하면 개인적 측면에서 자신이 추구하는 가치나 그에 따른 삶의 방향을 찾을 수 있다.
(○ | ×)

1 다양한 관점의 필요성

013 중요　　　　　　　　　　　상 중 하

교사의 질문에 대한 학생의 답변으로 옳지 <u>않은</u> 것은?

① 갑: 다양한 문화를 조화롭게 포용할 수 있습니다.

② 을: 편협한 시각에서 벗어나 객관적 사고를 할 수 있습니다.

③ 병: 서로 다른 가치관을 하나의 가치관으로 통합할 수 있습니다.

④ 정: 사실과 논리에 기반하여 올바른 의사 결정을 할 수 있습니다.

⑤ 무: 창의적 사고를 통해 혁신적 방법으로 새로운 사회현상에 대처할 수 있습니다.

014　　　　　　　　　　　　　　　상 중 하

세상을 바라보는 각 관점에서 고려하는 요소를 옳게 제시한 것만을 |보기|에서 고른 것은?

│보기│

ㄱ. 공간적 관점 – 도덕적 가치, 규범
ㄴ. 시간적 관점 – 역사적 배경, 시대적 맥락
ㄷ. 윤리적 관점 – 장소, 지역, 공간적 상호 작용
ㄹ. 사회적 관점 – 사회 구조 및 사회 제도의 영향력

① ㄱ, ㄴ　　　　② ㄱ, ㄷ　　　　③ ㄴ, ㄷ
④ ㄴ, ㄹ　　　　⑤ ㄷ, ㄹ

015

상 중 하

다음은 '기후변화 문제의 원인과 해결'을 주제로 한 토의 시간에 제시된 자료이다. 제시된 자료를 토대로 주제에 접근한 내용으로 가장 적절한 것은?

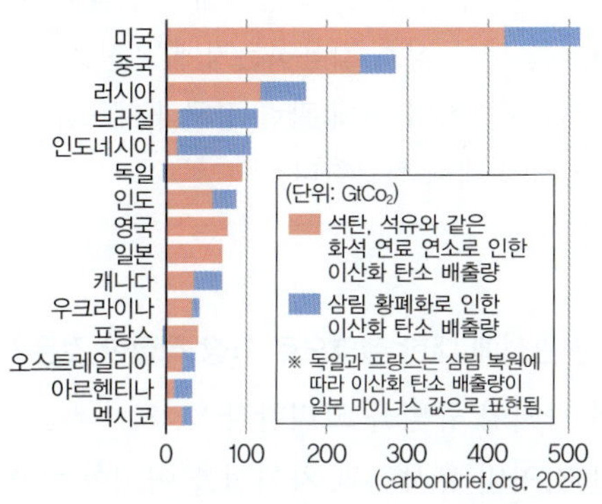

① 국가별 이산화 탄소 배출량의 차이를 분석한다.
② 산업 혁명 이후 시기별 이산화 탄소 농도의 변화를 파악한다.
③ 인간과 자연의 관계를 파악하고, 앞으로 어떤 가치를 지향해야 할지 논의한다.
④ 이산화 탄소 배출량이 많은 국가가 이산화 탄소 배출 과정에서 윤리적 규범을 지켰는지 파악한다.
⑤ 기후변화 문제에 대해 적극적인 해결 방안을 마련하기 위한 국제 사회나 개별 국가의 제도적 노력을 검토한다.

---

2 세상을 바라보는 다양한 관점의 특징

016

상 중 하

공간적 관점에 대한 설명으로 옳은 내용만을 |보기|에서 고른 것은?

| 보기 |
ㄱ. 사회 구조 및 제도의 영향력에 초점을 둔다.
ㄴ. 사회현상에 영향을 미치는 자연환경과 인문환경 요소를 고려한다.
ㄷ. 지역의 특성이 무엇이고, 다른 지역과 어떻게 상호 작용하는지 탐구한다.
ㄹ. 특정 현상이나 양상에 영향을 미친 역사적 배경과 시대적 맥락을 파악한다.

① ㄱ, ㄴ   ② ㄱ, ㄷ   ③ ㄴ, ㄷ
④ ㄴ, ㄹ   ⑤ ㄷ, ㄹ

017 중요

상 중 하

다음 글은 어떤 관점을 적용하여 학생들의 교복에 대해 설명한 것이다. 이 관점으로 가장 적절한 것은?

> 1945년 광복 이후 학교 특성을 살린 교복이 등장하였으나, 1968년 중학교 평준화가 시행되면서 시도별로 획일화된 검은 교복을 입었다. 이후 1983년 교복 자율화로 학생들이 교복 대신 자유복을 입었지만, 생활 지도의 어려움과 가계 부담 증가를 이유로 1986년 다시 교복이 등장하였다. 교복의 형태는 학교별로 다양하며, 현재는 생활복, 반바지 등 학생들의 편의를 증대시키는 형태로 변화하였다.

① 시간적 관점   ② 공간적 관점
③ 사회적 관점   ④ 윤리적 관점
⑤ 통합적 관점

018

상 중 하

다음 글에 나타난 사회문제를 '사회적 관점'으로 분석하기 위한 탐구 질문으로 가장 적절한 것은?

> 최근 우리 사회에서는 20~30대를 중심으로 비혼 문화가 나타나면서 결혼하지 않는 인구가 증가하고 있다. 인구 문제는 저출생, 인구 감소, 지방 소멸 순으로 진행되므로, 20~30대 인구의 비혼 추세가 사회문제로 대두되고 있다.

① 시기별 초혼 연령은 어떻게 변화하였는가?
② 우리나라와 다른 나라의 초혼 연령은 어떻게 다른가?
③ 개인의 가치관 변화가 결혼 인구의 감소에 영향을 주었는가?
④ 결혼 인구 감소 현상에 영향을 준 사회 구조적 요인은 무엇인가?
⑤ 결혼 인구 감소가 지속된다면 미래의 출산율에도 영향을 미칠 것인가?

[019~020] (가), (나)는 햄버거 문화에 대해 서로 다른 관점을 적용하여 설명한 것이다. 이를 읽고 물음에 답하시오.

> (가) 오늘날 1인 가구 증가로 혼자서 밥을 먹는 '혼밥' 문화가 확산되면서 혼자 간편하게 식사할 수 있는 햄버거 전문점을 찾는 사람들이 많아졌다. 또한 온라인 배달 서비스 활용이 급격히 늘어나면서 햄버거 판매량도 증가하는 추세이다. 이러한 변화에 발맞추어 햄버거 전문점들은 다양한 1인 메뉴를 개발하고 혼밥 전용석을 마련하는 등의 노력을 기울이고 있다.
>
> (나) 오늘날 환경 보호에 대한 바람직한 인식이 확산되면서 주로 일회용품을 활용하던 햄버거 전문점들도 변화를 추구하고 있다. 빨대, 접시, 컵 등의 일회용품을 친환경 제품으로 대체하고, 손님이 가져온 개인 용기에 음식을 담아 주는 등 일회용품 사용을 줄이는 방향으로 환경 보호를 실천하고 있다.

019

상 중 **하**

(가), (나)에 적용된 관점을 옳게 짝지은 것은?

	(가)	(나)
①	시간적 관점	공간적 관점
②	시간적 관점	윤리적 관점
③	사회적 관점	공간적 관점
④	사회적 관점	시간적 관점
⑤	사회적 관점	윤리적 관점

020

상 **중** 하

(나)에 적용된 관점에 대한 설명으로 가장 적절한 것은?

① 장소와 지역 및 공간적 상호 작용에 초점을 둔다.

② 도덕적 가치와 윤리적 규범을 중심으로 인간을 이해하고자 한다.

③ 주변 환경이 인간과 사회에 어떤 영향을 미치는지 파악하는 데 유용하다.

④ 사회 구조 및 사회 제도의 상호 작용에 초점을 두어 사회현상을 이해한다.

⑤ 현재 마주하는 사건이나 상황이 미래에 어떤 영향을 미칠지 예상할 수 있도록 한다.

[021~022] 다음은 인간, 사회, 환경을 바라보는 어떤 관점에 대한 설명이다. 이를 읽고 물음에 답하시오.

> ⓐ 은/는 사회 구성원들에게 영향을 미치는 사회 구조나 제도가 무엇이고, 그 안에서 사람들이 어떻게 사회적 관계를 맺고 상호 작용하는지에 초점을 둔다. 또한 사회문제를 해결하기 위해 관련 정책과 제도에 어떤 변화가 필요한지에 대해 탐구한다.

021

상 중 **하**

ⓐ에 들어갈 관점에 대한 설명으로 가장 적절한 것은?

① 도덕적 가치와 규범을 고려한다.

② 다양한 지역의 유사점과 차이점을 이해할 수 있다.

③ 자연환경과 인간이 어떻게 상호 작용하는지에 관심을 가진다.

④ 사회현상이 언제부터 시작되어 어떻게 변화했는지에 대해 탐구한다.

⑤ 사회현상의 원인을 파악하여 사회문제를 해결하기 위한 대안을 마련할 수 있다.

022

상 **중** 하

ⓐ에 들어갈 관점과 관련된 토의 주제로 가장 적절한 것은?

① 우리나라의 김치는 시기별로 어떻게 변해왔을까?

② 우리나라에 영향을 주는 미세먼지나 황사는 어디에서 유입되었을까?

③ 일정 규모 이상의 회사에서 장애인을 일정 비율 이상 채용하도록 하는 정책을 시행하는 이유는 무엇일까?

④ 개발도상국의 커피 생산자가 정당한 임금을 받을 수 있도록 공정 무역 커피를 우선적으로 소비해야 하는가?

⑤ 회사의 기밀을 훔쳐 오지 않으면 가족을 위험에 빠뜨리겠다는 협박을 받았다면 회사의 기밀을 내어주어야 할까?

023

상 중 하

다음 대화에 나타난 갑, 을의 관점에 대한 설명으로 옳지 <u>않은</u> 것은?

> 교사: 음주 단속을 지속적으로 시행하고 있음에도 음주 운전이 감소하지 않는 이유가 무엇인지 다양한 관점 중 한 가지를 적용하여 발표해 보세요.
>
> 갑: 저는 음주 운전에 대한 처벌이 약하기 때문이라고 봅니다. 음주 운전을 줄이기 위해서는 음주 운전자에 대한 처벌을 강화해야 할 것입니다.
>
> 을: 저는 음주 운전자들이 음주 운전 행위가 나쁘다고 판단하지 않는 등 별다른 문제 의식을 가지지 않기 때문에 음주 운전을 반복한다고 봅니다.

① 갑은 사회적 관점, 을은 윤리적 관점에서 발표하였다.

② 갑의 관점은 사회 현상의 양상과 문제점을 파악할 수 있다.

③ 갑의 관점은 인문환경 요소에 따른 공간적 특징을 파악할 수 있다.

④ 을의 관점은 개인의 삶의 방향성을 정하는 데 중요한 역할을 한다.

⑤ 을의 관점은 사회현상에 대한 도덕적 가치 판단을 하는 데 도움이 된다.

024

상 중 하

다음 자료를 바라보는 관점이 나머지와 <u>다른</u> 한 학생은?

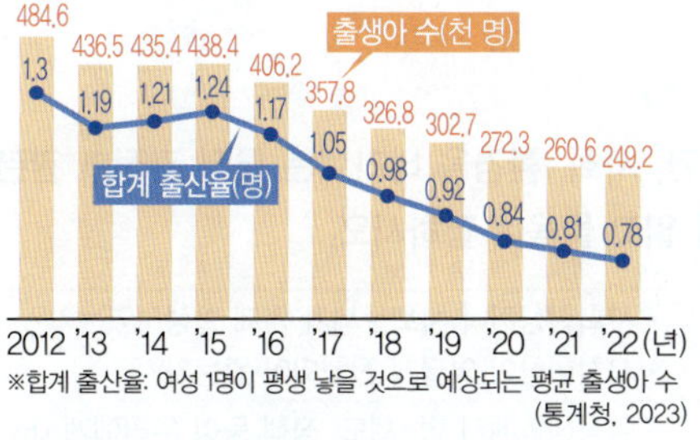

※합계 출산율: 여성 1명이 평생 낳을 것으로 예상되는 평균 출생아 수
(통계청, 2023)

▲ 우리나라 출생아 수 및 합계 출산율 추이

① 갑: 장래에 총인구가 감소할 수 있습니다.

② 을: 과거에 비해 인구 성장률이 감소했을 것입니다.

③ 병: 출생아 수가 지속적으로 줄어들 것으로 예상됩니다.

④ 정: 정부가 출산 장려 정책을 적극적으로 시행한다면 합계 출산율이 상승할 수 있습니다.

⑤ 무: 앞으로 일할 수 있는 사람이 부족할 것으로 예상되므로 이에 대한 대책을 마련해야 합니다.

025

상 중 하

(가)~(라)는 다양한 관점을 적용하여 학교에 대해 탐구하고자 하는 내용이다. 이에 대한 옳은 설명만을 |보기|에서 고른 것은?

> (가) 교칙이나 교복이 오늘날과 같은 모습으로 변화해온 과정과 그 배경에 대해 살펴보고자 한다.
>
> (나) 학교가 어디에 위치하는지, 학교의 위치가 지역 사회에 어떤 영향을 미치는지 살펴보고자 한다.
>
> (다) 학교의 교육과정이나 교육 환경이 어떤 제도에 의해 결정되는지 살펴보고자 한다.
>
> (라) 누구도 소외되지 않는 교육 환경을 만들기 위해서 학교 교육을 어떻게 개선해야 할지 살펴보고자 한다.

| 보기 |

ㄱ. (가)에 적용된 관점을 통해 미래를 예측할 수 있다.

ㄴ. (나)에 적용된 관점을 통해서는 지역 간 차이점을 파악하기 어렵다.

ㄷ. (다)에 적용된 관점을 통해 사회 구조 및 제도를 이해하고, 사회적 상호 작용을 탐구할 수 있다.

ㄹ. (라)에 적용된 관점은 사실 문제를 바탕으로 한다.

① ㄱ, ㄴ   ② ㄱ, ㄷ   ③ ㄴ, ㄷ

④ ㄴ, ㄹ   ⑤ ㄷ, ㄹ

026 중요

상 중 하

(가)~(다)는 사생활 침해 문제에 대해 다양한 관점을 적용한 토의 주제이다. (가)~(다)에 적용된 관점을 옳게 짝지은 것은?

> (가) 타인의 사생활을 침범하는 것에 대해 별다른 문제 의식을 느끼지 않기 때문에 지속적으로 발생하는가?
>
> (나) 사생활 침해에 대한 법적 제재가 약하기 때문에 지속적으로 발생하는가?
>
> (다) 과거에 비해 사생활 침해 범죄가 얼마나 늘어났는가?

	(가)	(나)	(다)
①	시간적 관점	사회적 관점	공간적 관점
②	시간적 관점	사회적 관점	윤리적 관점
③	사회적 관점	윤리적 관점	시간적 관점
④	윤리적 관점	사회적 관점	시간적 관점
⑤	윤리적 관점	사회적 관점	공간적 관점

027

상 **중** 하

다음 글을 읽고 물음에 답하시오.

> 우리가 말하는 김치는 일반적으로 고춧가루 양념에 버무린 빨간 김치를 의미하는데, 처음부터 이러한 김치를 먹었던 것은 아니다. 과거의 문헌에 따르면 본래 김치는 고춧가루가 들어가지 않은 백김치였다. 임진왜란 무렵에 고추가 전래되어 김치를 담글 때 양념에 고춧가루가 들어가면서 지금과 같은 빨간 김치를 먹게 되었다고 한다.

(1) 인간, 사회, 환경을 바라보는 관점 중 윗글에 적용된 관점이 무엇인지 쓰시오.

____

(2) (1)과 같은 관점이 필요한 이유를 서술하시오.

____

____

028

상 중 하

다음 글은 인공지능 기술을 윤리적 관점으로 바라본 내용이다. 밑줄 친 '윤리적 문제'의 사례를 **두** 가지 서술하시오.

> 과학기술이 발전하면서 인공지능을 활용한 인간 이미지 합성 기술, 일명 딥페이크 기술이 활성화되고 있다. 딥페이크 기술은 소비자의 편의를 위한 용도로 패션이나 의류업계에서 활용되기 시작하여 영상 예술의 한 장르로 주목받기 시작했다. 하지만 최근 들어 이러한 기술을 무분별하게 사용하여 윤리적 문제가 발생하고 있다.

____

____

029

상 **중** 하

다음 글을 읽고 물음에 답하시오.

> 희토류는 반도체, 스마트폰, 전기차, 인공위성, 레이저 미사일 등 첨단 정보 기술 제품과 군용 무기를 만드는 데 필수적인 자원이다. 그러나 희토류의 생산량과 매장량이 특정 지역에 치우쳐 있어 주요 생산국이 수출을 제한하거나 생산량을 조절한다면 국가 간 갈등이 발생할 수 있다. 이러한 갈등을 이해하기 위해서는 ⃞ ㉠ ⃞을/를 적용하여 지하자원의 지역별 매장량과 생산량의 분포, 주요 수입국 등을 파악할 필요가 있다.

(1) ㉠에 들어갈 인간, 사회, 환경을 바라보는 관점이 무엇인지 쓰시오.

____

(2) ㉠과 같은 관점이 필요한 이유를 서술하시오.

____

____

030

상 **중** 하

다음은 인간, 사회, 환경을 바라보는 특정 관점과 관련된 질문들이다. 이를 읽고 물음에 답하시오.

(가)	• 사회현상이나 사회문제가 언제 발생하였는가? • 사회현상이 어떻게 진행되어 왔는가?
(나)	• 일상생활에서 법, 제도, 정책 등이 우리에게 어떤 영향을 미치는가? • 정책 결정 과정에서 정부와 시민의 역할은 무엇인가?

(1) (가), (나)에 해당하는 관점이 각각 무엇인지 쓰시오.

____

(2) (가), (나) 관점의 의미를 각각 서술하시오.

____

____

031

상 중 하

인간, 사회, 환경에 대한 탐구와 관련한 진술에 모두 옳게 답변한 학생은?

진술	갑	을	병	정	무
시간적 관점은 역사적 배경과 시대적 맥락에 초점을 둔다.	○	○	○	×	×
윤리적 관점을 통해서 사회가 나아가야 할 바람직한 방향을 찾을 수 있다.	○	×	×	○	○
공간적 관점은 인문환경이 아닌 자연환경 요소만 고려하여 지역 간 공통점과 차이점을 파악한다.	×	○	×	○	○
사회적 관점에서 사회문제의 해결 방안을 마련할 때 사회 구성원의 의식 변화는 고려 대상이 아니다.	×	○	○	○	×

① 갑　　② 을　　③ 병　　④ 정　　⑤ 무

032

상 중 하

교사의 질문에 적절한 답변을 한 학생만을 |보기|에서 고른 것은?

┤보기├

갑: 인권 확장의 역사적 전개 과정을 조사합니다.
을: 인권이 헌법과 법률로 어떻게 보장되는지 알아봅니다.
병: 시민 불복종 운동에 대한 학자들의 다양한 견해를 살펴봅니다.
정: 인권이 침해될 경우 어떻게 하는 것이 바람직한지에 대해 조사합니다.

① 갑, 을　　② 갑, 병　　③ 을, 병
④ 을, 정　　⑤ 병, 정

033

상 중 하

다음 내용과 관련하여 다양한 관점을 적용한 탐구 주제로 적절한 것만을 |보기|에서 고른 것은?

> 중학생 3명이 전동 킥보드를 함께 타다가 달리던 택시를 들이받는 사고가 발생했다. 최근 전동 킥보드 사고가 급격히 늘어나면서 안전 장비 미착용이나 무면허 운전 등에 대한 우려가 커지고 있다.

┤보기├

ㄱ. 공간적 관점 – 지역별 전동 킥보드 사고율 조사하기
ㄴ. 시간적 관점 – 전동 킥보드 운행 관련 제도의 문제점 파악하기
ㄷ. 사회적 관점 – 대도시의 연도별 전동 킥보드 이용객 수의 변화율 조사하기
ㄹ. 윤리적 관점 – 전동 킥보드를 안전하게 이용하려고 노력하고자 하는 시민 의식 파악하기

① ㄱ, ㄴ　　② ㄱ, ㄹ　　③ ㄴ, ㄷ
④ ㄴ, ㄹ　　⑤ ㄷ, ㄹ

034

상 중 하

(가)에 들어갈 내용으로 가장 적절한 것은?

- 주제: ⊙ 관점으로 자율 주행 자동차 탐구하기
  - ⊙ 관점: 행위의 도덕적 기준을 탐색하고 사회 현상을 규범적 차원에서 살펴보는 것
- 조사 내용: ＿＿＿＿＿＿ (가) ＿＿＿＿＿＿

① 자율 주행 자동차와 관련한 제도를 살펴본다.
② 자율 주행 자동차가 개발될 때까지의 자동차의 발달 단계를 조사한다.
③ 자율 주행 자동차가 인간의 생명을 우선시하도록 설계되었는지 살펴본다.
④ 일반 자동차와 비교하여 자율 주행 자동차가 어느 정도 소비되고 있는지 알아본다.
⑤ 자율 주행 자동차에 문제가 발생하였을 경우 대처 방법이 국가별로 어떻게 다른지 조사한다.

02 인간, 사회, 환경의 탐구와 통합적 관점

1 인간, 사회, 환경에 대한 탐구

1. 인간, 사회, 환경에 대한 탐구의 의미
⑴ 인간, 사회, 환경과 관련한 여러 사회현상에 대한 정보나 지식을 논증하는 과정
⑵ 사회현상이 나타난 원인을 파악하고, 그 결과를 예측하면서 문제를 해결해 가는 종합적인 과정

2. 인간, 사회, 환경에 대한 탐구의 유의점
⑴ 사회현상의 복합성
　① 사회현상은 여러 요인이 다양한 측면에서 상호 작용하여 발생하며, 다양한 이해관계가 얽혀 나타남.
　② 사회현상은 사실과 가치의 문제가 혼재되어 있어 대체로 복잡한 양상을 띰. → 원인과 해결책을 찾기 어려움.

사실 문제	• 개인적인 감정이나 태도가 개입되지 않은 객관적 상태 • 경험적인 자료에 의해 참과 거짓을 판단할 수 있음.
가치 문제	• 개인의 주관적 판단에 기초한 진술 • 경험적인 자료에 의해 참과 거짓을 판단할 수 없음.

⑵ 인간, 사회, 환경이 연계된 사회현상을 탐구할 때 고려할 점
　① 사회현상이 일어난 원인을 여러 측면에서 살펴보아야 함.
　② 사회현상과 관련한 자료를 사실과 가치를 기준으로 구분하여 분석해야 함.
　③ 해결 방안을 종합적으로 모색하고, 문제 해결 과정에서 새롭게 나타날 수 있는 문제점까지 고려해야 함.

2 통합적 관점을 적용한 탐구 수행

1. 통합적 관점의 의미
⑴ 통합적 관점: 시간적 관점, 공간적 관점, 사회적 관점, 윤리적 관점 등을 종합적으로 고려하여 인간과 세상을 균형 잡힌 시각으로 이해하는 관점
⑵ 사회현상에 대한 통합적 접근: 인간과 세상을 바라볼 때 역사적 배경과 시대적 맥락, 장소와 지역 및 공간적 상호 작용, 사회 구조와 제도의 영향력, 도덕적 가치와 윤리적 규범 등을 함께 고려하는 것을 의미함.

2. 통합적 관점의 필요성
⑴ 다양한 관점을 바탕으로 인간, 사회, 환경을 통합적으로 살펴볼 때 사회현상의 발생 원인을 다각도로 분석할 수 있고, 인간과 세상을 깊이 있게 통찰할 수 있음.
⑵ 복잡한 사회현상을 정확하고 깊이 있게 이해하고, 이를 바탕으로 사회문제에 대한 근본적이고 다양한 문제 해결 방안을 도출할 수 있음.
⑶ 통합적 관점의 필요성을 보여주는 사례

> **예 도시 계획에 따라 철도 노선을 신설해야 하는 상황**
> • 시간적 관점을 고려하지 않을 경우: 과거의 성공 사례나 실패 사례를 반영하기 어려울 수 있음.
> • 공간적 관점을 고려하지 않을 경우: 철도가 필요한 지역에 신규 노선이 개통되지 못할 수 있음.
> • 사회적 관점을 고려하지 않을 경우: 철도 신규 노선 개통 시 지역 사회의 의견이 제대로 반영되기 어려워 사회적 갈등이 발생할 수 있음.
> • 윤리적 관점을 고려하지 않을 경우: 현세대와 미래세대의 생명과 권리를 위협할 수 있음.

3. 통합적 관점을 적용한 사회현상 탐구
⑴ 통합적 관점을 적용한 탐구 방법: 혼자보다 모둠으로 함께 수행하는 것이 적절함. → 여러 사람이 다양한 관점에서 관련 자료를 분담하여 찾을 수 있으며, 각자가 가진 서로 다른 관점을 적용하여 자료를 분석할 수 있음.
⑵ 통합적 관점을 적용한 탐구 수행 시 필요한 태도
　① 다른 사람의 의견을 존중하고 다양한 의견을 포용하는 태도가 필요함.
　② 자신의 의견을 제시할 때 관련 자료를 명확히 밝히고 해당 자료가 신뢰할 만한 것인지 확인하는 태도가 필요함.
　③ 자신이 제시하는 의견이 사회적으로 의미가 있는 것인지 성찰해 보는 태도가 필요함.
⑶ 통합적 관점을 적용한 사회현상 탐구 절차
　① 탐구할 사회현상을 정하고, 탐구를 위한 세부 질문 작성하기
　② 시간적·공간적·사회적·윤리적 관점에 따라 살펴볼 자료를 수집하고 조사하기
　③ 조사한 자료의 신뢰성과 타당성을 고려하면서 다각적인 측면에서 분석하기
　④ 문제 해결 방안 마련하기

〈통합적 관점을 적용한 탐구〉

탐구 문제 선정 및 탐구 계획 수립	• 일상에서 경험하는 사회현상 중 통합적 관점이 필요한 사례를 탐구 문제로 선정함. • 탐구할 사회현상과 관련하여 시간적 · 공간적 · 사회적 · 윤리적 관점에서 세부 질문을 만들고, 세부 질문에 답하기 위한 자료 수집 계획을 수립함.
↓	
자료 수집 및 조사	시간적 · 공간적 · 사회적 · 윤리적 관점에서 사실 판단 및 가치 판단을 위한 다양한 측면의 자료를 수집하고 조사함.
↓	
자료 분석	탐구할 사회현상과 관련하여 조사한 자료를 세부 질문을 적용하여 다각적인 측면에서 비교 · 분석함.
↓	
해결 방안 마련	• 문제 해결을 위한 다양한 방안을 모색하고, 대안의 적합성, 실현 가능성 등을 검토하여 가장 적절한 대안을 선택함. • 탐구한 사회현상과 세부 질문, 관련 자료 및 분석 내용, 문제와 해결 방안을 정리하여 보고서를 작성함.

⑷ **통합적 관점의 적용 사례:** 기후위기, 저출생 · 고령화 현상, 인공지능 저작권 쟁점 등 복잡한 사회현상을 탐구하는 데 적용할 수 있음.

예 우리나라 저출생 현상에 대한 통합적 탐구	
시간적 관점	6 · 25 전쟁 이후에는 '베이비 붐' 시기라고 할 정도로 출산율이 높았다. 그런데 1980년대 중반 합계 출산율이 2.0명 이하로 감소한 이후 증가하지 않고 있다.
공간적 관점	지역별로 산부인과 수의 차이가 큰 편이다. 가임기인 15~49세 여성 10만 명당 산부인과 의원 수를 지역별로 비교하면, 서울특별시가 16.6개로 가장 많고 전라남도는 5.5개로 가장 적다. 서울과 전라남도의 산부인과 의원 수 격차가 11.1개나 된다.
사회적 관점	우리 사회에서 저출생과 관련한 대책은 크게 두 가지 방향으로 시행되고 있다. 첫 번째는 부모가 함께 자녀를 돌볼 수 있도록 일 · 가정 양립이 가능한 사회적 여건을 마련하고, 아동 돌봄을 위한 공간을 지원하는 정책이다. 두 번째는 자녀 양육 비용을 사회가 부담하여 가정의 경제적 부담을 덜어 주는 정책이다.
윤리적 관점	우리 사회가 경험하고 있는 저출생 현상은 출산과 가족에 대한 가치관 변화에 따라 나타났다. 한국 보건 사회 연구원의 「저출산 · 고령 사회 대응 국민 인식 및 가치관 심층 조사」에 따르면 가족의 가장 중요한 기능에 대해서 정서적 기능과 사회화 기능은 높게 조사되었지만 경제적 기능과 출산을 통한 재생산 기능은 점차 낮게 나타났다. 또한 아이와 행복의 연관성에 대해 50대 이상은 70% 이상, 20대는 56.1%가 동의한 것으로 나타났다.

자료 1 통합적 관점을 적용한 사회현상 탐구

> • K-컬처는 언제부터 세계적인 인기를 얻게 되었을까?
> • K-컬처는 어느 지역에서 가장 많은 인기를 얻고 있을까?
> • K-컬처의 세계화에 영향을 미친 사회적 요인은 무엇일까?
> • 세계인의 공감을 얻을 수 있었던 K-컬처에 담긴 가치는 무엇일까?

출제 POINT 제시된 내용은 K-컬처가 세계적으로 인기를 얻고 있는 사회현상과 관련하여 다양한 관점을 적용해 탐구 질문을 제시한 것이다. 이러한 탐구 질문을 적용하여 탐구를 수행함으로써 K-컬처의 세계화 현상을 통합적 관점에서 이해할 수 있다.

확인 문제

1 윗글의 밑줄 친 내용에 적용된 관점으로 옳은 것은?

① 시간적 관점　　② 공간적 관점
③ 사회적 관점　　④ 윤리적 관점
⑤ 통합적 관점

자료 2 통합적 관점을 적용한 탐구 절차

탐구 문제 선정 및 탐구 계획 수립	'감염병 대응 방안 마련'을 탐구 주제로 정하고, 구체적인 탐구 계획 수립
자료 수집 및 조사	시간적 · 공간적 · 사회적 · 윤리적 관점에서 감염병 대응과 관련한 정보 수집
자료 분석	각 관점별로 수집한 감염병 대응 관련 정보를 비교 및 분석하여 정보 간 관계 파악
해결 방안 마련	시간적 · 공간적 · 사회적 · 윤리적 관점을 통합하여 최적의 감염병 대응 방안 마련

출제 POINT 통합적 관점을 적용하여 감염병 대응 방안을 마련하는 과정을 위와 같이 단계별로 설명할 수 있다. 사회현상을 탐구할 때 다양한 관점에서 정보를 통합적으로 분석하는 것이 중요하다.

확인 문제

2 '감염병 대응에 취약한 사회 계층을 위해 의료 지원 체계를 강화한다.'라는 방안을 제시하였다면, 이와 관련된 관점으로 가장 적절한 것은?

① 시간적 관점　　② 공간적 관점
③ 사회적 관점　　④ 윤리적 관점
⑤ 통합적 관점

답 1 ⑤ 2 ③

정답 05쪽

● 다음 문제의 빈칸에 알맞은 단어를 써 넣으시오.

035 사회현상을 탐구할 때 사회현상이 일어난 원인을 여러 측면에서 살펴보고 관련 자료를 사실과 (　　　　) 을/를 기준으로 구분하여 분석해야 한다.

036 시간적 관점, 공간적 관점, 사회적 관점, 윤리적 관점을 총체적으로 적용하여 사회현상을 이해하는 관점을 (　　　　) 관점이라고 한다.

037 통합적 관점을 적용하여 탐구를 수행할 때 다른 사람의 의견을 존중하고 다양한 의견을 (　　　　)하는 태도가 필요하다.

038 사회현상을 통합적 관점으로 이해하기 위한 탐구를 수행할 때 자신이 제시하는 의견이 사회적으로 의미가 있는 것인지 (　　　　)해 보는 태도가 필요하다.

039 통합적 관점을 적용하면 현대의 복잡한 사회현상을 정확히 이해할 수 있으며, 이를 바탕으로 (　　　　) 에 관한 실질적이고 다양한 해결 방안을 찾을 수 있다.

● 세상을 바라보는 다양한 관점에 대한 설명이 맞으면 ○표, 틀리면 ×표 하시오.

040 복잡한 사회현상의 다면적인 의미를 파악하려면 한 가지 관점에만 집중할 필요가 있다. 　(○ | ×)

041 통합적 관점으로 사회현상을 바라보면 사회현상의 발생 원인을 다각도로 분석할 수 있다. 　(○ | ×)

042 시간적 관점, 공간적 관점, 사회적 관점, 윤리적 관점을 통합적으로 적용하면 '우리나라 문화의 세계화'와 같은 사회현상도 깊이 있게 이해할 수 있다. 　(○ | ×)

043 인간, 사회, 환경을 탐구할 때 혼란을 피하려면 통합적 관점이 아닌 하나의 관점을 적용해야 한다. 　(○ | ×)

044 통합적 관점으로 접근하면 사회문제에 대한 실제적 · 근본적이고 다양한 측면의 해결 방안을 모색할 수 있다. 　(○ | ×)

045 통합적 관점을 적용한 탐구는 모둠으로 함께 수행하는 것보다 혼자 수행하는 것이 좋다. 　(○ | ×)

1　인간, 사회, 환경에 대한 탐구

046  중요　　　　상 중 **하**

(가)에 들어갈 내용으로 가장 적절한 것은?

> 코끼리가 어떻게 생겼는지 전혀 모르는 사람들이 눈을 감고 코끼리를 만져 본 후 "코끼리는 어떻게 생겼는가?"라는 질문을 받는다면, 뭐라고 대답할까? 코를 만진 사람은 '구부러진 막대', 다리를 만진 사람은 '나무', 꼬리를 만진 사람은 '밧줄' 같다고 답할 수 있다. 이는 코끼리의 모습을 부분적으로만 파악했기 때문이다. 따라서 현대 사회에 발생하는 복잡한 사회현상을 이해하기 위해서는 ＿＿＿＿＿＿＿(가)＿＿＿＿＿＿＿.

① 인간, 사회, 환경에 대한 종합적 이해가 필요하다.

② 도덕적 가치와 규범을 최우선적으로 적용해야 한다.

③ 시대적 맥락보다는 역사적 배경을 중심으로 접근해야 한다.

④ 각 학문의 전문성을 인정하여 학문 간의 경계를 넘지 않아야 한다.

⑤ 사회현상에 따른 문제를 한 가지 관점으로만 바라보고 해결 방안을 모색해야 한다.

047　　　　상 **중** 하

사실 문제에 대한 진술로 가장 적절한 것은?

① 경제를 활성화하기 위해서 정부 지출을 늘려야 한다.

② 올해의 우리나라 경제 성장률이 전년도보다 하락하였다.

③ 국토의 균형 발전을 위해 수도를 지방으로 이전하여야 한다.

④ 노동자들의 삶의 질 향상을 위해 최저 임금을 인상하여야 한다.

⑤ 저출생 문제를 해결하기 위해서 보육 예산을 우선적으로 늘려야 한다.

048

상 중 **하**

(가)에 들어갈 내용으로 가장 적절한 것은?

> 범죄를 예방하는 방안 중 하나로 지역별로 범죄가 발생하는 정도를 표시한 지도를 만들어 사람들에게 알리는 방법이 있다. 하지만 범죄가 자주 일어나는 곳으로 표시된 지역의 주민들이 지역 이미지 하락을 우려하여 반발하는 등 또 다른 갈등이 발생할 수 있다. 따라서 사회문제에 대한 해결책을 모색할 때에는 __________ (가) __________.

① 다양한 측면에서 그 원인을 분석해야 한다.
② 새롭게 나타날 수 있는 문제점까지 고려해야 한다.
③ 사실 판단뿐만 아니라 가치 판단도 함께 해야 한다.
④ 시간적 관점보다는 공간적 관점에서 대안을 제시해야 한다.
⑤ 사회 제도 개선보다는 개인의 의식 개선을 우선시해야 한다.

049

상 **중** 하

다음 글에서 강조하고 있는 내용으로 가장 적절한 것은?

> ○○시는 교통 체증을 해소하기 위해 도로를 확장하고 신호 체계를 개선하는 정책을 수립하였다. 그러나 이러한 정책은 단기적인 해결책에 그쳤다. ○○시에서 발생하는 교통 체증은 인근 지역의 과도한 개발과 인구 밀집이 주요 원인이었는데, 국가 차원에서 이와 관련해 도시 계획을 충분히 검토하지 않아 균형 개발 정책을 시행하지 못했기 때문이다. 게다가 ○○시가 환경친화적인 교통 정책을 수립하지 못하여 지역의 대기 오염이 더욱 심각해졌다.

① 정책의 효율성을 위해서 사회적 관점을 강조하여야 한다.
② 시민들의 자발적 참여가 없으면 정책의 효율성이 떨어질 수 있다.
③ 특정 측면에서만 사회현상을 이해하면 사회문제를 효율적으로 해결할 수 없다.
④ 사회문제를 해결하기 위해서는 사실 문제보다는 가치 문제를 우선시하여야 한다.
⑤ 교통 문제는 역사적 배경보다 공간적 상호 작용을 우선시하지 않으면 해결하기 어렵다.

050 중요

상 중 **하**

다음은 난민 문제를 바라보는 각 학생의 관점을 나타낸 것이다. 이에 대한 설명으로 옳지 않은 것은?

> 갑: 전쟁 등의 역사적 배경을 분석하여 난민 발생의 원인을 파악할 수 있어요.
> 을: 자연재해, 자원 갈등이 일어나는 지역에서 난민이 많이 발생하고 있어요.
> 병: 국제 사회 차원에서 난민의 지위 보장에 관한 협약 등을 마련하여야 해요.
> 정: 난민 지원은 기본적 인권과 인간 존엄성을 존중하는 것과 관련이 있어요.

① 갑은 난민 문제를 시간적 맥락과 관련하여 파악하고자 한다.
② 을은 난민 문제가 공간적인 여건과도 관련이 있다고 본다.
③ 병은 난민 문제 해결 방안을 사회적 관점에서 모색하고 있다.
④ 정은 난민 문제에 대해 인간과 세상을 균형 잡힌 시각으로 이해하는 관점에서 접근하고 있다.
⑤ 갑~정의 관점을 종합적으로 고려하면 복잡한 사회현상을 깊이 있게 이해할 수 있다.

051

상 중 **하**

(가)~(라)는 우리나라의 저출생 현상에 대해 통합적으로 탐구하기 위한 질문들이다. 각 질문에 해당하는 관점을 옳게 짝지은 것은?

> (가) 저출생 현상은 지역별로 어떤 차이가 나타날까?
> (나) 저출생 현상이 역사적으로 어떻게 변해왔을까?
> (다) 가치관의 변화에 따라 저출생 현상은 어떻게 변화하고 있을까?
> (라) 우리 사회는 저출생 현상을 해결하기 위해 어떤 제도적 노력을 하고 있을까?

	(가)	(나)	(다)	(라)
①	공간적 관점	시간적 관점	사회적 관점	윤리적 관점
②	공간적 관점	시간적 관점	윤리적 관점	사회적 관점
③	공간적 관점	사회적 관점	윤리적 관점	시간적 관점
④	사회적 관점	공간적 관점	시간적 관점	윤리적 관점
⑤	사회적 관점	공간적 관점	윤리적 관점	시간적 관점

2 통합적 관점을 적용한 탐구 수행

052 <상|중|하>

통합적 관점을 적용한 사회현상 탐구에 관한 진술에 모두 옳게 답변한 학생은?

진술	갑	을	병	정	무
현대 사회의 복잡한 사회현상에 대처하려면 다양한 관점에서 통합적으로 살펴보아야 한다.	○	○	○	×	×
사회현상을 통합적 관점에서 바라보면 근본적인 수준에서 다각적인 해결 방안을 찾을 수 있다.	○	○	×	○	×
통합적 관점을 적용한 통찰을 통해 개인의 삶의 질을 높일 수 있다.	○	○	○	○	×
통합적 관점에서 사회현상을 탐구할 때는 가장 먼저 다양한 관점에서 정보를 수집해야 한다.	○	×	○	×	×

① 갑   ② 을   ③ 병   ④ 정   ⑤ 무

053 <상|중|하>

다음은 통합적 관점을 적용한 탐구 절차를 순서 없이 제시한 것이다. (가)~(마)를 순서대로 옳게 나열한 것은?

> (가) 네 가지 관점에서 탐구 질문을 만들고, 자료 수집 계획을 세운다.
> (나) 다양한 자료를 수집하여 분석한 뒤 통합적 관점에서 내용을 종합한다.
> (다) 적합성, 실현 가능성 등을 검토하여 가장 적절한 문제 해결 방안을 선택한다.
> (라) 일상에서 경험하는 사회현상 중 통합적 접근이 필요한 사례를 탐구 문제로 선정한다.
> (마) 탐구 문제와 관련된 여러 측면을 고려하여 문제 해결을 위한 다양한 방안을 모색한다.

① (가) – (나) – (라) – (마) – (다)
② (가) – (라) – (나) – (마) – (다)
③ (다) – (라) – (가) – (나) – (마)
④ (라) – (가) – (나) – (마) – (다)
⑤ (마) – (라) – (가) – (나) – (다)

[054~055] 다음 자료는 ○○ 한옥 마을의 관광객 증가로 인한 문제점에 대해 특정 관점을 적용하여 탐구한 내용이다. 이를 읽고 물음에 답하시오.

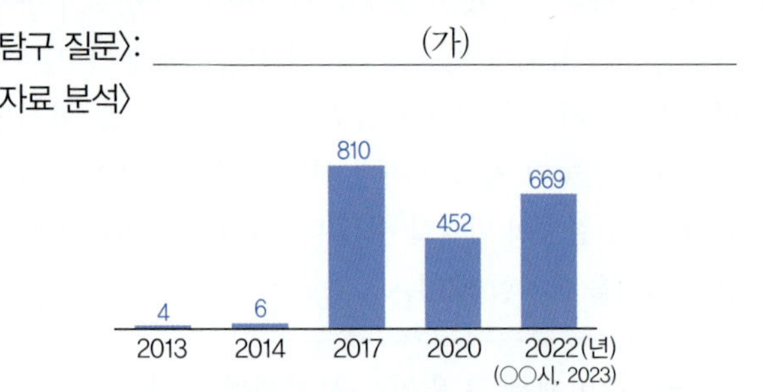

- 광고, 드라마 촬영으로 유명해진 ○○ 한옥 마을에 2015년 이후 관광객이 급증하면서 주민들이 생활에 불편함을 느끼게 되었다.
- 주민 7,500여 명이 사는 이 마을에 2017년에는 외국인 관광객 280만 명이 방문하였다.
- 코로나바이러스감염증–19 유행 시기에는 관광객이 줄어 민원이 감소했지만, 최근 관광객이 다시 늘어나면서 관련 민원도 많아지고 있다.

054 <상|중|하>

위 자료와 관련된 관점으로 옳은 것은?

① 시간적 관점   ② 공간적 관점
③ 사회적 관점   ④ 윤리적 관점
⑤ 통합적 관점

055  <상|중|하>

위 자료의 (가)에 들어갈 내용으로 가장 적절한 것은?

① 관광객 증가로 주민에게 어떤 사생활 침해 문제가 발생하였는가?
② 관광객 증가에 따른 문제가 시간이 경과하면서 어떻게 변화하였는가?
③ 한옥 마을 이외에 외국인 관광객이 많이 방문하는 국내 주요 관광지는 어디인가?
④ 외국인 관광객 유치와 주민 생활의 불편함 중 어느 쪽에 더 가치를 두어야 하는가?
⑤ 관광객 과잉으로 인해 발생하는 주차 문제를 해결하기 위한 지방 자치 단체의 대책에는 어떤 것이 있는가?

056

상 중 하

다음은 도시 계획에 따라 철도 노선을 신설해야 하는 상황에 대해 통합적 관점으로 접근한 내용이다. 밑줄 친 ㉠~㉤ 중 옳지 <u>않은</u> 것은?

철도 노선을 신설하는 과정에서 ㉠ 시간적 관점을 고려하지 않으면 과거의 성공 또는 실패 사례를 반영하기 어려울 수 있고, ㉡ 공간적 관점을 고려하지 않으면 철도가 필요한 지역에 신규 노선이 개통되지 못할 수 있다. 또한, ㉢ 사회적 관점을 고려하지 않으면 신규 노선이 개통되는 지역과 그렇지 않은 지역 간의 격차가 커질 수 있으며, ㉣ 윤리적 관점을 반영하지 않으면 현세대와 미래세대의 생명과 권리를 위협할 수 있다. 이처럼 특정 관점으로만 사회현상을 바라보면 창의적이고 혁신적인 해결 방안을 마련하기 어려우므로 사회현상을 통합적 관점에서 바라보고자 노력해야 한다. ㉤ 통합적 관점에서 바라볼 때 인간과 세상을 깊이 있게 통찰할 수 있으므로, 개인의 삶의 질을 높이고 더욱 발전한 사회를 구현하는 데 도움이 될 수 있다.

① ㉠　　② ㉡　　③ ㉢　　④ ㉣　　⑤ ㉤

057

상 중 하

세계 기아 문제 해결 방안을 마련하고자 할 때 다음 관점을 적용하여 살펴보기 적절한 자료만을 |보기|에서 고른 것은?

특정 사회현상이 나타나게 된 시대적 배경과 맥락에 대한 이해를 바탕으로 사회현상을 살펴본다.

|보기|
ㄱ. 국가별 기아 지수 현황
ㄴ. 세계 기아 인구 변화 추이
ㄷ. 연도별 세계 인구 대비 기아 인구 비율
ㄹ. 세계 식량 위기 보고서의 요인별 식량 위기 '이상' 인구

① ㄱ, ㄴ　　② ㄱ, ㄷ　　③ ㄴ, ㄷ
④ ㄴ, ㄹ　　⑤ ㄷ, ㄹ

058

상 중 하

다음 글에서 파악할 수 있는 사회현상의 탐구 자세로 가장 적절한 것은?

우리가 일상에서 마주하는 사회현상은 여러 가지 요인이 복합적으로 작용하여 나타나거나 서로 연계되어 총체적으로 나타난다. 이처럼 인간, 사회, 환경이 상호 작용하면서 연계되어 나타나는 사회현상을 폭넓게 이해하고자 노력하여야 한다.

① 다양한 측면에서 깊고 면밀한 탐구를 수행한다.
② 모둠보다는 혼자서 탐구를 수행하는 것이 적절하다.
③ 특정 관점으로 사회현상을 분석하고 문제를 해결한다.
④ 사회현상의 원인보다 결과에 집중하여 탐구를 수행한다.
⑤ 다른 사람의 의견을 존중하되, 하나의 의견만 수용하여 사회현상 탐구에 반영한다.

059 중요

상 중 하

다음은 사회현상 탐구에 대한 수업 상황이다. 갑의 관점으로 옳은 것은?

교사: 다양한 관점 중 한 가지 관점을 선정하여 공유 경제와 관련한 자료를 제시해 보세요.

갑: 저는 다음과 같은 자료를 수집하였습니다.

오늘날 교통·통신 기술이 발전하면서 공유 경제가 급속하게 성장하였다. 이에 따라 공유 경제의 거래에 대한 제도적 규제와 정책적 대응이 요구되고 있다. 정부는 공유 경제와 관련한 제도적 기반을 마련할 때 공유 경제의 특수성과 규제의 형평성을 함께 고려해야 한다. 이를 위해 공유 경제 거래를 보완하는 정책을 시행함과 동시에 제도적 규제의 실효성을 확보하기 위해 공유 경제 플랫폼에 의무를 부과하는 방법을 모색할 수 있다.

① 시간적 관점　　　　② 공간적 관점
③ 사회적 관점　　　　④ 윤리적 관점
⑤ 통합적 관점

060

상 중 하

다음은 철도 노선을 신설해야 하는 상황을 다양한 관점에서 검토한 것이다. 이를 읽고 물음에 답하시오.

관점	방안
(가)	다양한 철도 개통 사례를 바탕으로 성공 요인과 실패 요인을 분석하여 철도 노선 신설 계획을 마련해야 한다.
(나)	지역별 인구 밀도, 유동 인구 등의 공간 정보를 종합하여 어디에 철도 노선을 신설할 것인지 결정해야 한다.
(다)	철도 노선 결정 과정에서 지역 사회의 의견을 적극 수렴할 수 있는 절차를 제도적으로 마련해야 한다.
(라)	신규 철도 노선은 현세대와 미래세대 모두의 이익과 안전을 고려하여 공정하고 투명하게 결정해야 한다.

(1) (가)~(라)에 해당하는 관점이 각각 무엇인지 쓰시오.

(2) (가)~(라)를 종합적으로 고려하는 관점의 의미를 서술하시오.

061 중요

상 중 하

다음 글의 밑줄 친 ㉠과 같은 탐구가 필요한 이유를 **두 가지** 서술하시오.

어떤 지역에서는 지역 축제가 매우 활발하게 운영되지만, 어떤 지역에서는 금방 중단되기도 한다. 그 원인은 해당 지역의 자연환경 또는 인문환경의 특징, 축제에 대한 사람들의 선호, 지역의 지원 정책 등 다양한 요인이 얽혀 있어서 파악하기가 쉽지 않다. 따라서 ㉠ 어떤 현상의 원인을 파악할 때에는 다양한 관점을 고려하여 살펴보아야 한다.

[062~063] 다음은 공유 경제의 발전 방안에 대해 통합적 관점을 적용한 탐구 보고서의 일부이다. 이를 읽고 물음에 답하시오.

㉠ 공유 경제 발전 방안 보고서

1. 선택한 공유 경제 사례: 전동 킥보드 공유 사례
2. 다양한 관점을 적용한 우리의 질문
  • 역사적 관점: ＿＿＿＿＿＿ (가) ＿＿＿＿＿＿
  • 사회적 관점: ＿＿＿＿＿＿ (나) ＿＿＿＿＿＿
3. 우리가 조사한 공유 경제 현황
  • 미국에서 1895년에 전기 스쿠터를 개발한 후 지속적으로 기술이 발달하였고, 우리 지역에는 5년 전 무렵에 공유 전동 킥보드가 도입됨.
  • 오늘날 공유 경제는 2008년 세계 금융 위기 이후 경제가 어려워지고 1인 가구가 증가함에 따라, 필요할 때만 싼값에 그 물품을 이용하는 것이 편리하다는 인식이 나타나면서 세계적으로 확산됨.

062

상 중 하

윗글의 (가), (나)에 들어갈 질문을 각각 작성하시오.

063

상 중 하

윗글의 밑줄 친 ㉠과 같은 보고서를 작성하기 위해 사회현상 탐구를 수행할 때 가져야 할 자세를 **두 가지** 서술하시오.

064

상·중·하

다음은 학생이 작성한 형성 평가지이다. 학생이 받을 점수로 옳은 것은?

〈형성 평가〉

다음은 인공지능의 저작권 쟁점을 통합적 관점에서 탐구하기 위해 각 관점과 관련한 질문을 제시한 것이다. 각 내용이 옳으면 ○, 틀리면 ×로 표시하시오. (문항당 맞으면 1점, 틀리면 0점을 부여함.)

문항	답안
1. 시간적 관점 – 인공지능의 저작권 문제가 발생한 시대적 배경은 무엇인가?	○
2. 공간적 관점 – 저작권은 어떤 역사적 과정을 통해 보호받게 되었는가?	×
3. 사회적 관점 – 저작권은 어떤 법이나 제도를 통해서 보호받고 있는가?	×
4. 윤리적 관점 – 인공지능을 저작권의 주체로 인정하는 것이 바람직한가?	○

---

① 0점　② 1점　③ 2점　④ 3점　⑤ 4점

065  중요

상·중·하

인간, 사회, 환경에 대한 탐구에서 고려할 점으로 옳은 내용만을 |보기|에서 고른 것은?

|보기|

ㄱ. 효율적인 탐구를 위해 특정 관점에 집중하여 사회현상을 분석해야 한다.
ㄴ. 사회문제 해결 과정에서 사실 판단보다는 가치 판단을 우선적으로 고려해야 한다.
ㄷ. 사회현상의 발생 원인이 복잡한 경우가 많으므로 다양한 측면에서 검토해야 한다.
ㄹ. 사회문제의 해결 방안을 모색할 때는 해결 과정에서 새롭게 나타날 수 있는 문제점까지 고려해야 한다.

---

① ㄱ, ㄴ　② ㄱ, ㄷ　③ ㄴ, ㄷ
④ ㄴ, ㄹ　⑤ ㄷ, ㄹ

066

상·중·하

다음은 기아 문제에 대해 통합적 관점을 적용한 탐구 보고서의 일부이다. (가)에 들어갈 내용으로 가장 적절한 것은?

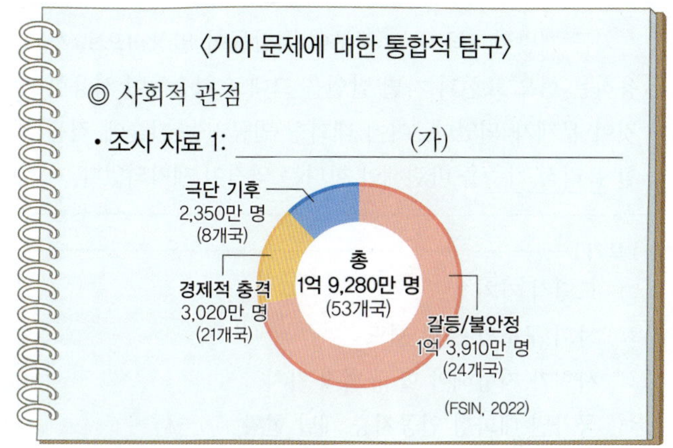

① 기아 인구 증가 추이
② 국가별 기아 인구 비율 비교
③ 기아 위기가 심각한 지역의 실태
④ 사회 구조적 측면에서 본 기아 문제의 원인
⑤ 기아 문제 해결을 위한 국제 사회의 윤리적 실천

067

상·중·하

교사의 질문에 옳게 답변한 학생만을 |보기|에서 고른 것은?

|보기|

갑: 윤리적 관점에서 K-컬처의 세계화에 영향을 준 사회적 요인을 조사하였습니다.
을: 시간적 관점에서 K-컬처가 언제부터 세계적인 인기를 얻게 되었는지 조사하였습니다.
병: 사회적 관점에서 세계인의 공감을 얻을 수 있었던 K-컬처에 담긴 가치를 조사하였습니다.
정: 공간적 관점에서 K-컬처가 주로 어느 지역에서 많은 인기를 얻고 있는지 조사하였습니다.

---

① 갑, 을　② 갑, 병　③ 을, 병
④ 을, 정　⑤ 병, 정

068

상 중 하

밑줄 친 '윤리적 기준'을 마련하기 위해 필요한 관점과 관련된 내용으로 적절한 것만을 | 보기 |에서 고른 것은?

> 최근 개발된 인공지능 챗봇이 사람들이 일상적으로 사용하는 혐오 표현과 차별 발언을 그대로 학습하여 사용한 것이 문제가 되었다. 이에 대화형 인공지능 기술에 적용할 <u>윤리적 기준</u>을 마련해야 한다는 의견이 제기되었다.

| 보기 |
ㄱ. 도덕적 가치
ㄴ. 사회 구조와 사회 제도
ㄷ. 사회가 지향해야 할 규범적 가치
ㄹ. 국가별 대화형 인공지능 개발 현황

① ㄱ, ㄴ   ② ㄱ, ㄷ   ③ ㄴ, ㄷ
④ ㄴ, ㄹ   ⑤ ㄷ, ㄹ

069 중요

상 중 하

다음 글에 나타난 사회현상을 바라보는 관점으로 가장 적절한 것은?

> 우리나라의 대도시 중심부 지역은 많은 인구가 외곽 지역으로 빠져나가면서 학령 인구가 줄어들고 학교가 통폐합되는 곳까지 생기고 있다. 반면, 계획적으로 주거 지구를 조성한 신도시에 있는 학교에서는 '과밀 학급' 문제가 나타나고 있다. 과밀 학급은 학급당 학생 수가 28명 이상인 학급을 말하는데, 2000년대 후반 경기도에 조성한 신도시가 분포하는 곳이 특히 과밀 학급의 비율이 높다. 전국적으로 학령 인구는 감소하고 있지만, 감소 추이가 지역이나 학교마다 고르게 나타나지 않는 것이다.

① 시간적 관점   ② 공간적 관점
③ 사회적 관점   ④ 윤리적 관점
⑤ 통합적 관점

[070~071] 다음은 '학교 유휴 시설 증가 문제'를 다양한 관점으로 탐구한 보고서의 일부이다. 이를 읽고 물음에 답하시오.

> • 자료 1: 전국 초·중·고등학교 학생 수가 지속적으로 감소하여 2023년 520만 명에서 2026년에는 482만 명까지 줄어들 것으로 예상된다. 이에 따라 학교 유휴 시설도 증가할 것으로 보인다.
> • 자료 2: 우리나라보다 일찍 저출생 현상을 경험한 일본은 지역 특성에 따라 유휴 교실을 다르게 활용하고 있다. 농촌이나 산촌 지역은 지역 홍보 및 휴식 공간으로 운영하고 있고, 옛 중심부인 구도심 지역에서는 아동 및 노인 돌봄 시설로 활용하기도 한다.

070 수능형

상 중 하

위 보고서의 자료 1에 적용된 관점과 관련한 탐구 질문으로 가장 적절한 것은?

① 학교 유휴 시설은 언제부터 증가하기 시작했을까?
② 지역별로 학교 유휴 시설 발생률의 차이가 있는가?
③ 외국에서는 학교 유휴 시설을 어떻게 활용하고 있는가?
④ 학교 유휴 시설과 관련된 법률이 제정되어 시행되고 있는가?
⑤ 학교 유휴 시설 활용 시 학생 안전과 주민의 시설 이용 권리 중 무엇이 우선일까?

071

상 중 하

위 보고서의 자료 2에 적용된 관점에 대한 설명으로 옳은 것은?

① 사회 구조 및 제도의 상호 작용에 초점을 두어 사회현상을 이해하는 것이다.
② 과거의 시대적 상황과 역사적 사실을 현재와 연결 지어 의미를 부여하는 것이다.
③ 도덕적 가치와 규범을 고려하여 사회 구성원들의 삶의 방향성을 모색하는 것이다.
④ 다양한 관점을 종합적으로 고려하여 인간과 세상을 균형 잡힌 시각으로 이해하는 것이다.
⑤ 어떤 사회현상과 관련이 있는 위치나 장소, 분포 유형, 이동과 네트워크 등 공간 정보를 고려하는 것이다.

072

상 중 **하**

㉠에 들어갈 관점에 대한 설명으로 옳지 <u>않은</u> 것은?

> ㉠ 은/는 사회현상을 사람과 물자의 이동이나 네트워크 등을 통해 설명하는 관점으로, 지역별 환경이 어떤 특징을 가지고 있으며 생활 모습과 사회현상이 왜 다르게 나타나는지에 대해 관심을 가진다.

① 여러 지역의 공통점과 차이점을 이해할 수 있다.
② 한 지역을 집중적으로 연구하는 데에만 활용될 수 있다.
③ 공간 정보에 대한 이해를 바탕으로 사회현상을 살펴볼 수 있다.
④ 지역별 자연환경 요소와 인문환경 요소의 차이를 파악할 수 있다.
⑤ 지역 간의 차이를 이해하고, 환경이 인간 활동에 미치는 영향을 파악하는 데 도움을 줄 수 있다.

073 중요

상 중 **하**

다음은 인간, 사회, 환경을 바라보는 어떤 관점과 관련된 질문들이다. 이 관점에 대한 설명으로 옳지 <u>않은</u> 것은?

> • 사회현상이나 사회문제가 언제 발생하였는가?
> • 과거부터 현재까지 사회현상이 어떻게 변화해 왔는가?
> • 사회현상으로 인해 우리 사회는 앞으로 어떻게 변화할 것인가?

① 과거의 경험을 바탕으로 현재와 미래를 이해하는 관점이다.
② 사회 구조 및 제도가 사회현상에 미치는 영향을 파악할 수 있다.
③ 사회현상과 사회문제를 이해하기 위해 역사적 배경과 시대적 맥락에 초점을 둔다.
④ 현재 상황의 원인을 찾고 사회현상의 흐름을 파악하여 미래에 어떤 일이 발생할지 예측할 수 있다.
⑤ 해당 관점으로 탐구하기 위해 유물과 유적, 역사서, 과거 신문 기사 등 다양한 자료를 활용할 수 있다.

074

상 중 **하**

다음 글에 나타난 관점에 대한 옳은 설명만을 | 보기 |에서 고른 것은?

> 인간, 사회, 환경을 탐구하기 위해서는 사회현상 분석에 적용할 타당한 도덕적 원리를 찾고 도덕적 가치와 규범의 방향을 설정하여 바람직한 해결 방안을 모색해야 한다.

| 보기 |
ㄱ. 지역의 변화 상황 및 지역성을 이해할 수 있다.
ㄴ. 자신의 행동을 보다 나은 방향으로 개선할 수 있다.
ㄷ. 과거를 바탕으로 현재의 사회현상을 이해할 수 있다.
ㄹ. 정의와 공정성의 가치를 중시하는 태도를 함양하여 인권 침해 등의 사회문제를 해결하는 힘을 기를 수 있다.

① ㄱ, ㄴ　　② ㄱ, ㄷ　　③ ㄴ, ㄷ
④ ㄴ, ㄹ　　⑤ ㄷ, ㄹ

075

상 중 **하**

다음은 혼인 감소에 대한 갑, 을의 대화이다. 대화에 나타난 갑, 을의 관점에 대한 설명으로 옳은 것은?

① 갑의 관점은 개별 학문의 경계를 넘어 종합적으로 사회현상을 이해한다.
② 을의 관점은 특정 현상과 관련된 과거의 자료를 수집하여 과거와 현재의 관계를 탐구한다.
③ 갑의 관점은 을의 관점과 달리 공간 속에서 서로 영향을 주고받는 인간, 사회, 환경의 관계를 파악할 수 있다.
④ 을의 관점은 갑의 관점과 달리 사회현상이 발생한 원인이나 배경을 이해하고 그 영향을 파악할 수 있다.
⑤ 갑, 을의 관점은 모두 도덕적 가치 판단과 규범적 방향성에 초점을 두고 사회현상을 바라본다.

076 수능형 <상·중·하>

㉠에 들어갈 관점을 적용하여 〈자료〉와 관련된 내용을 탐구하고자 할 때, 탐구 주제로 가장 적절한 것은?

> 인간, 사회, 환경을 바라보는 관점 중 [㉠]은/는 좋고 나쁨, 옳고 그름과 같은 도덕적 가치와 윤리적 방향성에 초점을 두고 사회현상을 살펴보는 것이다.
> 〈자료〉 현재 우리나라의 노인 인구 비율은 약 19%로 조만간 노인 인구 비율이 20%가 넘는 초고령 사회로 접어들 것으로 예상된다. 노인 인구 비율이 높아지면서 경제 활동 인구의 감소, 세대 간 갈등 등 다양한 사회문제가 나타나고 있다.

① 우리나라의 노년 부양비 변화 추이 파악하기
② 우리나라의 노년층 인구 비율 추이 분석하기
③ 농촌과 도시의 노년 인구 비율 비교·분석하기
④ 노부모 부양에 관한 책임 의식의 변화 조사하기
⑤ 노인 인구 비율이 높은 국가의 노인 정책 조사하기

077 <상·중·하>

다음 글에 나타난 사회현상을 A~D의 관점에서 탐구한 것으로 옳은 내용만을 | 보기 |에서 고른 것은?

> 최근 경제적 여건 등이 좋아지면서 많은 사람들이 여가 시간을 다양하고 합리적으로 보내고 싶어 한다. 이에 따라 여가 산업을 주도하는 기업들의 성장이 더욱 기대되고 있다.

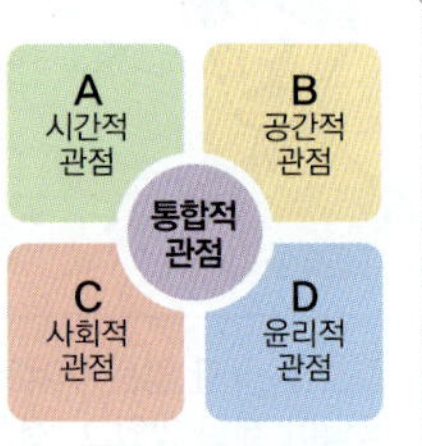

| 보기 |

ㄱ. A - 인구가 집중된 수도권 주민들은 출퇴근 시간이 길어 여가 시간이 다른 지역 주민들보다 짧게 나타났다.
ㄴ. B - 해외여행 자유화 이후 경제 위기 등의 시기를 제외하면 해외여행객 수가 비약적으로 늘어났다.
ㄷ. C - 여러 지방 자치 단체가 여가 활동을 장려하기 위해 공영 자전거 대여 제도를 시행하고 있다.
ㄹ. D - 환경을 보호하기 위해 탄소 배출량이 적은 교통수단을 활용해 여행을 하는 것이 바람직하다.

① ㄱ, ㄴ ② ㄱ, ㄷ ③ ㄴ, ㄷ
④ ㄴ, ㄹ ⑤ ㄷ, ㄹ

078 <상·중·하>

다음은 갑~정이 우리나라의 저출생 현상을 파악하기 위해 조사한 내용이다. 갑~정의 관점에 대한 설명으로 옳은 것은?

> 갑: 우리나라 인구 구조의 시대별 변화
> 을: 저출생 현상이 가장 심각한 지역과 그 원인
> 병: 저출생에 영향을 준 사회 구조와 사회 제도
> 정: 결혼과 출산에 대한 우리 사회 구성원들의 가치관

① 갑은 장소와 지역 및 공간적 상호 작용에 초점을 두었다.
② 을의 관점을 적용하면 현재 마주하는 사건이 미래에 어떤 영향을 미칠지 예상할 수 있다.
③ 정은 결혼과 출산에 대해 도덕적 가치와 규범을 고려하여 접근하였다.
④ 병은 을과 달리 저출생 현상에 대해 공간적 관점을 적용하여 조사하였다.
⑤ 저출생 현상에 대해 갑은 윤리적 관점, 정은 시간적 관점에서 접근하였다.

079 중요 <상·중·하>

(가)에 들어갈 내용으로 가장 적절한 것은?

> 사회현상이나 사회문제는 대부분 역사적·공간적 배경을 바탕으로 하며, 그 사회의 구조와 제도, 그리고 다양한 사회 구성원들의 가치관과 관련되어 있다. 따라서 오늘날 사회현상을 올바르게 이해하고 복잡한 사회문제에 대해 합리적인 해결책을 마련하기 위해서는 ____(가)____.

① 공간적 상호 작용에 초점을 두고 사회현상을 파악해야 한다.
② 사회현상을 종합적으로 분석하여 통합적으로 접근하는 것이 중요하다.
③ 사회현상에 대한 가치 판단보다는 사실 판단을 우선적으로 수행해야 한다.
④ 사회 제도를 분석하여 사회현상이 발생하게 된 원인을 가장 먼저 파악해야 한다.
⑤ 시간적 관점을 우선적으로 고려하여 과거에 발생한 사회현상의 원인을 분석해야 한다.

080

상 **중** 하

다음 글의 내용을 토대로 사회현상과 사회문제를 다양한 관점으로 바라보아야 하는 이유를 세 가지 서술하시오.

> 다양한 관점에서 사회현상과 사회문제를 바라볼 때, 전체와의 관계 속에서 사회현상과 사회문제의 본질을 파악할 수 있다. 또한 선입견과 편견에서 벗어나 사실과 논리에 기반하여 올바른 의사 결정에 도달할 수 있다.
>
> 급변하는 현대 사회에서 우리는 이전에 경험하지 못한 새로운 사회현상과 사회문제를 마주하게 된다. 우리는 다양한 관점을 지닌 사람들과 원만하게 상호 작용하는 과정에서 서로를 이해하고 협력할 수 있으며, 사회적 대립과 갈등을 줄이고 민주 사회를 형성하는 데 기여할 수 있다.

081

상 **중** 하

(가), (나)는 감염병 확산에 따른 혐오와 차별을 탐구하기 위해 서로 다른 관점에서 수집한 자료이다. 이를 읽고 물음에 답하시오.

> (가) 세계 보건 기구(WHO), 세계 동물 보건 기구(WOAH) 등의 권고안에 따르면, 감염병의 명칭에는 사람이나 동물 이름, 특정 지역명이 들어가지 않아야 한다. 명칭이 특정 집단에 대한 차별적인 낙인을 찍어서는 안 되기 때문이다.
>
> (나) 프랑스의 한 신문사가 '황색 경보'라는 인종 차별 사진을 신문 1면에 실었다. 감염병으로 사람들이 느끼는 불안을 이용해서 아시아계 사람들에 대한 차별과 편견을 조장한 것이다. 이에 누리 소통망(SNS)을 중심으로 차별 반대 운동이 일어났다. 특정 집단에 대한 차별과 편견은 인간 존엄성을 침해하는 윤리적 문제를 불러오기도 한다.

(1) (가), (나)에 적용된 관점이 각각 무엇인지 쓰시오.

(2) (가), (나)에 적용된 관점의 필요성에 대해 각각 서술하시오.

082

상 **중** 하

다음은 K-컬처의 세계화 현상을 주제로 한 수업 상황 중 일부이다. 대화 내용을 바탕으로 통합적 관점에서 사회현상을 이해하고 해결책을 찾아야 하는 이유를 서술하시오.

> 교사: K-컬처의 세계화 현상을 다양한 관점으로 분석한 내용을 토대로 K-컬처가 더 발전하려면 어떻게 해야 할지 여러분의 의견을 들어보겠습니다.
>
> 갑: 우리가 자랑할 만한 전통적 가치와 세계인이 공감할 보편적 가치를 융합하여 다양한 분야에서 창의적인 문화 콘텐츠를 개발해야 합니다.
>
> 을: K-컬처를 접할 수 있는 기회를 더욱 확대하기 위해서 정보 통신 기반 시설을 확충하고 세계 여러 지역과의 문화 교류에 힘써야 합니다.
>
> 병: K-컬처가 전 세계인이 선호하는 문화로 정착하기 위해서는 눈앞의 이익을 좇기보다는 미래를 바라보며 지속가능한 발전에 관심을 기울여야 합니다.

083 중요

상 **중** 하

다음은 인간, 사회, 환경을 바라보는 특정 관점을 적용하여 커피 소비를 바라본 것이다. 이를 읽고 물음에 답하시오.

> 커피를 소비할 때 커피 생산과 관련지어 어떠한 커피를 소비할지 결정할 수 있다. 공정 무역 제품의 소비는 유럽에서 시작된 사회정의 실천 운동으로, 공정 무역 커피의 소비가 대표적인 예이다. 개발도상국에서 생산된 커피 원두를 사서 판매하는 다국적 기업이 커피 재배 농가에 적절한 대가를 지급하지 않은 데서 공정 무역 커피를 소비하려는 움직임이 시작되었다.

(1) 윗글에 적용된 관점이 무엇인지 쓰시오.

(2) (1)의 관점에서 보았을 때 커피 생산 과정에서 발생할 수 있는 문제를 두 가지 서술하시오.

03 행복의 기준과 의미

1 다양한 행복의 기준

1. 행복의 의미

(1) **행복**: 자신이 원하는 욕구가 충족되어 만족하거나 즐거움과 여유로움을 느끼는 상태, 불안감을 느끼지 않고 안심하는 것 → 행복함을 느끼는 기준은 개인의 가치관, 경험 등에 따라 다양하게 나타날 수 있음.

(2) **삶의 목적으로서의 행복**: 행복은 인생 전체를 통해 달성하고자 하는 **궁극적인 삶의 목적**

다양한 삶의 목적	• 인간은 다양한 삶의 목적을 추구하며 살아감. • 화목한 가정, 원하는 직업, 부, 명예 등은 그 자체로 추구하는 목적이 아니라 행복한 삶을 실현하기 위한 수단임.
삶의 목적으로서의 행복	아리스토텔레스는 행복이 다른 것을 위한 수단이 아닌 그 자체로 추구하는 궁극적인 목적이라고 주장함.

2. 행복의 기준: 시대나 지역에 따라 다르게 나타남.

시대 상황에 따라 다른 행복의 기준	• 시대의 지배적인 가치나 사상 등이 행복의 기준에 영향을 미침. • 역사적 사건의 영향을 받아 행복의 기준이 달라지기도 함. 예 전쟁으로 혼란스러웠던 헬레니즘 시대에는 마음의 평온함, 신이 모든 것의 중심이었던 중세 시대에는 신의 구원, 인간의 권리를 강조하였던 근대 시대에는 자유와 평등 보장이 행복의 중요한 기준이었음.
지역 여건에 따라 다른 행복의 기준	• 기후, 지형 등의 자연환경이 행복의 기준에 영향을 미침. • 종교, 문화, 산업 등의 인문환경에 따라 행복의 기준이 달라지기도 함. • 지역의 정치적·경제적 여건, 산업화와 민주화의 정도에 따라 행복의 기준이 달라지기도 함. 예 물이나 식량이 부족한 지역에서는 물과 식량의 확보가 중요하고, 정치적 분쟁이나 내전이 계속되는 지역에서는 정치적 안정과 평화가 행복의 기준이 됨.

3. 동양의 행복론

(1) 행복에 대한 관점

① 행복의 조건: 공동체의 화합과 그것을 위한 개인의 수양

② 행복과 불행은 번갈아 오며, 행복 속에서도 불행이 있고, 불행 속에서도 행복이 있음.

→ 이상적인 세계와 이상적인 인간상을 추구했다는 점에서 모두 행복한 삶을 꿈꾸었다고 할 수 있음.

---

(2) 행복에 관한 동양 사상의 입장

유교	• 하늘로부터 부여받은 선한 본성을 보존·함양하여 군자가 되고 **인(仁)을 실현**하는 것을 행복이라고 봄. • 다른 사람과 더불어 이상 사회인 **대동 세계를 이룩**하는 것에서 행복을 찾음.
불교	• 누구나 부처가 될 수 있는 불성을 드러내어 삶의 고통에서 벗어나고, 몸과 마음의 번뇌로부터 해방된 상태인 **해탈의 경지에 이르는 것**을 행복이라고 봄. • 자비를 실천하여 불교의 이상 세계인 정토를 구현하는 것에서 행복을 구함.
도가·도교	• 인위적인 것이 더해지지 않은 자연 그대로의 도(道)를 본받아 신선과 같은 순수한 삶을 살고, 복지(福地)를 건설하는 것을 행복의 조건이라고 봄. • 자연의 순리에 따르는 **무위자연(無爲自然)의 태도**를 통해 참된 행복을 실현할 수 있다고 봄.

(3) 행복에 관한 동양 사상가의 다양한 주장

공자 (유교 사상)	• 부유하지 않더라도 배우고 익히는 데서 얻는 즐거움을 누리고 의롭게 사는 것이 중요하다고 봄. • 외부적 조건에 의해 흔들리지 않는 행복한 마음가짐을 강조함.
석가모니 (불교 사상)	만물의 상호 의존성을 바탕으로 집착을 버리고 바른 수행을 할 때 최상의 행복인 열반에 이를 수 있다고 봄.
노자 (도가 사상)	상황이 변하면 행복과 불행이 언제든 바뀔 수 있으므로, 욕심을 좇다가 화를 당하지 말고 있는 그대로 만족할 줄 알아야 한다고 주장함.
정약용	깊은 산속에서 삼베옷에 짚신을 신고 맑은 샘물에 발을 씻고 소나무에 기대어 시를 읊는 청복(淸福)을 누리는 것을 진정한 행복이라고 봄.

4. 서양의 행복론

(1) **행복에 대한 관점**: 고대 그리스 시대부터 행복을 인생의 목적이라고 보고, 진정한 행복을 누리기 위한 노력을 강조함.

→ 많은 사상가들이 다양한 행복론을 전개함.

(2) 행복에 관한 서양 사상의 입장

고대 그리스 철학자 아리스토텔레스	• 삶의 궁극적 목적을 행복이라고 봄. • **행복은 인간의 이성을 계발하여 유덕한 사람이 되는 것** → 덕을 지닌 사람이 행복한 삶을 살 수 있으며, 덕을 갖추려면 좋은 습관을 형성해야 함. • 욕구나 감정에 좌우되지 않고, 쾌락과 도덕 사이에서 균형을 유지하는 이성에 따라 지나치지도 모자라지도 않은 **중용을 유지**하며 자신의 능력을 발휘하는 것이 행복이라고 봄.

헬레니즘 시대	• 에피쿠로스학파: 행복은 쾌락을 추구하고 고통을 제거하는 것이며, 육체에 고통이 없고 마음에 불안이 없는 평정심을 통해 참된 행복을 얻을 수 있다고 봄. → 심리적 평온을 위해 소박하게 살 것을 주장함. • 스토아학파: 이성적 사고를 하며 '자연－신을 따르는 삶'을 행복한 삶이라고 봄. → 정념에 방해받거나 휘둘리지 않는 부동심을 추구하며 자연의 질서에 따라야 한다고 주장함.
중세 시대 신학자	• 신앙을 통해 신의 은총을 얻어야 진정한 행복을 누릴 수 있다고 봄. • 영원하고 완전한 존재인 신과 하나가 되는 상태가 최고의 행복이라고 주장함.
근대 철학자 칸트	인간으로서 마땅히 지켜야 할 도덕 법칙을 실천하는 사람이 행복을 누릴 만한 자격이 있다고 봄.
공리주의	• 행복은 쾌락이자 삶의 목적이라고 보았으며, 쾌락은 선, 고통은 악이라고 주장함. • 최대 다수의 최대 행복이라는 결과의 유용성을 실현하는 행위가 옳은 행위라고 봄.

2 행복의 의미에 대한 성찰

1. 진정한 행복

(1) 행복의 진정한 의미: 감각적인 만족감이나 즐거움뿐만 아니라 자신의 잠재적 가능성을 실현하고, 타인에게 선한 영향력을 끼치는 등 바람직한 가치를 실현하는 것

(2) 행복의 의미에 대한 성찰: 행복의 다양한 기준을 고려하여 자신의 삶을 반성하고 성찰해야 함.

　① 자신이 평소 어떤 것에서 가치를 느끼는지 성찰하기

　② 자신이 어떤 상황에서 가장 큰 기쁨과 만족감을 얻는지 성찰하기

2. 삶의 목적으로서의 행복을 실현하는 방법

(1) 내가 추구하는 목표, 내가 소중히 여기는 가치 등에 대해 끊임없이 고민하고 성찰함으로써 삶의 궁극적 목적 찾기

(2) 자신의 삶의 목적을 기준으로 삼아 행복한 삶을 위한 계획 세우기

(3) 자신이 세운 계획을 달성하고자 꾸준히 노력하며 성실히 살아감으로써 삶의 목적으로서의 행복 실현하기

자료 1 아리스토텔레스의 행복론

> 식물이나 동물과 달리 오직 인간만이 지닌 정신의 이성적 활동은 그 활동에 알맞은 덕(탁월성)을 가질 때 더 잘 수행할 수 있다. 행복이란 덕에 일치하는 정신의 활동이며, 최고의 선인 참된 행복은 이성을 아주 잘 실현할 때 이루어진다.

출제 POINT 아리스토텔레스는 오직 인간만이 지닌 특별한 기능인 이성을 계발하여 유덕한 사람이 되는 것을 행복이라고 보았다.

확인 문제

1 윗글을 통해 파악할 수 있는 아리스토텔레스의 입장으로 적절하지 않은 것은?

① 행복은 최고선이다.

② 행복은 인간의 기능 수행과 관련이 있다.

③ 이성을 통해서는 참된 행복을 실현할 수 없다.

④ 인간은 동물과 달리 특별한 기능을 지니고 있다.

⑤ 덕에 따르는 이성적 활동이 행복으로 이어질 수 있다.

자료 2 에피쿠로스의 행복론

> 결핍으로 인해 생기는 고통이 사라진다면 단순한 음식도 우리에게 사치스러운 음식과 같은 즐거움을 준다. 그러므로 "쾌락(즐거움)이 목적이다."라고 할 때, 내가 말하는 쾌락은 방탕한 자의 쾌락이나 관능적 쾌락이 아니라 몸에 고통이 없고 마음에 불안이 없는 상태를 의미한다.

출제 POINT 에피쿠로스는 쾌락을 추구하고 고통을 제거하는 것을 행복이라고 보았으며, 진정한 쾌락은 마음에 불안이 없는 평온한 상태라고 주장하였다.

확인 문제

2 윗글을 통해 파악할 수 있는 에피쿠로스의 입장으로 적절한 내용을 | 보기 |에서 모두 골라 기호를 쓰시오.

| 보기 |
ㄱ. 순간적이고 육체적인 쾌락만 추구해야 한다.
ㄴ. 참된 쾌락은 마음의 평온함을 유지하는 것이다.
ㄷ. 고통을 제거함으로써 얻는 쾌락을 추구해야 한다.
ㄹ. 인간은 모든 대상으로부터 동일한 쾌락을 느낀다.

정답 1 ③ 2 ㄴ, ㄷ

정답 11쪽

● 다음 문제의 빈칸에 알맞은 단어를 써 넣으시오.

084 (　　　　　)(이)란 자신이 원하는 욕구가 충족되어 즐거움이나 만족감을 느끼는 상태를 말한다.

085 행복의 기준은 (　　　　)(이)나 (　　　　)에 따라 다르게 나타날 수 있다.

086 인생 전체를 통해 달성하기 위해 그 자체로 추구하는 궁극적인 삶의 (　　　　)을/를 행복이라고 할 수 있다.

087 (　　　　　) 사상에서는 무지와 집착에서 벗어나 해탈의 경지에 이르고 자비를 실천하는 것이 행복이라고 보았다.

088 아리스토텔레스는 이성을 계발하여 유덕한 사람이 되어야 한다고 보았으며, 덕을 갖추려면 좋은 (　　　　) 을/를 형성해야 한다고 주장하였다.

089 삶의 목적으로서의 행복을 실현하려면 행복의 다양한 기준을 고려하여 자신의 삶을 반성하고 (　　　　) 해야 한다.

● 동 · 서양 사상의 행복론에 대한 설명이 맞으면 ○표, 틀리면 ×표 하시오.

090 유교 사상에서는 몸과 마음의 번뇌로부터 해방되어 이상 세계인 정토를 구현하는 것이 행복이라고 주장하였다.
(○ | ×)

091 불교 사상에서는 누구나 부처가 될 수 있는 불성을 실현함으로써 행복해질 수 있다고 보았다. (○ | ×)

092 도가 · 도교 사상에서는 인위적인 것을 거부하고 무위자연의 태도로 살아갈 것을 강조하였다. (○ | ×)

093 아리스토텔레스는 중용의 태도를 갖춤으로써 행복해질 수 있다고 보았다. (○ | ×)

094 스토아학파는 정념의 상태를 추구하여 자연의 질서에 순응해야 행복해질 수 있다고 보았다. (○ | ×)

095 칸트는 최대 다수의 최대 행복을 가져오는 행위가 행복으로 이어진다고 보았다. (○ | ×)

---

1 다양한 행복의 기준

096

상 중 하

다음 글에서 강조하는 내용으로 옳은 것은?

> 일반적으로 모든 사람이 동의할 만한 행복의 의미는 삶에서 즐거움이나 만족감을 느끼는 상태이며, 불안감을 느끼지 않고 안심하는 상태라고 볼 수 있다. 하지만 사람마다 추구하는 행복의 구체적 의미와 기준은 다를 수 있다.

① 행복은 감정적 요소와 관련이 없다.
② 개인이 느끼는 행복의 기준은 항상 같다.
③ 행복의 의미는 사람마다 다르게 정의될 수 있다.
④ 모든 사람에게 행복의 의미는 동일하게 나타난다.
⑤ 만족감을 가져오는 행위는 모두 윤리적인 행동이다.

097

상 중 하

(가)에 들어갈 내용으로 가장 적절한 것은?

> 선사 시대에는 생존을 위하여 먹을 것을 얻고 몸을 보호할 수 있는 주거지를 마련하는 것이 가장 중요한 일이었다. 그러나 산업화 이후에는 물질적 풍요가 중시되었고, 시민 혁명 이후에는 개인의 권리 보장의 중요성이 커졌다. 그리고 오늘날에는 자아실현의 욕구 증대로 행복의 기준도 다양해지게 되었다. 이처럼 ________(가)________.

① 자연환경이 행복의 기준에 영향을 미친다.
② 인간은 다양한 삶의 목적을 추구하며 살아간다.
③ 시대 상황에 따라 행복의 기준은 달라질 수 있다.
④ 종교, 문화 등의 인문환경에 따라 행복의 기준이 달라진다.
⑤ 역사적 사건이 발생할 때마다 행복의 기준이 달라지게 된다.

098 중요

상 중 하

다음 글에 나타난 사상에서 주장하는 행복에 관한 입장으로 옳은 것은?

> 욕심내는 것보다 더 큰 죄가 없고, 만족을 모르는 것보다 더 큰 화가 없으며, 욕망을 채우는 것보다 더 큰 허물이 없습니다. 만족할 줄 알아야 행복할 수 있습니다.

① 진리를 깨닫고 해탈을 이루어야 한다.
② 자연의 순리에 따르는 삶을 지향해야 한다.
③ 수양을 통해 타고난 인(仁)을 실천해야 한다.
④ 자비를 실천하는 것에서 행복을 구해야 한다.
⑤ 하늘로부터 부여받은 선한 본성을 간직해야 한다.

099

상 중 하

불교 사상의 행복론에 대한 설명으로 옳은 것은?

① 자비를 실천하여 정토를 구현해야 한다.
② 마음의 번뇌를 유지하도록 수양해야 한다.
③ 불성을 제거함으로써 행복에 도달할 수 있다.
④ 순수한 삶을 바탕으로 복지(福地)를 건설해야 한다.
⑤ 인(仁)을 실천하여 대동 세계를 이루어야 행복해진다.

100

상 중 하

갑의 입장에서 〈갈등 상황〉의 A에게 해줄 수 있는 조언으로 가장 적절한 것은?

> 갑: 인간은 내면의 도덕성이자 인간다움을 실현해야 합니다. 또한 누구나 지니고 있는 선한 본성을 잘 보존하여 군자가 될 수 있도록 해야 합니다.
> 〈갈등 상황〉 A는 부모님께 받은 용돈을 친구들과의 여행 경비로 사용할지 아니면 평소 관심 있었던 백혈병 환자들의 치료를 위한 기부금으로 사용할지 고민 중이다.

① 타고난 불성을 실현하세요.
② 내면의 인(仁)에 따라 행동하세요.
③ 도(道)에 따라 인위적인 것에서 벗어나세요.
④ 번뇌를 형성하여 어려운 사람을 도와주세요.
⑤ 부유함 속에서 행복이 찾아올 수 있음을 명심하세요.

101

상 중 하

밑줄 친 '이 사상'과 관련 있는 단어로 적절한 것만을 |보기|에서 고른 것은?

> 이 사상은 누구나 부처가 될 수 있는 불성을 드러내어 삶의 고통에서 벗어나 해탈을 이루는 것이 행복이라고 주장한다.

| 보기 |
ㄱ. 인(仁)　　　　　　ㄴ. 정토
ㄷ. 자비　　　　　　ㄹ. 무위자연

① ㄱ, ㄴ　　　② ㄱ, ㄷ　　　③ ㄴ, ㄷ
④ ㄴ, ㄹ　　　⑤ ㄷ, ㄹ

102 중요

상 중 하

다음은 동양의 행복론에 대한 수업 장면이다. 옳은 내용을 발표한 학생만을 있는 대로 고른 것은?

> 교사: 동양의 유교, 불교, 도가·도교 사상에서 제시한 행복론의 구체적인 내용을 말해 볼까요?
> 갑: 유교 사상에서는 인(仁)을 실천하는 것이 행복이라고 보았어요.
> 을: 맞아요. 그리고 유교에서는 자연의 순리에 따르는 무위자연의 태도가 필요함을 강조했어요.
> 병: 불교 사상에서는 삶의 고통에서 벗어나 해탈을 이루고 자비를 실천하는 것이 행복이라고 보았어요.
> 정: 불교 사상에서는 마음의 번뇌에서 벗어나 정토를 구현함으로써 행복에 도달할 수 있다고 주장했어요.
> 무: 도가·도교 사상에서는 도(道)에 따라 살아가면서 대동 세계를 이룩하는 것에서 행복을 찾았어요.

① 갑, 을　　　② 을, 정　　　③ 병, 무
④ 갑, 병, 정　　　⑤ 갑, 정, 무

103

상 중 하

다음 글에 나타난 행복에 대한 관점으로 가장 적절한 것은?

나는 행복을 두 가지로 정의한다. 하나는 '열복(熱福)'으로, 지방 관직에 나가서 대장군의 깃발을 앞세우고 국가의 인장을 허리에 두르고, 중앙 관직에 들어와서는 비단옷에 수레를 타고 사방을 다스릴 계책을 듣는 것이다. 또 하나는 '청복(淸福)'으로, 깊은 산속에서 삼베옷에 짚신을 신고 맑은 샘물에 발을 씻고 소나무에 기대어 시를 읊는 것이다. 이 두 가지 복은 성품에 따라 달리 취할 수 있지만, 하늘은 '청복'을 몹시 아낀다. 그래서 열복을 누리는 이는 많아도 청복을 얻는 이는 몇 되지 않는다.

① 관직 생활을 통해서는 행복해질 수 없다.
② 소박한 삶의 태도가 행복으로 이어질 수 있다.
③ 물질적 재화는 바람직한 행복의 필수 요소이다.
④ 행복의 기준은 모두에게 같은 의미로 나타난다.
⑤ 진정한 행복은 청복이 아닌 열복을 누리는 것이다.

104

상 중 하

다음 글에서 파악할 수 있는 내용으로 가장 적절한 것은?

10대~70대에 이르는 전 연령대의 한국인과 미국인 약 천여 명을 대상으로 행복에 대해 조사한 결과에 따르면, '자신이 성장하고 타인의 삶에 긍정적으로 이바지하는 것'이 좋은 삶이라고 믿을수록 자신의 삶에 대한 만족감이 크고 긍정 정서도 강하게 경험하는 것으로 나타났다. 흥미로운 점은, 좋은 삶에 대한 이러한 생각이 강할수록 행복이 증가하는 패턴이 나타나고 이 패턴이 나이가 들어갈수록 강해졌다. 나이가 들수록 단순한 쾌락의 추구가 아닌 바람직한 의미 추구를 중요하게 여긴다는 것이다.

① 행복은 증가하지 않고 일정하게 나타난다.
② 행복과 긍정적 정서는 반비례 관계에 있다.
③ 즐거움을 경험하는 것은 항상 행복으로 이어진다.
④ 나이가 들수록 정신적 만족감을 느끼는 행복을 선호한다.
⑤ 타인의 삶에 이바지하는 것보다 자신이 성장하는 것이 더 중요하다.

105

상 중 하

다음은 행복에 관한 서양 사상가의 입장이다. ㉠, ㉡에 들어갈 알맞은 말을 옳게 짝지은 것은?

결핍으로 인해 생기는 고통이 사라진다면, 단순한 음식도 우리에게 사치스러운 음식과 같은 즐거움을 준다. 그러므로 우리가 "㉠이/가 목적이다."라고 말할 때, 내가 말하는 ㉠은/는 몸에 고통이 없고 마음에 불안이 없는 상태를 의미하는 것이며, 나는 이것을 ㉡(이)라고 부른다.

	㉠	㉡		㉠	㉡
①	쾌락	평정심	②	쾌락	부동심
③	쾌락	신의 은총	④	중용	평정심
⑤	중용	부동심			

106 중요

상 중 하

행복에 대해 다음과 같이 주장한 사상가가 긍정적인 대답을 할 질문으로 옳은 것은?

사람은 그 활동에 알맞은 덕(탁월성)을 가지고 수행할 때 이성적 활동을 더 잘할 수 있다. 따라서 행복이란 덕에 일치하는 정신의 활동이며, 참된 행복은 이성을 아주 잘 실현할 때 이루어진다.

① 덕을 갖추려면 좋은 습관을 형성해야 하는가?
② 산술적 중간으로서의 중용을 실천해야 하는가?
③ 도덕 법칙을 실천함으로써 행복해질 수 있는가?
④ 신의 은총을 통해 참된 행복에 도달해야 하는가?
⑤ 행복은 이성이 아니라 감정을 통해 실현될 수 있는가?

107

상 중 하

행복에 대해 다음과 같은 주장을 한 사상가는?

> • 인간이 살아가는 삶의 궁극적 목적은 행복이다.
> • 인간은 중용에 따라 감정에 휘둘리지 않고, 이성을 통해 본인의 능력을 발휘해야 행복에 도달할 수 있다.

① 칸트　　　　② 공자　　　　③ 석가모니
④ 에피쿠로스　　⑤ 아리스토텔레스

108

상 중 하

㉠에 들어갈 말로 가장 적절한 것은?

> 인간은 누구나 쾌락을 추구하고 고통을 피하고자 한다. 쾌락은 선이고 고통은 악이기에 ┌─ ㉠ ─┐ (이)라는 결과의 유용성을 실현하는 행위가 옳은 행위이다.

① 중용　　　　② 부동심　　　　③ 신의 은총
④ 도덕 법칙　　⑤ 최대 다수의 최대 행복

109 중요

상 중 하

다음은 서양의 행복론에 대한 설명이다. 밑줄 친 ㉠~㉤의 설명 중 옳지 <u>않은</u> 것은?

> 아리스토텔레스는 ㉠ 덕을 갖추려면 좋은 습관을 형성해야 하며, 이를 통해 ㉡ 이성을 계발하고 중용에 따라 올바른 판단과 행위를 한다면 행복해질 수 있다고 보았다. 에피쿠로스는 ㉢ 육체에 고통이 없고 마음에 불안이 없는 평정심의 상태를 추구하였으며, ㉣ 자연적이고 필수적인 욕구만을 최소한으로 충족해야 한다고 주장하였다. 한편, 칸트는 ㉤ 결과의 유용성을 실현하는 행위를 통해 모두가 행복해질 수 있음을 강조하였다.

① ㉠　　② ㉡　　③ ㉢　　④ ㉣　　⑤ ㉤

---

2 행복의 의미에 대한 성찰

110

상 중 하

다음 글을 통해 파악할 수 있는 내용으로 옳은 것은?

> 행복 지수를 측정할 때 소득, 고용, 수명과 같은 객관적 지표, 삶의 만족도와 같은 주관적 지표 등 다양한 항목을 기준으로 삼는다. 경제 협력 개발 기구(OECD)의 '더 나은 삶 지수'에 포함되는 항목은 주거, 소득, 직업, 교육, 환경, 건강, 안전, 시민 참여, 삶의 만족도, 공동체 의식, 일과 삶의 균형 등이다. 이러한 자료는 구성원의 삶에 영향을 미치는 요인을 개선하기 위한 근거로 활용되기도 한다.

① 행복은 정치적 요소와 전혀 무관하다.
② 행복은 주관적 차원에서만 연구되어야 한다.
③ 경제적 여건은 행복 증진에 도움이 되지 않는다.
④ 행복 지수를 통해 시민의 삶의 질을 개선할 수 있다.
⑤ 행복 지수를 측정할 때 객관적 지표는 제외해야 한다.

111

상 중 하

다음은 행복에 대한 명언들이다. 제시된 명언에서 파악할 수 있는 내용으로 적절하지 <u>않은</u> 것은?

> • 자기 할 일을 찾은 사람은 축복받은 사람이다. 그런 사람은 또 다른 행복을 찾을 필요가 없다. 그에게는 인생의 목적이 있기 때문이다.　　－ 토머스 칼라일
> • 행복은 결코 차지하고 갖는 데에 있지 않다. 행복은 불필요한 것으로부터 얼마나 자유로운가에 달려 있다.
> 　　－ 법정, 『무소유』
> • 행복한 삶을 만들려고 애쓸 필요는 없다. 모두 당신 안에 있다. 행복은 당신이 어떻게 생각하느냐에 달려 있다.　　－ 마르쿠스 아우렐리우스, 『명상록』

① 행복은 본인의 마음가짐과 관련이 있다.
② 항상 경제적으로 풍요로워지기 위해 노력해야 한다.
③ 본인의 일을 묵묵히 하는 것에서 행복을 찾을 수 있다.
④ 마음가짐을 풍요롭게 하는 것이 행복으로 이어질 수 있다.
⑤ 재물을 많이 소유하는 것이 반드시 행복으로 이어지는 않는다.

112

상 중 하

다음 내용을 읽고 물음에 답하시오.

㉠ 에 따른 행복의 기준	
선사 시대	생존을 위하여 먹을 것을 얻고 몸을 보호할 수 있는 주거지를 마련하는 것
농경 생활 이후	농사지을 땅과 노동력의 확보, 지배 계급에 대한 복종
산업화 이후	물질적 풍요
시민 혁명 이후	개인의 권리 보장
오늘날	(가)

(1) ㉠에 들어갈 알맞은 말을 쓰시오.

(2) (가)에 들어갈 내용을 <u>두 가지</u> 서술하시오.

113

상 중 하

다음 글의 내용을 바탕으로 밑줄 친 ㉠과 같은 차이가 나타난 이유를 서술하시오.

㉠ 고대 그리스인들과 중국인들은 행복에 대한 서로 다른 관점을 가지고 있었다. 고대 그리스인은 개인의 자율성에 대한 신념이 강하여 자신이 원하는 대로 자유롭게 행동하는 것을 중요시하였다. 따라서 고대 그리스인들에게 행복이란 '아무런 제약이 없는 상태에서 자신의 능력을 최대한 발휘하여 탁월성을 추구하는 것'이었다. 반면, 고대 중국인들은 자신이 어떤 집단, 특히 가족의 구성원이라는 점을 가장 중요하게 생각하였기 때문에 조화로운 인간관계를 중시하였다. 따라서 고대 중국인들에게 행복이란 '화목한 인간관계를 맺고 평범하게 사는 것'이었다.

114 중요

상 중 하

다음은 동양의 행복론에 대한 설명이다. 읽고 물음에 답하시오.

동양에서는 공동체의 화합과 그것을 위한 개인의 수양이 행복의 조건이었다. 유교에서는 선한 본성을 보존해서 군자가 되고 ㉠ 을/를 실천하여 이상 사회인 대동 세계를 이룩하는 것이 행복이라고 보았다. 불교에서는 불성을 드러내어 삶의 고통에서 벗어나 ㉡ 을/를 이루고, 자비를 실천하여 이상 세계를 구현하는 것에서 행복을 찾았다. 도가 · 도교에서는 (가) .

(1) ㉠, ㉡에 들어갈 알맞은 말을 쓰시오.

(2) (가)에 들어갈 내용을 서술하시오.

115 중요

상 중 하

다음은 서양의 행복론에 대한 설명이다. 읽고 물음에 답하시오.

아리스토텔레스는 행복이 인간 삶의 궁극적 목적이라고 보았으며, 이성에 따라 ㉠ 중용을 실천할 때 행복에 도달할 수 있다고 보았다. 한편, 에피쿠로스는 쾌락을 추구하고 고통을 제거하는 것이 곧 행복이며, ㉡ 의 상태를 통해 참된 행복을 얻을 수 있다고 보았다.

(1) ㉠의 의미를 서술하시오.

(2) ㉡에 들어갈 알맞은 말을 쓰고, ㉡의 의미를 서술하시오.

116

상 중 하

다음 자료는 사상가 갑, 을의 행복에 관한 입장을 분류한 것이다. A~C에 해당하는 옳은 진술만을 |보기|에서 있는 대로 고른 것은?

> 갑: 착한 본성을 함양하여 군자가 되어야 하고, 인(仁)을 실천하기 위해 노력해야 한다.
> 을: 누구나 부처가 될 수 있는 불성을 드러내고, 자비를 실천하기 위해 노력해야 한다.

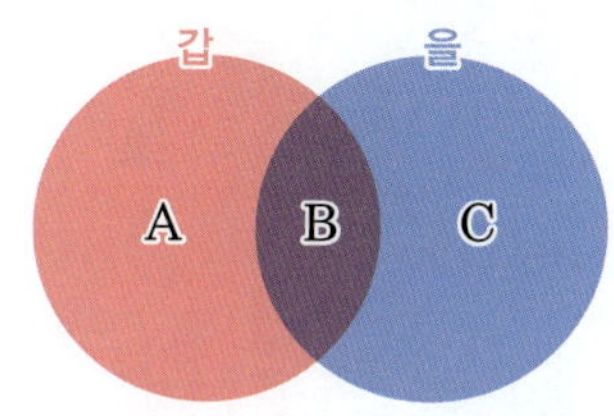

| 보기 |

ㄱ. A: 대동 세계를 이룩해야 한다.
ㄴ. B: 인간은 누구나 군자가 될 수 있다.
ㄷ. B: 번뇌를 유지하여야 행복에 가까워질 수 있다.
ㄹ. C: 해탈을 이루고 이상 사회인 정토를 구현해야 한다.

① ㄱ, ㄴ   ② ㄱ, ㄹ   ③ ㄴ, ㄷ
④ ㄱ, ㄷ, ㄹ   ⑤ ㄴ, ㄷ, ㄹ

117

상 중 하

다음과 같은 주장을 한 사상가가 긍정적인 대답을 할 질문으로 옳은 것은?

> 현명한 사람을 숭상하지 않으면 백성은 서로 비교하며 다투지 않게 된다. 얻기 어려운 재물을 귀하게 여기지 않으면 백성은 도적이 되지 않는다. 욕망을 자극하지 않으면 백성의 마음은 어지러워지지 않는다.

① 무위(無爲)의 태도에서 벗어나야 하는가?
② 도(道)에 따르는 삶이 사회 혼란의 원인인가?
③ 통치자는 자연의 순리에 따라 통치해야 하는가?
④ 만물의 근원을 인식함으로써 해탈할 수 있는가?
⑤ 인(仁)을 통해 무위자연의 삶을 살아가야 하는가?

118 중요

상 중 하

행복에 대해 다음과 같이 주장한 사상가의 입장으로 옳은 진술에만 모두 ∨ 표시한 학생은?

> 행복이 최고선이라는 것은 누구나 다 아는 이야기이다. 행복이란 덕에 일치하는 정신의 활동이다.

진술	학생				
	갑	을	병	정	무
삶의 궁극적 목적은 행복이다.	∨	∨	∨		
좋은 습관을 통해 덕을 갖출 수 있다.	∨	∨		∨	
참된 행복은 이성을 아주 잘 실현할 때 이루어진다.	∨		∨		∨
산술적 중간으로서의 중용을 통해 적절한 행동을 선택해야 한다.		∨		∨	

① 갑   ② 을   ③ 병   ④ 정   ⑤ 무

119

상 중 하

다음 토론의 핵심 쟁점으로 가장 적절한 것은?

> 갑: 행복의 의미와 기준은 시대나 지역에 따라 다를 수 있지만, 누구나 자신의 행복을 자유롭게 추구할 수 있어야 합니다.
> 을: 맞습니다. 그러나 개인이 행복을 추구하는 과정에서 타인에게 피해를 준다면 법적 제재가 필요하다고 생각합니다.
> 갑: 행복을 추구할 때 타인에게 피해를 주는 것이 잘못된 것이긴 하지만, 법으로 규제하는 것은 행복 추구권 침해에 해당합니다.
> 을: 아닙니다. 참된 의미의 행복 추구권은 타인에게 피해를 주지 않았을 때 허용될 수 있는 개념입니다.

① 나와 타인의 행복을 일치시켜야 하는가?
② 행복의 의미는 모든 사람에게 동일한가?
③ 행복 추구에 대해 제도적 규제가 필요한가?
④ 행복의 기준은 시대에 따라 다를 수 있는가?
⑤ 인간은 누구나 자신의 행복을 추구할 수 있는가?

04 행복한 삶을 실현하기 위한 조건

1 행복한 삶을 실현하기 위해 필요한 조건

1. 질 높은 정주 환경

(1) 정주 환경의 의미

① 인간이 정착하여 살아가고 있는 지역의 주거지와 그 주변 생활 환경 → 자연환경과 사회적 환경 등 일상생활 전 영역을 광범위하게 포함함.

② 사람이 자리를 잡고 살아가는 환경으로서, 인간 생존의 가장 중요한 조건

(2) 질 높은 정주 환경의 필요성과 조건

필요성	안전하고 쾌적한 보금자리와 같은 질 높은 정주 환경을 조성하여야 인간답고 행복한 삶을 살 수 있음.
조건	• 물, 토양, 대기 등이 오염되지 않은 깨끗한 자연환경을 갖추어야 함. • 교통, 보건 및 위생 서비스, 치안 서비스, 학교 및 교육 서비스, 문화 서비스 등 안전하고 풍요로운 삶을 살 수 있도록 돕는 사회적 환경도 갖추어야 함.

(3) 질 높은 정주 환경을 조성하기 위한 노력

① 자연환경을 보전하기 위해 노력해야 함.

② 주택, 상하수도, 교통 및 통신 시설, 교육 시설 등 필수적인 제반 시설을 확충해야 함.

2. 경제적 안정

(1) 경제적 안정의 의미

① 생활에 필요한 재화나 서비스를 안정적이고 일정하게 누릴 수 있는 상태

② 일정 수준 이상의 소득이 지속적으로 보장되고, 사회 구성원 간의 경제적 불평등이 완화된 상태

(2) 경제적 안정의 필요성과 조건

필요성	• 경제적으로 안정되면 기본적인 생계를 유지하면서 보건·의료, 교육, 문화생활과 같은 다양한 사회·문화적 필요까지 충족되어 삶의 질이 높아지고 행복한 삶을 실현할 수 있음. • 경제적 안정을 이루어야 자아실현의 기회를 가질 수 있어 삶에 대한 만족감이 커지게 됨.
조건	• 일정 수준 이상의 소득을 꾸준히 얻을 수 있는 일자리가 보장되어야 함. • 국가가 다양한 복지 정책을 마련하여 질병, 사고, 실업 등 예상하지 못한 위험에 대비하며, 경제적 불평등을 해소하고자 노력해야 함.

(3) 소득과 행복의 관계

① 일반적으로 소득이 높으면 더 행복해진다고 볼 수 있음. → 평균 소득 수준이 낮으면 기본적인 생계 유지에 필요한 재화를 마련하거나 자신의 필요를 충족하기 어려워 삶의 만족도가 낮아지고, 행복한 삶을 실현하기 어려움.

② 소득과 행복은 관련이 있지만, 소득과 행복 지수가 반드시 비례한다고 볼 수는 없음.

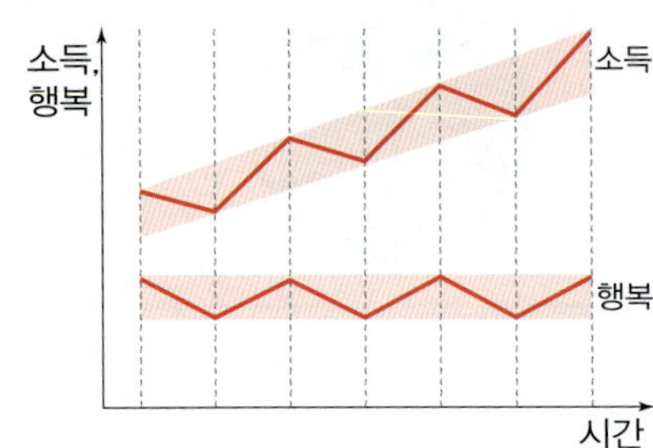

▲ **소득과 행복의 상관관계** 실선으로 표시된 단기적인 관계를 보면 행복과 소득이 같은 방향으로 움직인다. 반면, 점선으로 표시된 장기적인 관계를 보면 소득은 상승하는 추세를 보이지만 행복은 별다른 변화가 없다. 이처럼 단기적으로 소득과 행복은 정(+)의 상관관계를 보이지만, 소득이 일정 수준을 넘으면 더 이상 소득 증가로 인해 행복감이 증가하지 않는다는 것을 '이스털린의 역설'이라고 한다.

3. 민주주의의 발전

(1) 민주주의의 의미

① 주권자인 국민의 뜻에 따라 국가의 중요한 의사 결정을 해야 한다는 정치 이념

② 국민이 주권자로서 정치권력을 행사하는 제도

(2) 민주주의 발전의 필요성과 조건

필요성	민주적 법과 제도, 문화 등을 통해 시민의 자유와 평등이 보장되어야 각자가 원하는 삶의 방식을 자유롭게 추구하며 행복한 삶을 실현할 수 있음.
조건	• 민주적 정치 제도를 확립하고 시민의 정치 참여를 보장해야 함. • 시민이 책임 의식을 가지고 정치에 참여하는 문화를 형성해야 함. • 시민이 국가 권력의 남용을 감시 및 견제하고 공동체의 문제 해결 과정에 적극적으로 참여해야 함.

(3) 민주주의 발전과 행복의 관계

① 시민의 정치적 의사가 잘 반영되는 민주주의 국가일수록 국민의 행복 지수가 높음. → 시민의 의견이 정치 과정에 반영되어 정책으로 시행되면 정치 주체로서 행복감을 느낄 수 있음.

② 시민의 의사가 정치 과정에 반영되지 않는 국가에서는 기본적인 인권이 보장되지 않기 때문에 본인의 삶에 만족하기 어려움.

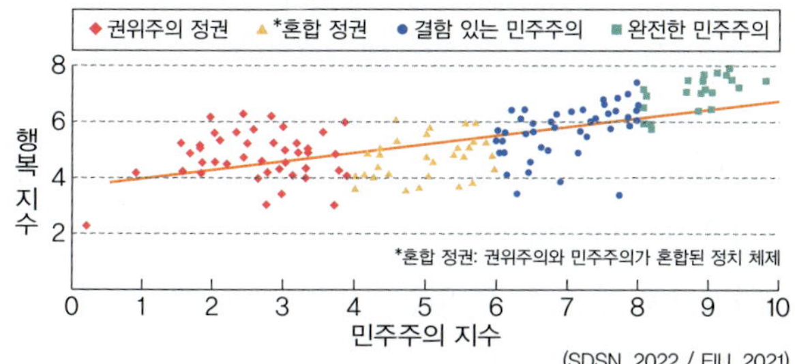

▲ 민주주의 지수와 행복 지수의 상관관계 일반적으로 민주주의 지수가 높으면 행복 지수도 높게 나타남을 알 수 있다. 민주주의 사회에서는 국민의 자유와 평등이 보장되고 인간의 존엄성을 실현할 수 있으므로, 민주주의 실현은 행복한 삶을 위한 중요한 조건이다.

4. 도덕적 실천

(1) 도덕적 실천의 의미

① 타인을 배려하거나 곤경에 처한 사람을 돕는 행동

② 살면서 마주하는 문제에 대해 도덕적인 행동을 선택하여 실행하는 것

(2) 도덕적 실천의 필요성과 조건

필요성	• 일상생활에서 도덕적인 행동을 선택하여 실행함으로써 **사회 구성원 모두의 행복한 삶을 실현**할 수 있음. • 어려움에 처한 사람을 자발적으로 도울 때 심리적 만족감, 진정한 기쁨 등을 얻을 수 있음.
조건	• 도덕적 행위를 실천으로 옮겨 선하게 살고자 하는 의지가 있어야 함. • 공동체의 결속 및 구성원 간의 신뢰와 같은 사회적 자본을 형성하여야 함.

(3) 도덕적 실천을 하기 위한 노력

① 자신의 행동과 삶을 도덕적 측면에서 반성하는 도덕적 성찰을 바탕으로 삶의 가치와 의미를 깨닫고, 올바른 가치를 추구하며 도덕적인 삶을 실천해야 함.

② 역지사지의 마음으로 타인의 입장과 상황을 헤아리고, 자신의 행복뿐만 아니라 다른 사람의 행복에도 관심을 둠.

→ 도덕적 실천을 바탕으로 사회 구성원들이 서로 신뢰하고 협력할 때 공동체 전체의 행복한 삶을 실현할 수 있음.

빈출 자료 분석

자료 1 행복한 삶을 실현하기 위해 필요한 조건

> 사람이 살 터를 정할 때, 첫째는 지리(地理)가 좋아야 하고, 둘째는 생리(生利)가 좋아야 하며, 셋째는 인심(人心)이 좋아야 하고, 넷째는 산수(山水)가 좋아야 한다. 이 네 가지에서 하나라도 모자라면 살기 좋은 땅이라 할 수 없다.

출제 POINT 윗글의 내용은 조선 후기 실학자 이중환이 『택리지』에서 사람이 살기 좋은 조건을 제시한 것이다. 인간답고 행복한 삶을 위해서는 자연환경과 인문환경 등 여러 조건이 잘 갖추어진 환경이 필요하다.

확인 문제

1 행복한 삶을 실현하기 위해 필요한 조건 중 윗글의 내용과 가장 관련 있는 것은?

① 자아실현　　　　② 경제적 안정
③ 도덕적 실천　　　④ 민주주의 발전
⑤ 질 높은 정주 환경

자료 2 도덕적 실천과 행복의 관계

> 좋은 사람은 무엇을 행하든 훌륭하게 잘 행하기 마련이며, 나쁘게 행하는 나쁜 사람은 비참하기 마련이네. 행복하기를 바라는 사람은 절제를 추구하고 실행하되 무절제는 피해야 하네. 나는 이것이 우리가 평생 눈여겨보아야 할 목표라고 생각하네. 우리는 정의와 절제를 갖추어 행복해지는 일에 자신과 공동체의 모든 노력을 기울여야 하네.

출제 POINT 윗글의 내용은 도덕적 실천과 행복에 관한 소크라테스의 입장이다. 소크라테스는 참된 앎을 지닌 사람은 덕 있는 사람이 되고, 덕이 있는 사람은 행복한 삶을 살게 된다고 주장하였다.

확인 문제

2 도덕적 실천과 관련하여 윗글에 나타난 소크라테스의 입장으로 옳지 **않은** 것은?

① 절제의 태도를 갖추어야 한다.
② 나쁜 행동은 비참함을 가져온다.
③ 절제할 줄 아는 사람을 본받아야 한다.
④ 절제와 무절제를 함께 추구함으로써 행복해질 수 있다.
⑤ 행복을 위해서는 개인과 공동체가 함께 노력해야 한다.

정답 1 ⑤ 2 ④

정답 16쪽

● 다음 문제의 빈칸에 알맞은 단어를 써 넣으시오.

120 (   )의 기준은 사람이나 지역, 시대에 따라 다를 수 있지만, 기본적으로 일정한 조건들이 갖추어져야 한다.

121 (   )(이)란 사람이 자리를 잡고 살아가는 환경으로서, 인간 생존의 가장 중요한 조건이다.

122 행복한 삶을 위해서는 깨끗한 물, 청정한 공기와 같은 (   )와/과 교통, 보건, 교육 및 문화 서비스와 같은 사회적 환경이 갖추어져야 한다.

123 경제적 측면에서 기본적인 인간 생활을 영위하기 위해서는 일정 수준 이상의 (   )이/가 필요하다.

124 (   )은/는 국민이 주권자로서 정치권력을 행사하는 제도를 의미한다.

125 행복한 삶을 위해서는 도덕적 행위를 (   )(으)로 옮겨 선하게 살고자 하는 의지가 있어야 한다.

● 행복한 삶을 실현하기 위해 필요한 조건에 대한 설명이 맞으면 ○표, 틀리면 ×표 하시오.

126 정주 환경에는 자연환경뿐만 아니라 사회적 환경도 포함된다. (○ | ×)

127 소득이 높을수록 높은 행복감을 느끼며 살아간다. (○ | ×)

128 경제적으로 안정되면 의식주와 같은 기본적 욕구뿐만 아니라, 다양한 사회·문화적 필요까지 충족되어 삶의 질이 높아질 수 있다. (○ | ×)

129 참정권은 국민이 정치에 참여할 수 있는 권리를 말하며, 민주주의 발전을 위해 꼭 필요한 요소이다. (○ | ×)

130 국민이 직접 정치에 참여하는 기회가 줄어들수록 전체 국민의 행복 지수는 높아진다. (○ | ×)

131 행복을 추구하는 과정에서 개인의 이익을 위해 어떠한 행동도 할 수 있음을 인식해야 한다. (○ | ×)

---

1 행복한 삶을 실현하기 위해 필요한 조건

132 중요　상·중·하

행복한 삶을 실현하기 위한 조건에 대한 설명으로 옳은 것은?

① 경제적 안정감은 행복 실현에 도움이 되지 않는다.

② 자연에서 벗어난 정주 환경에서 행복을 추구해야 한다.

③ 복지 제도를 통한 경제적 안정으로 행복을 실현할 수 있다.

④ 행복을 실현하기 위한 조건은 시대와 상황이 달라도 동일하게 나타난다.

⑤ 인간다운 삶을 살 수 있는 조건이 갖추어진다면 평생 행복을 유지할 수 있다.

133　상·중·하

다음 글은 행복한 삶을 실현하기 위한 조건에 관한 설명이다. 밑줄 친 ㉠~㉤의 내용 중 옳지 <u>않은</u> 것은?

> 인간이 주어진 환경에서 행복하려면 어떤 조건이 갖추어져야 할까요? 먼저, ㉠ 질 높은 정주 환경이 조성되어야 안전하고 위생적인 삶을 살아갈 수 있습니다. 이를 위해서는 ㉡ 자연환경을 보전하고, 필수적인 제반 시설을 갖추어야 합니다. 다음으로, 경제적 안정이 필요합니다. ㉢ 일정 수준 이상의 소득이 보장된다면 삶의 질을 유지하며 행복하게 살아갈 수 있습니다. 이를 위해 ㉣ 국가는 고용 안정에 힘쓰고, 일자리를 창출하기 위한 제도를 마련해야 합니다. 또한, ㉤ 강제적 국가 권력의 남용을 통해 시민의 권리를 보호하는 정치 체제가 자리 잡아야 합니다.

① ㉠　　② ㉡　　③ ㉢　　④ ㉣　　⑤ ㉤

134 중요

다음 대화에서 갑의 학생의 질문에 대한 을의 답변으로 적절한 것만을 |보기|에서 고른 것은?

| 보기 |

ㄱ. 자연환경과 인문환경의 여건을 따져봐야 해.
ㄴ. 경제적 안정보다는 정주 환경을 고려해야 해.
ㄷ. 민주적 제도가 갖추어져 있는지 확인해 봐야 해.
ㄹ. 타인에 대한 배려보다는 개인의 행복을 추구해야 해.

① ㄱ, ㄴ   ② ㄱ, ㄷ   ③ ㄴ, ㄷ
④ ㄴ, ㄹ   ⑤ ㄷ, ㄹ

135

다음 글을 통해 파악할 수 있는 내용으로 가장 적절한 것은?

- 인도의 빈민가 다라비에는 화장실도 없는 주택이 네모난 성냥갑을 붙여 놓은 것처럼 빼곡하게 늘어서 있다. 침실과 간단한 부엌만 갖춘 작은 집에 7명 이상이 모여 살며, 동네에 한 칸 있는 변기를 모든 주민이 공용으로 이용한다.
- 필리핀 어느 강변의 한 빈민촌에 나무판자로 만든 두세 평 규모의 판잣집이 늘어서 있다. 축축한 나무 바닥 아래로 강물을 따라 쓰레기가 흘러가고, 집 안에서는 악취가 진동한다.

① 주거 문제는 외국에만 국한되는 사례이다.
② 주거로 인한 고통은 개인이 해결해야 할 문제이다.
③ 열악한 주거 환경 속에서도 행복을 추구할 수 있다.
④ 행복 실현을 위해 쾌적한 주거 환경이 마련되어야 한다.
⑤ 주거 환경만 개선한다면 모든 국민이 행복해질 수 있다.

136

다음 글을 통해 파악할 수 있는 내용으로 가장 적절한 것은?

세계적인 투자 은행 모건스탠리가 낸 보고서에 따르면, 우리나라는 1인당 명품 소비 1위 국가에 올랐다. 또한 한국인의 2022년 명품 소비액은 168억 달러(약 21조 원)로 전년 대비 24%나 늘어난 것으로 나타났다. 그러나 이러한 물질적 풍요에도 국민들의 삶의 만족도는 높지 않은 것으로 조사되었다. 우리나라 국민의 2020~2022년 삶의 만족도는 경제 협력 개발 기구(OECD) 회원국 38개국 중 35위이며, 국제 연합(UN) 산하 자문 기구가 발표한 행복도 조사에서도 우리나라는 최하위 수준이다.

① 명품 소비는 정신적 행복으로 이어진다.
② 행복의 가치는 경제적 여건에 의해 좌우된다.
③ 물질적 풍요로움은 정신적 풍요로움을 동반한다.
④ 경제적 풍요가 삶의 만족도 향상으로 이어지지 않을 수도 있다.
⑤ 국민 전체의 행복도를 높이기 위해서는 명품 소비를 더욱 늘려야 한다.

137

㉠에 들어갈 용어로 알맞은 것은?

___㉠___은/는 소득이 일정 수준을 넘으면 더 이상 소득 증가로 인해 행복감이 증가하지 않음을 의미하는 용어이다. 소득과 행복은 관련이 있지만 소득이 증가한다고 해서 반드시 더 행복해지는 것은 아니다.

① 정주 환경
② 행복 지수
③ 상대적 소득
④ 민주주의 지수
⑤ 이스털린의 역설

138

상 중 하

행복한 삶 실현과 관련하여 다음 사상가의 입장에서 긍정의 대답을 할 질문만을 |보기|에서 있는 대로 고른 것은?

> 군주는 백성을 나라의 근본으로 여겨 덕으로 다스리는 왕도(王道) 정치를 실시해야 합니다. 지혜로운 왕은 백성들이 생업을 가지게 해 주되, 반드시 위로는 부모를 섬기기에 충분하게 하고 아래로는 자녀를 먹여 살릴만하게 하여 풍년에는 언제나 배부르게 해야 합니다.

|보기|

ㄱ. 군주는 백성을 위하는 정치를 해야 하는가?
ㄴ. 일반 백성이 정치에 참여할 기회가 보장되어야 하는가?
ㄷ. 기본적인 생계 유지가 행복한 삶을 위한 중요한 조건인가?
ㄹ. 왕도 정치의 첫걸음은 백성의 의식주를 만족시키는 것인가?

① ㄱ, ㄹ   ② ㄴ, ㄷ   ③ ㄴ, ㄹ
④ ㄱ, ㄴ, ㄷ   ⑤ ㄱ, ㄷ, ㄹ

139

상 중 하

다음 글에서 파악할 수 있는 내용으로 가장 적절한 것은?

> 경제학자 리처드 레이어드는 돈과 행복의 관계를 '상대적 소득'이라는 개념으로 설명하였다. 많은 사람들이 절대적 소득보다 다른 사람과 비교한 상대적 소득을 중요하게 여긴다는 것이다. 레이어드가 하버드 대학교 학생들에게 '내가 5만 달러를 벌고 다른 사람은 2만 5천 달러를 버는 상황'과 '내가 10만 달러를 벌고 다른 사람은 25만 달러를 버는 상황' 중 한 가지를 선택하라고 했을 때, 학생들은 대부분 첫 번째 상황을 선택했다.

① 소득이 높을수록 더 행복한 것은 아니다.
② 부유한 사람은 모두 행복감을 느끼며 살아간다.
③ 행복은 자신과의 관계 속에서 추구하는 가치이다.
④ 경제적 안정감은 어떤 상황에서도 행복을 가져다준다.
⑤ 행복을 추구하는 과정에서 경제적 요인은 중요하지 않다.

140

상 중 하

다음 그래프는 민주주의 지수와 행복 지수의 상관관계를 나타낸 것이다. 이에 대한 해석으로 옳은 것은?

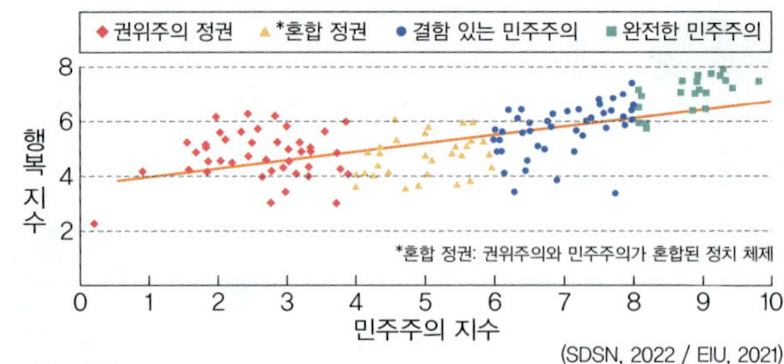

① 결함이 있는 민주주의 국가에서는 행복감을 느낄 수 없다.
② 권위주의 정권하에서 시민의 행복 지수는 평균보다 높다.
③ 민주주의 지수와 행복 지수는 대체로 비례 관계를 나타낸다.
④ 시민이 자유롭게 의사를 표현할 수 없는 국가의 행복 지수가 가장 높게 나타난다.
⑤ 시민이 적극적으로 정치에 참여할 수 있는 문화가 형성되어 있을수록 행복 지수가 낮아진다.

141

상 중 하

㉠, ㉡에 들어갈 말을 옳게 짝지은 것은?

> 국가의 주권이 국민에게 있는 ㉠ 은/는 사회 구성원이 행복한 삶을 살아가기 위해 필요한 조건이다. 국민의 ㉡ 이/가 확대되어 정책 결정에 직접 참여할 기회가 늘어날수록 국민의 행복 지수는 높아진다. 반대로 국민이 정책 결정에 직접 참여하고 의견을 표현할 기회가 제한될수록 국민의 행복 지수는 낮아진다.

	㉠	㉡
①	민주주의	참정권
②	민주주의	언론의 자유 보장
③	법치주의	참정권
④	법치주의	언론의 자유 보장
⑤	참정권	법치주의

142

상 **중** 하

다음은 행복한 삶을 실현하기 위한 조건에 대한 학생의 노트 필기 내용 중 일부이다. (가)에 들어갈 내용으로 가장 적절한 것은?

> (1) 시민의 참여가 활성화되는 민주주의의 실현
>   ① 민주적 법과 제도, 문화가 확립되어야 시민의 자유와 평등이 보장됨.
>   ② 시민의 의견이 정책에 반영된다면 정치 주체로서의 행복감을 얻을 수 있음.
> (2) 시민이 갖추어야 할 태도
>   ① 책임 의식을 가지고 정치에 참여해야 함.
>   ② ________________ (가) ________________

① 모든 법과 제도를 직접 제정해야 함.
② 본인이 지닌 정치권력을 자의적으로 행사해야 함.
③ 주권자로서 정부의 잘못을 바로잡기 위해 노력해야 함.
④ 정치에 대한 관심을 독려하기 위해 투표를 강요해야 함.
⑤ 본인과 반대되는 정치적 견해를 지닌 인물의 의견을 배척해야 함.

143 중요

상 **중** 하

다음 사상가의 입장에서 부정적인 대답을 할 질문으로 옳은 것은?

> 좋은 사람은 무엇을 행하든 훌륭하게 잘 행하기 마련이며, 잘 행하는 사람은 축복받고 행복하기 마련이네. 하지만 나쁘게 행하는 나쁜 사람은 비참하기 마련이네. 행복하기를 바라는 사람은 절제를 추구하고 실행하되 무절제는 피해야 하네. 나는 이것이 우리가 평생 눈여겨보아야 할 목표라고 생각하네. 우리는 정의와 절제를 갖추어 행복해지는 일에 자신과 공동체의 모든 노력을 기울여야 하네.

① 참된 앎을 지닌 사람은 덕이 있는 사람인가?
② 덕이 있는 사람은 행복한 삶을 살게 되는가?
③ 행복하기를 바란다면 절제를 추구해야 하는가?
④ 행복을 추구하기 위해 세속적 가치를 중시해야 하는가?
⑤ 정의를 실현하려면 개인과 공동체가 함께 노력해야 하는가?

144

상 **중** 하

다음 사례를 통해 파악할 수 있는 내용으로 가장 적절하지 <u>않은</u> 것은?

> 매해 12월, ○○시에는 형형색색 빛을 내는 전구로 버스 안팎을 꾸민 산타 버스가 운행된다. 버스에 오른 손님들은 사진을 찍거나 메모지에 글을 써서 붙이고, 양말 주머니에서 사탕을 꺼내 먹는다. 산타 버스는 A 기사가 손님들에게 즐거움을 주고 싶어 시작했다. 버스에 설치한 사랑의 모금함을 통해 17년 동안 2,500만 원 이상을 모아 어린이 재단에 기부하기도 했다. A 기사는 "손님이 즐거워하는 모습이 좋아요. 돈과 바꿀 수 없어요. 그런 행복한 표정이 다 마음의 정이에요."라고 산타 버스 운영 소감을 표현했다.

① 심리적 만족감도 행복에 포함될 수 있다.
② 직업 생활 속에서도 행복을 실현할 수 있다.
③ 도덕적 행동을 실천함으로써 행복해질 수 있다.
④ 행복은 돈으로 환산할 수 있는 가치를 지닌 개념이다.
⑤ 일상생활 속에서 다양한 방법으로 행복을 추구할 수 있다.

145

상 **중** 하

밑줄 친 ㉠에 대한 설명으로 옳은 내용만을 |보기|에서 있는 대로 고른 것은?

> 행복한 삶을 실현하기 위해서는 다양한 조건이 갖추어져야 한다. 특히 ㉠ 도덕적 행동을 실천하는 것도 행복으로 이어질 수 있음을 인식해야 한다.

| 보기 |

ㄱ. 자신의 이익만 추구해서는 안 된다.
ㄴ. 자신의 행동에 대해 성찰할 수 있어야 한다.
ㄷ. 자발적인 행동보다 비자발적인 행동이 더 도덕적이다.
ㄹ. 보편적 가치보다 개인의 주관적 기준에 따라 행동해야 한다.

① ㄱ, ㄴ　　　② ㄴ, ㄷ　　　③ ㄷ, ㄹ
④ ㄱ, ㄴ, ㄹ　　　⑤ ㄱ, ㄷ, ㄹ

146

상 중 **하**

다음 글을 읽고 물음에 답하시오.

> 행복을 실현하기 위해서는 다양한 조건을 고려해야 한다. 그중에서도 기본적으로 질 높은 정주 환경이 갖추어져야 한다. 정주 환경은 크게 ☐ ⊙ ☐ 와/과 ⓒ 사회적 환경으로 구분된다.

(1) ⊙에 들어갈 알맞은 말을 쓰시오.

____

(2) 밑줄 친 ⓒ에 해당하는 구체적 사례를 <u>세 가지</u> 서술하시오.

____

____

147 

상 중 **하**

다음은 행복과 경제적 요인의 상관관계에 대한 설명이다. 읽고 물음에 답하시오.

> 행복한 삶을 위해서는 삶의 질을 유지하기 위한 경제적 안정이 실현되어야 한다. 경제적으로 빈곤한 상황에서는 의식주와 같은 기본적인 삶의 조건을 충족하기 어렵기 때문이다. 생계를 유지하며 기본적인 삶의 조건을 충족하고 적절한 삶의 질을 유지하려면 일정 수준 이상의 소득이 있어야 한다. 그러나 ⊙ 이스털린의 역설에 따라 행복과 소득의 관계에 대해 다시 생각해 볼 수 있다.

(1) 밑줄 친 ⊙의 의미가 무엇인지 서술하시오.

____

____

(2) 위 내용을 바탕으로 국가적 차원에서 경제적 안정을 위해 노력해야 할 점을 <u>두 가지</u> 서술하시오.

____

____

148

상 중 **하**

다음 자료는 세계 민주주의 지수와 세계 행복 지수 순위를 비교한 것이다. 자료 내용을 바탕으로, 민주주의 발전과 행복의 관계를 '참정권'의 의미를 포함하여 서술하시오.

지수 \ 국가	노르웨이	뉴질랜드	…	미얀마	아프가니스탄
세계 민주주의 지수 순위	1위	2위	…	166위	167위
세계 행복 지수 순위	7위	10위	…	117위	137위

※ 세계 민주주의 지수는 167개국, 세계 행복 지수는 137개국 간의 비교 수치임.
(이코노미스트, 국제 연합, 2022)

____

____

149

상 중 **하**

다음 글의 내용을 바탕으로, 밑줄 친 '도덕적 행동'을 실천하기 위해 필요한 태도를 <u>두 가지</u> 서술하시오.

> 도덕적 행동을 실천하는 것은 행복감 증대로 이어질 수 있다. 서양 고대 사상가인 소크라테스는 "성찰하지 않는 삶은 살 가치가 없다."라고 말하며, 도덕적 성찰을 통해 삶의 가치와 행복을 찾을 수 있다고 주장하였다.

____

____

150

[상·중·하]

(가)와 비교한 (나) 입장의 상대적 특징을 그림의 ㉠~㉤ 중에서 고른 것은?

> (가) 민주주의 국가에서 시민이 행복감을 느끼려면 자신의 견해가 사회에 반영될 수 있다는 믿음을 가지고 각종 정책 결정에 적극적으로 참여해야 합니다.
>
> (나) 행복은 경제적 안정감을 기반으로 합니다. 일정한 소득이 보장되면 안정적으로 생활할 수 있으며 삶의 여유가 생기기 때문에 행복을 실현할 수 있습니다.

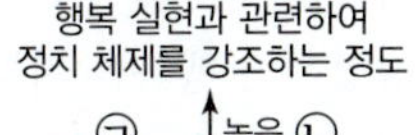
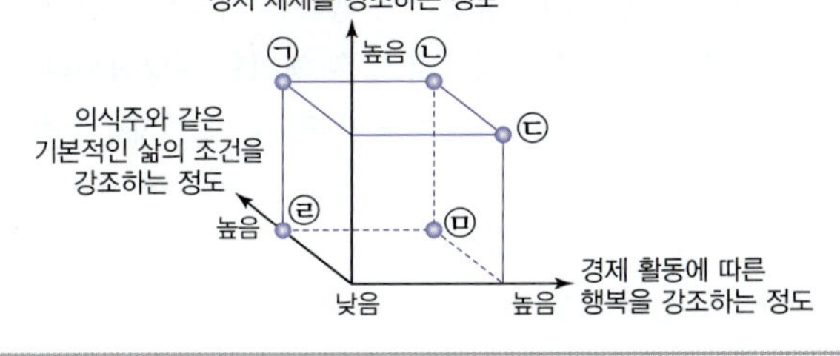

① ㉠   ② ㉡   ③ ㉢   ④ ㉣   ⑤ ㉤

151 중요

[상·중·하]

다음 글의 입장에 부합하는 진술에만 모두 ∨ 표시한 학생은?

> 행복해지는 것이 어려운 이유는 무엇일까? 행복한 삶을 실현하기 위해서는 여러 가지 조건이 갖추어져야 하기 때문이다. 우리는 진정한 행복을 얻기 위해 무엇을 고려해야 하는지 생각해 볼 필요가 있다.

진술	갑	을	병	정	무
쾌적한 정주 환경은 행복 실현에 기여할 수 있다.	∨	∨			
소득이 증가해도 반드시 행복하지 않을 수 있음을 인식해야 한다.	∨			∨	
경제적 안정보다는 도덕적 행위의 실천을 통해 행복을 추구할 수 있다.		∨	∨		∨
민주주의 사회의 모든 국민은 정치 참여 기회와 무관하게 행복감을 느낀다.				∨	∨

① 갑   ② 을   ③ 병   ④ 정   ⑤ 무

152

[상·중·하]

다음 대화의 핵심 쟁점으로 가장 적절한 것은?

> 갑: 민주주의 사회일수록 시민들의 행복감이 높은 것으로 나타났습니다. 행복을 실현하기 위해서는 정치적 환경이 안정적으로 조성되어야 합니다.
>
> 을: 정치에 무관심한 사람들이 증가하면 국민 전체가 느끼는 행복 지수가 하락할 것입니다. 따라서 시민들의 정치 참여를 법과 제도로 의무화할 필요가 있다고 생각합니다.
>
> 병: 시민의 정치 참여를 제도적으로 강요하는 것은 자유와 권리를 침해하는 것입니다. 지속적인 교육을 통해 정치 참여를 활성화하는 것이 바람직하다고 생각합니다.

① 정치적 무관심은 행복 지수를 떨어뜨릴 수 있는가?
② 시민들의 정치 참여는 행복 증대로 이어질 수 있는가?
③ 교육을 통해 정치 참여의 중요성을 강조하여야 하는가?
④ 민주주의 국가의 모든 시민은 행복을 보장받고 있는가?
⑤ 시민들이 정치 활동에 의무적으로 참여하도록 해야 하는가?

153

[상·중·하]

다음 그래프에 대한 분석으로 옳은 것은?

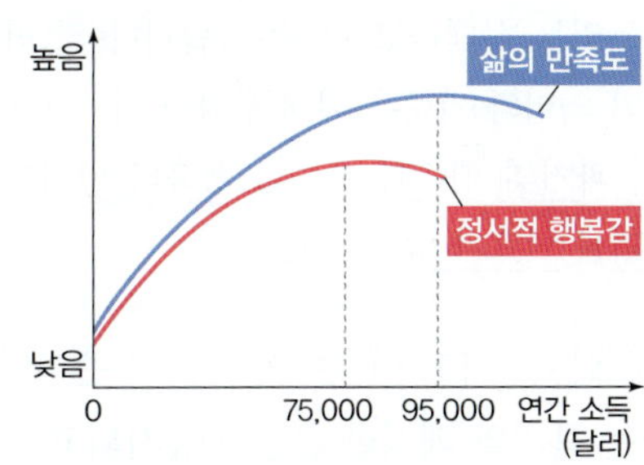

① 소득과 행복의 관계는 서로 관련이 없다.
② 소득과 삶의 만족도는 항상 비례 관계에 있다.
③ 소득이 늘어나도 정서적 행복감은 줄어들 수 있다.
④ 소득을 평등하게 만든다면 모든 국민이 행복해질 것이다.
⑤ 복지 제도를 확대하면 국민 전체의 행복감이 꾸준히 높아질 것이다.

154

상 중 **하**

다음 신문 칼럼에서 강조하는 내용으로 가장 적절한 것은?

> ### ○○ 신문
> 20○○년 △월 △일
>
> **[칼럼] 행복이란 무엇일까?**
>
> 행복의 의미는 시대에 따라 다르게 나타나고, 사람에 따라서도 구체적인 의미가 다르게 정의된다. 선사 시대에는 생존을 위하여 먹을 것을 구하고 몸을 보호하는 것이 행복의 기준이었다. 그러나 오늘날에는 자아실현을 이루는 것에서 행복을 찾는 사람들이 많아졌다.

① 시대와 무관하게 행복의 기준은 절대적이다.

② 항상 행복에 대한 보편적 기준에 따라 살아가야 한다.

③ 행복의 의미와 기준은 사람과 상황에 따라 달라질 수 있다.

④ 자신이 생각하는 행복의 기준을 타인에게 강요하며 살아가야 한다.

⑤ 의식주와 관련된 욕구를 충족하는 것은 행복 실현에 도움이 되지 않는다.

155

상 중 **하**

다음 글의 밑줄 친 내용에 대한 설명으로 적절하지 <u>않은</u> 것은?

> 일반적인 행복의 의미는 원하는 것을 이루어 즐거움과 만족감을 누리는 상태라고 할 수 있습니다. 그러나 행복의 구체적인 의미와 기준은 시대에 따라 다르게 나타납니다. 따라서 <u>과거의 행복과 오늘날 행복의 의미가 어떻게 다른지 살펴볼 필요가 있습니다.</u>

① 선사 시대에는 주거지 마련이 행복의 기준이었다.

② 오늘날에는 복지와 쾌적한 환경이 중시되고 있다.

③ 시민 혁명 이후에는 개인의 권리 보장이 중요하게 여겨졌다.

④ 정착 생활이 시작된 시기에는 노동력 확보가 행복의 기준이었다.

⑤ 산업화 시기에는 물질적 풍요로움보다는 정신적 만족감을 중시했다.

156

상 중 **하**

행복에 관해 다음과 같이 주장한 사상가가 강조한 삶의 태도로 옳은 내용만을 |보기|에서 고른 것은?

> 의롭지 않은데도 돈이 많고 지위가 높은 것은 마치 뜬구름과 같습니다. 거친 음식을 먹고 맹물을 마시며 팔을 굽혀 베개로 삼더라도 의로운 삶이라면 행복은 그 속에 있는 법입니다.

| 보기 |

ㄱ. 외면보다 내면의 즐거움을 추구해야 한다.

ㄴ. 육체적인 행복보다 정신적인 행복을 지향해야 한다.

ㄷ. 행복을 위해서라면 의롭지 않은 행위도 정당화된다.

ㄹ. 진정한 행복을 얻기 위해 기본적 욕구를 제거해야 한다.

① ㄱ, ㄴ   ② ㄱ, ㄷ   ③ ㄴ, ㄷ

④ ㄴ, ㄹ   ⑤ ㄷ, ㄹ

157 ★중요

상 중 **하**

다음은 행복의 의미에 대한 학생들의 대화이다. (가)에 들어갈 내용으로 가장 적절한 것은?

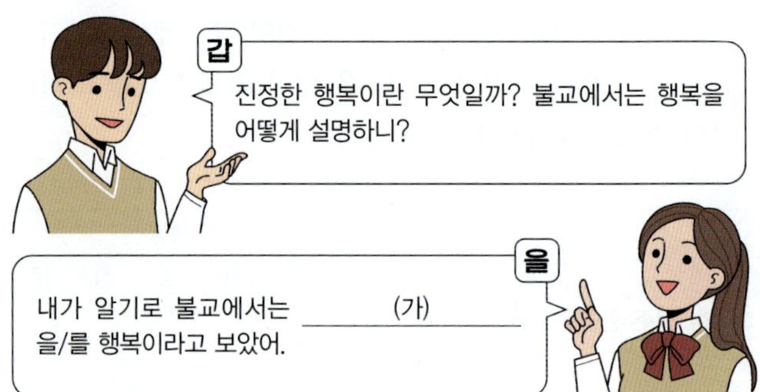

① 불성을 지니기 위해 노력하는 것

② 군자가 되어 인(仁)을 실천하는 것

③ 해탈을 이루고 정토를 구현하는 것

④ 무위자연의 태도에 따라 살아가는 것

⑤ 부처가 될 수 없음을 객관적으로 인식하는 것

158 중요 수능형 상 중 하

행복에 관해 다음과 같이 주장한 사상가의 입장에 해당하는 진술에만 모두 V 표시한 학생은?

> 만족함을 모르는 것보다 큰 재앙은 없고, 얻으려고 욕심을 내는 것보다 큰 허물은 없습니다. 그러므로 있는 그대로 만족하면 언제나 만족하게 됩니다. 도(道)에 따라 만족할 줄 알아야 행복할 수 있습니다.

진술	학생				
	갑	을	병	정	무
자연 그대로의 도(道)를 본받아 살아가야 한다.	V	V	V		
자연의 순리에 따르며 만족하는 삶의 태도가 필요하다.	V	V		V	V
성인(聖人)은 백성의 마음을 어지럽히지 않는 정치를 해야 한다.	V		V	V	V
현명한 사람을 높이고 숭상함으로써 자연의 질서를 바로잡아야 한다.			V		V

① 갑　　② 을　　③ 병　　④ 정　　⑤ 무

159 상 중 하

다음은 학생이 수업 시간에 '동양 사상의 행복론'을 주제로 발표한 내용이다. 밑줄 친 ㉠~㉤의 내용 중 옳지 <u>않은</u> 것은?

> 안녕하세요. 저는 동양 사상에서 바라본 행복에 대해 발표하겠습니다. 먼저 ㉠ 동양에서는 공동체의 화합과 개인의 수양을 강조했습니다. 또한 ㉡ 개인의 행복을 지나치게 추구하는 것은 욕망이므로 자제해야 한다고 보았습니다. ㉢ 유교에서는 불성을 드러내어 군자가 되는 것이 행복이라고 보았으며, ㉣ 불교에서는 해탈을 이루고 자비를 실천하는 것에서 행복을 구했습니다. ㉤ 도가에서는 인위적인 것이 더해지지 않은 자연 그대로의 도(道)를 따르는 것이 행복이라고 보았습니다.

① ㉠　　② ㉡　　③ ㉢　　④ ㉣　　⑤ ㉤

160 수능형 상 중 하

사상가 갑, 을의 입장을 탐구하고자 할 때, A~C에 들어갈 질문으로 옳은 내용만을 |보기|에서 있는 대로 고른 것은?

> 갑: 행복은 최고선이며, 덕에 일치하는 정신의 활동이다. 참된 행복은 이성을 아주 잘 실현할 때 이루어진다.
>
> 을: 인간은 자기 만족을 커다란 선(善)으로 생각한다. 우리는 몸에 고통이 없고 마음에 불안이 없는 상태에서 행복할 수 있다.

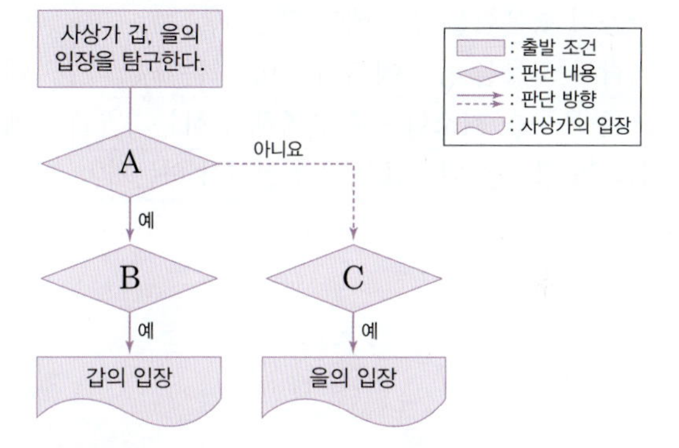

| 보기 |

ㄱ. A: 쾌락을 적절하게 추구해야 하는가?
ㄴ. B: 덕을 갖추려면 좋은 습관을 형성해야 하는가?
ㄷ. C: 평정심을 추구해야 하는가?
ㄹ. C: 진정한 쾌락을 위해 고통을 제거해야 하는가?

① ㄱ, ㄴ　　② ㄱ, ㄷ　　③ ㄴ, ㄷ
④ ㄱ, ㄷ, ㄹ　　⑤ ㄴ, ㄷ, ㄹ

161 상 중 하

다음 글에 나타난 사상의 입장으로 옳은 것은?

> 쾌락은 선(善)이요, 고통은 악(惡)이다. 인간은 본능적으로 쾌락을 추구하며 고통을 회피하고자 한다. 이러한 입장을 바탕으로 결과의 유용성을 가져다주는 행위를 실천하기 위해 노력해야 한다.

① 최대 다수의 최대 행복을 위해 행동해야 한다.
② 도덕 법칙에 따라 무조건적 명령을 수행해야 한다.
③ 좋은 습관을 형성하면 항상 도덕적 행동을 하게 된다.
④ 쾌락을 추구하는 행위는 항상 좋은 결과를 가져다준다.
⑤ 정념에 방해받지 않는 부동심의 상태를 추구해야 한다.

정답 및 해설 20~22쪽

162 중요 수능형

상 중 하

행복에 관해 다음과 같이 주장한 사상가의 입장에서 제시된 질문에 옳게 대답한 것은?

> 쾌락은 행복한 삶의 시작이자 끝이다. 우리가 쾌락의 부재로 고통을 느낀다면 쾌락이 필요하지만, 고통을 느끼지 않는다면 더 이상 쾌락이 필요하지 않다.

	질문	대답
①	정신적 고통을 제거해야 하는가?	아니요
②	마음의 평온함을 추구해야 하는가?	예
③	쾌락과 고통을 동시에 추구해야 하는가?	예
④	모든 욕구를 최소한으로 충족해야 하는가?	예
⑤	심리적 평온을 위해 소박하게 살아야 하는가?	아니요

163

상 중 하

다음 토론의 핵심 쟁점으로 가장 적절한 것은?

> 갑: 행복을 실현하려면 질 높은 정주 환경이 조성되어야 합니다. 쾌적한 환경에서 인간다운 삶을 살 수 있고, 자아실현의 기회도 보장받을 수 있기 때문입니다.
>
> 을: 저도 그렇게 생각합니다. 개개인이 목표를 성취하고 자아실현의 기회를 공평하게 제공받을 수 있도록 국가가 도와주어야 합니다.
>
> 갑: 일부 취약 계층은 기회가 와도 활용할 여건이 되지 않는 경우가 많습니다. 따라서 국가가 복지 제도를 통해 실질적인 도움을 주어야 한다고 생각합니다.
>
> 을: 자아실현의 기회를 제공해 줄 수는 있지만, 성취는 개인의 역량에 맡겨야 합니다. 국가가 과도하게 개입한다면 역차별 문제가 발생할 수 있습니다.

① 행복 실현을 위해서 국가의 지원이 필요한가?
② 온전히 개인의 역량으로 행복을 성취해야 하는가?
③ 쾌적한 정주 환경은 행복 실현의 요소 중 하나인가?
④ 국민의 행복 실현을 위해 국가는 기회의 평등만 제공하면 되는가?
⑤ 국가가 기회의 공정성을 보장하는 것은 행복 실현의 중요한 요소인가?

164

상 중 하

교사의 질문에 옳게 대답한 학생만을 |보기|에서 고른 것은?

보기

갑: 헬레니즘 시대에는 마음의 안정을 추구했어요.
을: 아리스토텔레스는 중용과 이성을 통해 행복해질 수 있다고 보았어요.
병: 스토아학파는 자연의 질서로부터 벗어나야 행복해질 수 있다고 보았어요.
정: 공리주의 사상에서는 결과의 유용성보다 행위의 동기로부터 행복을 찾았어요.

① 갑, 을   ② 갑, 병   ③ 을, 병
④ 을, 정   ⑤ 병, 정

165

상 중 하

다음 글에서 파악할 수 있는 내용으로 가장 적절한 것은?

> 사람들이 사회적으로 외로움을 느낄 때와 신체적인 고통을 느낄 때 동일한 뇌 영역이 활성화된다. 이타적인 행동이나 친사회적 행동처럼 사회적 유대를 높이는 행동은 성인과 아동 모두의 행복을 높이는 데 기여하며, 이러한 현상은 서로 다른 문화에서도 공통적으로 나타났다. 도덕적 실천은 개개인의 행복감을 높이며, 높아진 행복감이 또 다른 도덕적 실천으로 이어지기도 한다.

① 행복은 과학적으로 설명할 수 없는 영역이다.
② 모든 감정으로부터 자유로워져야 행복해질 수 있다.
③ 도덕적인 행동을 하는 사람은 항상 행복하게 살아간다.
④ 인간은 좋은 사회적 관계를 통해 행복을 실현할 수 있다.
⑤ 성인과 아동이 느끼는 행복의 기준은 항상 상호 배타적이다.

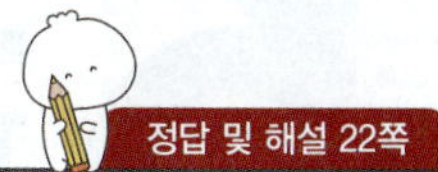
정답 및 해설 22쪽

166

다음 글을 읽고 물음에 답하시오.

> 선사 시대에는 생존을 위하여 먹을 것을 구하고 몸을 보호할 수 있는 주거지를 마련하는 것이 ㉠ 행복의 기준이었다. 그러나 산업화 이후에는 물질적 풍요를 중시하게 되었고, 시민 혁명 이후에는 개인의 권리를 보장하는 것이 행복의 기준으로 자리잡게 되었다. 오늘날에는 복지 혜택을 받고 쾌적한 환경에서 살아가는 것 등을 행복의 기준으로 생각하는 사람들이 많아졌다. 이처럼
>
> ___________(가)___________

(1) 밑줄 친 ㉠의 보편적인 의미를 서술하시오.

(2) 윗글의 내용을 바탕으로, 행복의 기준과 관련하여 (가)에 들어갈 내용을 서술하시오.

167

다음은 행복에 관한 동양 사상가들의 주장이다. 을의 입장에서 갑에게 제기할 수 있는 비판의 내용을 서술하시오.

> 갑: 행복은 하늘로부터 부여받은 선한 본성을 함양하여 인(仁)을 실천하는 것입니다.
>
> 을: 행복은 만물의 근원이자 본체인 도(道)에 따라 살아가는 태도로부터 얻을 수 있습니다.

168 중요

사상가 갑의 입장에서 〈사례〉의 주인공 A의 행복을 위해 해줄 수 있는 조언을 '중용'의 의미를 포함하여 서술하시오.

> 갑: 삶의 궁극적 목적은 행복입니다. 행복은 이성을 계발하여 유덕한 사람이 되는 것이며, 덕을 갖추려면 좋은 습관을 형성해야 합니다.
>
> 〈사례〉
>
> A는 평소 마음껏 먹는 것에서 행복을 느끼며 살아왔다. 그런데 최근 몸 상태가 좋지 않아 건강 검진을 받게 되었고, 식단 조절이 필요하다는 결과가 나왔다. A는 머릿속으로는 생활 습관을 바꾸어야 한다는 사실을 인식하고 있으면서도, 좋아하는 음식을 먹지 못한다는 사실에 괴로워하고 있다.

169

다음 글을 읽고 물음에 답하시오.

> 행복을 실현하는 조건은 매우 다양하다. 사람이 살아가는 환경인 ㉠ 이/가 쾌적해야 하며, 국민이 주권자로서 정치권력을 행사하는 ㉡ 제도가 잘 갖추어져 있어야 한다.
>
> 또한 경제적 안정을 유지하는 것도 행복의 중요한 조건 중 하나이지만, ㉢ 소득이 높다고 해서 항상 행복한 것은 아님을 명심해야 한다.

(1) ㉠, ㉡에 들어갈 알맞은 말을 쓰시오.

(2) 밑줄 친 ㉢의 구체적인 의미를 '상대적 소득' 개념을 포함하여 서술하시오.

05 자연환경과 인간 생활

1 자연환경이 인간에 미치는 영향

1. 자연환경과 인간
(1) 자연환경은 인간이 살아가는 데 필요한 토대를 마련해 줌.
(2) 인간은 자연환경에 적응하며 고유한 생활양식을 만듦.

★2. 기후와 인간 생활

기후	어떠한 장소에서 오랜 기간에 걸쳐 나타나는 대기 현상의 종합적이고 평균적 상태
기후 요인	기후의 지역적 차이를 가져오는 요인 ⑩ 위도, 해발 고도, 지형, 수륙 분포, 해류 등

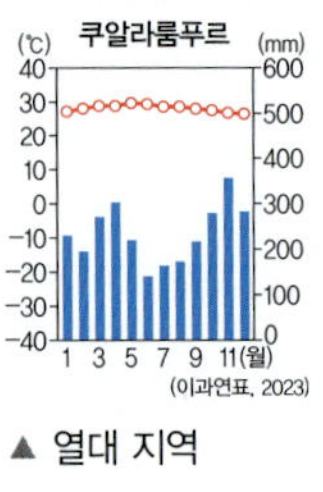
▲ 열대 지역

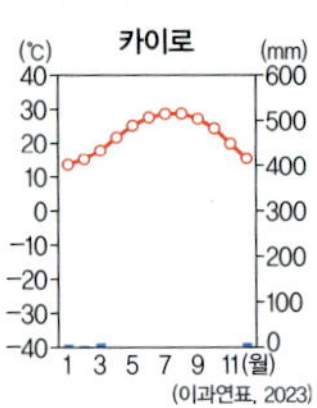
▲ 건조 지역

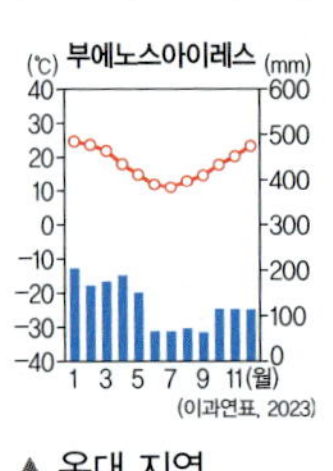
▲ 온대 지역

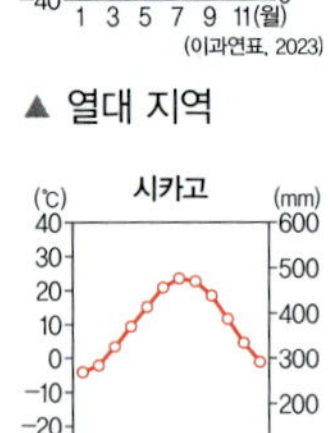
▲ 냉대 지역

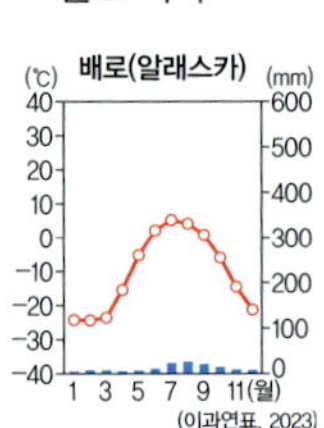
▲ 한대 지역

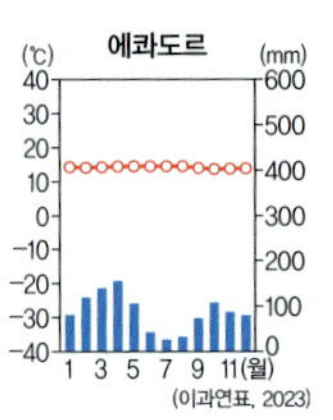
▲ 열대 고산 지역

(1) 열대 기후 지역

특징	연중 기온이 높고 강수량이 많음, 강수량 분포에 따라 열대 우림 기후와 열대 사바나 기후로 구분
분포	일사량이 많은 적도 주변
주민 생활	• 의복: 통풍이 잘되는 얇고 간편한 옷 • 음식: 음식이 부패하지 않도록 소금과 향신료를 많이 사용하고, 기름에 튀기거나 볶는 요리 발달 • 주거: 지면에서 바닥을 띄운 고상 가옥, 기붕의 경사가 급함. • 산업: 수렵과 채집, 이동식 화전 농업, 플랜테이션, 사파리 관광 산업(사바나)

(2) 건조 기후 지역

특징	연 강수량이 적고 일교차가 큼, 강수량 차이에 따라 사막 기후와 스텝 기후로 구분
분포	위도 20°~30°에 발달한 사막과 중앙아시아 내륙의 초원
주민 생활	• 의복: 사막에서는 모래바람과 뜨거운 햇볕을 막기 위해 얇은 천으로 온몸을 감싸는 옷 • 음식: 염소나 양을 길러 주로 고기와 유제품 섭취 • 주거: 사막에서는 흙벽돌집, 초원에서는 이동식 천막 가옥 • 산업: 사막에서는 오아시스 농업이나 관개 농업으로 밀과 대추야자 등을 재배, 초원에서는 유목 발달

(3) 온대 기후 지역

특징	계절의 변화가 뚜렷함.
분포	중위도 지역
주민 생활	• 의복: 계절별로 옷차림이 다름. • 음식: 각종 농축산물 생산이 많아 이를 이용한 다양한 조리법의 음식 발달 • 주거: 여름이 고온 건조한 지중해성 연안에서는 벽이 하얗고 창문이 작은 가옥, 동아시아 계절풍 지역은 더위와 추위를 모두 대비하는 가옥 발달 • 산업: 동아시아 계절풍 지대는 벼농사, 서부 유럽은 혼합 농업, 지중해 연안은 수목 농업 발달

(4) 냉대 기후 지역

특징	여름은 짧고 겨울은 춥고 길며, 연교차가 큼.
분포	고위도 지역
주민 생활	• 의복: 여름은 대체로 얇은 옷, 겨울은 보온이 잘되는 두꺼운 옷 • 음식: 밀과 육류를 이용한 음식 발달 • 주거: 창문이 작은 폐쇄적인 구조, 침엽수림을 이용한 통나무집 • 산업: 밀·보리 등을 재배, 타이가 지역에서 임업 발달

(5) 한대 기후 지역

특징	연중 대부분 기온이 낮아 농업이 불가능함.
분포	북극과 남극 주변
주민 생활	• 의복: 동물의 가죽이나 털로 만든 두꺼운 옷 • 음식: 열량이 높은 육류 위주의 음식 섭취 • 주거: 눈과 얼음을 이용하여 임시 거처인 이글루를 짓기도 함. • 산업: 순록 유목, 수렵·어로 생활

3. 지형과 인간 생활
(1) 산지 지역과 주민 생활
① 해발 고도가 높고 경사가 급하여 인간 거주에 불리
② 주민들은 주로 밭농사, 임업, 목축업에 종사
③ 산지 경관을 활용한 관광 산업, 풍부한 지하자원을 바탕으로 광공업 발달
④ 열대 기후 지역의 고산 지대는 연중 온화하여 일찍부터 고산 도시 발달 ⑩ 라틴아메리카의 마야, 잉카 문명 등

(2) 평야 지역과 주민 생활
① 해발 고도가 낮고 경사가 완만하여 농경과 취락에 유리
② 대하천 주변의 평야 지역은 일찍부터 농업과 도시가 발달하여 인간 경제 활동의 주요 공간이 됨.
⑩ 중국의 창장강, 인도의 갠지스강, 유럽의 라인강 등

(3) 해안 지역과 주민 생활

① 육지와 바다가 맞닿아 두 지역을 모두 이용 가능

② 풍부한 수산 자원을 얻을 수 있는 어업, 양식업 발달

③ 해안 지형의 경관을 활용한 관광 산업 발달

④ 대규모 항구와 산업 단지 조성

　⨀ 중국 상하이, 우리나라 부산항 등

(4) 특수한 지형과 인간 생활

① 카르스트 지형: 석회 동굴, 탑 카르스트 등 독특한 경관을 이용한 관광 산업 발달 ⨀ 베트남 할롱베이

② 화산 지형: 온천, 간헐천 등이 나타나고, 화산재를 이용하여 농업에 활용하기도 함 ⨀ 에스파냐 란사로테의 포도밭

2　안전하고 쾌적한 환경

1. 자연환경의 변화가 인간 생활에 미친 영향

(1) 기후변화가 인간 생활에 미친 영향

① 지구 온난화의 원인: 산업 혁명 이후 화석 에너지 자원의 사용량이 늘면서 온실가스 배출량 증가

② 지구 온난화의 영향

- 해수면 상승으로 섬 국가들의 수몰 위기

- 가뭄, 홍수 등 이상 기후 발생으로 기후 난민 증가

- 작물의 재배 지역과 동식물의 서식지 변화, 생물종 다양성 감소

- 북극 빙하가 녹으면서 새로운 항로가 열려 국가 간 운송 시간 단축, 북극 자원 개발에 대한 기대 증가

(2) 자연재해가 인간 생활에 미친 영향

① 기후 관련 자연재해

홍수	많은 비가 내려 하천 등이 범람. 집중 호우 시 주로 발생
가뭄	장기간 비가 내리지 않는 현상으로 피해 범위가 넓음.
태풍	• 저위도의 열대 해상에서 발생하여 고위도로 이동하는 열대 저기압으로 강풍과 폭우를 동반 • 일시적 가뭄 해소, 바다의 적조 현상 억제, 지구의 열 순환 등의 긍정적 기능도 수행
한파	우리나라의 경우 겨울철 시베리아 고기압의 영향으로 발생
폭설	한 번에 많은 눈이 내리는 현상, 비닐하우스, 축사와 같은 구조물 붕괴

② 지형 관련 자연재해

지진, 화산 활동	지각판의 경계인 환태평양 조산대와 알프스·히말라야 조산대에서 판의 충돌로 발생
산사태	집중 호우나 지진으로 토양층이 흘러 내려가는 현상

③ 인간의 삶에 미친 영향

- 인명과 재산 피해, 농경지 훼손으로 인한 경제적 피해 등 발생

- 화산 활동 지역에서는 지열로 전기를 생산하여 공급

(3) 인간 활동에 의한 자연환경 변화

① 원인: 인위적이고 과도한 개발로 인해 자연환경이 변화하여 인간의 안전이 위협받음.

② 사례

- 해안 침식: 지구 온난화로 인한 해수면 상승과 해안 주변에 건설된 하굿둑, 수중보 등의 인공 구조물로 모래 공급이 원활하지 않음.

- 땅꺼짐(싱크홀): 도로 붕괴나 인명 피해 증가

2. 안전하고 쾌적하게 살아갈 권리

(1) 시민의 권리: 모든 시민은 안전하고 쾌적한 환경에서 살아갈 권리가 있음.

(2) 국가 및 공공기관의 역할: 자연재해의 피해를 줄이고 안전하고 쾌적한 환경에서 살아가기 위해 국가와 지방 자치 단체의 정책적 지원 필요

① 시민의 안전권과 환경권을 보장하기 위한 법률과 정책 마련 ⨀ 우리나라는 헌번 제34조와 제35조를 바탕으로 「자연재해 대책법」, 「재난 및 안전 관리 기본법」, 「국민 안전 교육 진흥 기본법」 등을 제정

② 안전을 위한 인프라 구축 ⨀ 첨단 과학 기술을 활용한 스마트 재난 관리 시스템 구축

③ 지속가능한 개발을 위한 다양한 조치

(3) 시민의 역할: 안전하고 쾌적한 생활을 위해 자신의 권리를 인식하고 이를 보장받기 위한 노력해야 함.

① 재난 재해에 대비한 안전 교육에 적극 참여

② 자연재해로 피해를 입은 경우 신속하게 복구 요청과 보상을 신청

자료 1 세계의 기후 분포

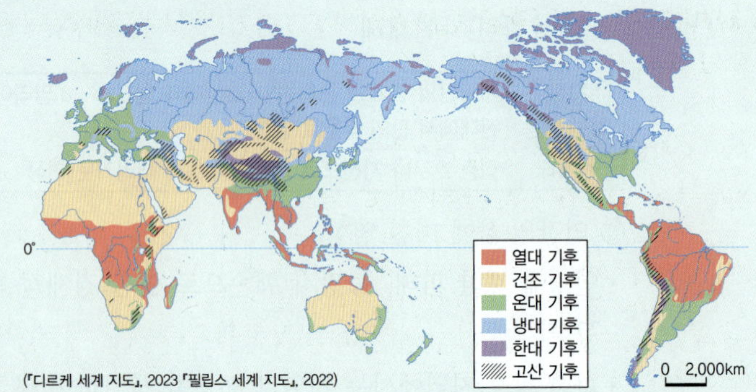

(『디르케 세계 지도』, 2023, 『필립스 세계 지도』, 2022)

출제 POINT 세계의 기후는 위도, 수륙 분포, 해발 고도 등 기후 요인에 의해 다양하게 나타난다. 특히 위도대에 따라 저위도에서 고위도로 갈수록 단위 면적당 태양 에너지가 줄어들어 평균 기온이 낮아지면서 대체로 열대, 온대, 냉대, 한대 기후 순으로 나타나고, 건조 기후와 고산 기후도 나타난다.

자료 2 고상 가옥

▲ 열대 기후 지역의 고상 가옥

▲ 한대 기후 지역의 고상 가옥

출제 POINT 열대 기후 지역에서는 땅에서 올라오는 열기와 습기를 피하기 위해 바닥을 지면에서 띄운 고상 가옥을 짓는다. 한대 기후의 툰드라 지역에서는 짧은 여름에 땅이 녹으므로 구조물이 붕괴되지 않도록 땅속 깊이 기둥을 박아 바닥을 지면에서 띄워 설치한다.

자료 3 기후변화로 인한 새로운 항로 개척

(해양 수산부, 2023)

출제 POINT 북극 항로는 북극해를 통과해 아시아와 유럽을 잇는 항로이다. 북극 항로는 북극해가 얼어 있는 겨울을 제외하고 1년에 8~9개월 정도만 이용이 가능하였으나, 기후변화로 북극 빙하가 녹으면서 이용할 수 있는 기간이 늘어나게 되었다. 우리나라에서 유럽으로 향하는 선박들은 북극 항로를 이용하면서 물류 경쟁력을 얻게 되었다.

---

1 연중 평균 기온이 가장 높은 기후는?

① 열대 기후 ② 건조 기후
③ 온대 기후 ④ 냉대 기후
⑤ 고산 기후

2 왼쪽 사진을 통해 알 수 있는 두 지역 가옥의 공통점으로 가장 적절한 것은?

① 지붕의 경사가 급하다.
② 건물들을 가깝게 붙여 짓는다.
③ 바닥을 지면에서 띄워 짓는다.
④ 쉽게 옮길 수 있는 이동식 가옥이다.
⑤ 주변에서 구하기 쉬운 재료를 활용하였다.

3 북극 항로 개척을 통해 우리나라가 얻을 수 있는 효과로 옳은 것만을 |보기|에서 골라 기호를 쓰시오.

| 보기 |
ㄱ. 거리 단축을 통한 연비 절감
ㄴ. 우리나라 – 러시아 간 관광객 증가
ㄷ. 유라시아 대륙 철도를 통한 교역 증대
ㄹ. 운반 시간 단축을 통한 물류 경쟁력 상승

정답 1 ① 2 ③ 3 ㄱ, ㄹ

● 다음 문제의 빈칸에 알맞은 단어를 써 넣으시오.

170 (   )은/는 기업들이 기상 정보를 기업 경영에 활용하여 더 높은 이윤을 얻으려는 활동이다.

171 (   ) 기후는 연중 덥고 습하기 때문에 사람들은 통풍이 잘되는 얇고 간편한 옷을 입는다.

172 해발 고도가 낮고 경사가 완만한 (   ) 지역에서는 일찍부터 농업과 도시가 발달하면서 인간 경제 활동의 주요 공간이 되었다.

173 (   ) 지형에서는 석회 동굴, 탑 카르스트 등 독특한 경관이 나타난다.

174 해안 주변에 건설된 하굿둑, 수중보 등 인공 구조물의 영향으로 모래 공급이 원활하게 이루어지지 않아 (   ) 현상이 나타난다.

175 태풍은 저위도의 열대 해상에서 발생하여 고위도로 이동하는 (   )(으)로 강풍과 폭우를 동반하여 인명 및 재산 피해를 일으킨다.

● 자연환경과 인간 생활에 대한 설명이 맞으면 ○표, 틀리면 ×표 하시오.

176 기후란 어떠한 장소에서 오랜 기간에 걸쳐 나타나는 대기 현상의 종합적이고 평균적 상태이다. (○ | ×)

177 한대 기후 지역에서는 밀, 보리 등을 재배하고, 밀과 육류를 이용한 음식이 발달한다. (○ | ×)

178 평야 지역은 해발 고도가 낮고 경사가 완만하여 주로 밭농사 중심으로 농업이 행해진다. (○ | ×)

179 지구 온난화로 가뭄, 홍수 등 이상 기후가 발생하여 기후 난민이 증가한다. (○ | ×)

180 하굿둑, 수중보 등의 인공 구조물 설치로 해안의 모래 공급이 증가한다. (○ | ×)

181 시민은 자연재해로 피해를 입은 경우 신속하게 복구를 요청하고 보상을 신청할 수 없다. (○ | ×)

---

1 자연환경이 인간에 미치는 영향

182
상 중 하

기후 요인의 특징에 대한 진술이 맞으면 ○, 틀리면 × 표시를 옳게 한 것은?

> (가) 저위도에서 고위도로 갈수록 기온이 높아진다.
> .... (   )
> (나) 해발 고도가 높아질수록 기온이 낮아진다. (   )
> (다) 동위도에서 대륙 내부는 해안보다 연교차가 크다.
> .... (   )
> (라) 난류가 흐르는 해안은 한류가 흐르는 해안보다 기온이 높고 강수량이 많다. .... (   )

	(가)	(나)	(다)	(라)
①	○	○	×	×
②	○	×	○	×
③	×	○	×	○
④	×	×	○	○
⑤	×	×	○	×

183
상 중 하

다음 사진과 같은 가옥 구조가 나타나는 지역의 특징으로 옳은 것은?

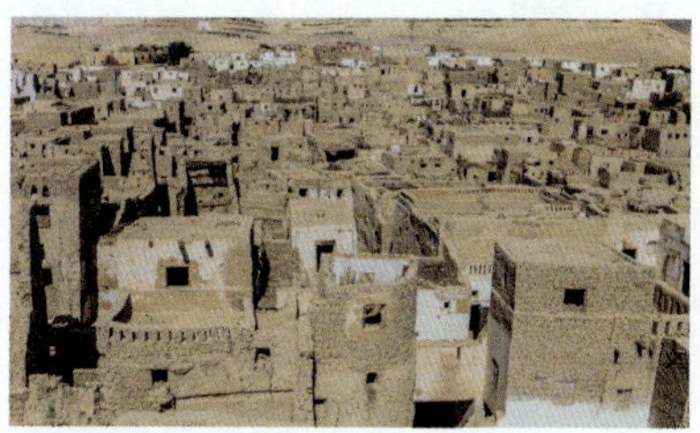

① 강수량이 많아 지붕의 경사가 급하다.
② 기후가 온화하고 계절의 변화가 뚜렷하다.
③ 강수량보다 증발량이 많고 일교차가 크다.
④ 추위를 막기 위해 길고 두꺼운 옷을 입는다.
⑤ 눈과 얼음으로 사냥을 위한 임시 거처를 만든다.

184

<상 중 하>

다음 자료는 학생이 어느 지역을 여행하며 작성한 여행기의 일부이다. 밑줄 친 '이 지역'에 대한 설명으로 옳은 것은?

이 지역의 음식점들에서는 기름에 튀기거나 볶은 요리를 많이 판매하고 있었다. 또한 요리에는 독특한 향신료를 많이 사용한 것 같았다.

① 일사량이 많아 기온이 매우 높다.

② 보온에 유리한 가옥 구조가 발달하였다.

③ 여름은 짧고 겨울은 매우 길어 농경에 불리하다.

④ 주민들은 순록을 키우거나 어로, 수렵 생활을 한다.

⑤ 모래바람으로부터 몸을 보호하기 위한 옷을 입는다.

[185~186] 다음 지도를 보고 물음에 답하시오.

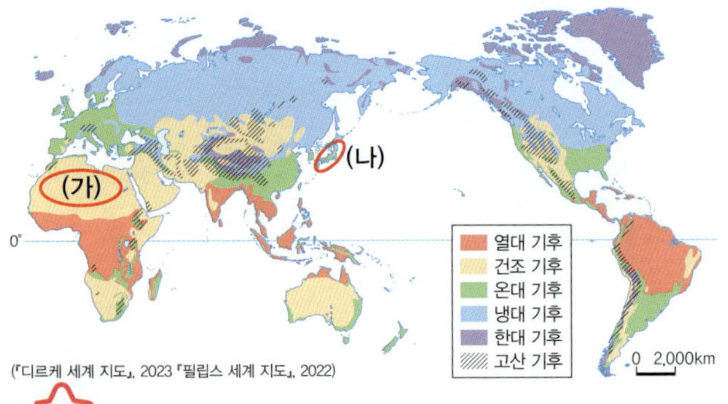

(『디르케 세계 지도』, 2023 『필립스 세계 지도』, 2022)

185 중요

<상 중 하>

(가) 지역과 비교한 (나) 지역의 상대적 특성을 그림의 A~E에서 고른 것은?

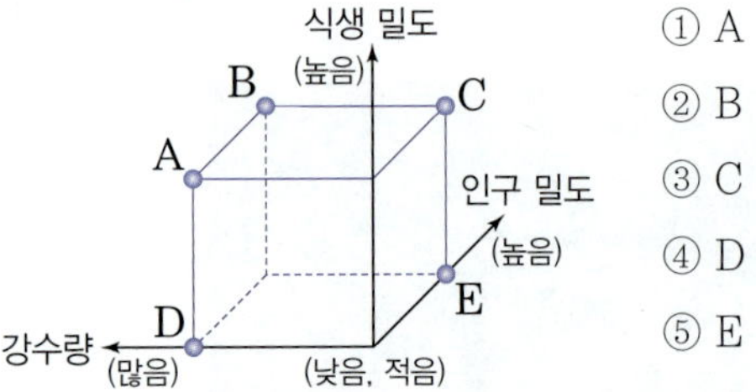

① A
② B
③ C
④ D
⑤ E

186

<상 중 하>

위 지도의 기후 분포에 영향을 준 요인으로 옳지 <u>않은</u> 것은?

① 위도   ② 해류   ③ 수륙 분포

④ 인구 분포   ⑤ 해발 고도

187

<상 중 하>

다음 대화의 (가)에 들어갈 답변으로 가장 적절한 것은?

① 덥고 습한 여름철 날씨를 이겨내기 위해서야.

② 수렵·어로 활동으로 재료가 풍부하기 때문이야.

③ 목축업이 발달하여 육류 생산량이 많기 때문이야.

④ 플랜테이션을 통해 재료를 대규모로 재배하기 때문이야.

⑤ 매우 춥고 긴 겨울철을 이겨내기 위해 열량이 높은 음식이 발달했기 때문이야.

188

<상 중 하>

다음 사진은 어느 지역에서 행해지는 전통 농업 방식을 나타낸 것이다. 이에 대한 설명으로 옳은 내용만을 |보기|에서 고른 것은?

| 보기 |

ㄱ. 토양이 비옥하여 벼농사가 주로 이루어진다.

ㄴ. 경작 후 지력이 떨어지면 다른 장소로 이동한다.

ㄷ. 건조한 기후에서 잘 자라는 밀과 보리 등을 재배한다.

ㄹ. 삼림에 불을 지른 뒤 그 재를 비료로 이용하여 농작물을 재배한다.

① ㄱ, ㄴ   ② ㄱ, ㄷ   ③ ㄴ, ㄷ

④ ㄴ, ㄹ   ⑤ ㄷ, ㄹ

189 중요

상 중 하

다음은 다양한 기후 지역을 구분한 것이다. ㉠~㉤ 지역에 대한 설명으로 옳지 <u>않은</u> 것은?

연중 덥고 습합니까? → 예 ㉠
↓ 아니요
계절의 변화가 뚜렷하고 기후가 온화합니까? → 예 ㉡
↓ 아니요
짧은 여름과 긴 겨울이 나타나고, 연교차가 큽니까? → 예 ㉢
↓ 아니요
남극과 북극 주변에 나타나는 기후입니까? → 예 ㉣
↓ 아니요
강수량이 부족하여 식물들이 자라기에 어렵습니까? → 예 ㉤

① ㉠ – 이동식 경작 또는 플랜테이션 농업이 행해진다.

② ㉡ – 유럽에서는 혼합 농업과 목축업이 발달하였다.

③ ㉢ – 초원을 찾아 유목 생활을 한다.

④ ㉣ – 순록 유목과 수렵·어로 활동을 하며 생활한다.

⑤ ㉤ – 오아시스 주변에서 농업이 가능하다.

190

상 중 하

다음 글은 기후와 인간 생활에 대한 것이다. 밑줄 친 ㉠~㉣에 대한 설명으로 옳은 내용만을 |보기|에서 고른 것은?

㉠ 기후란 어떠한 장소에서 오랜 기간에 걸쳐 나타나는 대기 현상의 종합적이고 평균적 상태로, 위도에 따라 ㉡ 열대 기후, ㉢ 온대 기후, 냉대 기후, 한대 기후가 나타나고, 강수량이 부족한 아열대 고압대나 대륙 내부에서는 ㉣ 건조 기후가 나타나기도 한다. 인간은 자연환경에 적응하며 고유한 생활양식을 만들어 왔다.

| 보기 |

ㄱ. ㉠은 인간 생활에 절대적인 영향을 준다.

ㄴ. ㉡은 강수량 분포에 따라 열대 우림과 스텝 기후로 구분한다.

ㄷ. ㉢이 나타나는 지중해 연안에서는 흰색 벽에 창문이 작은 집을 짓는다.

ㄹ. ㉣에서는 관개 농업이 행해지기도 한다.

① ㄱ, ㄴ   ② ㄱ, ㄷ   ③ ㄴ, ㄷ

④ ㄴ, ㄹ   ⑤ ㄷ, ㄹ

191 중요

상 중 하

다음 지도에 표시된 A 지역의 전통 가옥으로 옳은 것은?

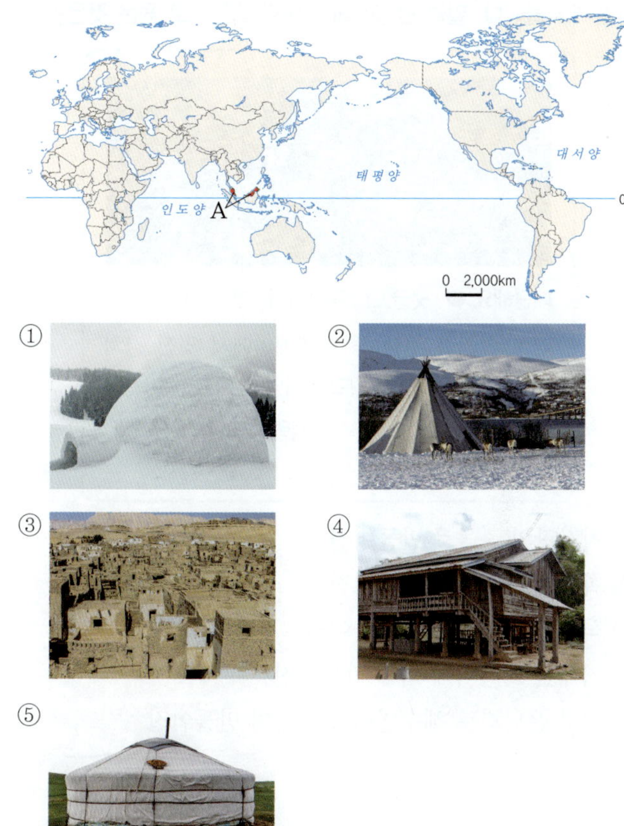

①
②
③
④
⑤

192

상 중 하

다음은 인공 지능(AI) 학습 내용 중 일부이다. (가)에 들어갈 질문으로 옳은 것은?

(가)

이 지역은 여름과 겨울의 온도 차가 크며, 특히 겨울에는 매우 추운 기후가 특징입니다. 주로 북반구의 고위도에 위치하며, 러시아, 캐나다, 북유럽 국가들이 대표적입니다. 농작물 재배가 가능한 기간이 짧고, 추운 기후 때문에 밀, 귀리, 감자 등의 작물을 주로 재배합니다.

① 열대 기후의 의식주 특징은?

② 한대 기후에서 발달하는 산업은?

③ 냉대 기후의 특징과 주민 생활은?

④ 건조 기후는 어떤 특징이 나타나는가?

⑤ 온대 기후가 나타나는 지역은 주로 어디인가?

193

<상 중 하>

다음 자료는 어느 지역을 여행하며 사회 관계망 서비스(SNS)에 올린 게시물이다. 밑줄 친 (가)에 들어갈 내용으로 옳은 것은?

① 지각판의 충돌로 만들어진
② 화산이 폭발하여 만들어진
③ 석회암이 용식되어 만들어진
④ 거대한 쓰나미에 의해 만들어진
⑤ 지구 온난화로 해수면이 상승하여 만들어진

194

<상 중 하>

다음은 '지형과 인간 생활'을 주제로 한 수업 장면이다. 교사의 질문에 옳게 답한 학생을 고른 것은?

① 갑, 을   ② 갑, 병   ③ 을, 병
④ 을, 정   ⑤ 병, 정

195 중요

<상 중 하>

다음은 다큐멘터리 촬영 계획서이다. 방문 예정 지역을 지도의 A~C에서 골라 순서대로 옳게 나열한 것은?

◎ 주제: 지형과 인간 생활
◎ 목표: 지형 환경에 따른 인간 생활을 탐구해 본다.
장면 1: 기후가 온화한 평야 지역에서 행해지는 대규모 벼농사
장면 2: 광활한 초원 지대에서 소나 양을 키우며 살아가는 유목민
장면 3: 풀 한 포기 자라기 힘든 사막에 높은 빌딩들이 지어진 모습

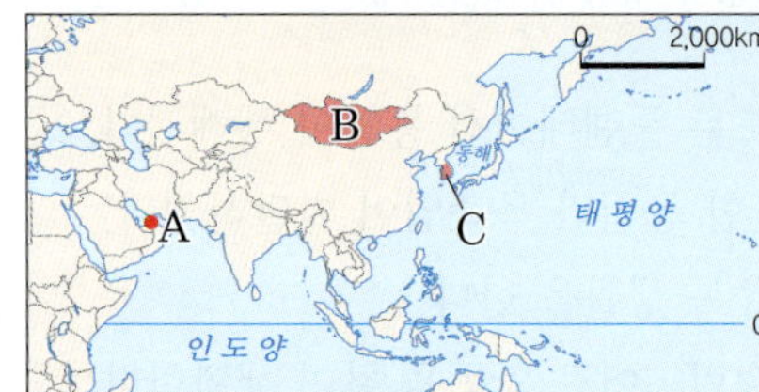

① A – B – C
② A – C – B
③ B – A – C
④ B – C – A
⑤ C – B – A

196

<상 중 하>

다음은 어느 지형에 대해 두 학생이 스무고개를 하는 장면이다. 밑줄 친 (가)에 들어갈 지역을 지도의 A~E에서 고른 것은?

〈학생 1〉	〈학생 2〉
한 고개: 화산 폭발로 만들어졌나요?	→ 예
두 고개: 현재도 화산 활동이 진행 중인가요?	→ 예
세 고개: 빙하 지형을 이용한 관광 산업이 발달했나요?	→ 예
네 고개: 지열을 이용하여 전력을 생산하나요?	→ 예
다섯 고개: 이곳은 ______(가)______ 입니다.	

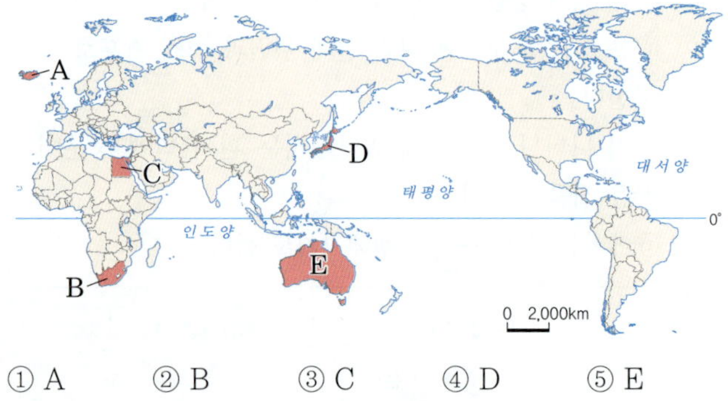

① A   ② B   ③ C   ④ D   ⑤ E

2 안전하고 쾌적한 환경

197 중요

상 중 하

밑줄 친 ⊙ 현상이 지속될 경우 나타날 수 있는 문제점으로 옳은 것만을 |보기|에서 고른 것은?

> ⊙ 지구의 평균 기온이 지속적으로 상승하고 있다. 이는 주로 인간 활동으로 인해 대기 중에 온실가스가 증가하면서 발생한다. 이산화 탄소(CO_2), 메탄(CH_4), 아산화 질소(N_2O) 등의 온실가스는 화석 연료의 연소, 산업 활동, 농업, 벌목 등 인간 활동에 의해 대기 중에 축적되고 있다. 이로 인해 전 세계적으로 심각한 환경적·사회적 문제가 일어나고 있다.

| 보기 |

ㄱ. 생물종 다양성 증가
ㄴ. 해수면 하강으로 해양 면적 축소
ㄷ. 폭염으로 열사병과 같은 질병 문제 증가
ㄹ. 가뭄, 홍수 등 이상 기후 발생으로 기후 난민 증가

① ㄱ, ㄴ　　② ㄱ, ㄷ　　③ ㄴ, ㄷ
④ ㄴ, ㄹ　　⑤ ㄷ, ㄹ

198

상 중 하

다음 그래프는 우리나라 주요 자연재해의 피해액 비율을 나타낸 것이다. (가), (나) 자연재해에 대한 설명으로 옳은 것은? (단, (가), (나)는 각각 태풍과 호우 중 하나임.)

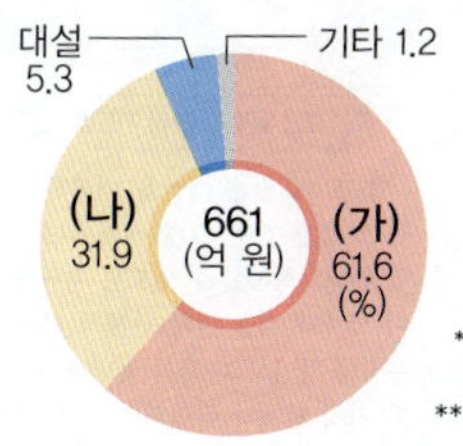

① (가)의 주된 원인은 산림 파괴이다.
② (가)는 화석 연료 사용량 증가로 피해 규모가 작아졌다.
③ (나)는 지형 관련 자연재해이다.
④ (나)는 저위도 열대 해상에서 발생한다.
⑤ (가), (나)로 인해 농작물의 북한계선이 북상한다.

199

상 중 하

다음은 '자연재해 대비 매뉴얼 만들기' 수행평가 보고서의 일부이다. (가)에 해당하는 자연재해의 특징으로 옳은 것은?

> 〈수행평가 보고서〉
> • 제목: _______ (가) _______ 대비 매뉴얼 만들기
> • 평상시: 탁자 아래와 같이 집 안에서 대피할 수 있는 안전한 대피 공간을 미리 파악해 둡니다.
> • 재해 발생 시: 흔들리는 동안은 탁자 아래로 들어가 몸을 보호하고, 탁자 다리를 꼭 잡습니다.

① 진행 속도는 느리지만 피해 범위가 넓다.
② 짧은 시간에 많은 건물과 도로를 붕괴시킨다.
③ 하굿둑, 수중보의 건설로 피해 규모가 확대된다.
④ 최근 해수면 하강으로 해안가에서 피해 규모가 크다.
⑤ 한 번 발생한 지역에서는 재발생으로 인한 피해 우려가 거의 없다.

200

상 중 하

빈칸에 공통으로 들어갈 국가를 지도의 A~E에서 고른 것은?

> 2018년, 화산 폭발과 지진 해일로 수많은 목숨을 앗아간 [   ] 아낙 크라카타우 화산이 이틀 연속 폭발하며 3km 높이로 화산재와 용암을 분출했다. 화산재는 용암과 함께 빠른 속도로 흘러내려 수많은 인명·재산 피해를 불러올 수 있다. [   ]은/는 태평양을 둘러싸고 있는 환태평양 조산대, 이른바 '불의 고리'에 포함되어 지진이나 화산 활동이 빈번하다.

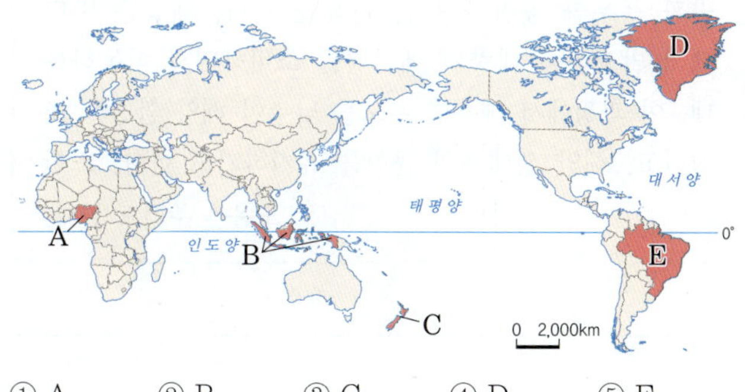

① A　　② B　　③ C　　④ D　　⑤ E

201 중요

상 중 하

다음 조사 보고서를 보고 물음에 답하시오.

〈기후와 인간 생활〉

1. 조사 지역: 동남아시아, 알래스카주
2. 조사 주제: 자연환경의 영향을 받은 건축물
3. 공통적인 특징: _______ ㉠ _______
4. 이유: (가)와 같은 구조물이 나타나는 이유는 _______ ㉡ _______ 이고, (나)와 같은 구조물이 나타나는 이유는 _______ ㉢ _______ 이다.

(가)　　　　　(나)

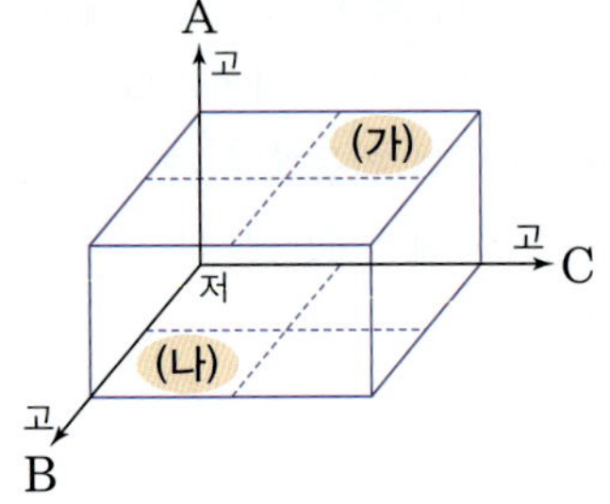

(1) ㉠에 들어갈 (가), (나) 구조의 공통된 특징을 서술하시오.

(2) ㉡, ㉢에 들어갈 내용을 (가), (나) 구조가 나타나는 지역의 기후 특징과 연관 지어 서술하시오.

202

상 중 하

다음 글을 읽고, (가)에 들어갈 태풍의 긍정적 영향을 <u>두 가지</u> 서술하시오.

> 태풍은 열대 해상에서 발생하는 저기압으로, 강한 바람과 폭우를 동반하여 큰 피해를 준다. 태풍은 바다에서 발생하여 대량의 에너지를 소비하면서 이동하는데, 이 과정에서 해수면 온도를 낮추어 해양 환경을 조절하고, 해양 생태계의 균형을 유지하기도 한다. 또한 _______ (가) _______ 도움을 주기도 한다.

203 중요

상 중 하

다음 자료를 보고 물음에 답하시오. (단, (가), (나)는 각각 평야 지역, 산지 지역 중 하나임.)

주제	지형과 인간 생활
사례	• (가)는 농경과 교통로 건설에 유리하여 예로부터 많은 사람이 모여 살았습니다. • (나)는 (가)에 비해 경사가 급하여 큰 규모의 산업이 발달하기에 어려움이 있습니다.

(1) (가), (나) 지역을 쓰시오.

(2) A~C에 해당하는 지표를 **보기**에서 찾아, 각 지표를 비교하여 (가), (나) 지역의 특성을 서술하시오.

┤ 보기 ├

• 인구 밀도　　　• 도시 발달　　　• 임업 발달

204

상 중 하

다음과 같은 법 조항을 통해 국가가 추구하고자 하는 목적을 서술하시오.

헌법

헌법 제34조 제6항
국가는 재해를 예방하고 그 위험으로부터 국민을 보호하기 위하여 노력하여야 한다.

헌법 제35조 제1항
모든 국민은 건강하고 쾌적한 환경에서 생활할 권리를 가지며, 국가와 국민은 환경 보전을 위하여 노력하여야 한다.

재난 및 안전 관리 기본법

제2조 이 법은 재난을 예방하고 재난이 발생한 경우 그 피해를 최소화하여 일상으로 회복할 수 있도록 지원하는 것이 국가와 지방 자치 단체의 기본적 의무임을 확인하고, 모든 국민과 국가·지방 자치 단체가 국민의 생명 및 신체의 안전과 재산 보호에 관련된 행위를 할 때에는 안전을 우선적으로 고려함으로써 국민이 재난으로부터 안전한 사회에서 생활할 수 있도록 함을 기본 이념으로 한다.

205

상 중 하

(가)에 들어갈 내용으로 가장 적절한 것은?

※ 〈퀴즈 1~3〉에 해당하는 용어를 〈글자판〉에서 찾아 모두 지우고, 남은 글자를 모두 활용하여 만들 수 있는 지형에 대한 문장을 만드세요.

〈글자판〉

간	트	마	스	씨
카	날	원	팅	천
케	르	대	헐	평

〈퀴즈 1〉 기업들이 기상 정보를 기업 경영에 활용하여 더 높은 이윤을 얻으려는 활동이다.

〈퀴즈 2〉 일정한 간격을 두고 뜨거운 물이나 수증기가 나왔다가 멎었다가 하는 온천이다.

〈퀴즈 3〉 그레이트 플레인즈는 북아메리카의 대륙 중앙에 남북으로 길게 뻗어있는 ○○○이다.

〈퀴즈 4〉 _______________________ (가)

① 파랑의 침식 작용을 받아 형성된 해안 절벽이다.

② 석회암이 화학적 풍화 작용을 받아 형성된 지형이다.

③ 대륙 내부의 판이 갈라지는 곳에 형성되는 산지이다.

④ 석회질의 산호충 유해가 퇴적되어 형성된 해저 지층이다.

⑤ 용암과 화산재가 교대로 쌓여 만들어진 원뿔 모양의 화산체이다.

206 중요

상 중 하

다음 글은 어느 기후 지역의 주민 생활에 관한 내용이다. 밑줄 친 '이 지역'의 전통 가옥으로 가장 적절한 것은?

이 지역에서는 드넓은 초원에서 노니는 말과 양들의 모습을 심심치 않게 볼 수 있다. 이 지역에서 자라는 키 작은 나무의 잎사귀는 두껍고 거칠며 줄기도 아주 딱딱하다.

①  ②  ③ 

④  ⑤ 

207

상 중 하

다음은 기후변화로 인해 (가), (나) 지역에서 나타나는 생활 모습의 변화를 나타낸 것이다. 그림의 A, B 지표를 옳게 짝지은 것은?

(가)	(나)
그린란드는 여름철 기온이 높아지면서 양배추, 상추, 감자 등의 작물 재배와 딸기, 토마토 등의 비닐하우스 재배가 가능해져 상업적 영농에 종사하는 주민이 점차 늘어났다. 하지만, 개 썰매를 교통수단으로 이용하고 바다표범 사냥과 얼음낚시 등을 생업으로 하는 원주민에게는 이러한 변화가 큰 시련이 되고 있다.	지구 온난화로 아프리카 킬리만자로산 정상부의 빙하가 줄고 있다. 이에 따라 농업용수가 부족해지면서 주식인 옥수수와 기호 작물인 커피의 생산이 감소하여 많은 농부가 생계 유지를 위해 도시로 떠났으며, 산에서 흘러내리던 물이 줄어들면서 식수를 찾아 높은 산을 오르는 주민들도 생겼다.

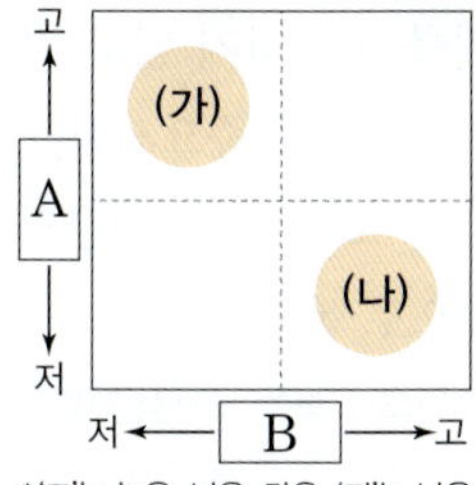

	A	B
①	평균 기온	농업 생산성
②	농업 생산성	농업 수익
③	농업 생산성	농경지 훼손
④	평균 강수량	토양 침식
⑤	농경지 면적	평균 강수량

208 중요

상 중 하

(가), (나) 지역의 기후 그래프를 |보기|에서 골라 옳게 짝지은 것은?

(가)	(나)
북극 원주민들은 극도로 추운 기후와 한정된 자원의 환경에서 수천 년 동안 살아왔다. 알래스카 북부와 서부 해안 지역에 주로 거주하며, 사냥과 어업을 하며 생활한다. 사냥 시즌에는 이글루를 사용하였다.	이 지역은 관개 농업으로 주로 면화, 밀, 과일 등을 재배한다. 아스완 댐과 같은 대규모 댐을 건설하여 나일강의 물을 통제하고, 더 넓은 지역에 물을 공급할 수 있게 되었고, 관개 농업의 범위가 확대되었다.

| 보기 |

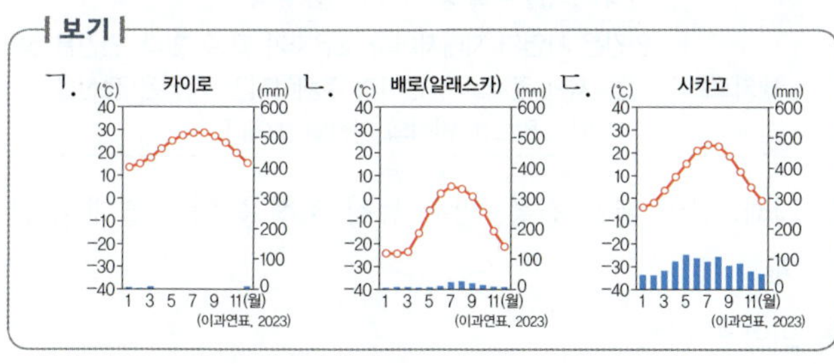

	(가)	(나)			(가)	(나)
①	ㄱ	ㄴ		②	ㄱ	ㄷ
③	ㄴ	ㄱ		④	ㄴ	ㄷ
⑤	ㄷ	ㄴ				

인간과 자연의 관계

1 자연에 대한 인간의 관점

1. 인간 중심주의

(1) 의미: 인간의 이익이나 행복을 우선으로 고려하는 관점, 인간만이 도덕적 지위를 지니고 인간 이외의 자연은 인간을 만족시키기 위한 수단으로 여김.

(2) 배경: 인간과 자연을 분리하여 바라보는 이분법적 세계관

(3) 특징

① 인간을 자연으로부터 독립된 존재이자 자연보다 우월한 존재로 여김.

② 자연이 가지고 있는 본래의 가치를 인정하지 않고 자연이 가지고 있는 도구적·수단적 가치를 중요시함.

③ 자연은 인간의 욕구를 충족시키는 도구이자, 인간의 풍요를 위한 개발과 극복의 대상으로 봄.

　　◆ 자연을 인간의 목적을 달성하기 위한 수단으로 보는 도구적 자연관과 밀접한 관련

④ 인간 중심주의를 바탕으로 인간은 자연을 적극적으로 이용하여 물리적 풍요를 누릴 수 있게 됨.

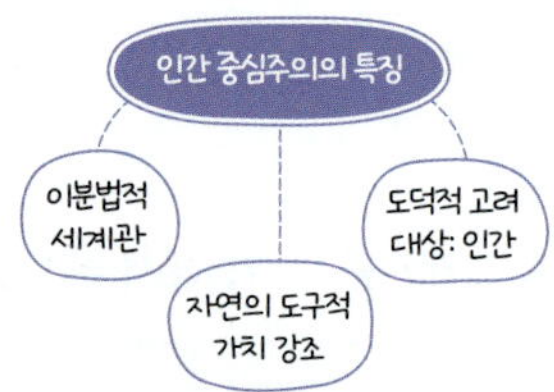

(4) 대표 사상가

사상가	주요 내용
베이컨	아는 것이 힘이다. 자연이 인간에게 이롭도록 지식을 활용해야 한다. 인간의 힘은 자연을 파악하고 분석하여 지식을 얻을 때 생겨난다. 자연은 인류 복지를 위한 수단이며, 인간의 이익을 위해 봉사하게 해야 한다.
데카르트	인간은 자연의 지배자이자 소유자가 될 수 있다. 인간은 정신을 지닌 존재로서 인식의 주체이지만, 자연은 정신을 지니고 있지 않으며 인식의 대상일 뿐이다.

(5) 사례: 산악 열차 건설, 팜유 농장 조성을 위한 열대 우림 개간 등

(6) 의의 및 한계

① 자연 개발 촉진의 사상적 기반이 됨.

② 자연을 함부로 이용함으로써 환경 오염, 자원 고갈의 문제점을 야기함.

③ 자연 속에 살아가는 인간도 환경 문제 피해의 대상이 됨.

2. 생태 중심주의

(1) 의미: 인간도 자연과 마찬가지로 생태계를 구성하는 하나의 요소이므로 자연과 공존·공생해야 한다는 관점

(2) 배경: 인간을 포함한 자연 전체를 하나로 보는 전일론적 관점, 동양의 풍수지리 사상과 맥락을 같이함.

　　◆ 전일론적 관점에서는 자연을 인간, 동물, 식물, 환경 등 다양한 구성원이 유기적으로 연결되어 있는 생태계로 봄.

(3) 특징

① 인간은 자연으로부터 독립된 존재가 아니라 자연의 한 구성원임.

② 자연이 인간에게 주는 유용성과 관계없이 생태계의 모든 것은 나름의 존재 이유가 있으므로 그 자체의 가치를 존중해야 함.

③ 무생물을 포함한 생태계 전체를 도덕적 고려의 대상으로 바라봄.

④ 인간과 자연의 조화와 균형을 이루기 위해 인간이 자연에 대한 윤리적 책임과 의무를 다해야 할 것을 강조함.

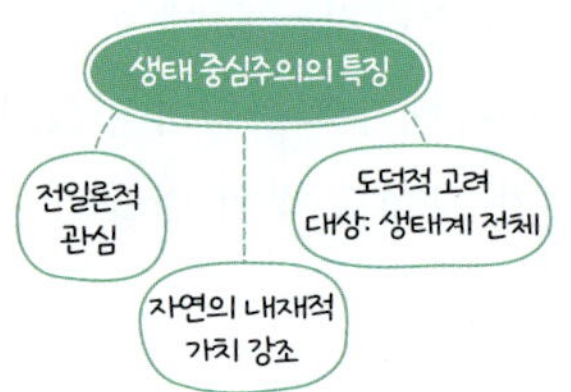

(4) 대표 사상가

사상가	주요 내용
레오폴드	공동체의 범위는 식물, 동물, 토양, 물을 포함하는 대지 전체이다. 따라서 우리는 이를 지배와 이용의 대상으로 보지 말고 공동체로 존중해야 한다.
네스	인간은 더 큰 전체인 자연의 일부임을 깨닫고 모든 생명체가 평등하고 동등한 가치를 지닌다는 '큰 자아실현'과 '생명 중심적 평등'을 추구해야 하며, 생태계 위기를 근본적으로 해결하려면 개인적·사회적 관행을 바꾸는 정도로는 부족하며 생태 중심적 세계관으로 전환해야 한다.

(5) 사례: 동물의 이동을 보장하기 위한 생태 통로, 습지 보호 구역 설정 등

(6) 의의 및 한계

① 내재적 가치를 지닌 생태계 보존의 의무가 있다는 점을 일깨움으로써 환경 문제 해결에 도움을 줌.

② 자연에 대한 인간의 개입을 허용하지 않으며, 자연 개발을 중단해야 한다는 점에서 비현실적이라는 비판을 받음.

③ 생태계 전체의 선을 위해 개별 생명체를 희생할 수 있다는 전체주의적 관점에서 비판의 대상이 되기도 함.

2 인간과 자연의 바람직한 관계

1. 인간의 생태계 위기 초래

(1) 생태계 위기

① 환경에 적응하는 능력을 기르고, 기술을 창조하는 지적 능력을 바탕으로 인간의 생존력 확대

② 과학기술 개발과 생산 능력 확대로 인구 부양력 증대

③ 생태계 내에 존재하는 천연자원과 동식물의 소비 증가로 생태계 위기 초래

④ 물질적 풍요와 편리한 삶을 가져다 준 대량 생산 체제 영향으로 환경 오염 가속화

원인	결과
생태계 균형을 깨뜨릴 수 있는 자원 소비, 개발	인간의 삶을 위협하는 전 지구적인 환경 문제와 기후변화에 따른 각종 자연재해 발생

(2) 생태계 위기에 대한 인간의 성찰

① 오늘날 환경 문제는 지구의 자정 능력을 넘어 회복하기 어려운 수준에 이르고 있음.

② 환경 문제 해결을 위해 인간과 자연을 분리하여 바라보는 관점에서 벗어나 유기적 관계를 맺는다고 인식

2. 자연관

(1) 자연관의 변화

① 전통적으로 인간은 자연의 일부이므로 유기적 관계 속에서 자연에 순응하며 살아옴.

② 근대 이후 서양의 기계론적 자연관 등장으로 자연을 독립적으로 존재하는 요소의 단순한 결합으로 이해함.

③ 자원 개발 및 자연을 지배 대상으로 인식하는 계기를 마련함.

④ 인간과 자연을 유기적으로 연결되어 있는 공존의 대상으로 인식할 수 있는 사고의 전환이 시작됨.

(2) 동양과 서양의 자연관 비교

구분	동양	서양
자연의 개념	자연과 인간을 하나로 연결된 조화로운 관계로 봄. → 유교의 천인합일의 경지 추구	자연을 인간이 정복하거나 통제해야 할 대상으로 봄.
인간과 자연	자연은 인간의 삶의 일부이며, 조화를 유지해야 함.	인간은 자연을 활용하고, 과학적으로 분석해 통제할 수 있음.
과학과 기술	자연을 존중하는 방식으로 기술을 사용함.	과학적 진보와 기술을 통해 자연을 정복하는 것을 추구함. → 기계론적 관점
윤리적 관점	자연에 순응하고 자연과 조화를 이루는 것을 중시함.	자연을 이용해 인간의 발전과 이익을 추구하는 것을 중시함.

3. 인간과 자연의 공존을 위한 노력

(1) 이분법적 사고의 한계: 인간 또는 자연 중 어느 한쪽만을 강조하는 이분법적 사고만으로는 인간과 자연의 공존에 한계가 있음.

(2) 공존의 관계

① 인간과 자연은 대립하는 관계가 아닌 공존의 관계

② 인간은 자연 이용의 주체이면서 동시에 자연 생태계의 한 구성원

③ 인간의 삶 자체가 자연과 유기적으로 연결된 상태

(3) 인간과 자연의 공존을 위한 다양한 노력

분야	주요 내용
공간적 차원	• 인간과 자연의 조화로운 공생을 위한 구체적인 제도와 사업 등을 공간적으로 구현 • 생태 도시, 생태 통로, 슬로시티 등을 도입하여 인간의 필요와 욕구에 따라 개발이 불가피하더라도 자연 파괴를 최소화
사회적 차원	• 자연을 지키는 것이 곧 인간이 만든 사회를 지키는 것이라는 신념을 토대로 사회적 인식의 폭 확장 • 효율성과 경제성보다 자연과 인간의 조화로운 공생을 도모하는 행동 요구
개인·윤리적 차원	• 생태적 덕목을 지니는 노력 요구 • 자연에 대한 책임감과 의무감을 지닌 가치관 형성 • 생태계의 한 구성원임을 자각하고 소비 지상주의 생활 태도를 지양하고 환경친화적 가치관을 생활 속에서 실천 • 생태계의 한 구성원으로써 지녀야 할 역할과 책임에 관한 생태 공동체 의식 정립

자료 1 남극 문제 해결을 위한 다차원적인 노력

사회적 차원	윤리적 차원
남극 기지에서 나오는 이산화 탄소가 남극의 빙하를 녹일 수 있습니다. 그렇다고 현재 남극에 있는 연구 기지를 모두 폐쇄할 수는 없습니다. 이에 국가별 연구 기지의 통합을 제안합니다. 이는 남극에 산재하고 있는 기지들을 한곳으로 통합하여 효과적으로 관리하는 개발 방식입니다. 이를 통해 남극의 환경 문제를 효율적으로 통제할 수 있습니다.	남극에 여행을 와서 환경을 더 생각하게 되었습니다. 관광객들은 소음을 일으키거나 쓰레기를 남극에 던지고 있습니다. 그래서 저는 펭귄과 사진을 찍지 않고 멀리서만 바라보겠습니다. 쓰레기는 가방에 넣고 돌아오겠습니다. 여행하는 동안 연료가 소비되는 따뜻한 음식을 먹지 않겠습니다. 연료는 남극의 빙하를 영원히 없앨 수도 있기 때문입니다.

출제 POINT 남극은 지구 온난화의 영향을 크게 받아 빙하가 빠른 속도로 녹으면서 해수면이 상승하고 있다. 또한 세계 각국의 연구 기지들이 증가하면서 이산화 탄소 배출 문제와 관광객이 증가하면서 쓰레기 처리 등의 환경 문제가 대두되고 있다. 최근 남극에서는 기후변화, 인간 활동, 생태계 교란 등의 문제를 해결하기 위해 다차원적인 노력이 요구된다.

자료 2 자연을 바라보는 관점

- **동물 중심주의**: 싱어(Singer, P.)는 쾌락과 고통을 느끼는 능력을 가진 존재를 동등한 도덕적 고려의 대상으로 봐야 한다고 주장하였다. 레건(Regan, T.)은 일부 포유동물이 기억, 쾌락, 고통 등의 감정과 함께 정서적 생활, 선호와 복지 등을 가지는 삶의 주체로서 도덕적 권리를 가진다고 보았다.
- **생명 중심주의**: 슈바이처(Schweitzer, A.)는 생명체는 그 자체로 선하고 존중받을 만한 가치가 있다고 주장하였다. 테일러(Taylor, P.)는 모든 생명이 성장, 발전, 번식과 같은 목적을 지닌 목적론적 삶의 중심이므로 고유의 가치를 지닌 생명체를 도덕적으로 존중해야 한다고 보았다.

출제 POINT 동물은 단지 인간의 목적을 위한 도구가 아닌, 그 자체로 가치 있는 존재이다. 동물 중심주의는 동물은 그 자체로 권리를 존중받아야 한다고 보는 반면, 생명 중심주의는 인간이 자연의 중심이라는 생각에서 벗어나 모든 생명이 평등하게 존중받아야 한다고 본다.

자료 3 인간과 자연을 바라보는 관점

인간 중심주의(베이컨)	생태 중심주의(레오폴드)
인간의 힘은 자연을 파악하고 분석하여 지식을 얻을 때 생겨난다. 자연은 인류 복지를 위한 수단이며, 인간의 이익을 위해 봉사해야 한다.	도덕 공동체의 범위를 동물, 식물, 흙과 물까지 포함한 생태계 전체로 보는 '대지 윤리'를 주장한다. 인간은 대지의 한 구성원일 뿐이며, 자연 전체가 생명 공동체이다.

출제 POINT 인간 중심주의는 인간의 이익과 욕구를 최우선으로 두는 관점이고, 생태 중심주의는 생태계 전체의 균형과 조화를 중시하며 모든 생명체의 가치를 존중하는 관점이다.

확인 문제

1 남극에서 발생하는 환경 문제로 옳지 __않은__ 것은?

① 해수면 상승
② 생태계 교란
③ 이산화 탄소 배출
④ 외부에서 유입된 쓰레기 처리
⑤ 관광객 증가로 인한 숙박 부족

확인 문제

2 자연을 바라보는 관점 중 다음 설명에 해당하는 관점을 쓰시오.

> 슈바이처, 테일러의 주장으로, 고유의 가치가 있는 생명체를 그 자체로 존중해야 한다는 관점이다.

확인 문제

3 자연과 인간의 관계에 대한 관점 중 다음 용어들과 가장 관련 있는 관점을 쓰시오.

> - 레오폴드
> - 대지 윤리
> - 생명 공동체

답 1 ⑤ **2** 생명 중심주의 **3** 생태 중심주의

● 다음 문제의 빈칸에 알맞은 단어를 써 넣으시오.

209 (   )은/는 자연을 인간의 욕구를 충족시키는 도구로 여기는 관점이다.

210 인간 중심주의는 인간과 자연을 분리하여 바라보는 (   )적 세계관으로부터 출발하였다.

211 (   )은/는 '아는 것이 힘이다.', '자연이 인간에게 이롭도록 지식을 활용해야 한다.'라고 주장하였다.

212 인간도 자연과 마찬가지로 생태계를 구성하는 하나의 요소이므로 자연과 공존·공생해야 한다는 관점은 (   )이다.

213 (   ) 관점은 인간을 포함한 자연 전체를 하나로 보고, 그 속에서 부분들이 상호 연관성을 가지고 있다고 이해하는 철학적 관점이다.

214 레오폴드는 공동체의 범위를 인간에서 동물, 식물, 무생물을 포함한 대지까지 확대하는 (   )을/를 주장하였다.

● 인간과 자연의 관계에 대한 설명이 맞으면 ○표, 틀리면 ×표 하시오.

215 인간 중심주의는 인간을 자연으로부터 독립된 존재로 여겼다. (○ | ×)

216 생태 중심주의는 인간과 자연의 조화와 균형을 이루기 위해 인간이 자연에 대한 윤리적 책임과 의무를 다해야 할 것을 강조한다. (○ | ×)

217 과학기술 개발과 생산 능력 확대로 인구 부양력이 증대하면서, 환경 문제는 과학 기술로 모두 해결이 가능해졌다. (○ | ×)

218 전통적으로 서양에서는 자연을 존중하는 방식으로 기술을 사용해 왔다. (○ | ×)

219 생태 도시, 생태 통로, 슬로시티 등을 도입하여 인간의 필요와 욕구에 따라 개발이 불가피하더라도 자연 파괴를 최소화할 수 있다. (○ | ×)

---

1 자연에 대한 인간의 관점

220 상 중 하

다음은 자연을 바라보는 두 관점을 나타낸 것이다. (가), (나) 관점을 옳게 짝지은 것은?

(가)	(나)
인간의 힘은 자연을 파악하고 분석하여 지식을 얻을 때 생겨난다. 자연은 인류 복지를 위한 수단이며, 인간의 이익을 위해 자연이 봉사하게 해야 한다.	공동체의 범위는 식물, 동물, 토양, 물을 포함하는 대지 전체이다. 따라서 우리는 이를 지배와 이용의 대상으로 보지 말고 공동체로 존중해야 한다.

	(가)	(나)
①	생태 중심주의	동물 중심주의
②	생태 중심주의	생명 중심주의
③	생태 중심주의	인간 중심주의
④	인간 중심주의	생명 중심주의
⑤	인간 중심주의	생태 중심주의

221 중요 상 중 하

(가) 주장과 비교한 (나) 주장의 상대적 특성을 그림의 A~E에서 고른 것은?

(가)	(나)
인간은 자연의 지배자이자 소유자가 될 수 있다. 인간은 정신을 지닌 존재로서 인식의 주체이지만, 자연은 정신을 지니고 있지 않으며 인식의 대상일 뿐이다.	바람직한 대지 이용을 오직 경제적 문제로만 생각하지 말라. 낱낱의 물음을 경제적으로 무엇이 유리한가 하는 관점뿐만 아니라 윤리적, 심미적으로 무엇이 옳은가의 관점에서도 검토하라.

① A
② B
③ C
④ D
⑤ E

[222~223] 다음 글은 독일 어느 지역의 도시 개발 사례를 나타낸 것이다. 이를 읽고 물음에 답하시오.

> 독일 프라이부르크는 지속가능한 도시 개발의 대표적인 사례로, 환경 보호와 에너지 절약을 중점으로 한다. 이 도시는 재생 가능 에너지, 특히 태양광 에너지의 사용을 극대화하며, 교통은 자전거와 대중교통을 우선시한다. 건축물들은 에너지 효율을 고려해 설계되었고, 도시 계획에서도 녹지 공간과 공원 등 자연과의 조화를 추구한다.

222

상 중 **하**

위 사례와 같은 도시 형태로 가장 적절한 것은?

① 관광 도시　　② 산업 도시　　③ 생태 도시
④ 문화 예술 도시　⑤ 첨단 기술 도시

223 중요

상 **중** 하

위와 같은 도시 개발의 방향과 같은 관점으로 옳은 것은?

① 인간을 자연으로부터 독립된 존재로 여긴다.
② 자연을 인간의 풍요를 위한 개발과 극복의 대상으로 본다.
③ 인간이 자연에 대한 윤리적 책임과 의무를 다해야 한다.
④ 자연이 가지고 있는 도구적·수단적 가치를 중요시한다.
⑤ 모든 자연을 인간의 욕구 충족을 위한 수단으로 여긴다.

224

상 **중** 하

자연을 바라보는 관점 중 다음 사진과 같은 시설물 설치와 관련된 관점에 대한 설명으로 옳지 <u>않은</u> 것은?

① 자연과 공존해야 한다는 관점이다.
② 자연 개발 촉진의 사상적 기반이 되었다.
③ 인간은 자연으로부터 독립된 존재가 아닌 구성원이다.
④ 인간을 포함한 자연 전체를 하나로 보는 전일론적 관점이 배경이 되었다.
⑤ 인간과 자연의 조화와 균형을 이루기 위해 인간은 자연에 대한 윤리적 책임과 의무를 다해야 한다.

225

상 중 **하**

빈칸에 들어갈 말로 가장 적절한 것은?

> 인간과 자연이 공존하기 위해서는 어떤 노력을 해야 할까? 우리는 ☐ 의식을 정립해야 한다. 인간이 자연보다 우월하다는 사고방식이 아니라 인간과 자연의 조화와 공존을 위해 자연 친화적인 삶을 살고 미래세대의 생태계 보전까지도 함께 고려해야 한다.

① 문화 공동체　　　② 생태 공동체
③ 운명 공동체　　　④ 인간 공동체
⑤ 지구 공동체

226

상 **중** 하

다음은 남극 개발에 관한 대화의 일부이다. (가), (나) 관점을 옳게 짝지은 것은?

(가) (나)

	(가)	(나)
①	생태 중심주의	동물 중심주의
②	생태 중심주의	생명 중심주의
③	생태 중심주의	인간 중심주의
④	인간 중심주의	생명 중심주의
⑤	인간 중심주의	생태 중심주의

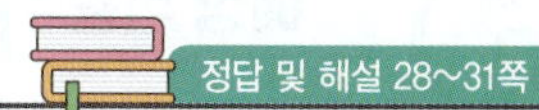

[227~228] 다음 글을 읽고 물음에 답하시오.

> 우리 조상들은 논에 물을 안정적으로 공급하기 위해 논 한가운데나 근처에 작은 웅덩이를 만들어 물 저장고로 이용하였는데, 이를 '둠벙'이라고 한다. 둠벙은 샘이 솟기 때문에 외부의 물 공급 없이도 습지를 유지할 수 있다. 최근에는 생태가 잘 보존된 둠벙을 생태 학습장으로 조성해 운영하고 있다.

227

상 **중** 하

위 사례를 통해 알 수 있는 우리 조상들의 자연을 바라보는 관점으로 가장 적절한 것은?

① 자연과 공존하고자 노력하였다.
② 자연의 도구적 가치를 중요시하였다.
③ 인간을 자연으로부터 독립된 존재로 여겼다.
④ 자연을 이용함으로써 과학기술이 발달하였다.
⑤ 인간의 이익이나 행복을 최우선으로 고려하였다.

228

상 **중** 하

위 사례와 같은 자연관을 가진 입장을 있는 대로 고른 것은?

> 갑: 우리는 자연의 주인이자 소유자가 될 수 있다. 인간은 정신을 소유한 존재이지만, 자연은 의식이 없는 물질이다.
> 을: 인간의 힘은 자연을 파악하고 분석하여 지식을 얻을 때 생겨나며, 자연은 인류 복지를 위한 수단이다.
> 병: 사람은 만물을 태우는 땅을 본받고, 땅은 만물을 포용하는 하늘을 본받고, 하늘은 만물을 양육하지만 주인의 행세는 하지 않는 도를 본받고, 도는 완전한 본성에서 나온 자연을 본받는다.
> 정: 바람직한 대지 이용을 오직 경제적 문제로만 생각하지 마라. 생명 공동체의 통합성과 안정성 그리고 아름다움의 보전에 이바지한다면 그것은 옳다. 그렇지 않다면 그것은 그르다.

① 갑, 을
② 병, 정
③ 갑, 을, 병
④ 을, 병, 정
⑤ 갑, 을, 병, 정

229 중요

상 **중** 하

생태주의적 관점의 입장으로 옳은 내용만을 **|보기|**에서 고른 것은?

|보기|

> ㄱ. 인간과 자연을 분리하여 바라보는 이분법적 세계관을 바탕으로 한다.
> ㄴ. 인간은 자연을 적극적으로 이용하여 물질적 풍요를 누릴 수 있다.
> ㄷ. 인간을 포함한 생명체 자체도 도덕적 지위를 지니므로 도덕적으로 대우해야 한다.
> ㄹ. 자연 생태계의 상호 의존성에 기반을 둔 생명 공동체로 그 자체의 중요성을 강조한다.
> ㅁ. 자연은 인간의 욕구를 충족시키는 도구이자 인간의 풍요를 위한 개발과 극복의 대상이다.

① ㄱ, ㄴ
② ㄴ, ㄷ
③ ㄴ, ㄹ
④ ㄷ, ㄹ
⑤ ㄹ, ㅁ

230

상 **중** 하

다음은 학생이 생성형 인공 지능(AI)으로 검색한 내용의 일부이다. 빈칸에 공통으로 들어갈 용어로 옳은 것은?

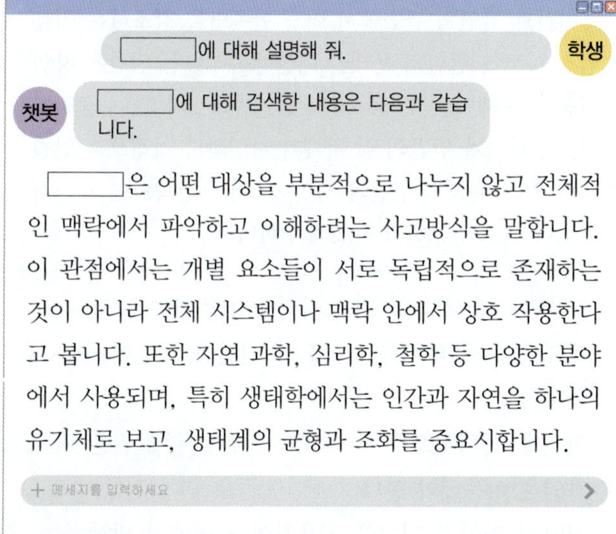

① 단일적 관점
② 기계론적 관점
③ 유물론적 관점
④ 전일론적 관점
⑤ 환원론적 관점

2 인간과 자연의 바람직한 관계

231

상 중 하

㉠~㉢에 들어갈 내용을 옳게 짝지은 것은?

> 세계 인구가 급격하게 [㉠]하였고, 삶의 편리성 추구로 인해 전 세계의 자원 소비량과 폐기물 양은 [㉡]하였다. 그 결과 현재 지구는 지구 온난화, 생물종 다양성 [㉢] 등 심각한 생태계 위기 상황에 직면해 있으며, 우리나라를 비롯하여 전 세계에서 이상 기후 현상이 나타나 인간의 생명과 안전이 위협받고 있다.

	㉠	㉡	㉢
①	감소	급감	감소
②	감소	급증	증가
③	증가	급감	감소
④	증가	급증	감소
⑤	증가	급증	증가

232 중요

상 중 하

다음 글에 나타난 인간과 자연의 바람직한 관계로 가장 적절한 것은?

> 인간과 자연의 관점에서 어느 한쪽만을 강조하는 이분법적 사고는 현실의 문제를 해결할 수 없다. 인간은 자연 이용의 주체이면서, 동시에 자연 생태계의 한 구성원이다. 더 나아가 인간의 삶 자체가 자연과 유기적으로 연결되어 있기 때문에 인간과 자연 중 어느 한쪽만을 중시하기보다 서로 양보하고 타협해야 한다.

① 인간의 이윤 추구를 위해 자연을 이용해야 한다.

② 생태 공동체 의식을 바탕으로 인간과 자연이 공존해야 한다.

③ 자연을 독립적으로 이해하되 인간이 주도권을 가지고 자연을 이용해야 한다.

④ 서양의 과학적 지식을 적용하여 자연에서 발생하는 모든 문제를 해결할 수 있다.

⑤ 자연을 극복하고 개발하는 행위는 무질서한 자연을 지속가능하도록 보존하는 유일한 방식이다.

233

상 중 하

(가), (나)에 해당하는 것을 그림의 A~D에서 고른 것은?

〈인간과 자연의 관계〉

(가)	(나)
유기적 관계	기계론적 관계

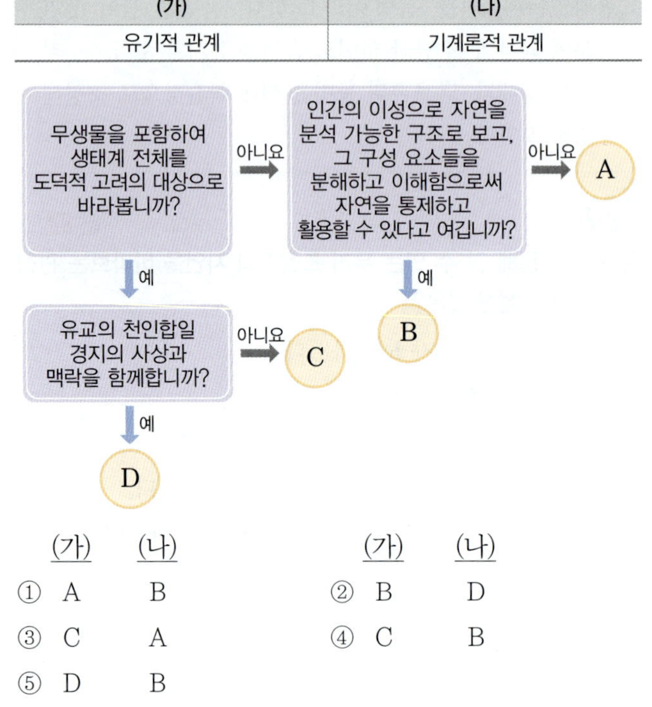

	(가)	(나)		(가)	(나)
①	A	B	②	B	D
③	C	A	④	C	B
⑤	D	B			

234

상 중 하

인간과 자연의 바람직한 관계에 대한 수업 장면이다. 교사의 질문에 옳지 <u>않은</u> 답변을 한 학생을 고른 것은?

> 교사: 오늘날 인간의 무분별한 개발로 생태계 위기가 초래되었어요. 인간과 자연의 공존을 위한 노력에 대해 이야기해 볼까요?
>
> 갑: 에너지 부족 문제 해결을 위해 화석 연료를 적극 사용해야 합니다.
>
> 을: 인간과 자연의 조화를 중시했던 동양의 자연관에서 지혜를 배워야 합니다.
>
> 병: 자연을 개발의 대상이 아닌 인간과 유기적으로 연결된 공존의 대상으로 인식해야 합니다.
>
> 정: 국가 및 지방 자치 단체에서는 생태 도시를 건설하고 생태계 복원 사업도 추진해야 합니다.
>
> 무: 환경친화적인 가치관을 바탕으로 일상생활에서 자연을 보호할 수 있도록 실천해야 합니다.

① 갑 ② 을 ③ 병 ④ 정 ⑤ 무

235

(가)에 들어갈 내용으로 가장 적절한 것은?

> 제목: _________________ (가)
>
> 필리핀 세부의 오슬롭 마을은 전통 방식으로 물고기를 잡아 생계를 이어갔다. 그러던 어느 날부터 고래상어가 출몰하여 고기잡이에 방해가 되었으나, 주민들은 고래상어를 잡지 않고 오히려 고래상어에게 먹이를 주면서 공존하였다. 그 결과 고래상어는 먹이를 먹기 위해 마을을 계속 찾아왔고, 오슬롭 마을은 고래상어 관광 체험을 통해 관광 수입을 얻게 되었다.

① 인간과 자연 생태계의 유기적인 관계
② 인간만이 도덕적 지위를 가지는 존재
③ 인간의 풍요를 위한 자연의 희생 가치
④ 자연이 가지고 있는 도구적 가치 의미
⑤ 자연을 적극적으로 이용할 인간의 우위적 위치

236

다음은 인간과 자연의 공존을 위한 다양한 노력을 나타낸 것이다. ㉠~㉤에 대한 설명으로 가장 옳지 <u>않은</u> 것은?

> • ㉠: 자연을 지키는 것이 곧 인간이 만든 사회를 지키는 것이라는 신념을 토대로 사회적 인식의 폭 확장
> • ㉡: 효율성과 경제성보다 인간과 자연의 조화로운 공생을 도모하는 행동 요구
> • ㉢: 자연에 대한 책임감과 의무감을 지닌 가치관 형성
> • ㉣: 생태계의 한 구성원임을 자각하고 환경친화적 소비 생활 실천
> • ㉤: 생태 공동체 의식 정립

① ㉠ - 인간은 자연의 한 구성원이기 때문에 공존을 위한 사회적 인식을 가져야 한다.
② ㉡ - 적극적인 자원 개발을 통해 자연이 가진 잠재력을 최대한 이끌어 낸다.
③ ㉢ - 개발 과정에서 파괴된 생태계를 복원하고자 한다.
④ ㉣ - 일회용품 사용을 줄여 자원 재순환율을 높인다.
⑤ ㉤ - 슬로시티를 통해 자연과 전통문화를 보호하는 삶을 추구한다.

237 중요

㉠~㉢에 들어갈 용어를 옳게 짝지은 것은?

> ㉠ 는 인간과 자연환경이 조화를 이루며 공생할 수 있는 체계를 갖춘 지속가능한 도시로, 독일 프라이부르크, 브라질의 쿠리치바가 대표적이다. ㉡ 는 공해 없는 자연 속에서 전통문화와 자연을 잘 보호하면서 느림의 삶을 추구하는 국제 운동이다. 우리나라의 완도 청산도, 담양 창평면, 신안 증도 등이 대표적이다. ㉢ 는 야생 동물이 도로나 댐 등의 건설로 인해 서식지가 절단되는 것을 막기 위해 인공적으로 만든 길을 말한다.

	㉠	㉡	㉢
①	생태 도시	세계 도시	생태 통로
②	생태 도시	슬로시티	생태 통로
③	세계 도시	슬로시티	생태 통로
④	슬로시티	생태 도시	환경 통로
⑤	슬로시티	세계 도시	생태 통로

238

그래프는 생활계 플라스틱 폐기물 발생량 변화를 나타낸 것이다. 이 문제를 해결하기 위한 다양한 주체의 노력으로 옳지 <u>않은</u> 것은?

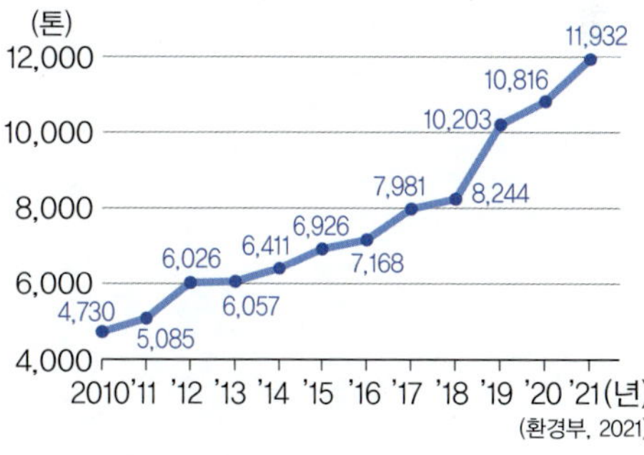

① 국가 및 정부에서는 플라스틱 소비를 줄일 수 있는 다양한 제도를 만든다.
② 개인적 차원으로 일상에서 플라스틱 용품을 종이 재질의 일회용품으로 대체한다.
③ 사회적 차원으로 시민들이 환경친화적인 가치관을 가질 수 있는 건전한 사회를 만들어간다.
④ 기업에서는 플라스틱 폐기물을 줄일 수 있는 친환경 제품을 개발하여 환경 문제 해결에 동참한다.
⑤ 국제 사회는 국가, 비정부 기구 간 협력을 통해 플라스틱 폐기물로 인한 국제 환경 문제 해결에 앞장선다.

239 중요

상 중 하

(가), (나)를 보고 물음에 답하시오.

> (가) 이탈리아의 오르비에토는 [㉠]의 출발점이 된 도시이다. 오르비에토는 1999년 '자연과 전통문화를 잘 보호하면서 경제도 살려 따뜻하고 행복한 세상을 만들자.'라는 구호를 걸고 슬로푸드를 넘어 [㉠] 운동을 시작했다. 슬로푸드 운동의 발상지인 오르비에토의 구시가지에는 대형 마트와 패스트푸드점이 없으며, 장기적으로는 도시 전체를 '차 없는 거리'로 만드는 것이 목표이다.
>
> (나) 동부 유럽 슬로베니아의 수도 류블랴나는 쓰레기 제로*를 목표로 하는 [㉡]이다. 류블랴나는 폐기물 관리 시스템으로 유럽에서 분리수거 비율이 가장 높다. 또한 시민들은 대부분 걷거나 자전거를 이용하며 거리에 있는 공용 전기차를 무료로 사용할 수 있다. 또 생수를 사서 마셔야 하는 다른 유럽 국가와는 달리 도시 곳곳에 식수대가 설치되어 있어 깨끗한 물을 마실 수 있다.
>
> * 쓰레기 제로: 모든 제품이 재사용될 수 있도록 장려하고 쓰레기 배출을 최소화하는 것

(1) ㉠, ㉡에 들어갈 용어를 각각 쓰시오.

(2) ㉠, ㉡의 의미를 간단히 쓰고, 이를 도입하는 이유를 제시어를 모두 사용하여 서술하시오.

> ┤ 제시어 ├
>
> • 인간   • 자연   • 유기적 관계   • 공존

240

상 중 하

다음 글을 참고로 기후변화가 인간과 생태계에 미치는 영향을 서술하고, 이러한 현상의 원인을 인간이 자연을 대하는 관점에서 서술하시오.

> 전 세계 식량의 90%를 차지하는 100대 농작물 중 70% 이상이 꿀벌의 수분 활동으로 생산된다. 또한 꿀벌이 꽃가루를 옮기면서 토양에 질소와 인산염을 공급하여 토양을 건강하게 해 준다. 그리고 식물들의 번식을 도와 대기 중 이산화 탄소를 줄이고 산소를 늘려 기후변화를 완화하는 데도 중요한 역할을 한다. 그러나 지구 온난화에 따른 이상 기후로 꽃이 이른 시기에 피면서 꿀벌의 활동 시기와 차이가 나고, 꿀벌이 기온 변화에 적응하는 데 어려움을 겪으면서 점점 사라지고 있다.

241

상 중 하

다음 사례를 읽고, 케이블카 설치에 대한 찬성, 반대 입장의 근거를 각각 서술하시오.

> ○○군은 △△산 관광과 지역 경제 활성화를 위해 환경부에 △△산 케이블카 설치 사업과 관련한 공원 계획 변경안을 제출했다. 그러자 △△산 권역 시민단체들이 '△△산 케이블카는 낮은 경제성과 공익성 부족, 환경 파괴 우려 때문에 두 차례나 정부로부터 반려된 사업이다. 위험하고 실속 없는 사업 추진을 중단해야 한다.'라며 반대하고 나섰다. 케이블카 설치 예정 구간은 반달가슴곰을 비롯해 수많은 법정 보호 동식물이 살고 있어 생태 보전 가치가 높고 생물 다양성 유지에 중요한 곳이다. 하지만 ○○군 관계자는 낙후된 지역 경제 활성화를 위해 케이블카 설치 사업을 계속 추진하겠다는 입장이다.

• 케이블카 설치에 찬성: ______________________

• 케이블카 설치에 반대: ______________________

정답 및 해설 32쪽

242 중요

상 중 하

다음은 자연과 인간의 관계에 대한 질문에 모두 옳게 답한 응답지이다. (가)에 들어갈 질문으로 옳은 것만을 |보기|에서 고른 것은?

인간 중심주의		질문	생태 중심주의	
예	아니요		예	아니요
∨		인간의 이익이나 행복을 우선합니까?		∨
∨		인간은 자연으로부터 독립된 존재입니까?		∨
	∨	(가)	∨	

|보기|

ㄱ. 자연의 내재적 가치를 강조합니까?
ㄴ. 자연의 도구적 가치를 중시합니까?
ㄷ. 인간과 자연을 전일론적 관점에서 바라봅니까?
ㄹ. 산업화 과정에서의 개발에 정당성을 부여합니까?

① ㄱ, ㄴ ② ㄱ, ㄷ ③ ㄴ, ㄷ
④ ㄴ, ㄹ ⑤ ㄷ, ㄹ

243 중요

상 중 하

다음 입장과 같은 진술에만 모두 ∨ 표시한 학생을 고른 것은?

> 늑대를 전부 잡으면 산이 더 안전하겠다고 생각하였으나, 늑대의 개체 수가 줄자 사슴 떼가 풀과 나무를 먹어 치웠다. 결국 토양이 유실되고 다른 동물들은 먹이 부족으로 죽게 되었다. 즉, 생태계의 구성원들은 하나의 유기체로 연결되어 있다.

진술	학생				
	갑	을	병	정	무
자연이 인간에게 주는 유용성과 관계없이 자연 그 자체가 지닌 본래 가치를 인정하고 존중한다.	∨		∨		∨
인간을 포함한 자연 전체를 하나로 보는 전일론적 세계관의 입장을 가진다.	∨	∨	∨		∨
이성을 지닌 인간은 자연보다 우월한 존재이므로 인간이 자연을 이용할 권리를 지닌다.		∨		∨	∨
인간은 자연으로부터 독립된 지배자가 아니라 구성원일 뿐이며, 자연의 모든 생명은 평등한 존재론적 가치를 지닌다.	∨	∨	∨		
새로운 기술 개발로 환경 문제를 해결할 수 있다.		∨	∨	∨	∨

① 갑 ② 을 ③ 병 ④ 정 ⑤ 무

244

상 중 하

(가), (나) 사상가 입장의 상대적 특성으로 옳은 것만을 |보기|에서 고른 것은?

(가)	(나)
인간은 주변의 모든 물체의 힘과 작용을 명확하게 앎으로써 장인처럼 이 모든 것들을 적절하게 사용하고, 이를 통해 자연의 주인이자 소유자가 될 수 있다.	생태계 위기를 근본적으로 해결하려면 개인적·사회적 관행을 바꾸는 정도로는 부족하며, 생태 중심적 세계관으로 전환해야 한다.

|보기|

ㄱ. 자연에 대한 도구적 관점
ㄴ. 자연 개발의 적극성
ㄷ. 생태계의 조화와 균형
ㄹ. 물질적 혜택과 복지 추구

① ㄱ, ㄴ ② ㄱ, ㄷ ③ ㄴ, ㄷ
④ ㄴ, ㄹ ⑤ ㄷ, ㄹ

245

상 중 하

다음 자료에 대한 설명으로 가장 적절한 것은?

> 지구 온난화에 따른 기후변화가 점점 심각해지면서 세계 각국은 이를 해결하기 위해 여러 노력을 기울이고 있다. 건축물을 지을 때에도 환경친화적인 건축물을 많이 짓고 있다.

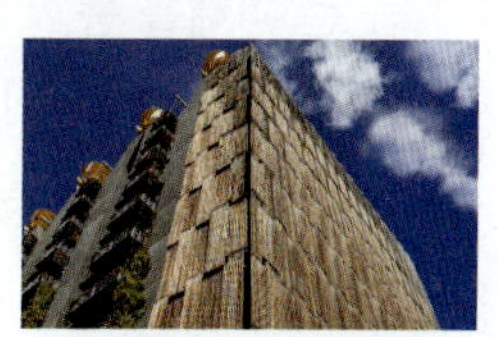

▲ 재생 목재로 차양을 설치해 여름철 햇볕을 막는 건물(오스트레일리아 멜버른)

① 모든 건축 재료는 재생 가능한 자원만을 사용한다.
② 자연이 인간에게 미치는 영향을 최소화하면서 짓는다.
③ 자연을 독립적으로 이해하는 가치관을 바탕으로 설계한다.
④ 에너지 효율성이 높은 건물을 지어 자연과 조화를 이룰 수 있다.
⑤ 자연을 적극적으로 활용하여 물질적 풍요를 누릴 수 있도록 건축물을 설계한다.

환경 문제 해결을 위한 노력

1 지구를 위협하는 환경 문제

1. 환경 문제의 특징

(1) 환경 문제의 의미

① 생태계의 균형이 깨지고 자정 능력이 약해지는 현상, 인간 활동이 자연환경에 미치는 부정적인 영향

② 기후변화, 대기 오염, 수질 오염, 토양 오염, 자원 고갈 및 생물 다양성 감소 등으로, 생태계와 인간 삶의 질을 저하시킴.

(2) 환경 문제의 발생 원인

① 지구의 생산 능력과 자정 능력을 고려하지 않은 무분별한 자원 소비

② 산업 혁명으로 인한 공업 발달로 생산력이 높아져 자원 소비량과 오염 물질 배출량 증가

③ 산업화와 도시화 과정에서 지구의 생태 수용력을 고려하지 않은 산업 발전

(3) 환경 문제의 특징

① 자정 능력의 한계를 넘어설 정도로 심각함.

② 원인이 다양하여 책임 소재를 명확히 구분하기가 어려움.

③ 발생 지역·국가의 경계를 넘어 인접 지역·국가, 전 지구에 영향을 미칠 만큼 피해 범위가 넓음.

④ 현세대뿐만 아니라 미래 세대의 생존까지 위협할 만큼 큰 피해를 줌.

⑤ 피해 복구에 시간이 오래 걸림.

⑥ 전 지구적 차원의 문제로 세계적인 협력이 필요함.

2. 주요 환경 문제의 특징

(1) 지구 온난화

의미	지구의 평균 기온이 상승하는 현상
원인	화석 연료의 소비 증가, 삼림 파괴 등으로 이산화 탄소와 같은 온실가스 배출량이 증가하여 온실 효과 심화
피해	• 극지방의 빙하 및 고산 지대의 만년설이 녹아 해수면 상승 • 해안 저지대 및 섬 지역의 침수 피해 • 동식물의 서식 환경 변화 • 지구 곳곳에 기상 이변 발생으로 가뭄, 홍수, 태풍, 폭설 등의 자연재해 발생 증가와 피해 규모 확대

(2) 사막화

의미	사막 주변 지역이 사막으로 변하는 현상
원인	장기간의 가뭄이나 과도한 방목과 개간
피해	식량 생산량 감소와 생태계 파괴, 물 부족, 황사 발생 등

(3) 대기 오염 및 산성비

원인	• 도시나 공업 지역에서 화석 에너지의 소비 증가로 인한 오염 물질의 배출량 증가 • 산성비는 공장, 발전소, 자동차에서 배출되는 대기 오염 물질이 빗물과 만나 발생
피해	• 최근 미세 먼지 농도의 증가와 황사, 스모그 현상 등 다양한 유형의 대기 오염 문제 발생 → 호흡기 질환 등 질병 유발 • 산성비가 내리면 삼림 파괴, 건축물 부식, 토양 오염 등 발생 • 산성비의 원인이 되는 오염 물질이 대기를 타고 이동 → 원인 물질 배출 지역과 피해 지역이 일치하지 않는 경우가 많음. → 주변 지역과의 긴밀한 협조 필요

(4) 열대림 파괴

원인	열대 기후 지역의 밀림에서 무분별한 벌채와 경지 개간 등
피해	• 동식물의 서식지 파괴로 생물종 다양성 감소 • 지구 온난화의 진행 속도 가속화

(5) 오존층 파괴

의미	태양으로부터 오는 자외선을 차단해 주는 오존층이 파괴되는 현상
원인	염화 플루오린화 탄소의 배출량 증가
피해	• 지표에 도달하는 자외선 양의 증가로 각종 피부 질환과 백내장 등 안구 질환 증가 • 식물 생장에 영향을 끼쳐 농작물 수확량 감소

(6) 해양 오염 및 쓰레기 섬

의미	• 선박에서 유출되는 원유, 바다로 버려지는 쓰레기와 오폐수 등 • 해양으로 유입된 쓰레기가 해류를 따라 이동하면서 거대한 쓰레기 섬 형성
피해	• 유출된 원유로 바닷물의 수질 악화 • 바다에 쓰레기가 쌓여 만들어진 쓰레기 섬으로, 해양 생물의 서식 환경 악화 및 해양 생태계의 균형 파괴 • 쓰레기 섬은 대부분 플라스틱이나 비닐 등으로 구성되어 해양 환경 파괴

(7) 기타 환경 문제

수질 오염	생활 하수와 공장 폐수 등
토양 오염	지하자원 개발과 화학 비료 남용 등
미세 플라스틱	• 플라스틱 분해 과정에서 형성 • 일회용품의 과도한 사용과 배출이 원인 • 물과 생태계 오염, 인간의 생명 위협

2 환경 문제 해결을 위한 다양한 노력

1. 환경 문제 해결을 위한 다양한 주체들의 노력

(1) 국제 사회의 노력

① 전 지구적 환경 문제 해결을 위한 국가 간 긴밀한 협력 체제 구축 ⓓ 유럽 연합의 탄소 국경 조정 제도

② 다양한 국제 협약 체결 및 이행

람사르 협약(1971)	물새 서식에 중요한 습지 보호
런던 협약(1972)	폐기물의 해양 투기에 따른 해양 오염 방지
몬트리올 의정서 (1987)	오존층 파괴 물질인 염화 플루오린화 탄소의 사용 규제
바젤 협약(1989)	유해 폐기물의 국가 간 이동 규제
생물 다양성 협약 (1992)	생물종 보전
사막화 방지 협약 (1994)	사막화 방지 및 사막화 피해 국가 지원
파리 협정(2015)	기후변화 대응 → 선진국에만 감축 의무가 있던 교토 의정서와 달리 모든 참여국에 온실가스 배출량 감축 의무 부여

(2) 정부의 노력

① 환경 관련 국제기구 활동과 국제 규약, 협약 등을 준수

② 환경 관련 법률 제정 및 정책 수립

• 자연환경의 지속가능한 이용을 도모하는 「자연환경 보전법」 제정

• 대규모 개발 사업이 환경에 미치는 영향을 미리 예측 · 평가 ⓓ 환경 영향 평가 제도

• 저탄소 녹색 성장 추진 ⓓ 온실가스 배출권 거래 제도, 탄소 배출량 감축 제도, 재생 에너지 발전 확대 등

• 자연 생태계 보호, 자원 소비 절감, 오염 물질 배출 규제 등을 위한 제도와 정책 시행 ⓓ 환경 정책 자금 지원, 일회용 컵 보증금 제도, 전기차 보급 제도 등

③ 친환경 산업 육성, 친환경적인 생활 방식 촉진, 환경 교육 활성화로 기업과 국민이 환경을 보전하고 개선하도록 독려

④ 에너지 절약 실천 방안이나 올바른 분리배출 방법 등의 홍보 활동

(3) 기업의 노력

① 제품의 생산 · 유통 · 폐기 과정에서 환경에 미치는 부정적 영향 최소화

• 자원 재활용이나 기술 혁신을 통한 친환경적 제품 개발로 환경 오염 최소화

• 제품 생산 시 환경 오염 물질의 배출량을 줄이기 위해 오염 방지 시설 설치, 노후화된 시설 정비 · 교체

② 생산 과정에서 자원의 소비량 축소

• 고효율 에너지 생산 시스템 도입

• 화석 연료의 사용 축소, 재생 에너지 사용 확대

③ 지속가능한 성장을 위한 ESG 경영 표방, RE100 참여를 위해 전력을 재생 에너지로 대체

(4) 시민사회의 노력

① 정부의 정책이나 기업의 활동이 환경에 부정적인 영향을 미치지 않도록 감시 · 견제

② 시민이 환경에 관심을 가지고 환경 보호를 실천하도록 다양한 시민운동과 환경 보호 캠페인 전개

③ 여러 국가의 시민 단체와 연대하여 전 지구적 차원의 환경 보호 활동 실시

ⓓ 세계 자연 기금(WWF)의 지구촌 전등 끄기 캠페인 등

2. 생태시민으로서의 실천 방안

(1) 생태시민

① 의미: 환경 문제를 인식하고 환경을 보호하기 위한 활동에 참여하고 실천하며 지속가능한 발전에 대한 책임과 의식을 가진 시민

② 책임: 자신을 비롯한 모든 생명체가 지구의 구성원으로서 상호 의존적임을 이해하고 생태 환경 문제를 해결하기 위해 노력해야 함.

(2) 생태시민이 함양해야 하는 자질

① 생태 전환적 사고: 인간과 자연의 공존과 지속가능성을 추구하도록 환경 문제에 대한 관심과 이해 필요

② 환경친화적인 가치관 수립: 일상 생활에서 친환경적인 생활 방식을 실천 ⓓ 대중교통 이용, 재활용품 사용, 쓰레기 분리배출 생활화 등

③ 자원과 에너지 절약

④ 정부의 환경 정책이나 제도에 관심을 갖고 참여

자료 1 주요 국제 환경 협약

(환경부, 2023)

출제 POINT 기후변화, 오존층 파괴, 해양 오염 등은 국경을 넘어서는 문제로, 모든 국가가 협력하여 대응해야 한다. 국제 환경 협약을 통해 각국은 전 지구적 환경 문제 해결과 환경 보호를 위한 공동 목표를 설정하고, 지속가능한 발전을 도모하게 된다.

자료 2 오존층 파괴

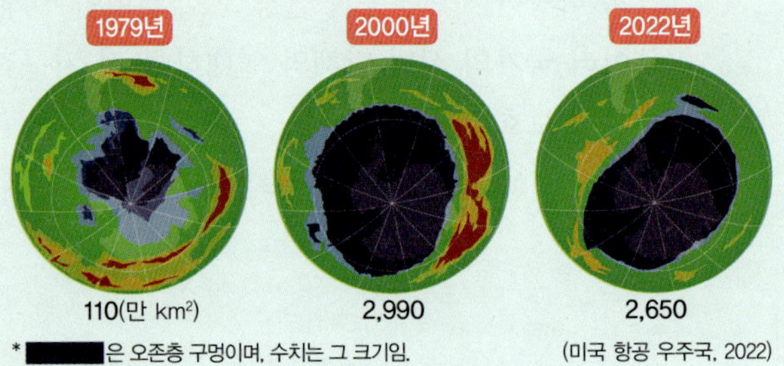

* ■은 오존층 구멍이며, 수치는 그 크기임.

(미국 항공 우주국, 2022)

출제 POINT 오존층 파괴는 대기 중 오존층이 얇아져서 태양의 해로운 자외선이 지구로 더 많이 도달하게 되는 현상이다. 오존층은 지구의 생명체를 자외선으로부터 보호하는 중요한 역할을 한다. 오존층 파괴의 주요 원인은 냉매나 스프레이에 사용되는 프레온가스(염화 플루오린화 탄소)이며, 오존층 파괴는 피부암, 백내장 등의 질환을 유발하고, 생태계에도 악영향을 미친다. 1987년 몬트리올 의정서가 채택되어 오존층 파괴 물질의 생산과 사용을 규제하고 있다.

자료 3 유럽 연합의 탄소 국경 조정 제도

탄소 국경 조정 제도(CBAM)는 유럽 연합(EU)으로 수출하는 제품이 생산 과정에서 탄소 배출량이 많았다면 추가로 관세를 더 부과하는 제도이다. 특정 제품을 생산할 때 발생한 탄소 총량을 신고하도록 하고 탄소 총량에 해당하는 인증서를 구매하게 하여 금액 부담을 더 지도록 할 예정이다. 이 제도는 2023년부터 2026년 말까지 시범 운영하고, 2027년 1월부터 정식으로 시작할 계획이다.

출제 POINT 유럽 연합의 탄소 국경 조정 제도는 유럽 연합의 탄소 중립 목표를 달성하고, 기후변화 대응에 있어 국제적인 협력을 유도하는 중요한 정책 중 하나로 평가받는다.

확인 문제

1 세계 주요 환경 협약으로 옳지 않은 것은?

① 런던 협약 ② 바젤 협약
③ 파리 협정 ④ 람사르 협약
⑤ RE100

확인 문제

2 밑줄 친 '이것'에 해당하는 용어를 쓰시오.

> 이것의 파괴는 주로 프레온가스(CFCs)와 같은 화학 물질에 의해 발생한다. 이것은 지구를 해로운 자외선으로부터 보호하는 역할을 하지만, 파괴로 인해 자외선이 지표에 더 많이 도달하게 되어 피부암, 백내장 등의 질병 문제와 생태계 파괴를 초래할 수 있다.

확인 문제

3 유럽 연합이 탄소 국경 제도를 시행하는 이유로 옳은 것은?

① 오존층 파괴 방지
② 세계 자연 유산 보호
③ 유럽 제품 수출 확대
④ 탄소 중립 목표 도달
⑤ 유럽 각국의 관세 수입 증가

정답 1 ⑤ 2 오존층 3 ④

● 다음 문제의 빈칸에 알맞은 단어를 써 넣으시오.

246 화석 에너지의 소비 증가로 이산화 탄소 등 온실가스 배출량이 증가하면서 지구의 평균 기온이 상승하는 (　　　　)이/가 진행되고 있다.

247 화석 에너지 소비 증가, 삼림 파괴 등으로 이산화 탄소와 같은 (　　　　) 배출량이 증가하게 된다.

248 (　　　　)은/는 공장이나 자동차 배기가스에 함유된 산성화된 대기 오염 물질이 섞여 내리는 비이다.

249 (　　　　)은/는 오존층 파괴 물질인 염화 플루오린화 탄소의 사용 규제를 명시한다.

250 (　　　　)은/는 환경 문제를 해결하기 위해 국제 협약을 준수하고 국제기구와 협력 관계를 유지하기 위해 노력하고 있다.

251 환경 문제를 인식하고 환경을 보호하기 위해 참여와 실천을 하며 지속가능한 발전에 대한 책임과 의식을 가진 시민을 (　　　　)(이)라고 한다.

● 환경 문제 해결과 관련한 설명이 맞으면 ○표, 틀리면 ×표 하시오.

252 오늘날 발생하는 환경 문제는 대부분 한 국가에서 독립적으로 해결이 가능하다. (　○　|　×　)

253 사막화는 장기간의 가뭄이나 과도한 방목과 개간으로 발생한다. (　○　|　×　)

254 열대림 파괴로 지구 온난화의 진행 속도가 빨라지고 있다. (　○　|　×　)

255 과학기술의 발달과 경제 성장으로 지구촌 환경 문제와 생태계 파괴 문제는 극복되었다. (　○　|　×　)

256 국제적으로 중요한 습지 보호를 위한 국제 협약은 람사르 협약이다. (　○　|　×　)

257 정부는 상품을 생산, 유통하는 과정에서 환경에 미치는 영향을 최소화하기 위해 화석 연료를 적극 사용하고자 노력한다. (　○　|　×　)

1　지구를 위협하는 환경 문제

258

상 중 하

(가)~(다)에 들어갈 말을 옳게 짝지은 것은?

> 과학기술이 점차 발달하면서 농업 중심의 경제에서 공업 중심의 경제로 변화하는 (가) 이 일어났다. (가) 으로 공업이 발달하면서 자원에 대한 수요가 증가하였고, 산업이 발달하면서 (나) 의 사용량도 증가하였다. 하지만 지구의 생산 능력과 자정 능력을 고려하지 않은 소비로 인해 자연환경이 일정 수준의 오염에 대해 수용할 수 있는 (다) 을 넘어서 환경 문제가 발생한다.

	(가)	(나)	(다)
①	공업 혁명	재생 연료	저장 용량
②	공업 혁명	재생 연료	포화 용량
③	산업 혁명	화석 연료	저장 용량
④	산업 혁명	화석 연료	환경 용량
⑤	상업 혁명	재생 연료	환경 용량

259 중요

상 중 하

다음 글은 어느 환경 문제에 관한 것이다. ㉠~㉣에 대한 설명으로 옳지 **않은** 것은?

> 인류는 산업화와 도시화 과정에서 지구의 생태 수용력을 고려하지 않고 지속적으로 발전만을 추구해 왔다. 화석 연료의 사용량 증가로 인해 대표적인 온실가스인 ㉠ 배출량이 크게 증가하면서 지구의 평균 기온이 상승하는 ㉡ 이/가 진행되고 있다. 지구 온난화로 극지방의 빙하 및 고산 지대의 만년설이 녹아 ㉢ 이/가 발생하여 해안 저지대와 도서 지역이 침수되면서 주민들의 삶이 위협받고 있으며, ㉣ 동식물의 서식 환경이 변화하고 있다.

① ㉠은 이산화 탄소가 대표적이다.

② ㉡은 지구 온난화이다.

③ ㉡을 막기 위해 몬트리올 의정서가 체결되었다.

④ ㉢은 해수면 상승이다.

⑤ ㉣의 영향으로 생물종 다양성이 감소하기도 한다.

[260~261] 다음 지도는 세계의 환경 문제를 나타낸 것이다. 이를 보고 물음에 답하시오.

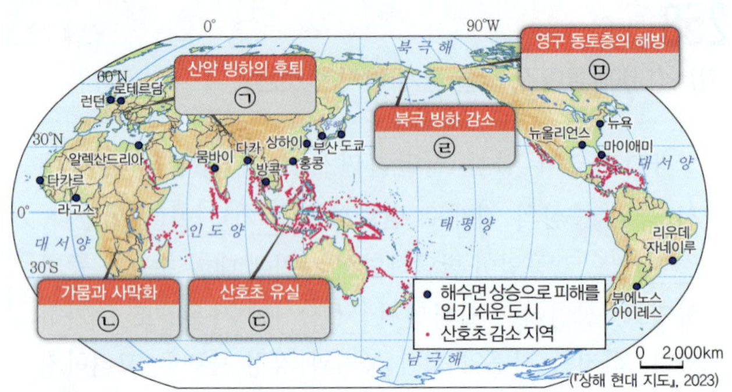

260 중요

위 지도에 나타난 환경 문제에 공통적으로 영향을 미치는 요인으로 가장 적절한 것은?

① 산성비
② 지구 온난화
③ 열대림 파괴
④ 오존층 파괴
⑤ 미세 먼지 농도 증가

261 중요

위 지도의 ㉠~㉤에 들어갈 피해 사례로 옳지 <u>않은</u> 것은?

① ㉠ - 알프스 · 히말라야산맥의 빙하 면적 감소
② ㉡ - 오랜 가뭄으로 식량 부족 문제 발생
③ ㉢ - 수온 상승과 과도한 어업으로 산호초 소멸
④ ㉣ - 빙하가 녹으면서 해수면 상승
⑤ ㉤ - 영구 동토층이 녹아 경지 면적 확대

262

다음 사진은 어느 지역의 환경 문제를 나타낸 것이다. 이에 대한 설명으로 가장 적절한 것은?

▲ 나무가 부식되어 숲이 황폐화된 모습

① 무분별한 벌초로 인해 열대림이 파괴되고 있다.
② 극심한 가뭄으로 사막화가 빠르게 진행하고 있다.
③ 해안 저지대의 침수로 인해 식생이 소멸되고 있다.
④ 생활 하수, 공장 폐수 등으로 산림이 훼손되고 있다.
⑤ 공장 매연 등이 빗물과 결합하여 산성비 피해가 나타난다.

263

(가), (나)에 들어갈 말을 옳게 짝지은 것은?

> 제26차 유엔 기후 협약 당사국 총회(COP26)에서 공개된 한 영상에서는 태평양의 작은 섬나라 투발루의 수도 푸나푸티 해안에서 사이먼 코페 투발루 외교부 장관이 바닷물에 무릎이 잠긴 채 연설하고 있다. 그는 자신이 연설하는 장소가 과거에는 육지였다고 말하며, "우리는 가라앉고 있다."라고 밝혔다. 투발루의 해발 고도는 2m 정도밖에 되지 않으며 매년 0.5cm씩 바닷물에 잠기고 있다.
> • 환경 문제의 발생 원인: ________(가)________
> • 환경 문제의 해결 방안: ________(나)________

	(가)	(나)
①	산성비	온실가스 배출량 감소
②	오존층 파괴	경작지 확대
③	오존층 파괴	염화 플루오린화 탄소 배출 제한
④	지구 온난화	온실가스 배출량 감소
⑤	지구 온난화	염화 플루오린화 탄소 배출 제한

264

다음 자료는 환경 다큐멘터리 내용의 일부이다. (가)에 들어갈 내용으로 가장 적절한 것은?

> 전 세계의 바다에는 '북태평양 거대 쓰레기 섬'을 포함해 5개의 거대한 쓰레기 섬이 존재한다. 플라스틱을 비롯한 엄청난 양의 쓰레기가 바다에 버려졌기 때문이다. 이런 거대한 쓰레기 섬이 만들어지게 된 이유는 바로 플라스틱과 같은 비분해성 쓰레기가 해양으로 유입된 후, ________(가)________ 이다. 바다로 들어온 플라스틱은 미세 플라스틱이 되어 해양 생태계를 위협하고, 어패류와 해조류, 소금을 먹는 인류의 식탁을 위협한다.

① 해수면 상승의 영향을 받기 때문
② 해류를 따라 특정 지점에 모이기 때문
③ 지구 온난화로 한류의 영향이 약화되었기 때문
④ 산호초 유실로 인해 북태평양 연안으로 모이기 때문
⑤ 고지대의 만년설이 녹아 해류의 흐름이 거세졌기 때문

[265~266] 다음 지도를 보고 물음에 답하시오.

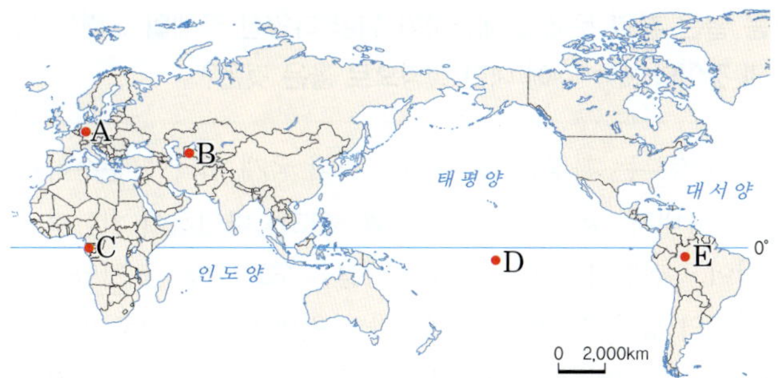

265

상 중 하

위 지도의 A 지역에서 뚜렷하게 나타나는 환경 문제의 특징으로 가장 적절한 것은?

① 해양 생태계의 오염에 가장 직접적인 영향을 준다.

② 조류나 해류의 흐름을 타고 오염 물질이 이동한다.

③ 인구 규모가 클수록 환경 문제가 심각하게 나타난다.

④ 원인 물질 배출 지역과 피해 지역이 일치하지 않는 경우가 많다.

⑤ 환경 문제의 발생과 피해 지점이 달라도 책임 소재를 명확히 구분할 수 있다.

266

상 중 하

위 지도의 B~E 지역에서 나타나는 환경 문제에 대한 설명으로 옳은 것만을 |보기|에서 고른 것은?

┤보기├

ㄱ. B의 아랄해 부근에서는 열대림 파괴가 나타나고 있다.

ㄴ. C에서는 무분별한 벌목으로 인한 생태계 파괴가 나타난다.

ㄷ. D는 해수면 상승에 따른 갯벌 면적이 확대되고 있다.

ㄹ. E에서는 동물들의 서식지가 파괴되어 생물종 다양성이 감소하고 있다.

① ㄱ, ㄴ　　② ㄱ, ㄷ　　③ ㄴ, ㄷ

④ ㄴ, ㄹ　　⑤ ㄷ, ㄹ

267

상 중 하

다음 자료는 환경 문제와 관련된 낱말 퍼즐이다. (가)에 들어갈 내용으로 옳은 것은?

㉠미	세	플	라	스	틱
세					
먼					㉢
지		환	경	보	존
	㉤열	㉢대	림	파	괴
		기			
		오			
		염			

〈가로 열쇠〉

㉠ 플라스틱이 분해되는 과정에서 만들어지는 조각

㉢ 무분별한 벌목과 경지 개간으로 발생하는 문제

〈세로 열쇠〉

㉠ 대기 중에 떠다니며 눈에 보이지 않을 정도로 작은 먼지

㉤ 도시나 공업 지역에서 화석 에너지의 소비 증가로 오염 물질의 배출량이 증가하면서 발생하는 공기 오염

㉢ ＿＿＿＿＿＿＿＿(가)＿＿＿＿＿＿＿＿

① 토양이 사막처럼 변하는 현상

② 산성화된 대기 오염 물질이 섞여 내리는 비

③ 온실가스가 증가하여 온실 효과가 심화하는 현상

④ 극지방에 있는 빙하가 녹아 해수면이 상승하는 현상

⑤ 지표에 도달하는 자외선 양의 증가로 각종 피부 질환과 백내장 등 안구 질환 증가를 일으키는 환경 문제

268 중요

상 중 하

다음 자료의 (가) 환경 문제에 대한 설명으로 옳지 <u>않은</u> 것은?

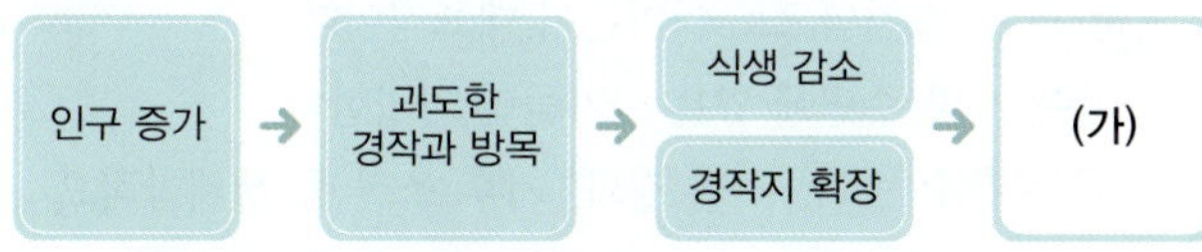

① 사막화 현상이다.

② 과도한 방목과 개간으로 피해가 커지고 있다.

③ 물 부족, 식량 부족 문제 등이 발생할 수 있다.

④ 사헬 지대, 아랄해 부근에서 빠르게 진행되고 있다.

⑤ 이를 방지하기 위해 몬트리올 의정서를 채택하였다.

2 환경 문제 해결을 위한 다양한 노력

269 중요

상 중 하

지도의 (가), (나)에 들어갈 협약 내용을 옳게 짝지은 것은?

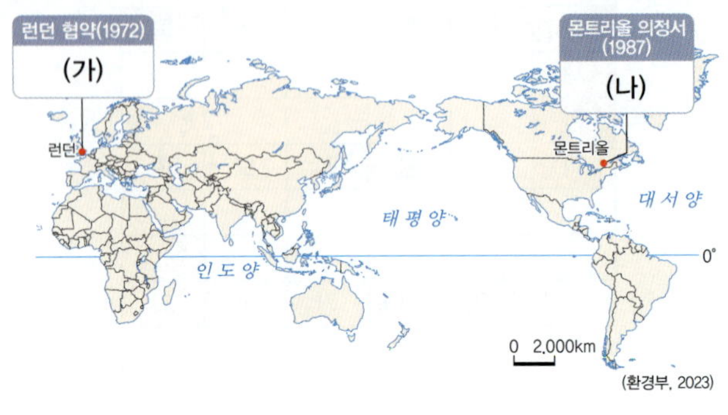

	(가)	(나)
①	폐기물의 해양 투기 방지	생물종 보호를 위한 협약
②	폐기물의 해양 투기 방지	오존층 파괴 물질의 생산 및 사용 규제
③	생물종 보호를 위한 협약	국제적으로 중요한 습지 보호
④	국제적으로 중요한 습지 보호	오존층 파괴 물질의 생산 및 사용 규제
⑤	오존층 파괴 물질의 생산 및 사용 규제	폐기물의 해양 투기 방지

270

상 중 하

표는 주요 환경 문제와 관련 협약을 정리한 것이다. (가)~(라)에 대한 내용으로 옳은 것만을 |보기|에서 고른 것은?

환경 문제	특징	국제 협약
㉠ 사막화	지속적인 경작과 과도한 방목으로 토양 황폐화	㉡ 사막화 방지 협약
㉢ 습지 파괴	물새와 다양한 생물들의 서식지인 습지 훼손	㉣ 람사르 협약

| 보기 |

ㄱ. ㉠의 사례 지역으로 아마존이 대표적이다.

ㄴ. ㉡는 사막 주변에 있는 국가들만 가입한다.

ㄷ. ㉢는 홍수 방지, 수질 정화, 기후 조절 등 생태학적으로 매우 중요한 역할을 한다.

ㄹ. ㉣의 공식 명칭은 '물새 서식지로서 국제적으로 중요한 습지에 관한 협약'이다.

① ㄱ, ㄴ   ② ㄱ, ㄷ   ③ ㄴ, ㄷ

④ ㄴ, ㄹ   ⑤ ㄷ, ㄹ

271 중요

상 중 하

다음 글은 환경 문제를 해결하기 위한 다양한 주체의 노력을 나타낸 것이다. ㉠~㉢에 대한 설명으로 옳은 것은?

㉠ 정부는 환경 문제 해결을 위해 국제 협약을 준수하며, 국내적으로 ㉡ 등 법과 제도를 마련하여 친환경적이고 건강하고 쾌적한 국민 생활을 도모한다. ㉢ 기업은 제품의 생산 과정에서 에너지와 자원의 대량 소비로 인해 지구 온난화와 같은 환경 문제를 일으킬 수 있으므로 환경 문제 해결을 위한 주체로서 주도적 역할을 해야 한다.

① ㉠은 국제 환경 협약의 주체가 된다.

② ㉡에 해당하는 것은 탄소 국경 조정 제도 시행이다.

③ ㉢은 환경 문제 해결을 위해 경제적 이익을 포기해야 한다.

④ ㉠, ㉢은 국제 민간 환경 단체를 주도적으로 설립한다.

⑤ 환경 문제 해결을 위해 ㉢은 ㉠을 관리 감독할 의무가 있다.

272

상 중 하

밑줄 친 (가)에 대한 설명으로 옳은 것만을 |보기|에서 고른 것은?

(가) 탄소 국경 조정 제도(CBAM)는 유럽 연합(EU)으로 수출하는 제품이 생산되는 과정에서 많은 탄소를 배출했으면 추가로 관세를 더 부과하는 제도이다. 특정 제품을 만들 때 발생한 탄소 총량을 신고하도록 하고 탄소 총량에 해당하는 인증서를 구매하게 하여 금액 부담을 더 지도록 할 예정이다. 유럽 연합(EU)은 우선 철강, 알루미늄, 시멘트, 비료, 전기 등 탄소 배출이 많은 품목에 탄소 국경 조정 제도를 적용하기로 하였다.

| 보기 |

ㄱ. 시민사회 주도로 시행되는 환경 규제 정책이다.

ㄴ. 기후변화에 대응하기 위한 유럽 연합의 제도이다.

ㄷ. 탄소 배출 규제가 약한 국가에는 해당하지 않는다.

ㄹ. 기업은 에너지 효율을 증대시키고 폐기물과 온실가스 감축을 위해 노력해야 한다.

① ㄱ, ㄴ   ② ㄱ, ㄷ   ③ ㄴ, ㄷ

④ ㄴ, ㄹ   ⑤ ㄷ, ㄹ

273

상 중 하

㉠에 들어갈 내용으로 옳은 것만을 |보기|에서 있는 대로 고른 것은?

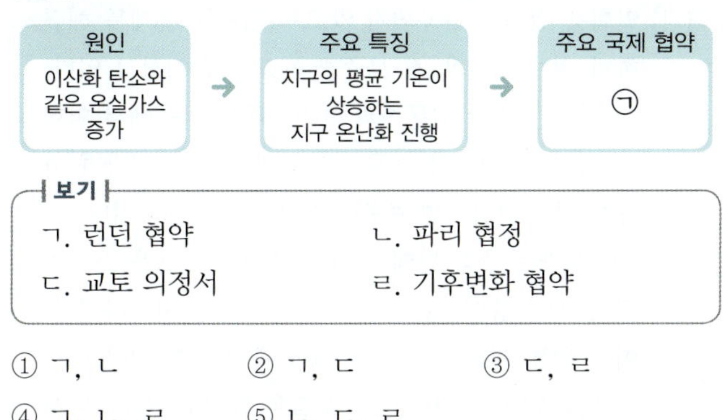

| 보기 |

ㄱ. 런던 협약
ㄴ. 파리 협정
ㄷ. 교토 의정서
ㄹ. 기후변화 협약

① ㄱ, ㄴ   ② ㄱ, ㄷ   ③ ㄷ, ㄹ
④ ㄱ, ㄴ, ㄹ   ⑤ ㄴ, ㄷ, ㄹ

274

상 중 하

다음 그래프와 관련된 환경 문제를 해결하기 위한 다양한 주체들의 노력으로 옳지 <u>않은</u> 것은?

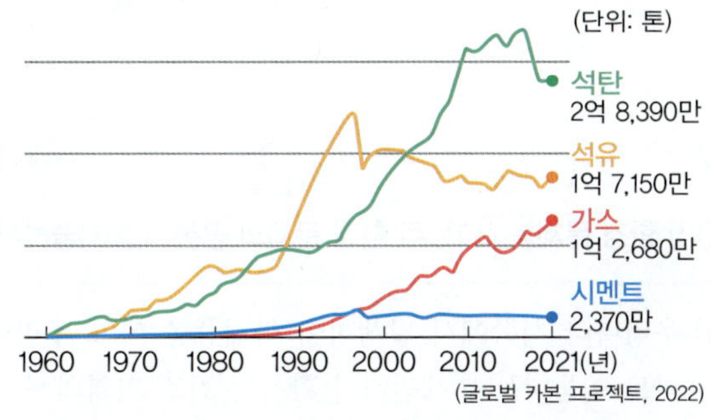

▲ 우리나라의 화석 연료 사용에 따른 연간 이산화 탄소 배출 추이

① 시민사회 단체들은 '어스 아워' 캠페인을 진행한다.
② 국제기구에서는 환경 영향 평가 제도를 모든 국가에 의무화한다.
③ 생태시민 의식을 갖고 지하철이나 버스 등 대중교통을 이용한다.
④ 정부는 온실가스 배출권 거래 제도, 탄소 배출량 감축 제도를 시행한다.
⑤ 기업은 에너지 효율을 증대시키고 폐기물과 온실가스 감축을 위해 노력한다.

275

상 중 하

다음과 같은 시민사회의 활동에 대한 설명으로 옳지 <u>않은</u> 것은?

> 국제 환경 단체인 그린피스는 2019년부터 '공해(公害)의 30% 이상을 보호 구역으로 지정하자'는 캠페인을 해 왔다. 유엔 해양 생물 다양성 보전 협약 5차 비상 회의에 참여한 국가들은 해양 보호를 위해 이 캠페인의 강력한 세계적 해양 조약 체결에 전격 합의하였다. 그린피스는 이번 결정이 기후 위기를 완화하기 위한 해양 보호의 새로운 도약이라고 평가하였다.

① 정부의 친환경 정책에 영향을 줄 수 있다.
② 환경 문제 해결을 위해 서명 운동을 벌이기도 한다.
③ 친환경 정책이나 사업을 추진하도록 여론을 형성한다.
④ 기업이 환경을 파괴·훼손하는 활동을 감시하고 견제한다.
⑤ 환경 관련 법을 제정하고 국민이 이를 지키도록 안내한다.

276 중요

상 중 하

다음은 생태시민의 역할에 대한 수행평가의 일부이다. ㉠~㉤ 중 옳지 <u>않은</u> 것은?

〈생태시민 실천 서약서 만들기〉

1. 환경 보호의 중요성을 인식하고, 오늘날 인간의 행위가 미래에 줄 영향을 판단하고 행동하기 ………… ㉠
2. 친환경적인 기업의 제품을 구매하고, 정부가 친환경적인 정책을 펼칠 수 있도록 관심갖기 …………… ㉡
3. 환경친화적인 생활 방식을 실천하도록 노력하기 … ㉢
4. 정부가 시행하는 다양한 환경 정책이나 제도에 의견 제시하기 …………………………… ㉣
5. 한 지역에서 발생한 문제를 그 지역에서 독립적으로 해결할 수 있도록 캠페인 활동하기 ……………… ㉤

① ㉠   ② ㉡   ③ ㉢   ④ ㉣   ⑤ ㉤

277

상 중 하

다음 글을 읽고 물음에 답하시오.

> (가) 2022년 3월 26일, 서울시는 저녁 8시 30분부터 지구촌 전등 끄기 캠페인 '2022 어스 아워(Earth Hour)'에 참여했다. 매년 3월 마지막 주 토요일에 열리는 '어스 아워'는 세계 최대 규모의 민간 자연 보호 단체인 세계 자연 기금(WWF)이 주최하는 전 세계적인 기후위기 대응 캠페인이다.
>
> (나) '지구의 벗'은 미국, 스웨덴, 영국, 프랑스 단체의 연합으로 국제적인 환경 단체가 되었다. 이산화 탄소 발생량을 줄여 지구 온난화의 주 원인인 온실 효과를 줄이기 위한 국제적 활동을 펼치고 있다. '지구의 벗'은 '기후 정의와 에너지', '숲과 생물 다양성', '식량 주권' 등의 중점 분야에서 활동하고 있다.

(1) (가)의 '어스 아워' 행사의 의미를 (나)의 내용과 관련지어 서술하시오.

(2) (가), (나)의 밑줄 친 단체들이 환경 문제 해결에 어떤 역할을 하는지 서술하시오.

278

상 중 하

다음 자료를 보고 태평양 바다 한가운데 쓰레기 섬이 만들어진 이유를 서술하시오.

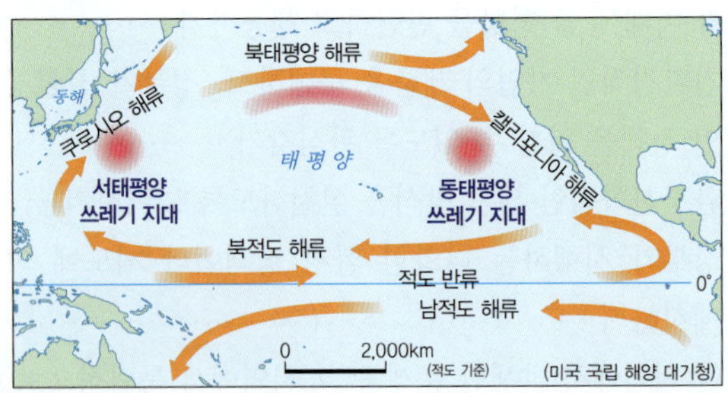

279

상 중 하

다음 글을 읽고 물음에 답하시오.

> (가) 일회용 컵이 재활용되지 않고 버려지는 문제를 해결하기 위해 일회용 컵 보증금 제도를 실시하고 있다. 이 제도는 커피 전문점과 패스트푸드점 등에서 일회용 컵에 자원 순환 보증금을 부과하고, 소비자가 사용한 컵을 반납하면 보증금을 돌려주는 제도이다.
>
> (나) ○○제과는 주력 판매 과자 제품인 △△△을 플라스틱이 아닌 종이 접시에 담아 판매하기 시작하였다. 이를 위해 새로 지은 과자 공장에 친환경 생산 라인을 도입하였다. 관계자는 '품질은 그대로 유지하면서 연간 700여 톤의 플라스틱 감축 효과가 발생할 것으로 기대한다.'라고 전하였다.

(1) (가), (나)의 주체를 쓰시오.

(2) (가), (나)를 참고로 환경 문제 해결의 공동 목표를 서술하시오.

280

상 중 하

(가), (나) 환경 문제를 쓰고, 두 환경 문제의 공통점을 서술하시오.

> (가) 우리나라 서쪽에서 발생하여 북서풍을 타고 우리나라로 이동하는 미세먼지와 황사는 건조 지역의 흙먼지와 모래뿐 아니라 질산염, 황산염, 납 등의 오염 물질을 포함하고 있어 우리 국민의 건강에 심각한 피해를 주고 있다.
>
> (나) 산성비는 삼림과 농경지를 황폐화하고 건축물이나 문화 유적 등을 부식시킨다. 특히 산성비는 원인 물질 배출 지역과 피해 지역이 일치하지 않는 경우가 많아 주변 지역과의 긴밀한 협조가 필요하다.

281

상 중 하

다음 자료에 대한 설명으로 옳은 것만을 |보기|에서 고른 것은?

> MZ 세대들은 제품 구매 시 기업의 ESG 경영 실천 여부를 중요하게 생각한다는 조사 결과가 나왔다. 'ESG를 실천하는 기업이라면 제품이 비싸더라도 구매할 의사가 있다.'는 응답자가 64.5%였다. 또한 응답한 MZ 세대들의 70%가 'ESG 우수 기업 제품 구매 시 경쟁사의 동일 제품 대비 2.5~7.5%를 추가로 지불할 수 있다.'라고 답했다.

┌ 보기 ┐

ㄱ. 기업은 ESG 경영을 통해 제품을 생산할 경우 이윤 추구가 불가능할 것이다.
ㄴ. ESG 경영을 통해 환경 문제 유발 행위의 감시와 문제 제기, 정책 수립 등이 가능하다.
ㄷ. ESG 경영 기업의 제품이 비싸도 구매하겠다는 응답자가 전체의 3분의 2 정도를 차지한다.
ㄹ. 기업은 ESG 경영을 통해 제품을 생산할 때 가격을 2.5%~7.5% 높여도 소비자의 구매를 끌어낼 수 있다.

① ㄱ, ㄴ ② ㄱ, ㄷ ③ ㄴ, ㄷ ④ ㄴ, ㄹ ⑤ ㄷ, ㄹ

282 

상 중 하

(가)~(다)에 들어갈 말을 옳게 짝지은 것은?

> 1992년 브라질 리우데자네이루에서 채택된 (가) 은/는 선진국과 개발도상국이 각자의 능력에 맞게 온실가스를 감축할 것을 약속하였다. 이후 1997년 (나) 을/를 통해 온실가스 배출량을 1990년 수준 대비 평균 5.2% 감축하는 의무를 부과하였다. 2015년에는 2020년부터 모든 국가가 참여하는 신기후 체제의 근간이 될 (다) 이/가 채택되어 온실가스 감축에 모든 국가가 참여하는 체제가 마련되었다.

	(가)	(나)	(다)
①	파리 협정	교토 의정서	기후변화 협약
②	교토 의정서	파리 협정	기후변화 협약
③	교토 의정서	기후변화 협약	파리 협정
④	기후변화 협약	파리 협정	교토 의정서
⑤	기후변화 협약	교토 의정서	파리 협정

283

상 중 하

다음은 통합사회 수업의 한 장면이다. 교사의 질문에 대해 옳지 않은 대답을 한 학생을 고른 것은?

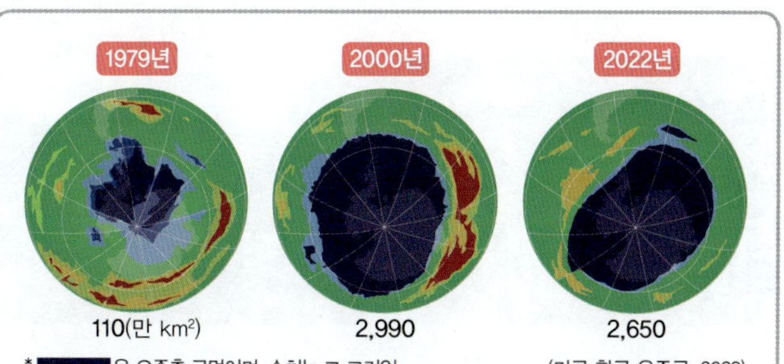

교사: 위 사진을 보면 오존층에 어떤 변화가 있나요?
갑: 오존층 구멍이 점점 확대되고 있습니다.
교사: 이유는 무엇일까요?
을: 염화 플루오린화 탄소 등의 화학 물질 때문입니다.
교사: 오존층이 사라지면 어떻게 될까요?
병: 극지방에 있는 빙하가 녹아 해수면이 상승합니다.
교사: 오존층 파괴 문제에 대응하여 체결된 국제 협약은 무엇일까요?
정: 1987년에 채택된 몬트리올 의정서가 있습니다.
교사: 기업은 어떤 노력을 해야 할까요?
무: 친환경 대체 냉매를 사용하는 제품을 개발해야 합니다.

① 갑 ② 을 ③ 병 ④ 정 ⑤ 무

284

상 중 하

지도는 어느 환경 문제의 피해 지역을 나타낸 것이다. A의 원인 물질 배출 지역과 피해 지역이 일치하지 않는 이유를 탐구하기 위한 조사 내용으로 옳은 것은?

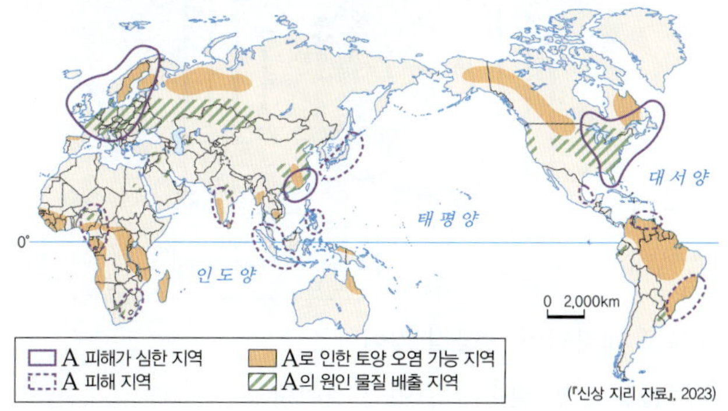

① 인구 분포 ② 공장 밀집도
③ 강수량 분포 ④ 바람의 방향
⑤ 해류의 방향

285 중요 수능형　　　　상 중 하

(가), (나) 전통 가옥이 나타나는 기후 지역에 대한 설명으로 옳은 것만을 |보기|에서 고른 것은?

|보기|

ㄱ. (가)는 주로 이동식 화전 농업이 발달한 곳에 나타난다.
ㄴ. (나)의 주재료는 타이가에 분포하는 침엽수이다.
ㄷ. (가)는 (나)보다 평균 강수량이 적다.
ㄹ. (나)는 (가)보다 지붕의 경사가 급하다.

① ㄱ, ㄴ　　　② ㄱ, ㄷ　　　③ ㄴ, ㄷ
④ ㄴ, ㄹ　　　⑤ ㄷ, ㄹ

286 중요　　　　상 중 하

다음 지도는 주요 농산물의 재배 지역 변화를 나타낸 것이다. 이러한 변화가 지속될 경우 우리나라에서 나타날 현상을 추론한 것으로 옳지 <u>않은</u> 것은?

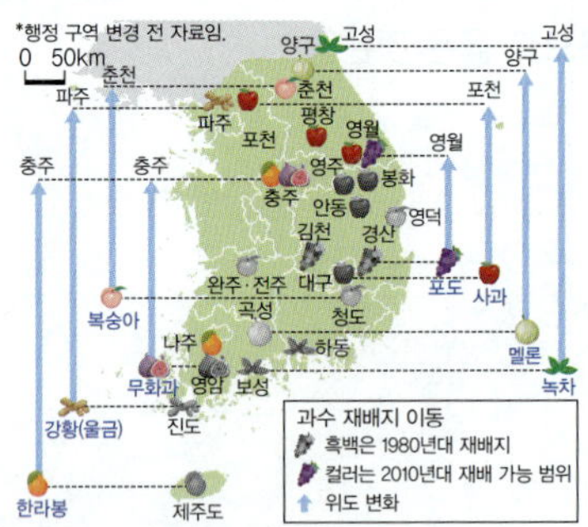

① 봄꽃 개화일이 빨라질 것이다.
② 겨울철 결빙 일수가 길어질 것이다.
③ 서리가 내리는 기간이 짧아질 것이다.
④ 농작물 재배 가능 기간이 길어질 것이다.
⑤ 고랭지 농업 가능 면적이 줄어들 것이다.

287 수능형　　　　상 중 하

다음 지도의 (가) 지역과 비교한 (나) 지역의 상대적 특성을 그림의 A~E에서 고른 것은?

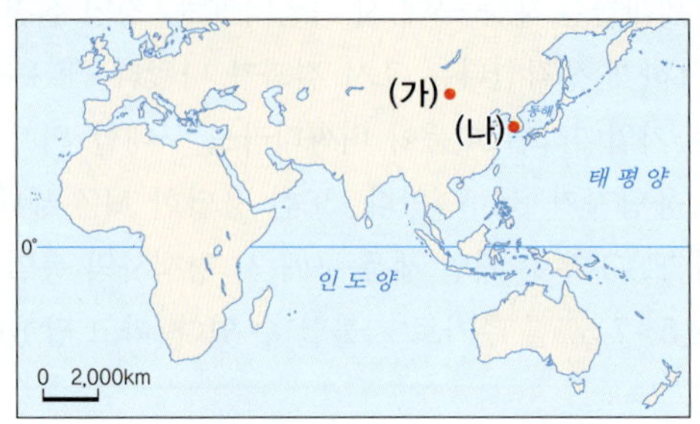

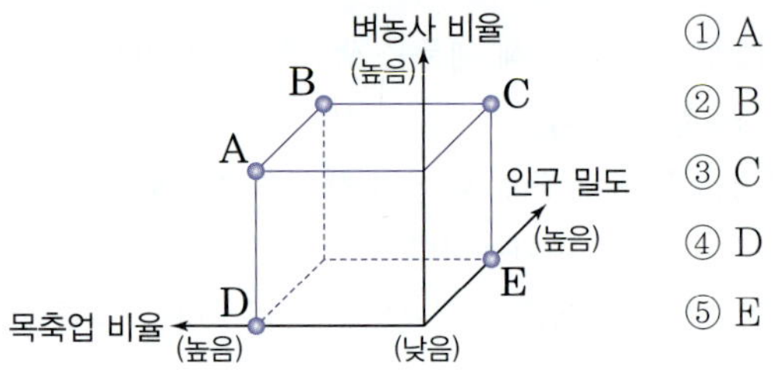

① A
② B
③ C
④ D
⑤ E

288　　　　상 중 하

(가)~(다) 기후 그래프가 나타나는 지역의 상대적 기후 특성으로 옳은 것만을 |보기|에서 고른 것은?

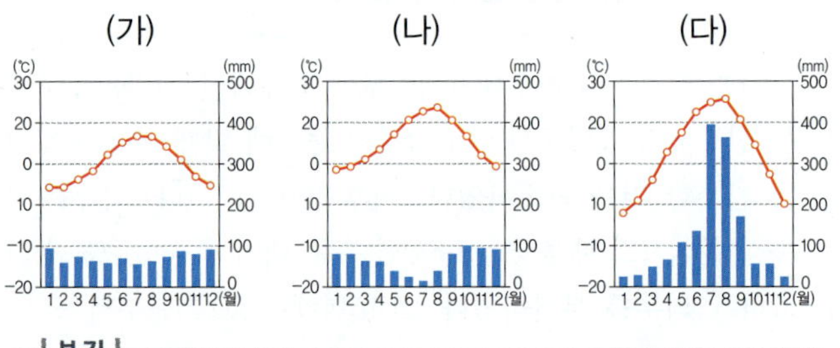

|보기|

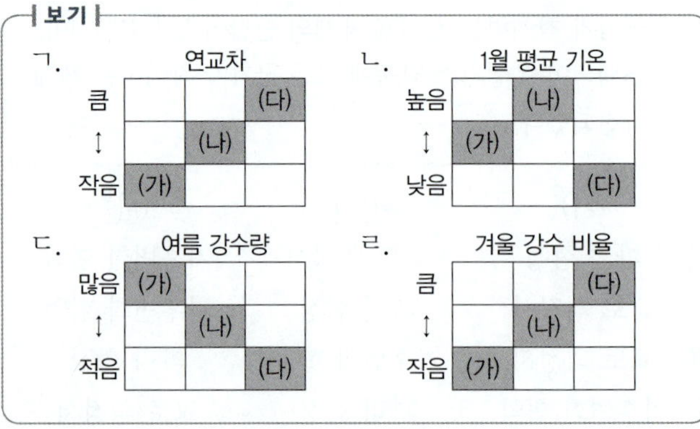

① ㄱ, ㄴ　② ㄱ, ㄷ　③ ㄴ, ㄷ　④ ㄴ, ㄹ　⑤ ㄷ, ㄹ

289  수능형

상 중 하

다음 표는 인간과 자연의 관계에 대한 수행 평가 응답지이다. 학생이 취득한 점수로 옳은 것은?

질문	응답	
	예	아니요
인간 중심주의는 인간 이외의 모든 자연을 인간의 욕구 충족을 위한 수단이나 도구로 본다.	∨	
인간 중심주의 자연관을 가진 사람들도 환경 문제의 심각성을 인지하지만, 새로운 기술 개발로 환경 문제를 해결할 수 있다고 본다.	∨	
생태 중심주의에서 인간은 자연으로부터 독립된 지배자가 아니라 구성원일 뿐이며, 자연의 모든 생명은 평등한 존재론적 가치를 지닌다고 본다.	∨	
생태 중심주의 자연관은 생태계 보호를 위해 인간의 어떤 개입도 허용하지 않는다는 점에서 비현실적이라는 비판을 받는다.		∨
총점		

* 배점: 문항 1개당 1점

① 0점　② 1점　③ 2점　④ 3점　⑤ 4점

290

상 중 하

밑줄 친 내용과 동일한 관점에서 긍정적인 대답을 할 수 있는 질문으로 옳지 <u>않은</u> 것은?

> 2003년 경상남도 양산시 천성산에 사는 도롱뇽이 경부 고속 철도 공사 중지 가처분 소송을 제기하였다. 고속 철도 공사를 하는 과정에서 산에 터널을 뚫자, 그곳에 살던 꼬리치레도롱뇽이 살 곳을 잃을 위험에 빠진 것이다. 도롱뇽이 직접 재판을 청구할 수 없으니, 천성산 사찰의 승려들과 환경 단체 관련자들이 '도롱뇽의 친구들'이라는 이름으로 대신 소송을 제기하였다.
>
> – 국가 인권 위원회, 「인권」 –

① 인간과 자연은 서로 공존하는 관계인가?
② 우리는 생태계의 한 구성원임을 자각할 필요가 있는가?
③ 생태계 유지가 가능한 범위에서 자연을 개발해야 하는가?
④ 소비 지상주의를 지양하고 환경친화적인 가치관을 실천해야 하는가?
⑤ 국가는 하천의 생태계 복원에 있어 비용 대비 효용적 가치를 우선해야 하는가?

291

상 중 하

다음 글의 케이블카 설치에 반대하는 입장에 부합하는 사상으로 옳은 것을 |보기|에서 고른 것은?

> ○○군은 최근 △△산 케이블카 설치 사업과 관련한 공원 계획 변경안을 환경부에 제출했다. 이에 △△산 권역 시민단체들은 케이블카의 낮은 경제성과 공익성, 환경 파괴 등을 이유로 사업 추진을 반대하고 나섰다. 케이블카의 설치가 계획된 구간에는 반달가슴곰을 비롯해 수많은 법정 보호 동식물이 살고 있어 생태 보전 가치가 높다.

|보기|

ㄱ. 아는 것이 힘이다. 자연이 인간에게 이롭도록 지식을 활용해야 한다. 방황하고 있는 자연을 사냥해서 노예로 만들어 인간의 이익에 봉사하도록 해야 한다.
ㄴ. 인간은 자연의 지배자이자 소유자가 될 수 있다. 인간은 정신을 지닌 존재로서 인식의 주체이지만, 자연은 정신을 지니고 있지 않으며 인식의 대상일 뿐이다.
ㄷ. 바람직한 대지 이용을 경제적 문제로만 생각하지 말고, 윤리적·심미적으로 무엇이 옳은가의 관점에서도 검토해야 한다. 생명 공동체의 통합성과 안정성, 아름다움의 보존에 이바지한다면 그것은 옳고, 그렇지 않으면 그르다.
ㄹ. 생태계 위기를 근본적으로 해결하려면 개인적·사회적 관행을 바꾸는 정도로는 부족하며, 생태 중심적 세계관으로 전환해야 한다.

① ㄱ, ㄴ　② ㄱ, ㄷ　③ ㄴ, ㄷ
④ ㄴ, ㄹ　⑤ ㄷ, ㄹ

292

상 중 하

다음은 자연을 바라보는 두 관점을 비교한 것이다. 밑줄 친 ㉠~㉢ 중 옳지 <u>않은</u> 내용을 고른 것은?

인간 중심주의	생태 중심주의
• ㉠ 이분법적 세계관 • 인간의 이익이나 행복을 우선으로 고려 • ㉡ 자연의 도구적 가치 중시 　→ ㉢ 동물의 이동을 보장하기 위한 생태 통로 건설 등	• ㉣ 인간을 포함한 생태계 전체의 균형과 안정을 우선시 • ㉤ 전일론적 관점 → 습지 보호 구역 설정, 생태 공동체 의식, 생태 관광 지향

① ㉠　② ㉡　③ ㉢　④ ㉣　⑤ ㉤

293

상 중 하

다음 자료는 북반구의 극 소용돌이 변화를 나타낸 것이다. (가)에서 (나)로 변화할 때 중위도 지역에 나타날 현상으로 옳은 것은?

> 극 소용돌이는 극지방의 상공에 있는 강한 소용돌이로, 대류권 상부의 강한 공기 흐름인 제트 기류에 갇혀 있어 중위도 지역에 큰 영향을 미치지 못한다. 하지만 지구 온난화로 북극과 중위도 지역 간 기온 차가 줄어들면 제트 기류가 약해져 극 소용돌이가 제트 기류를 밀어낸다.

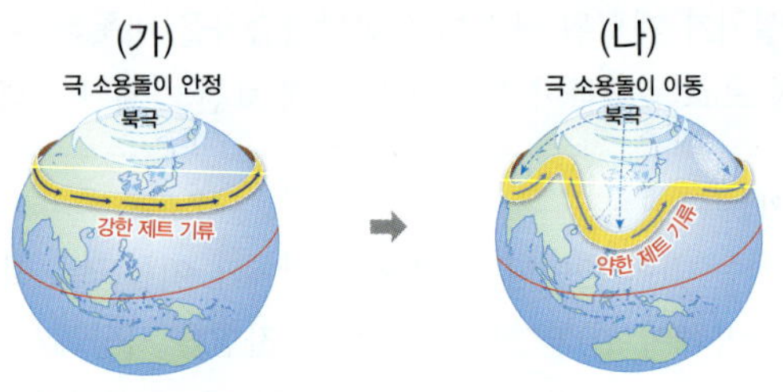

① 산성비 농도가 심해진다.
② 한파와 폭설이 증가한다.
③ 극심한 가뭄으로 사막이 확대된다.
④ 북태평양 쓰레기 섬 규모가 확대된다.
⑤ 해수면 상승으로 침수 범위가 확대된다.

294 수능형

상 중 하

그래프는 우리나라 갯벌과 관련된 것이다. 이를 통해 알 수 있는 갯벌 보존의 필요성으로 옳은 것만을 |보기|에서 고른 것은?

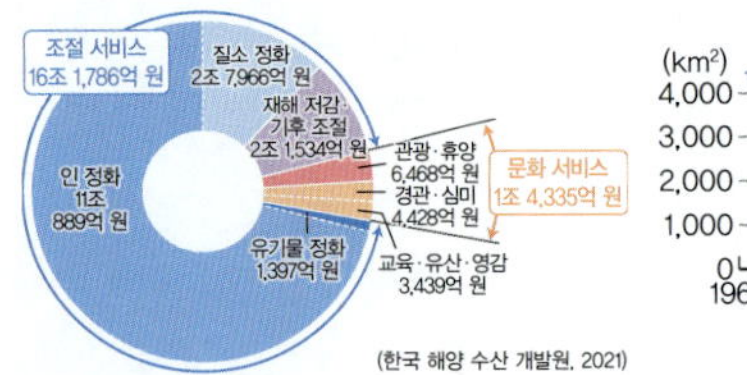

보기

ㄱ. 갯벌은 오염 물질을 정화하는 환경적 가치가 있다.
ㄴ. 갯벌은 지진 해일이나 폭풍 해일의 피해를 줄여준다.
ㄷ. 갯벌을 간척하면 농경지가 늘어나 농업 생산량이 증가한다.
ㄹ. 간척지는 새로운 일자리를 창출하므로 경제적 효과가 기대된다.

① ㄱ, ㄴ   ② ㄱ, ㄷ   ③ ㄴ, ㄷ
④ ㄴ, ㄹ   ⑤ ㄷ, ㄹ

295 중요

상 중 하

(가), (나) 국제 협약에 대한 설명으로 옳은 것은?

> • ［(가)］은/는 사막화로 식생 파괴, 토양 침식 등 다양한 피해가 나타나자 1992년 리우 회의에서 사막화 방지를 위한 지역적·국제적 협력의 기틀을 마련하기로 결의한 후, 1994년 프랑스 파리에서 채택되었다.
> • ［(나)］은/는 자연 자원과 서식지의 보전 및 현명한 이용에 관한 최초의 국제 협약으로서 기본 방향을 제시하고 있다. 전 세계 ［(나)］에 지정된 습지는 2024년 4월 기준 172개 국가의 총 2,513곳이다.

① (가)는 교토 의정서를 보완하기 위한 후속 협약이다.
② (나)를 통해 기업들은 자원 순환성을 향상시켜야 한다.
③ (가)는 (나)보다 먼저 체결되었다.
④ 우리나라는 (가), (나) 협약에 모두 가입되었다.
⑤ (가)는 인간 중심주의 관점을, (나)는 생태 중심주의 관점에서 협약이 이루어졌다.

296

상 중 하

다음과 같은 환경 문제 해결을 위한 다양한 주체의 노력으로 옳지 **않은** 것은?

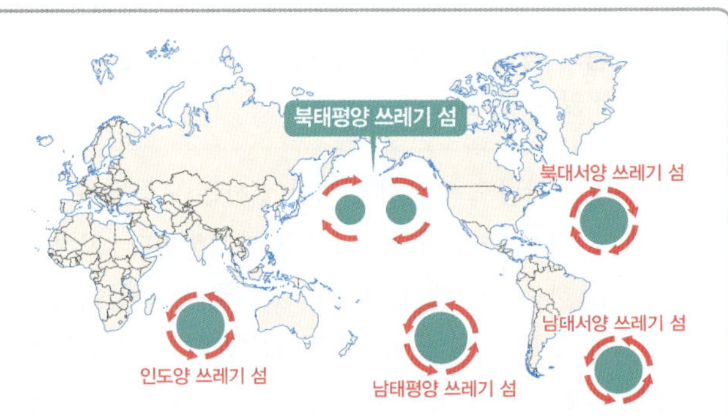

> 쓰레기 섬은 플라스틱을 비롯한 엄청난 양의 쓰레기가 바다에 버려져 형성된다. 특히 미세 플라스틱은 해양 생태계를 위협하고, 인간 생활에도 피해를 일으킨다.

① 개인은 제품 구매시 녹색 소비를 지향한다.
② 정부는 플라스틱 배출 관련 법과 제도를 마련한다.
③ 기업은 정부 주도의 환경 관련 법률을 지키고자 노력한다.
④ 기업은 환경 오염 물질 배출량을 감축하기 위해 기술 개발에 힘쓴다.
⑤ 국제 사회는 파리 협정을 통해 모든 참여국에 플라스틱 감축 의무를 부여한다.

297

상 중 하

(가)~(다) 자료는 인간과 자연의 관계와 관련된 내용이다. 이를 보고 물음에 답하시오.

(가)	 EGO는 라틴어로 '나'를 뜻하는 말로, 자부심을 의미한다. EGO 시스템은 인간이 만물의 정점에 서 있는 계층 구조가 나타난다. ECO는 'Ecology(생태학)'의 앞 세 철자를 딴 것으로, 자연이나 생태를 의미한다. ECO 시스템은 관계와 순환의 세계관에 근거한다.
(나)	인간 중심주의는 인간 이외의 모든 자연을 인간의 욕구 충족을 위한 수단이나 도구로 인정하는 관점을 말한다. 이 관점에서는 인간만이 도덕적 지위를 지니며, 자연이 가지고 있는 본래의 가치를 인정하지 않는다. 따라서 인간이 자연을 적극적으로 이용하는 것을 당연하다고 본다.
(다)	생태 중심주의는 인간도 자연과 마찬가지로 생태계를 구성하는 요소이므로 자연과 공존해야 한다는 관점을 말한다. 이 관점은 인간과 자연은 평등하므로 생태계의 조화와 균형을 우선시해야 하며, 인간은 생태계를 보전하고, 자연을 인간의 필요에 따라 이용해서는 안 된다는 것이다.

(1) (가)에서 말하는 ECO, EGO 시스템을 (나), (다)의 인간과 자연을 바라보는 각각의 관점에서 서술하시오.

(2) (나), (다)의 인간 중심주의와 생태 중심주의 관점에서 환경 문제를 해결하는 데 있어 각각의 한계점을 서술하시오.

298

상 중 하

(가), (나)를 참고로 기후변화가 우리나라에 미치는 긍정적, 부정적 영향을 각각 한 가지씩 서술하시오.

(가)
북극 항로는 북극해를 통과해 아시아와 유럽을 잇는 항로이다. 원래 1년 중 3~4개월은 북극 항로를 운항할 수 없지만, 최근 기후변화로 북극 빙하가 녹으면서 운항 가능 기간이 늘어나고 있다. 부산항에서 북극 항로를 거쳐 네덜란드 로테르담으로 가면 기존 항로보다 약 35% 운항 거리가 짧아지고, 1회당 수억 원에 달하는 수에즈 운하의 통항료도 아낄 수 있다.

(나)
우리나라 근해의 수온이 상승하는 추세이다. 한국 해양 과학기술원에 따르면, 겨울철 18~20℃ 등온선이 40년간 크게 북상하였다. 제주도에서는 수온 상승의 영향으로 감태, 톳, 미역 등의 생산량이 크게 감소하였다.

299

상 중 하

다음은 환경 문제 해결을 위한 노력의 사례이다. 이러한 노력의 주체를 쓰고, 그 주체가 환경 문제 해결 측면에서 수행하는 역할을 정리하여 서술하시오.

〈전기차 보급 정책〉
노르웨이에서는 전기차를 사면 세금 할인, 버스 전용 차로 이용, 통행료 할인 등 여러 혜택을 제공한다. 특히 노르웨이는 전기 대부분을 수력 발전으로 생산하여 전기차가 탄소 배출량 절감에 큰 도움이 된다는 평가를 받는다.

〈환경 영향 평가 제도〉
대규모 개발 사업을 할 때, 환경에 미칠 영향을 예측·평가하는 제도이다. 우리나라뿐만 아니라 세계 각국에서 각 사회의 환경에 따라 다양한 형태로 시행한다.

08 다양한 문화권과 삶의 방식

1 문화권의 의미와 문화권 형성 요인

1. 문화와 문화권

(1) 문화: 인간과 환경의 상호 작용으로 형성된 의식주, 언어, 풍습, 종교 등을 포함하는 생활양식으로, 지역마다 자연환경과 경제적·사회적 환경이 다르므로 문화는 다양한 모습으로 나타남.

(2) 문화권

① 의미: 문화 요소나 경관이 비슷하게 나타나는 보다 넓은 지리적 범위를 하나의 권역으로 묶은 것

② 특징

- 같은 문화권 내에서는 비슷한 생활양식과 문화 경관이 나타남.
- 기후, 지형과 같은 자연환경과 종교, 산업과 같은 인문환경의 영향을 받아 형성됨.
- 각 문화권의 경계에는 두 지역의 특성이 함께 나타나는 점이 지대(서로 인접한 지역의 특성이 함께 섞여서 나타나는 지리적 범위)가 존재함.

2. 문화권 형성에 영향을 주는 요인

(1) 자연환경

① 기후

- 기온과 강수량의 차이로 지역별로 다른 의식주 문화, 독특한 문화 경관을 만들어 냄.
- 사례

열대 기후 지역	일 년 내내 기온이 높아 주민들은 얇고 가벼운 옷을 주로 입음.
사막 기후 지역	매우 건조하고 모래바람이 불어 이를 피하기 위해 주민들은 온몸을 가리는 긴 옷을 입음.

② 지형

- 지형의 영향으로 산지·평야·해안 지역 주민들의 생활양식도 차이가 나타남.
- 사례

산지 지형	자연적 경계를 형성하여 이동을 제한하는 지리적 특성을 가지므로 그 지역의 문화 요소가 잘 보존됨.
하천 지형	주로 교통로로 이용되어 주변 지역과 교역이 활발하게 이루어지는 곳은 도시가 발달함.

(2) 인문환경

① 종교

- 규범과 이념 등을 반영한 교리를 통해 인간의 행동이나 사고방식에 영향을 미치고 한 문화권이 통일성을 유지하는 데 큰 역할을 함.
- 사례

불교 문화권	불상, 탑이 있는 불교 사원의 문화 경관을 볼 수 있음.
이슬람교 문화권	돼지고기와 술을 먹지 않으며, 할랄(이슬람 율법에 따라 이슬람교도가 먹고 쓸 수 있도록 허용된 제품) 산업이 발달함.
크리스트교 문화권	하느님을 유일신으로 섬기고, 사람들이 교회나 성당에 모여 예배하는 모습을 볼 수 있음.
힌두교 문화권	신성한 갠지스강에서 목욕을 하고, 소를 신이 타고 다니던 동물로 여겨 소고기를 먹지 않음.

② 산업

- 주민들의 경제 활동에 영향을 끼쳐 문화권 형성에 중요하게 작용함.
- 사례

농경 문화권	주로 정착 생활을 하며, 협동 노동이 바탕이 된 공동체 문화가 나타남.
유목 문화권	계절에 따라 물과 풀을 찾아 이동 생활을 하고, 의식주 재료의 대부분을 가축에서 얻음.
산업이 발달한 문화권	산업 시설과 고층 건물이 밀집한 도시 경관과 도시적 생활양식이 나타남.

2 세계 문화권의 특징과 비교

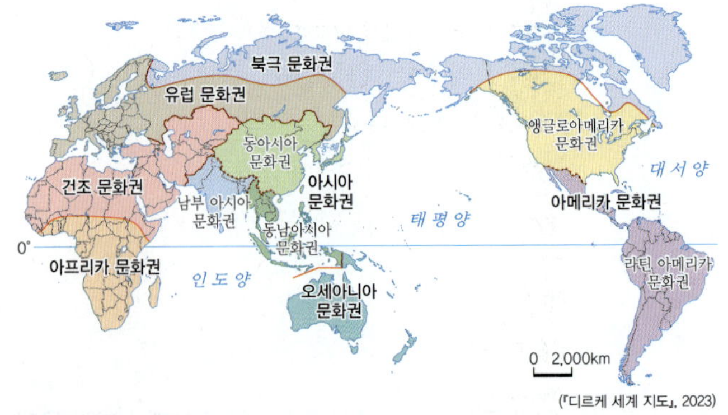

▲ 세계의 문화권

1. 아시아(동양) 문화권

(1) 공통점: 계절풍의 영향으로 여름철 기온이 높고 강수량이 풍부하여 벼농사가 발달함.

(2) 구분

동아시아 문화권	유교와 불교문화가 나타나고, 젓가락과 한자를 사용함.
동남아시아 문화권	• 세계적인 벼농사 지역 • 인도양과 태평양을 연결하는 교통의 요지 • 불교, 이슬람교, 크리스트교 등 다양한 문화가 나타남.
남부 아시아 문화권	• 인더스 문명의 발상지 • 외세의 영향을 받아 민족, 언어, 종교가 다양함.

2. 유럽 문화권

(1) **공통점:** 크리스트교가 생활양식과 사회 제도에 큰 영향을 주었고, 근대 자본주의와 민주주의가 시작된 지역임.

(2) 구분

북서 유럽 문화권	• 게르만족과 개신교 신자의 비율이 높음. • 산업 혁명의 발상지인 영국이 포함된 지역임. • 편서풍의 영향으로 연중 습윤하며, 혼합 농업과 낙농업이 발달함.
남부 유럽 문화권	• 라틴족과 가톨릭교 신자의 비율이 높음. • 그리스·로마 문화 유적이 많이 남아 있어서 관광 산업이 발달함. • 여름철 고온 건조한 기후를 바탕으로 수목 농업이 발달함.
동부 유럽 문화권	• 동방 정교와 슬라브족의 비율이 높음. • 사회주의 진영이 붕괴하는 과정에서 독립한 국가들이 많음. • 다른 유럽 지역보다 농업 종사자 비율이 높은 편임.

3. 건조(이슬람) 문화권

(1) **지역:** 북부 아프리카, 서남아시아, 중앙아시아 일대로 사막과 초원으로 이루어져 있고, 건조 기후가 나타남.

(2) 특징

① 대부분 이슬람교를 믿으며, 아랍어를 사용함.

② 전통적으로 유목 생활을 하였고, 지하수나 외래 하천을 활용하여 대추야자나 밀 등을 재배하는 오아시스 농업에 종사하기도 함.

③ 세계적인 석유 매장지로 석유 관련 산업이 발달함.

4. 아프리카 문화권

(1) **지역:** 사하라 사막 이남의 중남부 아프리카 일대로 대부분 열대 기후가 나타남.

(2) 특징

① 토속 종교의 영향이 남아 있으며 부족 단위의 공동체 생활을 하는 곳이 많아 언어와 종교가 다양함.

② 전통적으로 이동식 화전 농업이나 수렵 및 채집 생활을 하고, 일부 지역에서는 유럽 식민 지배의 영향으로 플랜테이션이 발달하여 커피·카카오·사탕수수 등 상품 작물을 대규모로 재배하여 수출하고 있음.

③ 과거 유럽 국가의 식민 지배에 따른 민족, 종교, 국경 등의 분쟁으로 발전에 어려움을 겪고 있음.

5. 아메리카 문화권

(1) 특징

① 앵글로아메리카와 라틴 아메리카 일대로 세계 각지의 사람들이 이주하면서 새로운 문화를 형성하여 다양한 문화가 공존함.

② 남북으로 길게 뻗은 범위만큼 다양한 기후가 나타남.

(2) 구분

앵글로 아메리카 문화권	• 리오그란데강의 북쪽 지역으로 주로 개신교를 믿고 영어를 사용함. • 세계 경제의 중심지 역할, 세계적인 농산물 수출 지역
라틴 아메리카 문화권	• 리오그란데강의 남쪽 지역으로, 과거 남부 유럽의 식민 지배를 받아 주로 에스파냐어와 포르투갈어를 사용함. • 라틴족과 가톨릭교의 비율이 높음.

6. 북극 문화권

(1) **지역:** 유라시아 대륙, 북아메리카의 북부 지역, 그린란드의 툰드라 지대 일대

(2) 특징

① 기온이 낮아 농경이 어렵고 인간이 거주하기에 불리함.

② 원주민들이 순록 유목 및 사냥 활동을 했으나 현대 문명의 전파로 전통적 생활양식이 점차 사라지고 있음.

③ 추위를 막기 위해 동물 가죽으로 옷, 장갑, 천막의 덮개 등을 만들어 사용함.

7. 오세아니아 문화권

(1) **지역:** 오스트레일리아, 뉴질랜드, 태평양 제도 일대

(2) 특징

① 영국을 중심으로 한 유럽 문화가 전파되어 다수가 백인이며 개신교의 비율이 높음.

② 세계적인 목축업 지역이며 관광업이 발달함.

③ 원주민들의 독특한 문화와 전통이 남아 있음.

빈출 자료 분석

자료 1 세계의 종교 경관

▲ 쾰른 성당(독일) 종탑과 십자가를 볼 수 있는 크리스트교의 성당

▲ 쉐다곤 파고다(미얀마) 부처의 사리를 안치하는 탑과 불상을 모시는 불교의 사찰

▲ 술탄 아흐메트 모스크(튀르키예) 돔형 구조물과 주변의 첨탑이 어우러진 이슬람교의 사원

▲ 스리미낙시 사원(인도) 다양한 신의 모습이 조각된 힌두교의 사원

출제 POINT 종교는 문화권을 구분하는 중요한 기준이 되어, 종교에 따라 주민들의 의식주와 사회 제도가 달라지고, 다른 지역과 구분되는 경관이 만들어진다. 크리스트교는 하느님을 유일신으로 섬기고, 이슬람교는 알라를 유일신으로 섬긴다. 불교는 석가모니의 가르침을 전하고 실천하며, 힌두교는 개인의 수련을 중시한다.

자료 2 아프리카 문화권

▲ 투르카나 부족

▲ 이동식 화전 농업

출제 POINT 아프리카 문화권은 사하라 사막 이남 지역으로 대부분 열대 기후가 나타난다. 부족 중심의 공동체 문화가 발달하였고, 전통적으로 다양한 부족이 분포하여 언어와 종교가 복잡하게 나타난다. 이동식 화전 농업이 이루어지며 열대 기후를 이용한 플랜테이션 농업이 발달하였다.

확인 문제

1 돔형 구조물과 주변의 첨탑이 어우러진 경관을 볼 수 있는 종교는?

① 불교　　　　　② 힌두교
③ 이슬람교　　　④ 원시 종교
⑤ 크리스트교

확인 문제

2 아프리카 문화권에 대한 설명으로 옳지 <u>않은</u> 것은?

① 대부분 열대 기후가 나타난다.
② 언어와 종교가 복잡하게 나타난다.
③ 부족 중심의 공동체 문화가 발달하였다.
④ 전통적으로 이동식 화전 농업이 이루어졌다.
⑤ 고대 그리스·로마 문화의 유산이 있어 관광 산업이 발달하였다.

답 1 ③ 2 ⑤

● 다음 문제의 빈칸에 알맞은 단어를 써 넣으시오.

300 (   )은 문화 요소나 경관이 비슷하게 나타나는 보다 넓은 지리적 범위를 하나의 권역으로 묶은 것이다.

301 지형, 기후 등의 (   )은 의식주와 같은 기본적인 생활양식에 결정적인 영향을 끼쳐 문화권 형성에 중요한 역할을 한다.

302 건조 문화권은 기후의 영향으로 유목과 오아시스 농업이 발달했고 대부분 (   )를 믿는다.

303 미국과 캐나다가 해당하는 (   ) 문화권은 영어를 사용하고 주로 크리스트교를 믿으며 세계 경제의 중심지 역할을 한다.

304 (   ) 문화권은 토속 신앙을 바탕으로 부족 중심의 생활을 하는 곳이 많다.

305 (   ) 문화권은 비교적 개발이 늦고 인구가 적어 청정한 자연환경을 보존하고 있으며, 목축업과 관광업이 발달하였다.

● 문화권에 대한 설명이 맞으면 ○표, 틀리면 ×표 하시오.

306 세계 문화권은 종교, 민족, 언어, 전통 산업 등의 문화 요소를 종합적으로 고려하여 구분한다. (○ | ×)

307 아시아 문화권은 계절풍의 영향으로 여름철 기온이 높고 강수량이 풍부하여 벼농사가 발달하였다. (○ | ×)

308 아메리카 문화권은 미시시피강을 기준으로 앵글로아메리카 문화권과 라틴 아메리카 문화권으로 나눈다. (○ | ×)

309 이슬람교 문화권에서는 갠지스강에서 목욕을 하는 종교 의식이 나타난다. (○ | ×)

310 라틴 아메리카는 남부 유럽의 영향을 받아 주로 에스파냐어와 포르투갈어를 사용하며, 가톨릭교를 믿는다. (○ | ×)

311 남부 아시아 문화권은 유교와 불교의 영향을 많이 받았으며, 한자, 젓가락 사용과 같은 공통적 문화 요소가 나타난다. (○ | ×)

312 북극 문화권은 북극해 연안의 한대 기후 지역에 형성된 문화권으로, 기온이 낮아 인간이 거주하기에 불리해 인구 밀도가 매우 낮은 곳이다. (○ | ×)

1 문화권의 의미와 문화권 형성 요인

313
상 중 하

다음 A에 대한 옳은 설명을 |보기|에서 고른 것은?

> 세계에는 다양한 문화가 존재하는데, 그중 유사한 문화적 특성이 나타나 주변의 다른 지역과 구별되는 공간 범위를 A(이)라고 한다.

|보기|
ㄱ. A의 범위와 국가의 경계는 항상 일치한다.
ㄴ. A는 한 번 고정되면 변하지 않는 특징이 있다.
ㄷ. 동일한 A에서는 문화 요소나 경관이 비슷하게 나타난다.
ㄹ. 기후와 지형은 A의 형성에 영향을 주는 자연환경 요인이다.

① ㄱ, ㄴ　　② ㄱ, ㄷ　　③ ㄴ, ㄷ
④ ㄴ, ㄹ　　⑤ ㄷ, ㄹ

314
상 중 하

밑줄 친 ㉠~㉤에 대한 설명으로 옳지 않은 것은?

> ㉠ 문화권은 기후·지형과 같은 자연환경과 종교·산업과 같은 인문환경의 영향을 받아 형성된다. ㉡ 기후의 영향으로 의식주와 산업 등이 지역마다 다르게 나타나며, ㉢ 지형의 영향으로 산지·평야·해안 지역 주민들의 생활양식에도 차이가 나타난다. 종교는 다양한 종교적 생활 양식과 ㉣ 문화 경관을 만들어 낸다. ㉤ 산업의 발달 정도 역시 주민들의 생활양식을 다르게 만든다.

① ㉠ - 경계 지역에는 점이 지대가 존재한다.
② ㉡ - 건조 기후 지역의 사람들은 기온이 높아서 몸을 드러내는 옷을 입는다.
③ ㉢ - 평야 지역의 사람들은 주로 농경 생활을 한다.
④ ㉣ - 이슬람 문화권의 모스크를 예로 들 수 있다.
⑤ ㉤ - 산업이 발달한 지역은 일반적으로 고층 건물이 많다.

315 중요

상 중 하

다음 자료의 A 종교에 대한 설명으로 옳은 것은?

> A 종교를 믿는 여성들은 히잡과 차도르 같은 전통 의복을 입는다.

① 십자가와 종탑 등의 경관을 볼 수 있다.
② 소를 숭배하여 소고기를 먹는 것을 금지하고 있다.
③ 신자들은 매일 다섯 번씩 성지를 향해 예배를 드린다.
④ 성스럽게 여기는 갠지스강에서 목욕하는 종교 의식을 행한다.
⑤ 깨달음의 경지에 이르지 못하면 다시 태어난다는 윤회 사상을 믿고 있다.

316

상 중 하

지도는 언어에 따라 구분한 문화권을 나타내고 있다. A~E의 언어로 옳지 <u>않은</u> 것은?

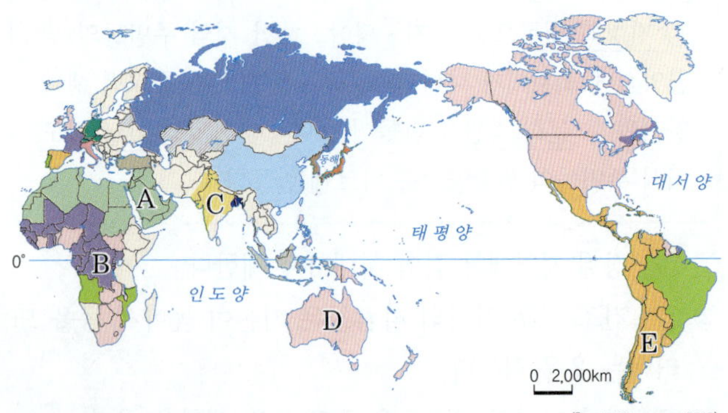

① A - 아랍어   ② B - 프랑스어   ③ C - 중국어
④ D - 영어   ⑤ E - 에스파냐어

317

상 중 하

문화권 형성에 영향을 주는 인문환경에 대한 설명으로 옳은 것은?

① 농경 중심의 문화권에서는 주로 유목 생활을 한다.
② 유목 중심의 문화권에서는 풍년을 기원하는 축제가 많이 나타난다.
③ 상공업 중심의 문화권에서는 건물의 밀집도가 높고, 도로가 잘 발달되어 있다.
④ 상공업 중심의 문화권에서는 협동 노동이 바탕이 된 공동체 문화가 발달하였다.
⑤ 유럽 문화권은 무슬림의 비중이 높고 모스크, 예배소 등의 종교 경관이 나타난다.

318

상 중 하

(가), (나)의 사례에 나타난 문화권 형성 요인으로 옳은 것은?

> (가) 상공업 중심의 문화권에서는 산업 시설과 고층 빌딩이 밀집한 도시적 경관이 나타난다.
> (나) 계절풍 영향을 받는 아시아 지역은 벼농사에 유리하여 쌀을 주식으로 하는 음식 문화가 발달하였다.

	(가)	(나)		(가)	(나)
①	산업	기후	②	산업	지형
③	언어	기후	④	언어	지형
⑤	종교	기후			

319

상 중 하

(가)~(다)와 같은 전통 가옥을 볼 수 있는 지역으로 옳은 것은?

(가)   (나)   (다)

▲ 돌집   ▲ 통나무집   ▲ 가축의 털가죽으로 지은 집

① (가) - 사막 지역   ② (가) - 열대 기후 지역
③ (나) - 냉대 기후 지역   ④ (나) - 계절풍 기후 지역
⑤ (다) - 열대 기후 지역

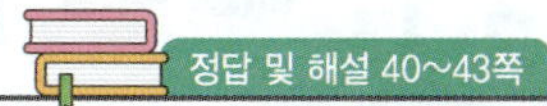

320

상 **중** 하

다음 사진은 종교 A~D에 해당하는 경관이다. 이에 대한 설명으로 옳은 것은?

A

▲ 쾰른 성당(독일)

B

▲ 술탄 아흐메트 모스크(튀르키예)

C

▲ 쉐다곤 파고다(미얀마)

D

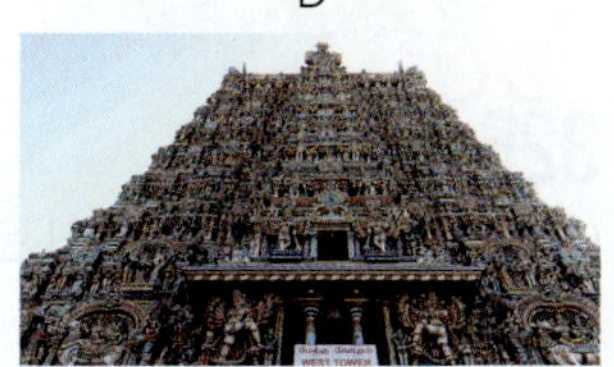

▲ 스리미낙시 사원(인도)

① A는 소를 신성시하여 소고기 섭취를 금기한다.
② B는 모스크에서 집단 예배와 공공 행사를 한다.
③ C는 예수를 구원자로 믿으며 성당이나 교회에서 예배를 드린다.
④ D는 개인의 깨달음을 얻기 위한 수행과 자비를 중시한다.
⑤ A는 유럽 문화권, B는 아프리카 문화권에서 주로 믿는다.

321

상 **중** 하

다음 자료를 통해 파악할 수 있는 학습 주제로 가장 적절한 것은?

> • 스위스의 주민들은 알프스 산지의 거친 자연환경에 적응하여 일찍부터 목축업과 낙농업을 행하였다. 이러한 영향으로 이 지역에서는 다양한 치즈 요리가 발달하였다.
> • 중국 윈난성 쿤밍의 주민들은 높은 산지 지역에서 벼농사를 짓기 위해 오랜 세월에 걸쳐 산을 깎아 계단식 논을 만들었다. 벼농사가 발달한 이 지역에서는 계단식 논에서 생산한 붉은 쌀로 만든 홍미밥, 홍미 쌀국수 등의 음식이 유명하다.

① 언어에 따른 지역 간 생활양식의 차이를 알아보자.
② 종교가 우리 생활에 어떤 영향을 주는지 알아보자.
③ 문화권에 영향을 미치는 인문환경의 요소를 살펴보자.
④ 인구가 생활양식에 어떤 영향을 미치는지 조사해 보자.
⑤ 산업의 영향으로 형성된 문화권의 생활 모습을 알아보자.

322

상 **중** 하

자료의 (가) 문화권에 해당하는 지역을 지도의 A~E에서 고른 것은?

> (가) 문화권
> • 토속 종교의 영향이 남아 있으며, 종교가 다양한 편임.
> • 부족 단위의 공동체 생활을 하는 곳이 많음.
> • 전통적으로 이동식 화전 농업이나 수렵 및 채집 생활을 하였으며, 일부 지역에서는 플랜테이션이 발달함.

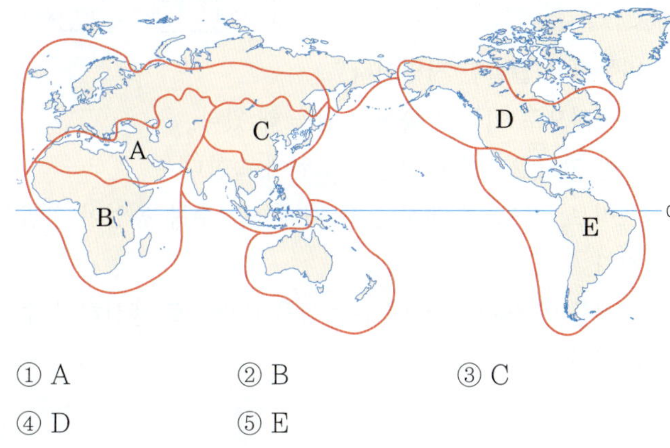

① A ② B ③ C
④ D ⑤ E

323 중요

상 **중** 하

다음에 해당하는 문화권에 대한 설명으로 옳은 것은?

> 이 문화권에 속하는 대표적인 세 나라는 언어는 다르지만 한자를 사용하는 공통점이 있다. 또한 식생활에서 젓가락을 사용하는데 젓가락의 길이와 모양 등은 조금씩 다르게 나타난다.

① 이동식 화전 농업 및 플랜테이션 농업이 발달하였다.
② 물을 얻을 수 있는 곳에서 대추야자, 밀 등을 재배한다.
③ 세계적인 경제 중심지이자 농산물 수출 지역이기도 하다.
④ 유교와 불교의 영향을 많이 받았으며 벼농사를 주로 한다.
⑤ 부족 중심의 공동체 생활을 하며, 부족마다 생활양식이 다양하다.

324

상 중 하

지도는 주식 재료를 기준으로 한 문화권을 나타낸 것이다. (가)에 해당하는 문화권에 대한 설명으로 옳은 것은?

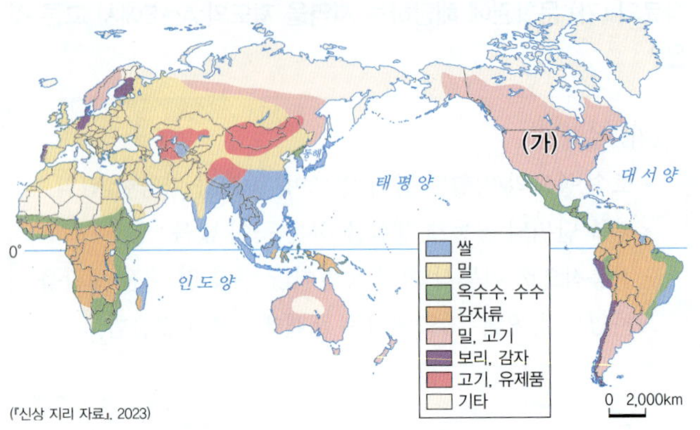

① 벼농사가 활발한 지역이다.

② 전통적으로 이동식 화전 농업을 해 왔다.

③ 해발 고도 2,000m 이상의 고원에 속한다.

④ 올리브, 포도, 오렌지 등을 재배하는 수목 농업이 활발하다.

⑤ 기계를 이용하여 밀, 옥수수 등을 대량으로 생산하고 수출한다.

325

상 중 하

다음 자료와 관련된 지역의 특징으로 옳은 것만을 |보기|에서 고른 것은?

사진에 나타난 시설물은 여름철 가열된 건물을 냉각하기 위해 만든 것이다. 건물 내부의 열을 바깥으로 빼내어 실내를 시원하게 만들었다고 한다.

|보기|

ㄱ. 이슬람교 신자 비중이 높다.

ㄴ. 주로 에스파냐와 포르투갈어를 사용한다.

ㄷ. 둥근 지붕과 첨탑이 있는 모스크가 많이 분포한다.

ㄹ. 통풍이 잘되는 옷을 즐겨 입고 통나무집에서 생활한다.

① ㄱ, ㄴ　　② ㄱ, ㄷ　　③ ㄴ, ㄷ

④ ㄴ, ㄹ　　⑤ ㄷ, ㄹ

[326~327] 지도는 세계의 문화권을 나타낸 것이다. 이를 보고 물음에 답하시오.

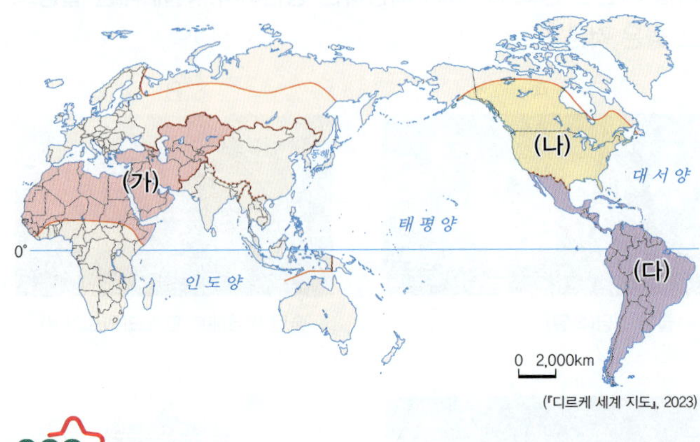

326 중요

상 중 하

(가) 문화권에서 발달한 음식 문화의 특징에 대한 설명으로 옳은 것은?

① 음식을 먹을 때 주로 젓가락을 사용한다.

② 오아시스 농업과 유목의 발달과 관련이 깊다.

③ 고온 다습한 계절풍의 영향으로 벼농사가 발달하였다.

④ 피자, 파스타 등 밀을 이용한 음식 문화가 발달하였다.

⑤ 고산 기후로 인해 감자와 옥수수를 이용한 음식 문화가 발달하였다.

327

상 중 하

(나) 문화권과 (다) 문화권을 구분하는 지형으로 옳은 것은?

① 로키 산맥

② 미시시피강

③ 리오그란데강

④ 빅토리아 호수

⑤ 나이아가라 폭포

328

상 중 하

(가), (나) 사진과 같은 생활 방식이 주로 분포하는 지역을 지도에서 골라 옳게 연결한 것은?

(가)

(나)

▲ 벼농사

▲ 이동식 화전 농업

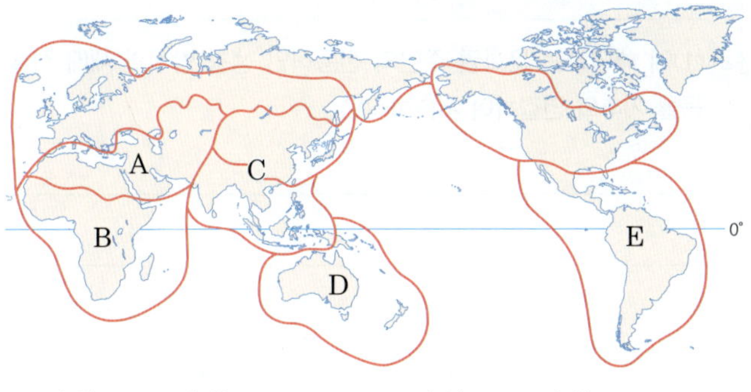

	(가)	(나)		(가)	(나)
①	A	B	②	A	C
③	B	D	④	C	B
⑤	C	E			

329

상 중 하

다음 자료와 관련된 문화권에 대한 설명으로 옳은 것은?

▲ 사우디아라비아 국기

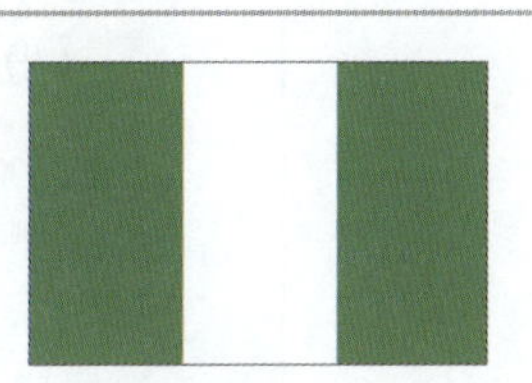

▲ 나이지리아 국기

북부 아프리카와 아라비아 반도 사람들은 녹색을 매우 좋아한다. 사막이 대부분인 환경에서 녹색은 생명을 상징하기 때문이다.

① 마오리족 등 원주민 문화가 소멸될 위기에 있다.
② 이동식 화전 농업 및 플랜테이션 농업이 발달하였다.
③ 일부 고산 지역에서 주식으로 감자와 옥수수를 먹는다.
④ 농업은 가능하지만 순록 유목 및 수렵 생활을 주로 한다.
⑤ 유목과 오아시스 농업이 발달하였고, 대부분 이슬람교를 믿는다.

[330~331] 지도는 세계의 문화권을 나타낸 것이다. 이를 보고 물음에 답하시오.

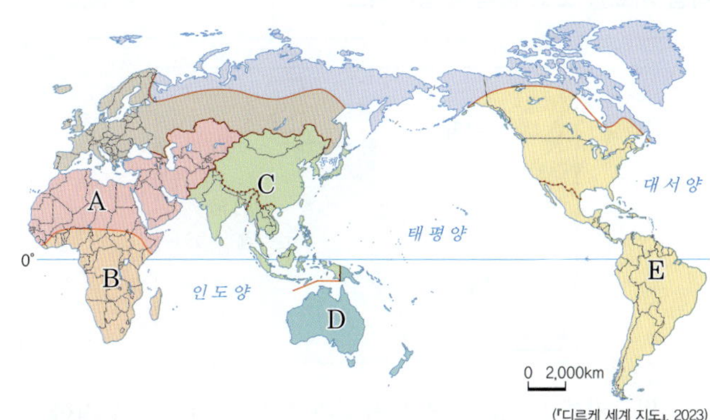

(『디르케 세계 지도』, 2023)

330 중요

상 중 하

다음과 같은 특징이 나타나는 문화권으로 옳은 것은?

- 계절풍의 영향을 많이 받아 벼농사가 발달하였다.
- 북쪽 지역은 유교와 불교의 영향을 받은 생활양식이 나타나며 한자를 사용한다.
- 남쪽 지역은 불교 · 이슬람교 · 크리스트교 등의 종교가 분포하며 언어와 문화가 다양하다.

① A ② B ③ C
④ D ⑤ E

331

상 중 하

B 문화권에 대한 설명으로 옳은 것은?

① 연중 습윤하며, 낙농업이 발달하였다.
② 전통적으로 이동식 화전 농업을 해 왔다.
③ 오아시스 농업과 관개 농업이 발달하였다.
④ 이슬람교의 교리가 일상생활에서 작용한다.
⑤ 순록을 유목하거나 사냥을 하면서 생활한다.

332

상 중 **하**

다음 자료를 보고 물음에 답하시오.

튀르키예의 이스탄불은 유럽과 아시아 사이에 위치하여 동서양의 문화가 동시에 나타난다. 이와 같이 지리적으로 가까워 서로 다른 문화권끼리 교류가 활발하면 두 문화권의 특성이 함께 나타나는 지역을 [(가)]라고 한다.

(1) (가)에 해당하는 용어를 쓰시오.

(2) (가)로 인해 이스탄불에서 나타나는 문화적 특징을 종교적인 측면에서 서술하시오.

333

상 **중** 하

다음 글을 바탕으로 문화권 형성에 영향을 주는 요인에 대해 서술하시오.

오랜 세월에 걸쳐 사람들은 자연환경과 상호 작용하며 자신들이 사는 지역에 적합한 삶의 방식을 만들어 왔다. 날씨에 잘 어울리는 의복을 만들어 입고, 주어진 환경에서 잘 자라는 작물을 주식으로 삼았으며, 주변에서 쉽게 구할 수 있는 재료로 가옥을 짓고 살았다. 또한 지형에 따라 다른 생활양식이 나타나기도 한다. 산지 지형은 자연적 경계를 형성하여 이동을 제한하는 지리적 특성을 가지므로 그 지역의 문화 요소가 잘 보존된다. 하천 지형은 주로 교통로로 이용되어 주변 지역과 교역이 활발하게 이루어지는 곳은 도시가 발달하였다.

334

상 중 **하**

다음 사진을 보고 물음에 답하시오.

▲ 이슬람의 성지 메카

▲ 대추야자

(1) 위 자료와 관련된 문화권을 쓰시오.

(2) (1)에 해당하는 문화권 주민의 전통적인 생활 방식과 재배 작물 등을 기후와 연결하여 서술하시오.

335

상 **중** 하

다음 지도를 보고 물음에 답하시오.

(1) (가)와 (나) 문화권을 구분하는 지형을 쓰시오.

(2) (가)와 (나) 문화권의 특징을 역사적 배경, 언어, 종교의 측면에서 서술하시오.

정답 및 해설 44쪽

336

(가), (나) 가옥에 대한 옳은 설명을 <u>두 가지</u> 고른 것은?

(가)

(나)

▲ 흙벽돌집

▲ 돌집

① 비가 많이 오고 습한 지역에서는 (가)와 같은 집을 짓는다.
② 식생이 빈약한 사막 지역 주민들은 (가)와 같은 집을 짓는다.
③ 산지 지역에 사는 주민들은 (나)와 같은 집을 짓는다.
④ 냉대 기후 지역의 삼림이 울창한 곳에서는 주변의 풍부한 돌로 (나)와 같은 집을 짓는다.
⑤ (가)와 (나)는 모두 열대 우림 지역에서 볼 수 있는 가옥이다.

337

다음 자료에 나타난 지역의 문화권에 대한 설명으로 옳은 것은?

왼쪽 사진은 투르카나 부족의 모습으로, 이 문화권은 대체로 민족과 언어가 다양하며 토속 종교의 영향이 아직 남아 있다.

① 이동식 화전 농업과 플랜테이션이 발달하였다.
② 사냥, 어로, 순록 유목 등을 하며 생활하고 있다.
③ 오아시스 농업과 관개 농업, 유목이 이루어진다.
④ 유교, 불교 등의 종교와 더불어 한자 문화를 공유한다.
⑤ 크리스트교가 생활양식과 사회 제도에 큰 영향을 끼쳤다.

338

(가)~(마)에 해당하는 문화권을 지도의 A~E에서 옳게 고른 것은?

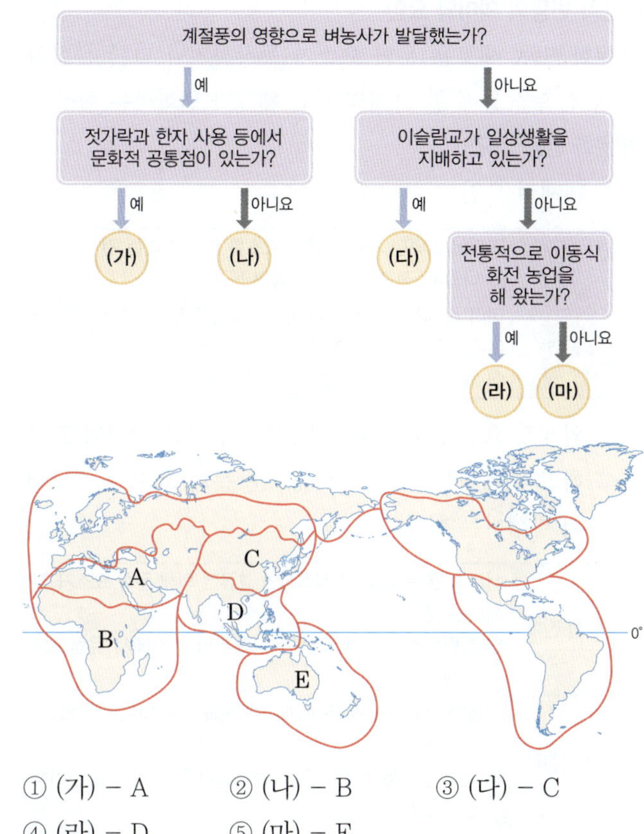

① (가) – A
② (나) – B
③ (다) – C
④ (라) – D
⑤ (마) – E

339

다음 내용과 관련 있는 문화권으로 옳은 것은?

▲ 금융의 중심지 뉴욕의 모습

▲ 옥수수 가루로 만든 토르티야에 채소나 고기를 싸서 먹는 타코

① 건조 문화권
② 유럽 문화권
③ 동아시아 문화권
④ 아메리카 문화권
⑤ 아프리카 문화권

09 문화 변동과 전통문화

1 문화 변동의 의미와 양상

1. 문화 변동의 의미와 요인

(1) **문화 변동**: 새로운 문화 요소가 등장하거나 다른 문화와의 접촉을 통해 한 사회의 문화 체계가 변화하는 현상

(2) **문화 변동의 요인**

① 내재적 요인

발명	과거에 없었던 새로운 문화 요소를 만들어 내는 것 예 나일론, 전구, 세탁기의 발명 등
발견	이미 존재하고 있었으나 알려지지 않았던 문화 요소를 찾아내는 것 예 엑스(X)선, 불, 페니실린의 발견 등

② **외재적 요인(문화 전파)**: 한 사회가 다른 사회와 교류하고 접촉하는 과정에서 새로운 문화 요소가 전달되어 발생하는 현상

직접 전파	서로 다른 문화 간의 직접적인 교류에 의해 문화 요소가 전해지는 것 예 콜럼버스에 의해 고추가 아메리카 대륙에서 유럽으로 전해짐.
간접 전파	인쇄물이나 인터넷 등 매개체를 통해 간접적으로 문화 요소가 전해지는 것 예 인터넷을 통해 전파된 K-콘텐츠가 전 세계에서 인기를 끌고 있음.
자극 전파	다른 사회의 문화 요소에서 자극을 받아 새로운 문화 요소를 만들어 내는 것 예 체로키족이 백인들과 접촉하면서 영어에서 아이디어를 얻어 체로키 문자를 만들어 냄.

2. 문화 변동의 양상

(1) **문화 접변**: 서로 다른 사회의 문화가 장기간에 걸쳐 전면적으로 접촉하면서 발생하는 현상

(2) **문화 접변에 따른 대표적인 문화 변동의 양상**

① 문화 병존

의미	기존의 문화 요소와 전파된 문화 요소가 각각 고유한 성격을 유지하면서 한 사회 내에 함께 존재하는 현상
특징	• 자문화의 정체성이 유지됨. • 문화적 다양성을 실현함.
사례	• 전통 의학인 한의학과 개화기 때 유입된 서양 의학이 공존하는 것 • 말레이시아에서 다양한 종교 기념일과 종교 경관이 공존하는 것 • 인도 화폐에 다양한 언어로 금액이 표시되어 있는 것

② 문화 융합

의미	기존 문화 요소와 전파된 다른 사회의 문화 요소가 결합한 결과 이전의 두 문화와 성격이 다른 새로운 문화가 나타나는 현상
특징	• 자문화의 정체성이 유지됨. • 외래문화가 변형되어 정착함. • 제3의 문화가 형성됨.
사례	• 우리나라의 건축 양식과 서양의 건축 양식이 결합하여 대한 성공회 강화 성당이 만들어진 것 • 미국에서 아프리카 흑인 음악의 리듬과 유럽 백인 음악에 사용되는 악기가 결합하여 재즈가 만들어진 것 • 유럽인이 라틴 아메리카를 지배하면서 전파된 유럽 문화와 원주민 문화가 결합하여 과달루페 성모상이 만들어진 것

③ 문화 동화

의미	다른 사회의 문화 요소가 전파되었을 때 기존의 문화 요소가 다른 사회의 문화 체계에 흡수되어 소멸하는 현상
특징	• 고유문화의 정체성이 상실되어 외래문화로 대체됨. • 문화 다양성의 가치를 해칠 수 있음.
사례	• 백인들이 아메리카 대륙으로 이주해 오면서 아메리카 원주민들의 문화가 사라지게 된 것 • 에스파냐의 침략과 지배로 카나리아 제도에 살던 원주민의 토속 종교와 고유한 언어가 소멸된 것

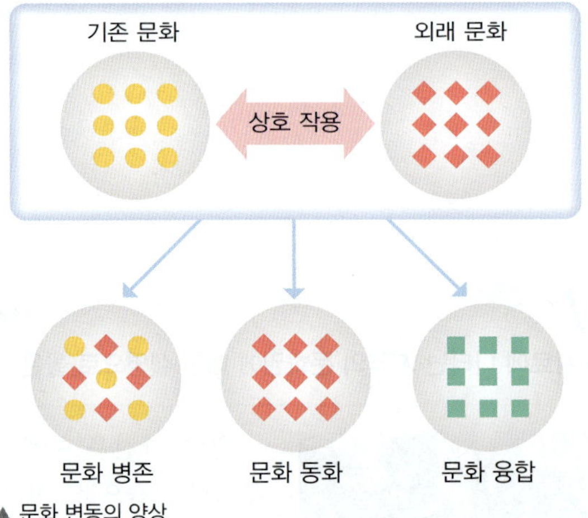

▲ 문화 변동의 양상

(3) **문화 수용 주체의 자발성 유무에 따른 분류**

① 강제적 문화 접변

• 정복이나 식민 지배의 경우처럼 강제성을 띤 외부의 압력에 의해 나타나는 문화 변동

• 대체로 자기 문화에 관한 문화적 정체성이 약하거나 보존을 위한 노력이 부족한 경우 혹은 다른 나라의 군사적·정치적 지배로 문화가 강제로 규제될 때 나타나기 쉬움.

⑩ 백인의 북아메리카 인디언 정복

② 자발적 문화 접변
- 스스로의 필요에 의해 새로운 문화 요소를 자연스럽게 수용하여 나타나는 문화 변동
- 이민이나 유학, 물적 교류 등의 과정에서 나타남.
  ⑩ 이민자가 스스로 새로운 사회의 문화를 수용하는 경우

2 전통문화의 계승과 발전

1. 전통문화의 의미와 의의

(1) **전통문화**: 한 사회에서 과거부터 현재까지 전해 내려오는 고유한 문화

(2) 전통문화의 의의

사회 유지와 통합	• 전통문화는 한 사회가 단절되지 않고 세대가 이어가며 지속할 수 있는 다리 역할을 함. • 전통문화는 같은 문화를 공유하는 사람들 간에 동질감을 느끼게 하고 자긍심을 고취시킴. ⑩ 외국에서 한글을 사용하거나 김치를 먹는 사람을 보면 동질감을 느끼고, 외국인이 한복을 입거나 사물놀이를 보고 흥겨워하면 우리 문화에 대한 자부심을 느낌.
문화의 고유성 유지	• 전통문화에는 독특한 자연 및 사회적 환경 속에서 오랜 역사를 거쳐 전승되는 조상의 정신과 가치가 담겨 있음. • 전통문화를 통해 문화의 고유성을 유지할 때 사회 구성원으로서 문화 정체성을 지키며 살아갈 수 있음. ⑩ 우리나라에서 이웃이 함께 모여 김장을 하거나 이탈리아에서 가족들이 함께 토마토소스를 만드는 전통 풍습은 구성원이 소속감을 느끼고 소속된 집단의 정체성을 확고히 하는 데 기여함.
세계 문화의 다양성 증진	• 세계의 전통문화는 각자 나름의 의의가 있고 이러한 전통문화가 모이면 세계 문화는 다채로워짐. • 국가 간 교류를 통해 다른 문화에 대한 상호 이해는 물론 국제 평화 도모에도 도움을 줄 수 있음.
문화 산업 육성	지역에서는 전통문화를 관광 상품으로 개발하여 부가 가치를 창출할 수 있으며 국가 이미지를 높이는 데 기여함.

(3) 우리나라의 대표적인 전통문화

김장	김치를 담고 나누는 공동 작업을 통해 끈끈한 유대감을 가지게 되며 한국인의 정체성을 재확인할 수 있음.
모내기	서로 돕는 상부상조 문화가 발달하여 농번기에는 이웃끼리 일손을 도움.
줄다리기	여러 사람이 편을 갈라 줄을 마주 잡고 당겨서 승부를 내는 놀이로, 승부에 연연하지 않고 공동체의 풍요와 안위를 도모함.

(4) 전통문화 관련 조항

헌법	제9조 국가는 전통문화의 계승·발전과 민족 문화의 창달에 노력하여야 한다.
유네스코 문화 다양성 선언	제7조 창조는 문화적 전통에 의존하는 동시에 다른 문화와 접촉하면서 풍성해진다.

2. 전통문화의 창조적 계승과 발전 방안

(1) **전통문화의 창조적 계승**: 전통문화의 정체성을 유지하면서 현대의 새로운 문화 요소들과 조화를 이룰 수 있도록 전통문화를 재구성하거나 재창조하면서 계승하는 것

(2) 전통문화의 창조적 계승 및 발전 방안

① 전통문화의 재해석
- 전통문화에 지속적인 관심을 가져야 함.
- 전통문화를 객관적인 입장에서 분석하여 우리 문화만의 고유성과 독창성을 찾고 우리 사회에서 보존·계승할 만한 가치가 있는 전통문화를 발굴해야 함.
- 전통문화를 현대적인 감각으로 재해석하여 새로운 문화 콘텐츠로 발전시켜야 함.
- 사례

국립 중앙 박물관의 '사유의 방'	• 6세기 후반과 7세기 전반에 제작된 국보 반가 사유상 두 점을 나란히 전시한 공간임. • 미디어 아티스트 건축가 등과 협업하여 상설 공간을 소극장처럼 디자인함.
노래 '범 내려온다'	• 조선 후기의 대표적인 판소리계 소설 토끼전인 수궁가(별주부전)에서 길짐승들이 서로 자기 자랑하는 내용중 호랑이가 숲속 골짜기에서 나오는 대목을 재해석함. • 현대적인 밴드 음악과 전통 음악인 판소리를 접목하여 전자 음악과 한국적 흥, 현대 무용과 한국적 리듬이 조화를 이룸.

② 외래문화의 비판적 수용
- 외래문화를 무분별하게 받아들이기만 한다면 자기 문화의 정체성을 상실할 수 있음.
- 전통문화의 고유성을 유지하면서 외래문화를 비판적으로 수용하도록 노력해야 함.
- 사례

난타 공연	• 요리사들이 등장하여 요리를 준비하면서 벌어나는 소동을 배우들의 몸짓과 비트, 리듬으로 표현함. • 한국적인 사물놀이 리듬을 서양의 뮤지컬이라는 형식에 접목한 퓨전 퍼포먼스임.
한국 관광 홍보 영상	우리나라의 전통춤, 전통 음악, 전통 복식 등을 재해석하여 온라인 동영상 플랫폼에 국내 관광지를 홍보함.

자료 1 문화 변동의 요인

(가)

▲ 콜럼버스에 의해 아메리카에서 유럽으로 전해진 고추

(나)

▲ 글로벌 동영상 플랫폼을 통해 알려진 K-콘텐츠

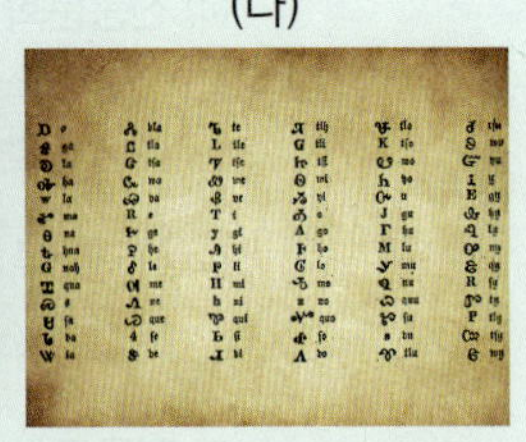

(다)

▲ 영어에서 아이디어를 얻어 만들어진 체로키 문자

출제 POINT (가)는 사람에 의한 직접적인 접촉에 의해 문화가 변동했으므로 직접 전파의 사례이다. (나)는 글로벌 동영상 플랫폼 및 사회 관계망 서비스(SNS)를 통해 전파된 K-콘텐츠가 전 세계에서 인기를 끌고 있는 모습으로 간접 전파의 사례이다. (다)는 고유의 문자가 없던 체로키족이 백인들과 접촉하면서 영어에서 아이디어를 얻어 체로키 문자를 고안해 낸 것으로 자극 전파의 사례이다.

자료 2 전통문화의 창조적 발전

▲ 판소리를 현대적으로 재해석한 노래를 부르는 밴드

▲ 세계태권도연맹 시범단의 모습

출제 POINT (가)는 '수궁가'에서 토끼 간을 구하러 육지에 온 별주부가 '토생원'을 '호생원'이라고 잘못 부르는 바람에 호랑이 산에서 내려오는 장면을 베이스 기타와 드럼, EDM 비트, 힙합처럼 빠른 가사로 표현한 것이다. 현대적 감각과 함께 전 세계인이 즐겨 들을 수 있도록 창조하였다. (나)는 세계 태권도 연맹 시범단이 올림픽을 비롯한 다양한 국제 행사에서 태권도의 우수성을 전 세계에 알리는 모습이다. 2021년에는 미국의 유명 오디션 프로그램에서 태권도의 절도 있는 품새와 발차기, 공중 격파 등을 음악과 융합하여 선보였고 결승에 진출하기도 하였다. 이는 태권도를 세계인이 즐길 수 있도록 창조적으로 발전시킨 사례이다. 이처럼 전통문화의 창조적으로 발전시키기 위해서는 사회 구성원들이 전통문화에 관심을 가지는 동시에 전통문화를 현대의 감각에 맞게 재해석하여 창조적으로 표현하고자 노력해야 한다.

---

1 다른 사회에서 전파된 문화 요소에서 아이디어를 얻어 새로운 발명이 일어나는 것은?

① 발명
② 발견
③ 직접 전파
④ 간접 전파
⑤ 자극 전파

2 전통문화의 바람직한 계승 및 발전과 관련하여 다음 글이 시사하는 바로 적절하지 <u>않은</u> 것은?

> 지금과 같은 디자인의 한복은 약 120여 년 전에 만들어졌다. 한복의 마고자는 19세기 후반 흥선대원군이 청나라에서 귀국할 때 입고 들어온 만주족의 마괘아를 한복에 어울리게 개량하면서 보편화되었다. 그리고 한복 저고리 위에 입는 조끼도 조선 사회에 서구 문물이 도입되면서 전통 한복의 불편함을 개선하기 위해 서양의 베스트를 한복에 맞게 차용하여 만들어졌다.

① 전통문화를 변화하는 시대의 필요에 맞게 재해석하고 발전시켜야 한다.
② 전통문화를 구시대의 유물로만 여길 것이 아니라 시대에 맞게 재창조해야 한다.
③ 전통문화의 본질적 요소를 유지하면서 외래문화를 비판적으로 수용하고 접목한다.
④ 세계 문화의 다양성에 기여하도록 전통문화의 원형을 보존하고 고유성을 강화한다.
⑤ 새로운 문화 요소들을 주체적으로 수용하여 전통문화와 조화를 이룰 수 있도록 한다.

정답 1 ⑤ 2 ④

● 다음 문제의 빈칸에 알맞은 단어를 써 넣으시오.

340 새로운 문화 요소가 등장하거나 다른 문화와의 접촉을 통해 한 사회의 문화 체계가 변화하기도 하는데, 이를 (   )(이)라고 한다.

341 과거 중국 한자의 영향을 받아 만들어진 이두처럼 다른 사회에서 전파된 문화 요소에 자극을 받아 새로운 발명이 일어나는 것은 (   )의 사례이다.

342 서로 다른 사회의 문화가 장기간에 걸쳐 전면적으로 접촉하면서 발생하는 현상을 (   )(이)라고 한다.

343 (   )은/는 기존 문화 요소와 전파된 다른 사회의 문화 요소가 결합한 결과 이전의 두 문화와는 다른 새로운 문화가 나타나는 현상이다.

344 (   )은/는 어떠한 집단이나 공동체에서 과거로부터 전해 내려오는 문화 요소 중 현재까지 그 가치를 인정받고 발전시킬 만한 가치가 있는 것이다.

● 문화 변동과 전통문화에 대한 설명이 맞으면 ○표, 틀리면 ×표 하시오.

345 문화 변동의 내재적 요인으로는 존재하지 않았던 새로운 문화 요소를 만들어 내는 발명과 이미 존재하고 있었지만 알려지지 않았던 문화 요소를 찾아내는 발견이 있다.　(○ | ×)

346 직접 전파는 인쇄물이나 인터넷 등 매개체를 통해 이루어지는 전파이다.　(○ | ×)

347 문화 병존은 기존의 문화 요소와 전파된 다른 사회의 문화 요소가 공존하는 현상이다.　(○ | ×)

348 문화 융합은 고유문화의 정체성을 상실하게 하여 문화적 다양성을 해친다.　(○ | ×)

349 전통문화에는 독특한 자연 및 사회적 환경 속에서 오랜 역사를 거쳐 전승되는 조상의 정신과 가치가 담겨 있다.　(○ | ×)

350 전통문화를 창조적으로 계승하고 발전시키기 위해서는 전통문화를 현대적으로 재해석할 필요가 있다.　(○ | ×)

1 문화 변동의 의미와 양상

351 중요　상·중·하

(가), (나)에 나타난 문화 변동 개념을 옳게 연결한 것은?

> (가) 아메리카 원주민인 체로키족은 백인들과 접촉하기 전까지는 고유의 문자를 갖지 못하였다. 이들은 백인들과 접촉하면서, 영어에서 아이디어를 얻어 체로키 문자를 고안해냈다.
>
> (나) ○○국에서는 인터넷을 통해 K - POP이 유행하면서 한류 열풍이 불고 있다. ○○국 사람들은 자신들의 음악뿐만 아니라 K - POP도 즐기고 있으며, 자신들의 음악 순위와 별도로 K - POP 순위를 소개하는 프로그램도 등장하였다.

	(가)	(나)
①	자극 전파	간접 전파
②	자극 전파	문화 융합
③	문화 융합	자극 전파
④	문화 융합	간접 전파
⑤	문화 동화	자극 전파

352　상·중·하

다음 사례에 나타난 문화 변동에 대한 진술로 옳은 것은?

> 커피는 대한제국 시기에 러시아 공사관에 근무하는 러시아 사람들을 통해 들어왔다. 이후 미군 기지에서 인스턴트 커피가 흘러나와 대중화되었다. 요즘에는 식사하고 나서 커피 한 잔을 하는 것이 일상적인 일이 되었다.

① 다른 문화에서 자극을 받아 발명이 이루어진 것이다.

② 직접 전파에 의한 외재적 문화 변동이 나타난 사례이다.

③ 강제적 문화 접변에 의한 문화 동화가 나타난 사례이다.

④ 전파된 문화가 재해석되어 새로운 문화 요소가 만들어졌다.

⑤ 서로 다른 문화 요소가 결합된 문화 융합이 나타난 사례이다.

353

상 중 하

다음은 문화 변동의 요인 A~D를 질문에 따라 분류한 것이다. 이에 대한 옳은 내용만을 |보기|에서 고른 것은? (단, A~D는 각각 발견, 발명, 직접 전파, 자극 전파 중 하나임.)

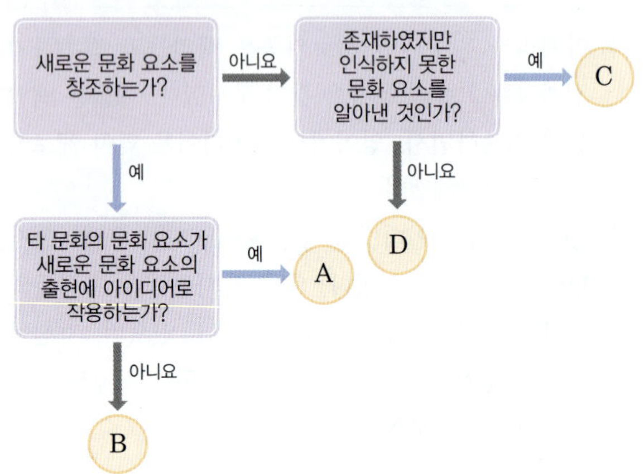

|보기|

ㄱ. 한자의 음과 뜻을 이용하여 이두를 표기한 것은 A에 해당한다.
ㄴ. 국내 기업이 스팀 청소기를 개발한 것은 B에 해당한다.
ㄷ. 문익점이 중국에서 목화씨를 숨겨 들여와 퍼뜨린 것은 C에 해당한다.
ㄹ. 한국 드라마를 통하여 동남아시아에 한국 문화가 알려지게 된 것은 D에 해당한다.

① ㄱ, ㄴ ② ㄱ, ㄷ ③ ㄴ, ㄷ
④ ㄴ, ㄹ ⑤ ㄷ, ㄹ

354 중요

상 중 하

다음은 수업 장면의 일부이다. 교사에 질문에 대한 학생의 대답으로 옳은 것은?

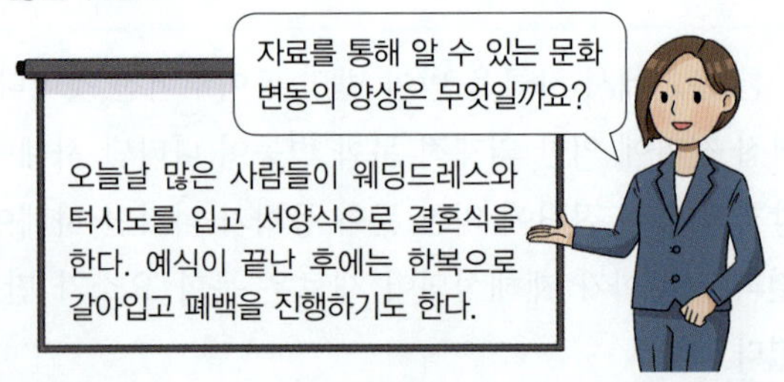

① 문화 융합 ② 문화 병존 ③ 문화 동화
④ 문화 획일화 ⑤ 문화 지체 현상

355

상 중 하

(가), (나)에 대한 설명으로 옳은 것은?

문화 변동의 양상	사례
(가)	우리나라의 불교 사찰에 있는 산신각은 우리 민족의 토착 신인 산신(山神)을 모시고 있다. 이는 토착 신앙과 불교가 결합된 것이다.
(나)	카자흐스탄에 사는 고려인이 한국과 러시아 두 문화의 고유한 풍습과 언어, 가치관을 그대로 간직하고 있다.

① (가)는 강제적 문화 접변의 결과로서만 나타난다.
② (나)는 직접 전파에 의해서만 나타날 수 있다.
③ (가)와 달리 (나)는 고유문화의 정체성을 간직하고 있다.
④ (나)와 달리 (가)는 새로운 문화 요소가 창조되어 나타난 것이다.
⑤ (가), (나)는 모두 내재적 요인에 의한 문화 변동이다.

356

상 중 하

다음 자료에 해당하는 문화 변동의 양상으로 옳은 것은?

간다라 양식은 인도 북서부 간다라 지역에서 탄생한 그리스·로마풍의 불교 미술 양식이다. 초기 불교에서는 부처의 발자국, 법륜, 보리수 등으로 부처를 나타낸 상징물이 제작되었으나 신을 인간의 형상으로 표현한 그리스·로마의 영향으로 불상이 만들어지기 시작하였다.

① 문화 융합 ② 문화 동화 ③ 간접 전파
④ 문화 병존 ⑤ 문화 지체

357

상 중 하

자극 전파에 대한 설명으로 옳지 않은 것은?

① 우리나라의 이두 문자를 예로 들 수 있다.
② 두 문화 체계 간에 직접적인 접촉에 의하여 전파가 행해지는 경우이다.
③ 외래 종교에서 아이디어를 얻어 새로 등장한 신흥 종교를 예로 들 수 있다.
④ 다른 사회의 문화 요소로부터 아이디어를 얻어서 새로운 발명이 일어나는 것이다.
⑤ 특정 문화 요소에 대한 일반적인 개념 또는 관념이 전파되어 발명을 자극하는 것을 말한다.

358 중요

다음 자료를 통해 파악할 수 있는 내용으로 옳은 것은?

> 영국의 식민 지배에서 독립한 인도는 독립 이후에도 공용어를 힌디어로 지정하거나 몇 개의 언어로 제한하지 않았다. 오히려 다양한 언어를 사용하는 인도의 상황을 현실적으로 받아들이고 여러 언어가 충돌 없이 공존하는 방안을 마련하였다. 이러한 노력은 인도에서 사용하는 화폐에서도 엿볼 수 있다. 화폐에는 힌디어와 영어 이외에도 헌법상 공용어인 15국의 언어를 사용하여 액면 금액을 표시하고 있다.

① 사회 내적인 원인으로 문화 변동이 발생하였다.
② 문화 변동의 결과 기존 사회의 고유한 문화가 사라졌다.
③ 서로 다른 사회의 문화가 한 사회 문화 체계 속에서 나란히 존재하는 현상이 발생하였다.
④ 한 사회의 문화가 다른 사회의 문화 체계 속에서 흡수되어 정체성을 상실하는 현상이 나타났다.
⑤ 외래문화와 기존의 문화가 결합하여 새로운 성격을 가진 제3의 문화가 나타나는 현상이 발생하였다.

359

(가), (나)에 해당하는 문화 변동의 차이를 설명할 수 있는 질문으로 가장 적절한 것은?

> (가) 우리나라에서는 대부분 결혼할 때 결혼식장에서는 양복과 웨딩드레스를 입지만, 폐백을 할 때는 신랑, 신부 모두 한복을 입는다.
> (나) 남태평양 섬의 많은 부족들은 서구 사회의 문화를 접하게 되었고, 그 결과 그들 고유의 전통적인 의상 대신 서양의 그것이 그 자리를 차지하고 있다.

① 외재적 요인에 의한 변동인가?
② 자발적 요인에 의한 변동인가?
③ 자문화의 정체성을 유지하였는가?
④ 기존의 문화 요소와 결합하였는가?
⑤ 장기간에 걸쳐 변동이 발생하였는가?

360

표는 문화 접변의 결과인 A, B를 비교한 것이다. 이에 대한 옳은 설명만을 |보기|에서 고른 것은?

구분	A	B
의미	서로 다른 두 문화가 결합하여 새로운 문화를 형성함	(나)
사례	(가)	다양한 종교의 기념일을 공휴일로 지정함.
공통점	(다)	

|보기|

ㄱ. (가)에는 '전통적인 온돌 문화와 외래의 침대 문화가 혼합된 돌침대가 만들어짐.'이 들어갈 수 있다.
ㄴ. (나)에는 '서로 다른 사회의 문화가 각각의 정체성을 유지하면서 한 사회의 체계 안에 나란히 존재함.'이 들어갈 수 있다.
ㄷ. (다)에는 '외래문화 요소가 변형되지 않고 정착되었음.'이 들어갈 수 있다.
ㄹ. A와 B의 구분 기준은 고유문화의 정체성 유지 여부이다.

① ㄱ, ㄴ ② ㄱ, ㄷ ③ ㄴ, ㄷ
④ ㄴ, ㄹ ⑤ ㄷ, ㄹ

361

다음의 갑국, 을국에서 나타난 문화 변동에 대한 설명으로 옳은 것은?

> • 갑국의 요리사가 오랫동안 쌓은 기술로 새로운 △△ 음식을 개발하였고, △△ 음식은 갑국의 보편적인 음식으로 자리 잡았다.
> • 을국 사람들은 병국 유학생들이 즐겨 먹는 ○○ 음식에 자신들의 고유한 ●● 음식을 결합한 새로운 ◉◉ 음식을 개발하였고, 곧 대중적인 음식으로 자리 잡았다.

① 갑국에서는 자극 전파가 나타났다.
② 갑국에서는 문화 융합이 나타났다.
③ 을국에서는 간접 전파가 나타났다.
④ 을국에서는 자문화의 정체성이 상실되었다.
⑤ 갑국과 을국 모두에서 새로운 문화 요소가 창조되었다.

2 전통문화의 계승과 발전

362 중요
상 중 하

다음 자료에서 강조하고 있는 전통문화의 의의로 가장 적절한 것은?

> 500년 전통의 당진 기지시줄다리기 축제가 지난 11일 개막했다. 기지시줄다리기에 쓰이는 줄은 매해 새로 제작하는데, 겨우내 모은 짚으로 잔줄부터 하나하나 손으로 꼬아 만든다. 이렇게 만들어진 줄은 시민들이 모여 축제장으로 옮기고, 줄이 자리를 잡으면, 수상마을과 수하마을로 팀을 나눠 줄다리기가 진행된다. 수상마을이 이기면 나라가 태평하고 수하마을이 이기면 풍년이 든다는 속설이 있다.

① 사회 유지와 통합에 이바지한다.
② 세계 문화의 다양성에 기여한다.
③ 현대인의 감각에 맞게 재창조한다.
④ 구성원의 사고방식을 획일화시킨다.
⑤ 대외적으로 국가의 이미지를 높인다.

363
상 중 하

밑줄 친 부분과 같은 일을 한 이유를 추론한 것으로 가장 적절한 것은?

> 일본 교토에는 우리 문화재만을 전시하는 '고려 미술관'이 있다. 고려 미술관을 건립한 재일동포 1세대 정조문 (1918~1989년) 씨는 한국인이라는 이유로 일본인들에게 차별을 받으면서도, 평생을 바쳐 일본 열도를 돌아다니며 우리 민족의 문화유산을 수집하였다. 자라나는 동포 2세대들이 우리 말과 글, 전통문화 등을 접할 기회가 적다는 점이 늘 아쉬워서 시작했다고 한다.

① 전통문화의 우수성을 해외에 알려야 하기 때문에
② 전통문화를 있는 그대로 계승하여야 하기 때문에
③ 우리나라의 전통문화의 경제적 가치가 크기 때문에
④ 전통문화의 소멸은 세대 간 단절을 가져오기 때문에
⑤ 전통문화는 외래문화와 공존해야 가치가 있기 때문에

364
상 중 하

다음 자료들을 통해 알 수 있는 전통문화의 기능으로 볼 수 <u>없는</u> 것은?

▲ 김장

▲ 씨름

① 사회를 통합하는 데 기여한다.
② 사회 구성원 간에 유대를 강화한다.
③ 다른 문화를 받아들기 어렵게 된다.
④ 사회 구성원들의 자긍심을 고취시킨다.
⑤ 그 사회의 독특한 문화 정체성을 표현한다.

365
상 중 하

밑줄 친 ㉠의 의의에 대한 옳은 설명만을 |보기|에서 고른 것은?

> ## ○○ 신문
>
> 2021년 △월 △일
>
> ㉠ 우리나라 탈춤, 유네스코 인류 무형유산 등재…
> 서울·안동·통영에서 신나는 기념 행사 펼쳐
>
> 우리나라 탈춤이 유네스코 인류 무형유산에 등재됐다. 지난달 30일(현재 시간) 유네스코는 모로코에서 열린 무형유산 보호 협약 정부 간 위원회에서 '한국 탈춤'을 유네스코 인류 무형유산에 최종 등재하기로 결정했다.

|보기|
ㄱ. 관광 상품의 실질적인 가치를 인정받았다.
ㄴ. 탈춤의 풍자와 해학성이 세계적으로 증명되었다.
ㄷ. 다른 나라의 춤과는 구별되는 독특성을 엿볼 수 있다.
ㄹ. 다른 요소의 개입 없이 원형 그대로 보존해야 하는 것이 과제이다.

① ㄱ, ㄴ
② ㄱ, ㄷ
③ ㄴ, ㄷ
④ ㄴ, ㄹ
⑤ ㄷ, ㄹ

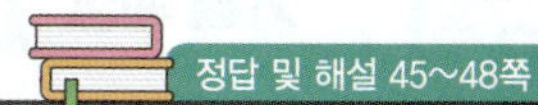

366

상 중 하

다음 글이 시사하는 내용으로 가장 적절한 것은?

'수궁가'에서 토끼 간을 구하러 육지에 온 별주부가 '토생원'을 '호생원'이라고 잘못 부르는 바람에 호랑이 산에서 내려오는 장면을 베이스 기타와 드럼, EDM 비트, 힙합처럼 빠른 가사로 표현하였다. 현대적 감각과 함께 전 세계인이 즐겨 들을 수 있도록 창조하였다.

① 우리의 전통문화를 원형 그대로 보존하는 것이 가장 중요하다.
② 전통문화와 외래문화가 융합되어야만 문화가 선진화될 수 있다.
③ 세계화 시대에 전통문화는 외래문화와 동질화되는 경향이 있다.
④ 전통문화의 본질적인 요소를 유지하면서 외래문화를 주체적으로 재해석하는 노력이 필요하다.
⑤ 교통·통신의 발달과 함께 외래문화가 무분별하게 유입되어 우리 문화의 정체성이 훼손되고 있다.

367 중요

상 중 하

(가)에 들어갈 내용으로 가장 적절한 것은?

탐구 주제: [(가)]와 관련된 사진 자료 찾기

▲ 김치 냉장고　　▲ 난타 공연

① 문화의 다양성
② 사라져가는 전통문화
③ 전통문화의 창조적 계승
④ 전통문화와 외래문화의 공존
⑤ 옛 모습 그대로 복원된 전통문화

368

상 중 하

다음 자료에서 공통적으로 추론할 수 있는 내용으로 가장 적절한 것은?

▲ 전통 한옥의 구조에 현대식 마루와 창들을 접목하여 재구성하였다.　▲ 일부 학교에서는 전통 복식인 한복을 교복 형태로 재구성하여 입는다.

① 문화의 세계화는 전통문화의 원형을 보존시킨다.
② 문화 교류를 통해 전통문화의 독창성이 강화된다.
③ 외래문화의 개방은 문화의 질적 저하를 초래한다.
④ 전통문화는 시대적 감각에 맞게 재해석되기도 한다.
⑤ 외래문화의 유입이 전통문화의 정체성을 약화시킨다.

369

상 중 하

다음 글을 통해 알 수 있는 전통문화에 대한 부탄의 입장으로 가장 적절한 것은?

부탄은 외국인의 입국을 1년에 7,500명으로 제한하고, 부탄에 머무는 동안 일일 250달러를 내도록 하는 정책을 펼치고 있다. 너무 많은 외국인 관광객이 들어오면 부탄의 환경이나 문화에 나쁜 영향을 미칠 것으로 생각하기 때문이다. 그리고 국가 전체의 건물에는 부탄 전통 문양이 그려져 있고, 부탄을 여행할 때는 반드시 부탄인 안내자를 통해야 하는 등 독특한 문화 보전 및 관광 정책을 펼치고 있다.

① 현실 여건에 맞게 전통문화를 재해석한다.
② 전통문화를 있는 그대로 보전하고 계승한다.
③ 선진 문화와 맞지 않는 전통문화는 폐기한다.
④ 전통문화를 새로운 문화 산업으로 발전시킨다.
⑤ 문화 다양성을 위해 외래문화를 적극 수용한다.

370

상 **중** 하

다음 자료를 보고 물음에 답하시오.

> (가) 브라유(Braille, L.)는 어릴 적 사고로 눈이 멀었다. 주변의 도움으로 교육을 받은 브라유는 시각 장애인을 위한 기존의 글자에 불편함을 느끼고, 6개의 점으로 이루어진 점자를 만들었다.
>
> (나) 처음 이슬람 사원에 전해진 커피는 이슬람의 성지인 메카를 순례하는 사람들이 졸음을 쫓기 위해 마시기 시작했다. 이후, 커피를 자기 고향에 가지고 가면서 카이로, 이스탄불 등 이슬람 문화권에 널리 퍼졌다.

(1) (가), (나)에 해당하는 문화 변동의 요인을 각각 쓰시오.

(2) (가), (나)에 해당하는 문화 변동 요인의 의미와 특징을 비교하여 서술하시오.

371

상 **중** 하

(가), (나)에 해당하는 문화 변동의 양상을 쓰고, 공통점을 자문화의 정체성 측면에서 서술하시오.

> (가) 다인종, 다언어 국가인 인도에는 현재 '국어'가 존재하지 않으며, 공용어인 힌디어와 영어 외에도 벵갈어, 타밀어 등 헌법이 공식적으로 명시한 지정 언어만도 22가지나 된다. 인도의 화폐인 루피 뒷면에는 다양한 언어로 금액이 표시되어 있다.
>
> (나) 익산에 있는 나바위성지 성당의 앞면은 3층의 수직 종탑과 아치형 출입구로 꾸며진 고딕 양식이며, 외벽은 회색과 붉은 벽돌을 사용한 석조 건축물 형태이다. 벽돌로 만들어진 첨탑에는 십자가들이 세워져 있다. 그러나 건물 옆쪽으로 돌아서면 나무 기둥과 기와지붕, 서까래가 드러난 회랑에서 전통 목조 한옥 형태를 발견할 수 있다.

372

상 **중** 하

다음은 우리나라의 전통문화 중 하나인 줄다리기 놀이이다. 이를 통해 줄다리기에 담겨 있는 전통문화의 의의를 서술하시오.

373

상 **중** 하

다음 두 사례를 종합하여 내릴 수 있는 결론을 전통문화의 재해석 측면에서 서술하시오.

> • 우리나라의 현대식 주거 공간은 대부분 온돌 난방을 한다. 온돌 난방은 실내 바닥을 따뜻하게 데워 실내 온도를 상승시키는 원리를 적용한 것이다. 전통적인 온돌은 아궁이에 불을 때서 열기가 직접 바닥을 데우는 방식이었다. 현대식 보일러가 보급된 뒤로는 따뜻한 물이 관을 통해 실내 바닥을 지나게 하는 현대적인 온돌 난방으로 변화하였다.
>
> • 우리나라의 한 기업은 전통 가마솥의 원리를 이용한 전기밥솥을 개발하였다. 가마솥은 열전도율이 높고 열이 오랫동안 지속되어 밥과 같은 슬로푸드를 만드는 데 최적의 조리 도구이다. 가마솥의 이러한 특성을 활용한 기능이 전기밥솥에 첨가됨으로써 전기밥솥으로 밥 외에도 다양한 요리를 할 수 있게 되었다.

374

상 중 하

그림은 문화 변동의 요인을 나타낸 것이다. A~C에 대한 설명으로 옳은 것은?

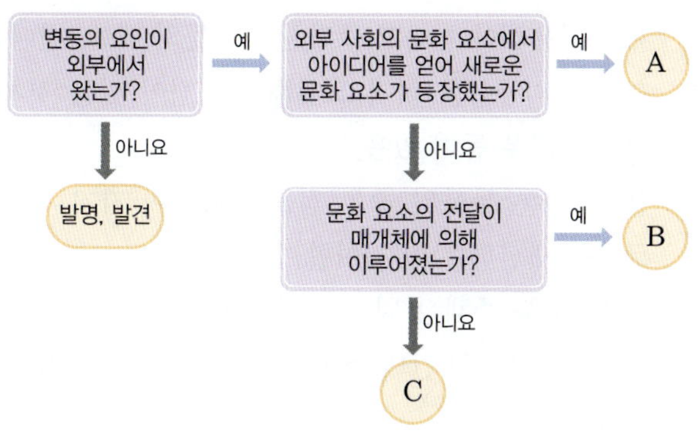

① A는 물질적인 것만 해당한다.

② 임진왜란으로 조선에 고추가 전래된 것은 B에 해당한다.

③ 인터넷으로 여행가고 싶은 나라의 문화를 알아보는 것은 C에 해당한다.

④ 오늘날에는 정보 통신 기술의 발달로 B가 C보다 훨씬 많다.

⑤ A는 C와 달리 인간의 문화 창조 능력을 보여 준다.

375

상 중 하

표는 병국의 문화 요소와의 접촉에 의한 갑국과 을국의 문화 변동을 나타낸 것이다. 이에 대한 설명으로 옳은 것은? (단, 갑국과 을국 간에는 문화 교류가 없었음.)

	의복 문화	혼인 문화
교류 전 문화 요소	갑국: ○	을국: □
교류 수단	유학생	인터넷
병국의 문화 요소	●	■
교류 후 문화 요소	◉	■

* ◉은 ○과 ●이 결합된 문화 요소임.

① 갑국의 의복 문화에서는 문화 병존 현상이 발생하였다.

② 을국의 혼인 문화에서는 문화 융합 현상이 나타났다.

③ 갑국의 의복 문화에서는 기존 문화의 정체성이 상실되었다.

④ 을국에서는 병국의 문화가 변형되지 않은 상태로 정착되었다.

⑤ 의복 문화는 간접 전파가, 혼인 문화는 직접 전파가 문화 변동의 원인이다.

376

상 중 하

다음 자료를 통해 추론할 수 있는 내용으로 옳은 것을 |보기|에서 고른 것은?

'일렉트릭 사물놀이' 밴드는 전통적인 사물놀이와 서양의 전자 악기를 접목하여 우리 음악에 담긴 흥을 젊은이들이 즐겨 듣는 전자 음악으로 표현하였다.

|보기|

ㄱ. 전통문화는 상업적 효과를 위주로 재창조해야 한다.

ㄴ. 우수한 외래문화를 수용하여 전통문화를 대체해야 한다.

ㄷ. 현대 사회의 시대적 감각으로 전통문화를 재해석할 필요가 있다.

ㄹ. 문화적 독창성을 지키며 전통문화를 창조적으로 발전시켜야 한다.

① ㄱ, ㄴ ② ㄱ, ㄷ ③ ㄴ, ㄷ
④ ㄴ, ㄹ ⑤ ㄷ, ㄹ

377

상 중 하

(가)에 들어갈 내용으로 가장 적절한 것은?

학습 주제: ________ (가)

전통문화	전주 비빔밥
선정 이유	준비된 재료를 넣어 비비기만 하면 되기 때문에 조리가 비교적 간단하다.
강점 강화 방안	한 끼에 필요한 영양소를 골고루 섭취할 수 있다는 것을 강조한다.
약점 보완 방안	맵기의 단계를 조절한 소스를 개발한다.
기회 활용 방안	외국에서 인기를 얻고 있는 우리나라 방송 프로그램에 자주 노출한다.
위기 극복 방안	고기, 계란 등을 대체할 재료를 준비하여 선택의 폭을 넓힌다.

① 전통문화의 유형을 알아보자.

② 전통문화의 문제점을 알려 보자.

③ 전통문화의 원형을 복원해 보자.

④ 전통문화의 창조적 발전 방안을 모색해 보자.

⑤ 전통문화와 외래문화의 공존 전략을 살펴보자.

10 문화 상대주의와 보편 윤리

1 문화적 차이를 바라보는 태도

1. 문화적 차이

(1) 문화적 차이와 다양성: 의식주, 언어, 종교, 도덕 등을 포함하는 문화는 사회에 따라 다양하게 나타남.

(2) 문화적 차이가 나타나는 이유

자연환경	• 각 사회는 서로 다른 자연환경에 적응하는 과정에서 독특한 생활 방식을 형성하여 서로 다른 문화를 가지게 됨. ⃝ 국토의 대부분이 산지로 둘러싸여 있고 여름철 기후가 서늘한 스위스는 목축업이 발달하여 유제품을 활용한 치즈를 즐겨 먹음. ⃝ 국토 전체가 바다로 둘러싸여 있고 계절풍의 영향으로 여름 강수량이 많은 일본은 수산업과 농업이 발달하여 해산물과 쌀을 활용한 요리를 즐겨 먹음.
인문환경	• 각 사회 구성원이 공유하는 인문환경에 따라 다른 사회와 구분되는 문화가 나타남. ⃝ 가나에서는 토착 종교의 영향으로 사람이 죽으면 좋은 곳으로 간다고 믿어 관을 옮기는 과정에서 고인이 기분 좋게 떠나길 바라며 함께 춤을 추기도 함. ⃝ 티베트는 춥고 건조해서 매장하더라도 시신이 잘 썩지 않기 때문에 사람이 죽으면 시신을 독수리의 먹이로 주는 장례 문화가 있음.

(3) 문화적 차이를 존중해야 하는 이유: 각 문화는 그것이 형성된 배경과 가치 체계가 다른 경우가 많아 문화의 우열을 가리기 어려움.

2. 문화적 차이를 바라보는 바람직하지 못한 태도

(1) 자문화 중심주의

① 의미: 자신이 속한 사회의 문화만을 우수하다고 여기고 다른 사회의 문화를 열등하다고 여기는 태도

② 사례: 과거 중국 본토를 지배했던 왕조들이 내세웠던 중화사상, 벌거벗은 채로 생활하는 자파테크족에게 옷을 입을 것을 강요한 유럽의 선교사들 등

③ 장점: 자기 문화에 대한 자부심을 갖게 하고 사회의 결속력을 높일 수 있음.

④ 한계: 다른 민족·인종·문화를 차별하여 갈등을 유발할 수 있고, 자기 문화의 우수성만을 강조하여 국수주의로 흐르거나 문화 제국주의로 변질될 수 있음.

(2) 문화 사대주의

① 의미: 자신이 속한 사회의 문화를 열등한 것으로 여기고 다른 사회의 문화를 맹목적으로 추종하는 태도

② 사례: 한글이 창제될 때 독자적인 문자를 갖는 것은 스스로 오랑캐와 같아지는 것이므로 중국의 한자를 계속 사용해야 한다고 주장한 신하들의 태도, 현대 사회에서 외국어를 섞어 표현해야 품격이 있는 것처럼 여기는 경우 등이 있음.

③ 장점: 다른 문화의 좋은 점을 수용하여 자기 사회의 문화를 개선하는 데 기여할 수 있음.

④ 한계: 문화 주체성 및 정체성을 상실하게 할 수 있으며, 사회 구성원 간의 소속감이나 일체감이 약화할 수 있음.

(3) 자문화 중심주의와 문화 사대주의가 바람직하지 않은 까닭

① 자문화 중심주의와 문화 사대주의는 절대적 기준에 따라 문화의 우열을 가리고 평가하는 태도임.

② 각 문화의 고유한 특성과 상대적 가치를 인정하지 않는다는 점에서 문화적 가치를 이해하는 태도로 바람직하지 않음.

3. 문화적 차이를 바라보는 바람직한 태도

(1) 문화 상대주의

① 의미: 서로 다른 문화의 차이를 인정하며 그 의미와 배경을 이해하려는 태도

② 특징: 문화를 각 사회의 특수한 환경과 역사적 배경, 사회적 맥락에서 이해하고, 서로 다른 문화 간의 우열을 평가하는 절대적 기준은 존재하지 않는다고 보고 있음.

③ 필요성

• 편견 극복: 다양한 문화의 모습을 편견 없이 이해할 수 있음.

• 갈등 예방: 자문화 중심주의와 문화 사대주의와 같은 문화 절대주의에 따른 갈등을 예방할 수 있음.

• 문화 다양성 보존: 다양한 문화의 공존을 도모할 수 있음.

④ 한계: 극단적 문화 상대주의로 치우칠 경우 인류의 보편적 가치를 훼손할 우려가 있음.

2 보편 윤리의 차원에서 문화를 성찰해야 하는 이유

1. 극단적 문화 상대주의의 의미와 문제점

(1) 극단적 문화 상대주의: 문화 상대주의적 태도를 극단적으로 적용하여 인간의 존엄성과 같은 인류의 보편적인 가치를 훼손하는 문화까지 고유한 의미와 가치를 인정하려는 태도

(2) 극단적 문화 상대주의의 문제점
① 인간으로서 공유하고 있는 보편적인 가치를 훼손하는 문화까지 인정하게 됨.
② 인간다운 삶을 침해하는 문화를 비판적으로 성찰하지 못하여 문제점을 개선하기 어려움.

2. 보편 윤리

(1) 의미: 시대와 장소를 초월하여 모든 인간에게 타당하다고 인정되는 윤리 규범 예 황금률

(2) 내용: 생명 존중, 인간의 존엄성, 자유, 평등과 같이 인류가 보편적으로 공유하고 추구하는 도덕이나 가치 윤리
① 황금률에 담긴 보편 윤리
• 황금률: 어떤 행동을 할 때 자신만 생각하지 않고 이기심을 버리고 타인을 도덕적으로 고려하라는 행동 지침이 담겨 있어 모든 사람이 존중하고 따라야 할 보편 윤리로 볼 수 있음.
• 내용

> • 크리스트교: 다른 사람이 너에게 해 주기를 바라는 대로 너도 다른 사람을 대하라.
> • 불교: 어떤 일로 고통받은 적이 있다면 그 방식으로 다른 사람에게 상처를 주지 마라.
> • 이슬람교: 나를 위하는 만큼 다른 사람을 위하지 않는 사람은 신앙인이 아니다.
> • 유대교: 너에게 해로운 일을 이웃에게 행하지 말라.
> • 유교: 자기가 원하지 않는 일을 다른 사람에게 행하지 마라.
> • 힌두교: 너에게 고통스러운 일을 다른 사람에게 강요하지 마라.

② 보편 윤리에 어긋나는 사례

명예 살인	가족, 부족, 공동체의 명예를 더럽혔다는 이유로 부족의 구성원이 여성을 직접 살해하는 이슬람의 문화적 관습
전족	• 여자아이의 발을 작게 하려고 어릴 때부터 천으로 발가락을 감아 자라지 못하게 하는 중국의 옛 풍습 • 발이 굽고 걷기가 힘들어지며 자세가 뒤틀림.
알라 카추	• 여성을 납치하여 강제로 결혼하는 키르기스스탄의 풍습 • 납치된 여성은 순결을 잃은 것으로 간주하기 때문에 결국 결혼을 받아들일 수밖에 없음.
위험한 성인식	• 브라질 아마존 지역의 사테레마웨족은 총알 개미를 넣은 장갑에 손을 넣고 참는 의식을 치름. • 의식이 진행되는 동안 개미에 수천 번 물리게 됨.

(3) 보편 윤리 차원의 문화 성찰: 다양한 문화를 특정 사회의 맥락 속에서 이해하면서도 해당 문화를 객관적으로 성찰하여 극단적 문화 상대주의로 흐르지 않도록 경계해야 함.

3. 보편 윤리에 근거한 문화 성찰의 필요성

(1) 문화 상대주의적 태도가 윤리 상대주의나 극단적 문화 상대주의 태도로 이어지는 것을 방지할 수 있음.

(2) 인류의 문화 발전을 위해 보편 윤리를 위협하는 타 문화에 대한 성찰을 할 수 있음.

(3) 우리 사회의 특수한 문화적 관점으로 사회 현상을 이해하면 바람직하지 못한 문화적 관행을 묵인하게 될 수 있으므로 자문화도 보편 윤리 차원에서 성찰이 필요함.

(4) 보편 윤리에 근거한 자문화 성찰의 사례

연고주의	• 의미: 혈연, 지연 학연이라는 전통적 사회관계를 우선시하거나 중요하게 여기는 사회현상 • 긍정적 측면으로는 공동체의 결속력을 강화함. • 부정적 측면으로는 입학, 채용 등에서 전문성보다 혈연, 학연, 지연 등의 개인적 배경 요소를 더 중요하게 여겨 공정성을 훼손할 수 있음.
지나친 권위주의	• 권위주의는 가부장적 전통과 맞물려 나타나기도 함. • 권위주의가 지나치면 사회 구성원 간의 평등한 관계를 해치고 인권을 침해하는 문제를 일으킬 수 있음.

(5) 보편 윤리에 근거한 문화 성찰은 인간다운 삶을 침해하는 문화에 대해 윤리적으로 비판하고 개선하라고 요구할 수 있음.

빈출 자료 분석

▲ 유럽의 선교사가 원주민에게 옷을 강요하는 모습

(나)
CONTROL OFFICE
LIBRARY
SENIOR CLUB

▲ 아파트 공용 공간의 영어 간판들

출제 POINT (가)는 아마존강 유역의 자파테크족에게 유럽의 선교사들이 옷 입기를 강요하는 모습으로서 문화적 다양성과 특수성을 고려하지 않고 자기 문화만이 우월하다고 보는 자문화 중심주의를 보여 주고 있다. (나)는 자국의 한글보다 영어를 우수한 것으로 생각하여 영어 간판을 단 모습으로서 문화 사대주의의 사례이다. 자문화 중심주의와 문화 사대주의는 모두 문화 간 우열을 인정하는 문화 이해 태도이다.

(가) 이슬람 문화권에 속하는 아시아 및 아프리카의 일부 지역에서는 '일부다처제'가 허용된다. 이는 분쟁이 잦았던 그 지역의 특성과 관련이 있다. 전쟁으로 가장이 죽을 경우, 남편을 잃은 여성들과 그 아이들을 부양해야 했기 때문에 일부다처제를 허용한 것이 유지되어 온 것이다.

(나) 인도와 티베트의 일부 사회에는 '일처다부제'의 관습이 남아 있다. 이는 두 사회의 경제적 상황과 관련이 있다. 고산 지대의 척박한 환경에서 부모의 재산을 나누어 가지면 가족의 생계가 위태로워지기 때문에 형제들은 부모가 물려준 재산을 공동으로 소유했다. 이러한 맥락에서 형제들이 한 아내와 혼인함으로써 따로 가정을 꾸릴 경우 나누어야 할 토지와 재산을 그대로 유지할 수 있는 이점이 있었다.

출제 POINT (가)에서 일부다처제가 허용된 것은 전쟁으로 가장이 죽을 경우 가족들의 부양 문제 때문이고, (나)에서 일처다부제의 관습이 남아 있는 것은 고산 지대라는 지형적 특성으로 인해 부모의 재산을 관리하기 위함이다. 다른 사회의 문화는 각 문화가 가진 형성 배경과 역사적 맥락 속에서 이해하는 것이 바람직하다.

확인 문제

1 문화 사대주의에 대한 설명으로 옳지 <u>않은</u> 것은?

① 문화 간 우열이 있다고 본다.
② 남의 문화를 우수한 것으로 본다.
③ 문화 제국주의로 변질될 수 있다.
④ 자신의 문화를 열등한 것으로 본다.
⑤ 구성원의 결속력을 약화시킬 수 있다.

확인 문제

2 문화 상대주의에 대한 옳은 설명만을 | 보기 |에서 모두 고르시오.

| 보기 |

ㄱ. 문화 간의 위계가 있음을 인정한다.
ㄴ. 각 문화를 그 사회의 맥락 속에서 이해한다.
ㄷ. 자기 문화의 정체성과 주체성을 약화시킨다.
ㄹ. 문화적 다양성의 관점으로 각 문화를 이해한다.

정답 1 ④ 2 ㄴ, ㄹ

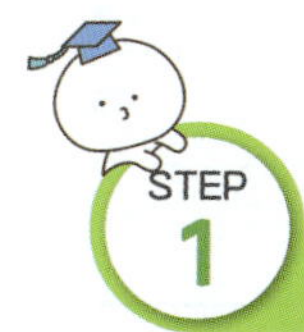

● 다음 문제의 빈칸에 알맞은 단어를 써 넣으시오.

378 ( )은/는 타 문화를 맹목적으로 동경하고 숭상하며, 자신의 문화를 열등하게 여기고 비하하는 모습으로 나타나기도 한다.

379 ( )은/는 자신이 속한 사회의 문화만을 우수하다고 여기고 다른 사회의 문화를 열등하다고 여기는 태도이다.

380 ( )은/는 문화 간 우열을 가리려는 태도를 경계하고 각 문화를 그 사회의 특수한 환경과 역사적 상황, 사회적 맥락에서 이해하려는 태도이다.

381 ( )은/는 시대와 장소를 초월하여 모든 인간에게 타당하다고 인정되는 윤리 규범이다.

382 ( )은/는 혈연, 학연, 지연 따위로 맺어진 관계를 중시하거나 우선시하는 태도이다.

● 문화 상대주의와 보편 윤리에 대한 설명이 맞으면 ○표, 틀리면 ×표 하시오.

383 각 사회는 서로 다른 자연환경에 적응하는 과정에서 독특한 생활 방식을 형성하여 서로 다른 문화를 가지게 된다. (○ | ×)

384 각 문화는 그것이 형성된 배경과 가치 체계가 다른 경우가 많아 문화 간 우열을 가리기 쉽다. (○ | ×)

385 문화적 다양성과 특수성을 고려하지 않고 자기 문화만이 우월하다고 보는 문화 사대주의는 다른 문화를 차별하는 원인이 되어 갈등을 일으키기도 한다. (○ | ×)

386 문화는 한 사회가 처한 환경에 적응하면서 형성되는 생활 양식의 총체이기 때문에 그 사회의 입장에서 바라보는 자세가 필요하다. (○ | ×)

387 문화 상대주의는 타 문화를 무분별하게 받아들임으로써 자기 문화에 대한 주체성과 자부심을 상실하게 될 수도 있다. (○ | ×)

388 권위주의가 지나치면 사회 구성원 간의 평등한 관계를 해치고 인권을 침해하는 문제를 일으킬 수 있다. (○ | ×)

1 문화적 차이를 바라보는 태도

389 중요   상 중 하

다음 글의 프랑스인들에게서 나타난 문화 이해의 태도에 대한 설명으로 옳은 것은?

> 1580년 몽테뉴가 유럽 여행을 하던 중 겪은 일이다. 기존의 개방형 벽난로에 익숙하던 프랑스와 달리, 독일에서는 폐쇄형 철제 난로가 새롭게 개발되어 사용되고 있었다. 이를 본 프랑스인들은 프랑스의 개방형 벽난로가 설치비가 덜 든다고 치켜세우며, 독일의 난로는 방 안을 밝히는 역할을 하지 못하는 데다 공기를 너무 건조하게 하여 답답한 분위기를 풍긴다고 비난했다.

① 자기 문화의 정체성 상실을 야기한다.
② 문화 제국주의로 변질될 가능성이 높다.
③ 그 사회의 역사적 배경을 통한 문화 이해를 추구한다.
④ 문화를 평가의 대상이 아닌 이해의 대상으로 인식한다.
⑤ 문화의 우열을 정하는 객관적인 기준의 존재를 부정한다.

390   상 중 하

다음 글에 나타난 문화 이해 태도에 대한 설명으로 옳은 것은?

> 우리 조선은 조종 때부터 내려오면서 지성스럽게 대국(大國)을 섬기어 한결같이 중화(中華)의 제도를 준행(遵行)하였는데, 이제 글을 같이하고 법도를 같이하는 때를 당하여 언문을 창작하신 것은 보고 듣기에 놀라움이 있습니다. …(중략)… 만일 중국에라도 흘러 들어가서 혹시라도 비난하여 말하는 자가 있사오면, 어찌 대국을 섬기고 중화를 사모하는 데에 부끄러움이 없사오리까.

① 타 문화 수용에 소극적이다.
② 문화 간 우열이 없다고 본다.
③ 문화 다양성 유지에 기여한다.
④ 국수주의를 초래할 우려가 있다.
⑤ 자문화의 정체성을 상실하기 쉽다.

391 중요

상 중 하

A~C에 대한 설명으로 옳은 것은? (단, A~C는 각각 문화 사대주의, 문화 상대주의, 자문화 중심주의 중 하나임.)

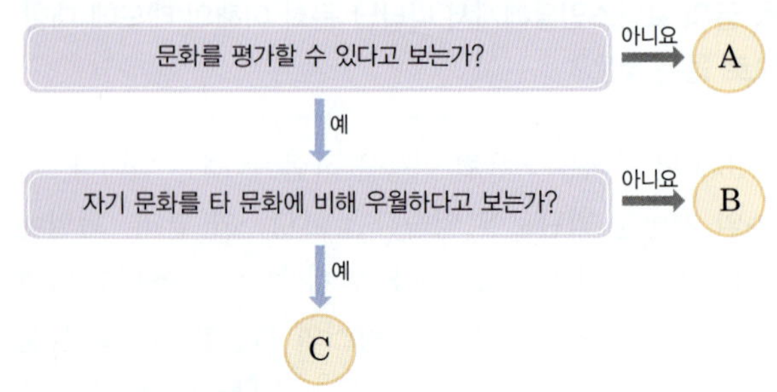

① A는 자기 문화의 정체성을 약화시킬 수 있다.
② B는 문화의 다양성 확대에 기여할 수 있다.
③ C는 사회 결속력이 낮은 편이다.
④ A는 B와 달리 외래문화 수용에 적극적이다.
⑤ C는 B와 달리 문화 제국주의로 변질될 가능성이 높다.

392 중요

상 중 하

다음 대화에서 갑~병이 가진 문화 이해의 태도에 대한 설명으로 옳은 것은?

갑: 우리 학교의 수업 방식은 너무 고리타분해. A 학교의 수업 방식을 도입할 필요가 있어. A 학교는 토론과 질문으로 수업이 진행되는데 학생들의 참여 열기가 높다고 해.
을: 우리 학교의 강의식 수업 방식은 학생들 실력 향상에 늘 최고야. 당장 작년 입시 성적을 봐. 인근 학교 중에서 우리 학교를 따라올 수 있는 학교가 어디 있어?
병: 학교마다 선생님마다 교육 철학이나 수업 방법이 다른 것은 당연한 거야. 나름대로 자신의 가치관에 따라 적절한 수업 방법을 선택하는 것이니까 함부로 판단해서는 안 돼.

① 갑의 태도는 외래문화의 수용에 부정적이다.
② 을의 태도는 자기 문화의 주체성 유지에 도움을 준다.
③ 병의 태도는 문화 제국주의로 변질될 가능성이 높다.
④ 갑의 태도는 을의 태도와 달리 문화를 평가의 대상으로 간주한다.
⑤ 병의 태도는 을의 태도에 비해 고립을 초래할 우려가 있다.

393

상 중 하

다음 글에서 강조하는 내용으로 가장 적절한 것은?

모든 인간 사회는 나름의 사회 문화적 체계를 지니는데, 개개의 사회 문화적 체계는 그 구조와 조직이 각기 다르다. 이러한 차이는 자연환경의 차이에서 유래할 수 있고, 언어나 도구의 제작과 사용 등 활동의 형태가 다른 데에서 올 수도 있다. 그렇기에 문화적인 차이는 어느 것이 더 낫다거나 못하다고 말할 수 없다.

① 다양한 문화들을 비교하여 우열을 가려야 한다.
② 다양한 문화들의 정체성을 인정하고 존중해야 한다.
③ 자신의 문화를 바탕으로 다른 문화를 판단해야 한다.
④ 다른 사회의 우수한 문화를 조건 없이 수용해야 한다.
⑤ 다양한 문화를 통합하여 보편적인 문화를 창조해야 한다.

394

상 중 하

다음 사례에서 갑이 지닌 문화 이해의 태도로 옳은 것은?

A 나라를 방문한 갑은 그 나라 사람들이 손으로 밥을 먹는 모습을 보고 비위생적이라고 여기며, 역시 숟가락으로 식사하는 우리나라 문화가 훨씬 우수하다고 생각했다.

① 문화 상대주의
② 문화 사대주의
③ 윤리 상대주의
④ 자문화 중심주의
⑤ 극단적 문화 상대주의

395

상 중 하

다음 사진에 공통으로 나타난 문화 이해의 태도로 가장 적절한 것은?

▲ 영어로만 쓴 간판

▲ 늘어나는 수입차 시장

① 문화 사대주의
② 문화 상대주의
③ 윤리 상대주의
④ 문화 제국주의
⑤ 자문화 중심주의

396

<상 중 하>

다음 글의 필자와 같은 문화 이해의 태도를 지녔을 때 일어나는 일로 가장 적절한 것은?

> 케냐의 키쿠유족은 상대방의 손바닥에 침을 뱉어 인사하는데, 이는 물이 귀한 곳에서 축복의 의미를 담고 있다. 아마 그 지역의 척박한 자연환경에서 사람들이 오랫동안 적응한 결과일 것이다.

① 문화의 우열을 평가하게 된다.
② 자기 문화의 주체성을 상실할 우려가 있다.
③ 문화의 다양성을 보존하는 데 기여할 수 있다.
④ 타 문화에 대한 맥락적인 이해를 저해할 수 있다.
⑤ 타 문화와의 접촉 과정에서 문화 간 갈등을 초래한다.

397

<상 중 하>

그림에 대한 옳은 설명만을 |보기|에서 있는 대로 고른 것은?
(단, A~C는 각각 문화 사대주의, 문화 상대주의, 자문화 중심주의 중 하나임.)

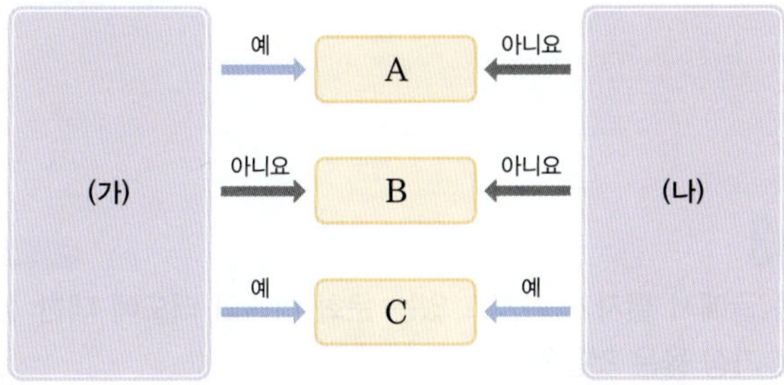

|보기|

ㄱ. (가)에 '문화 간 우열을 평가할 수 있다고 보는가?'가 들어갈 수 있다.
ㄴ. A가 자문화 중심주의, B가 문화 사대주의라면, (나)에는 '문화 제국주의로 변질될 가능성이 높은가?'가 들어갈 수 있다.
ㄷ. (가)가 '다른 사회의 문화가 지닌 가치를 인정하는가?'라면, B는 자기 문화의 정체성을 상실할 우려가 있다.
ㄹ. (가)가 '서로 다른 문화를 발전 수준의 차이로 간주하는가?'이고, (나)가 '국수주의적 태도로 문화적 마찰을 발생시킬 수 있는가?'라면, A는 선진 문물의 수용에 기여할 수 있다.

① ㄱ, ㄴ 　　② ㄱ, ㄹ 　　③ ㄴ, ㄷ
④ ㄱ, ㄴ, ㄷ 　　⑤ ㄴ, ㄷ, ㄹ

398

<상 중 하>

다음 사례에 나타난 국제 올림픽 위원회의 문화 이해의 태도에 대한 옳은 설명만을 |보기|에서 고른 것은?

> 2012년 런던 올림픽 유도 런던 올림픽 여자 유도 경기에서는 사상 최초로 이슬람교도 여성이 히잡을 쓰고 출전하였다. 원래 유도 경기의 규정은 머리에 아무것도 착용하지 못하게 되어 있지만, 국제 올림픽 위원회는 이슬람교도 선수가 속한 국가의 히잡 착용에 관한 규범을 존중하여 시합에 지장을 주지 않도록 특별히 고안된 히잡을 착용할 수 있도록 하였다.

|보기|

ㄱ. 문화의 차이를 발전 수준의 차이로 인식한다.
ㄴ. 모든 문화가 고유한 가치를 지닌다고 전제한다.
ㄷ. 특정 문화를 바탕으로 문화의 우열을 평가한다.
ㄹ. 문화를 평가의 대상이 아니라 이해의 대상으로 본다.

① ㄱ, ㄴ 　　② ㄱ, ㄷ 　　③ ㄴ, ㄷ
④ ㄴ, ㄹ 　　⑤ ㄷ, ㄹ

399

<상 중 하>

다음은 인터넷에 제시된 글과 댓글이다. 갑, 을의 문화 이해의 태도에 대한 설명으로 옳은 것은?

> (A 지역 사람들은 부족한 단백질을 보충하기 위해서 애벌레를 먹는다.)
>
> 갑: 어떻게 애벌레를 먹을 수 있지? 저런 야만적인 문화는 당장 금지시키고, 우리 문화를 알려줘야지.
> 을: 주어진 환경 속에서 건강을 지키기 위해 형성된 나름대로 가치 있는 문화야. 함부로 비판해서는 안 돼.

① 갑의 태도는 자기 문화의 정체성을 약화시킨다.
② 을의 태도는 문화적 갈등을 유발한다는 비판을 받는다.
③ 갑의 태도는 을의 태도와 달리 국제적 고립을 초래할 수 있다.
④ 을은 갑과 달리 문화 간에 우열이 있다고 생각한다.
⑤ 갑, 을 모두 타 문화의 수용에 대해 긍정적이다.

2 보편 윤리의 차원에서 문화를 성찰해야 하는 이유

400

상 중 하

갑, 을의 문화 이해의 태도에 대한 설명으로 옳은 설명을 |보기|에서 고른 것은?

> 교사: ○○국에 사는 A양은 가족들이 반대하는 결혼을 하여 집안의 명예를 더럽혔다는 이유로 오빠에 의해 살해당했습니다. ○○국의 명예 살인 관습에 대해 발표해 볼까요?
> 갑: ○○국의 사회적 맥락이 반영된 고유문화이므로 존중해야 합니다.
> 을: 아무리 고유문화라고 해도 사람을 죽이는 악습을 용납할 수 없습니다.

|보기|
ㄱ. 갑의 태도는 문화 간에 우열이 존재한다고 본다.
ㄴ. 을의 태도는 극단적 문화 상대주의를 경계해야 한다고 본다.
ㄷ. 갑의 태도는 을의 태도와 달리 문화 다양성 보존에 불리하다.
ㄹ. 을의 태도는 갑의 태도에 비해 보편 윤리의 입장을 반영한다.

① ㄱ, ㄴ ② ㄱ, ㄷ ③ ㄴ, ㄷ ④ ㄴ, ㄹ ⑤ ㄷ, ㄹ

401

상 중 하

(가)에 들어갈 말로 가장 적절한 것은?

> 문화는 해당 사회의 맥락에서 고유한 가치를 갖기 때문에 절대적인 기준으로 평가하기 어렵다. 하지만 인간이 지향하는 바람직한 가치에는 일정한 공통점이 존재하고 문화가 인간의 삶에 큰 영향을 미친다는 점을 고려하면, __(가)__ 의 차원에서 문화를 성찰할 필요가 있다. __(가)__ 를 통해 자문화와 타 문화를 비판적으로 성찰할 때, 각 사회의 문화가 지닌 고유한 가치를 보존하고 문제점을 개선함으로써 문화의 질적 발전을 실현할 수 있다.

① 보편 윤리
② 문화 상대주의
③ 문화 제국주의
④ 문화 사대주의
⑤ 자문화 중심주의

402  중요

상 중 하

밑줄 친 부분에 대한 반박으로 가장 옳은 것은?

> 짐바브웨는 국민의 63%가 빈곤층에 속한다. 경제적 사정이 어렵다 보니 가정에서는 딸을 학교에 보내는 대신 일찍 결혼을 시키고 남편이 주는 지참금을 가정 살림에 보태는 경우가 많다. 2021년에는 14살 소녀가 아이를 낳다 숨지는 일도 있었다. 짐바브웨의 여자아이 3명 중 1명은 18세 이전에 결혼하며, 일찍 결혼한 아이들은 가정 폭력에 시달리는 경우가 많다. 하지만 이러한 조혼 풍습은 그 나라의 고유한 문화이므로 그 가치를 이해해야 한다.

① 자문화 중심주의의 사고를 버려야 한다.
② 보편 윤리의 관점에서 문화를 성찰해야 한다.
③ 문화 요소들은 전체와 연결하여 살펴보아야 한다.
④ 문화를 평가하는 절대적 기준은 존재하지 않는다.
⑤ 문화적 특성은 환경에 적응하는 과정에서 형성된다.

403

상 중 하

다음 글에서 필자가 가지고 있는 문화 이해의 태도에 대한 설명으로 가장 옳은 것은?

> 카렌족은 목이 길수록 미인으로 여긴다. 여자들은 5살이 넘으면 목에 고리를 걸어 목의 길이를 늘이기 시작한다. 어려서부터 착용한 황동 고리는 턱뼈의 근육을 위로 밀어 올리고 어깨뼈의 근육을 눌러서 목뼈 부근을 약하게 만든다. 이에 대해 일부 관광객들은 카렌족의 사회적·역사적 맥락에서 발생한 풍습이므로 하나의 문화로서 인정해야 한다고 주장한다. 그러나 나는 여성의 인권을 침해하는 문제이므로 비판받아야 한다고 본다.

① 극단적 문화 상대주의를 경계해야 한다.
② 고유문화에 대해 깊은 존경심을 표해야 한다.
③ 모든 문화를 그 사회의 맥락에서 고려해야 한다.
④ 다른 문화에 대해 어떤 판단도 하지 말아야 한다.
⑤ 열등한 문화에 대해서 비판적 태도를 가져야 한다.

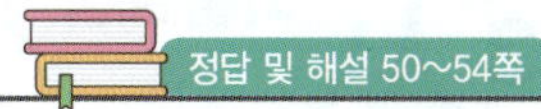

404

상 중 하

갑, 을의 문화 이해의 태도에 대한 설명으로 옳은 것은?

> 갑: 중국의 전족 문화는 미의 기준이 발이 작은 사람이었기 때문에 생긴 중국 고유의 풍습이니까 있는 그대로 인정해야 해.
>
> 을: 그것은 여성들의 인권을 침해하는 행위야. 절대로 인정할 수 없는 일이야.

① 갑은 자기 문화의 관점으로 타 문화를 이해하고 있다.
② 갑은 문화 사대주의적 태도를 지니고 있다.
③ 을은 전족 문화를 그 사회의 맥락에서 이해하고 있다.
④ 을은 보편 윤리에 어긋나는 문화를 인정하지 않고 있다.
⑤ 갑, 을 모두 문화에는 우열이 있다고 본다.

405 

상 중 하

갑, 을, 병의 문화 이해의 태도에 대한 설명으로 옳은 것은?

> 갑: 일본군의 가미카제 특공대를 보면 그들의 애국심, 개인의 안위보다 국가를 위한 충성심에 놀라울 뿐입니다. 이기주의 때문에 공동체의 발전이 지체되기만 한 우리나라는 배워야 할 것입니다.
>
> 을: 일본은 섬나라이므로 지진이나 홍수 등 자연재해가 발생하는 일이 많습니다. 이런 상황을 극복하려면 집단으로 움직여야 합니다. 이런 단체 문화가 가미카제 특공대와 같은 특유의 조직 문화로 발전한 것입니다.
>
> 병: 어떤 경우에도 죽음을 미화해서는 안 됩니다. 아무리 국가를 위한 것이라 하더라도 죽음 자체를 쉽게 생각해서는 안 됩니다.

① 갑의 태도는 문화 제국주의로 변질될 가능성이 높다.
② 을의 태도는 문화를 문명과 야만으로 나누어 이해하고 있다.
③ 병의 태도는 보편 윤리의 관점에서 다른 문화를 평가한다.
④ 병의 태도와 달리 갑의 태도는 문화의 다양성을 보존하는 데 기여할 수 있다.
⑤ 을의 태도와는 달리 병의 태도는 특정 문화를 기준으로 문화의 우열을 판단한다.

406

상 중 하

다음 자료와 관련 있는 보편 윤리의 관점에 어긋나는 부분으로 옳은 것은?

> A 기업의 직원 채용 과정에서 이른바 세습 채용이 이루어진 것으로 밝혀졌다. 감사원의 감사 결과, 비정규직에서 정규직으로 전환된 1,300여 명 가운데 93명이 임직원의 친인척이었으며, 이들 가운데 5명은 비정규직 채용 과정에서부터 임직원의 청탁이 있었던 것으로 전해졌다.

① 연고주의
② 직장 내 갑질
③ 지나친 위계 서열
④ 형식 위주의 업무 처리
⑤ 맹목적인 법률 만능주의

407

상 중 하

밑줄 친 부분을 보편 윤리의 관점에서 평가한 내용으로 적절한 것만을 |보기|에서 고른 것은?

> 직장 내 괴롭힘 개선을 위해 시행한 설문 조사에 따르면 우리나라 사무 금융 근로자들은 위계적인 조직 문화를 직장 내 괴롭힘의 주된 원인이라고 생각하였다. 직장 내 괴롭힘이 많이 발생하는 회사는 조직 문화가 위계적이었으며, 상사의 지시와 부하의 복종만이 중시된다고 보았다.

| 보기 |

ㄱ. 자유와 평등을 중시하는 문화이다.
ㄴ. 인간의 존엄성을 침해하는 문화이다.
ㄷ. 서로 존중하는 조직을 만드는 문화이다.
ㄹ. 인권적인 측면에서 개선되어야 할 문화이다.

① ㄱ, ㄴ ② ㄱ, ㄷ ③ ㄴ, ㄷ ④ ㄴ, ㄹ ⑤ ㄷ, ㄹ

408

상 중 하

보편 윤리를 통한 문화 성찰에 대한 설명으로 옳은 것은?

① 모든 문화를 상대적인 관점에서 이해한다.
② 윤리 상대주의의 입장에 바탕을 두고 있다.
③ 자문화보다는 타 문화를 평가할 때 활용한다.
④ 인간 존엄성, 자유, 평등의 가치를 중시한다.
⑤ 시대와 장소에 따라 달라지는 윤리 규범이다.

정답 및 해설 54쪽

409

상 중 하

다음 자료를 보고 물음에 답하시오.

> 자파테크족은 아마존강 유역에서 나체로 살았다. 이곳에 선교하러 온 유럽의 선교사들은 이들이 미개하다고 생각하여 강제로 유럽식 의복을 입게 하였다. 하지만 자파테크족이 살던 아마존강 유역은 기온과 습도가 높아 옷을 입은 원주민 대부분이 피부병에 걸렸다. 그뿐만 아니라 원주민들이 나체로 살았을 때는 몸에 여러 장식을 하여 사회적 계층을 표시하였으나, 이들이 옷을 입게 되자 이러한 표식이 가려져 계층 체계가 붕괴하고 사회가 혼란해졌다.

(1) 유럽의 선교사들이 가진 문화 이해의 태도를 쓰시오.

(2) (1)에 해당하는 문화 이해 태도의 문제점을 서술하시오.

410

상 중 하

갑과 을이 갖고 있는 문화 이해의 태도를 각각 쓰고, 갑에 비해 을이 갖는 문화 이해의 태도가 왜 바람직한지를 서술하시오.

> 갑: 프랑스 사람들은 다양한 향신료와 조리법을 사용해서 요리를 만들지. 프랑스 요리는 유럽에서도 수준 높은 요리로 알아준다고 해. 프랑스의 음식 문화는 우리나라의 음식 문화보다 훨씬 세련되고 고급스러워. 우리나라도 프랑스 음식 문화를 본받으면 좋겠어.
>
> 을: 아프리카 마사이족은 결혼식에 참석하면 신부에게 축하의 인사로 침을 뱉는다고 해. 다른 사회 사람들의 입장에서 불결하거나 모욕적인 행동으로 보일 수 있지만, 마사이족에게는 행복과 풍요를 빌어주는 행동이야. 마사이족은 건조하고 물이 귀한 환경에서 살아가기 때문에 인체에서 나오는 침도 귀한 수준의 일종으로 여기기 때문이지.

411

상 중 하

다음 글을 읽고 물음에 답하시오.

> 현대 사회는 세계화의 진전으로 다양한 문화적 배경을 가진 사람들이 접촉하며 살아간다. 그러므로 우리는 문화 상대주의적 태도를 가지고 문화적 차이로 인한 갈등을 방지하며 문화 다양성을 유지하기 위해 노력해야 한다. 그렇다고 해서 어떤 문화든지 의미와 가치를 가진다고 여기며 문화 상대주의를 극단적으로 내세우는 태도는 인류가 보편적으로 누려야 할 인권을 저해할 수 있다. 예를 들어 조혼 풍습이 만연한 일부 사회에서 소녀의 조기 임신으로 인한 건강 이상이나 사망 등 심각한 문제가 발생하고 있음에도, 이런 풍습조차 존중과 이해의 대상으로 여겨야 한다고 주장한다면 심각한 인권 침해로 이어질 수 있다.

(1) 밑줄 친 부분에 해당하는 문화 이해의 태도를 쓰시오.

(2) 윗 글을 토대로 우리가 다른 사회의 문화를 바라볼 때 어떤 자세를 가져야 할지 보편 윤리 차원에서 서술하시오.

412

상 중 하

다음 사례에 나타난 소싸움 축제의 문제점을 보편 윤리의 관점에서 서술하시오.

> 소싸움으로 유명한 ○○군은 소싸움 경기가 관광객을 끌어모아 지역 경제 활성화에 도움을 줄 것으로 기대한다. 하지만 동물 보호 단체는 소싸움이 전통문화로 포장된 동물 학대 행위라고 주장한다. 자연 상태에서는 싸우지 않는 온순한 소를 사람의 유희를 위해 싸움을 시키는 것 자체가 학대라고 보는 것이다. 대회 출전을 대비해 동물성 보양식을 먹이거나 훈련을 시켜 싸움소로 육성하는 행위 역시 학대라고 말한다.

413

상 중 하

문화를 이해하는 갑, 을의 태도에 대한 설명으로 옳은 것은?

> 인도의 히말라야 고산 지대에서 생활하는 A 부족은 일처다부제의 관습이 있다. 부인이 남편을 여러 명 가지는데 대개 형제들이다. A 부족은 대게 이동하면서 생활하는 유목민들로, 환경이 열악하고 여자가 남자에 비해 적은 편이다.
>
> 갑: 형제를 남편으로 맞이한다는 것은 우리의 상식으로서는 이해할 수 없는 미개한 풍습이다.
> 을: 척박한 자연환경에 적응하기 위해서 일처다부제가 생겨난 것 같다. 그런 제도는 A 부족 사회의 생존을 위해 필요한 것으로 생각된다.

① 갑의 태도는 자문화 정체성을 상실할 우려가 있다는 비판을 받는다.

② 을의 태도는 국수주의로 변질될 수 있다는 비판을 받는다.

③ 갑의 태도는 을의 태도와 달리 각 사회의 문화가 동등한 가치를 지닌다고 본다.

④ 을의 태도는 갑의 태도와 달리 문화의 다양성 확보에 유리하다.

⑤ 갑, 을의 태도는 모두 특정 사회의 문화를 기준으로 타 문화를 평가할 수 있다고 본다.

414

상 중 하

A~C에 대한 설명으로 옳은 것은? (단, A~C는 각각 문화 사대주의, 문화 상대주의, 자문화 중심주의 중 하나임.)

구분	다른 두 가지 태도와 구분되는 특징
A	자기 문화의 정체성을 상실할 우려가 높다.
B	문화를 평가가 아닌 이해의 대상으로 본다.
C	(가)

① A는 국수주의를 초래할 수 있다.

② B는 문화 제국주의를 정당화한다는 비판을 받는다.

③ C는 타 문화를 그 사회 내부자의 관점으로 본다.

④ A와 B는 C와 달리 문화 간 우열이 존재한다고 본다.

⑤ (가)에는 '타 문화에 대해 배타적 태도를 취한다.'가 들어갈 수 있다.

415

상 중 하

A의 관점을 추구할 경우 나타날 수 있는 효과로 옳지 <u>않은</u> 것은?

> 인류에게는 시대와 사회를 초월하여 모든 사람이 존중하고 따라야 할 보편적인 윤리 기준이 있는데, 이를 A라고 한다. 황금률과 같은 A는 인간 존엄성, 생명 존중, 자유와 평등, 평화와 정의 등의 도덕적 가치를 보편적으로 추구해야 한다고 본다.

① 자문화의 요소를 인권 측면에서 성찰할 수 있다.

② 어떤 문화라도 그 고유한 가치를 존중하게 된다.

③ 타 문화를 바라볼 때 인권 감수성으로 접근할 수 있다.

④ 바람직한 문화와 바람직하지 않은 문화를 구분할 수 있다.

⑤ 기존의 문화를 발전시키고 윤리적인 문화를 창조할 수 있다.

416

상 중 하

다음 사례에 나타난 문화를 보편 윤리의 관점에서 평가한 내용으로 가장 적절한 것은?

> 무르시족은 여성의 아랫입술에 금속이나 진흙으로 만든 둥근 판을 끼워 넣는 전통을 지키고 있다. 이는 남편에 대한 절대 복종의 의미를 담고 있으며, 접시의 크기가 클수록 미인으로 여겨져 큰 접시를 끼우기 위해 치아를 뽑기도 한다.

① 역사적 배경과 관련이 없기 때문에 바람직하지 않다.

② 여성의 아름다움을 무시했기 때문에 바람직하지 않다.

③ 다른 사회의 문화를 배제했기 때문에 바람직하지 않다.

④ 자신의 문화만을 우수하다고 믿기 때문에 바람직하지 않다.

⑤ 인권 존중의 보편 윤리에 위배되기 때문에 바람직하지 않다.

11 다문화 사회와 문화 다양성

1 다문화 사회의 형성

1. 다문화 사회의 의미와 형성 배경

(1) 다문화 사회: 다양한 인종, 민족, 종교, 언어 등 서로 다른 문화적 배경을 가진 사람들이 한 사회 내에 함께 어우러져 살아가는 사회

(2) 다문화 사회의 형성 배경

① 교통·통신의 발달로 인구, 문화 등의 국제적인 이동이 활발해짐.

② 세계화의 영향으로 서로 다른 문화권에 속한 사람들의 접촉 기회가 증가함.

(3) 우리나라의 다문화 사회 현황

① 역사적으로 우리나라는 한반도라는 지정학적 위치 때문에 주변 국가들과 다양한 인적·물적 교류가 이루어짐.

② 특히 1990년대에 접어들면서 세계화의 영향으로 취업, 결혼, 학업 등을 목적으로 한 해외 이주뿐 아니라 해외에서 국내로의 이주도 활발해짐.

③ 우리 사회 내 외국인 근로자, 결혼 이민자, 유학생 등 이주민이 증가하면서 우리나라는 다문화 사회로 빠르게 변화하고 있음.

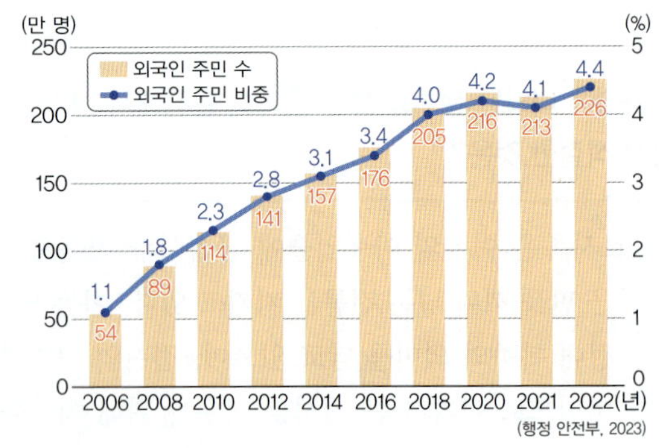

▲ 외국인 주민 수와 비중 추이

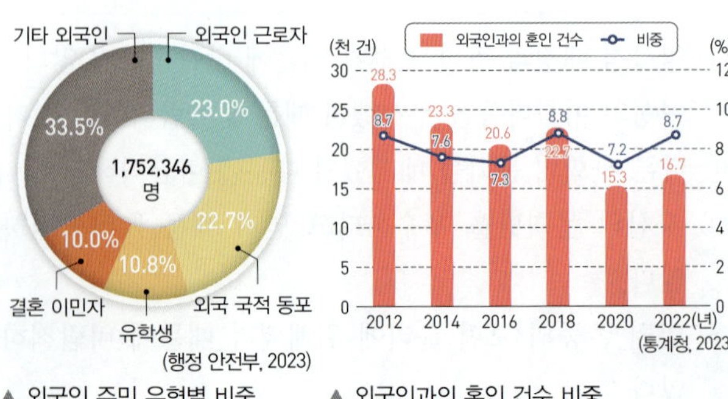

▲ 외국인 주민 유형별 비중　　▲ 외국인과의 혼인 건수 비중

2. 다문화 사회의 긍정적 영향

(1) **문화의 다양성 증진과 발전**

① 한 사회 내에 서로 다른 문화가 공존하면 다른 나라의 문화를 쉽게 경험할 수 있는 계기가 되고, 일상생활에서 선택의 폭도 넓어짐.

② 다양한 문화 간의 교류와 접촉은 새로운 문화를 탄생시켜 그 사회의 문화를 더욱 풍부하게 만드는 요인이 됨.

(2) 노동력 부족 문제 해결

① 우리 사회는 저출생·고령화 현상이 심화하면서 생산 연령 인구가 빠르게 감소하여 노동력 부족 문제를 겪고 있음.

② 외국인 근로자, 국제결혼 이민자, 외국 국적 동포 등은 일손이 부족한 공장이나 농촌에 필요한 인력을 제공하여 노동력 부족 문제 해결에 큰 도움을 주고 있음.

(3) 경제 활성화

① 다문화 사회의 경제 활동은 지역 경제를 활성화하고 산업 전반의 생산성을 향상시킴.

② 여러 산업 분야에 경제 활동 참여가 경제 발전에 도움이 될 수 있음.

3. 다문화 사회의 부정적인 영향

(1) 문화적 차이에 따른 갈등: 다른 가치관, 생활양식 등에 관한 지식과 이해 부족으로 사회적 갈등이 발생함.

　예 이슬람교도에게 할랄 식품이 아닌 음식을 억지로 권하는 모습

(2) 편견과 차별에 따른 갈등

① 피부색이나 언어, 종교, 출신 국가가 다르다는 이유에서 비롯한 편견이나 고정 관념은 이주민을 차별 대우하거나 배제하는 문제를 일으킴.

② 편견과 차별은 집단 간의 갈등을 일으켜 사회 통합을 저해할 뿐만 아니라 혐오나 인종 차별처럼 보편적 인권을 침해하는 문제를 초래할 수 있음.

(3) 경제적 분야에서의 갈등: 노동력 이동이 국제적으로 활발하게 이루어지는 과정에서 외국인 근로자가 밀집한 지역을 중심으로 내국인과 이주민 간에 경제적 지원과 일자리에 대한 이해관계가 충돌하여 갈등을 겪기도 함.

2 다문화 사회의 갈등을 해결하는 방안

1. 개인적 차원의 노력

(1) 문화 상대주의적 태도 함양

① 문화에는 각 사회의 고유한 자연환경과 인문환경이 반영되어 있으므로 다름에서 오는 차이를 있는 그대로 받아들이지 않고 차별의 잣대로 삼아서는 안 됨.

② 상대방의 입장에서 문화를 이해하고 문화 정체성을 존중하려고 노력해야 다양한 문화가 조화롭게 공존할 수 있음.

(2) 관용의 자세

① 특정 피부색, 출신 국가, 종교 등에 대한 편견과 차별은 인권을 침해하는 문제를 초래하여 이주민이 우리 사회에 적응하기 어려워지며, 다양한 권리를 행사하는 데 걸림돌이 될 수 있음.

② 나와 다른 문화적 배경을 가진 사람들을 동등한 사회 구성원으로 인정하는 자세를 함양하고, 이를 실천해야 함.

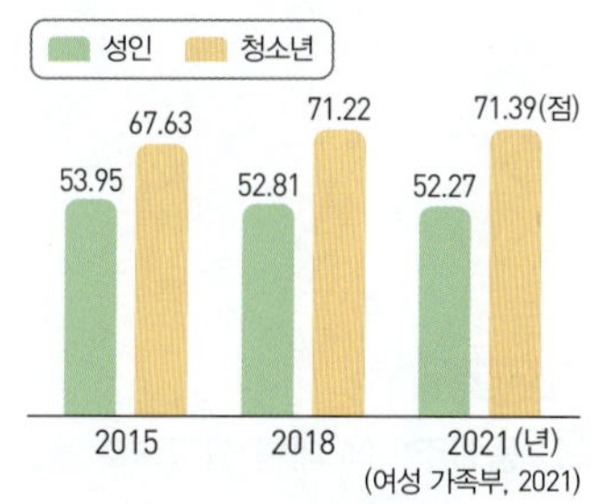

▲ 국민 다문화 수용성 지수

2. 사회적 차원의 노력

(1) 다문화 교육 강화

① 편견과 고정 관념을 없애기 위해서 다문화 교육을 강화하고, 이주민의 사회 적응을 위한 언어 교육 등을 마련해야 함.

② 이주민과 그들의 정체성을 인정하고 존중하는 다문화 교육을 강화하면 편견과 고정 관념이 해소되고 자연스럽게 문화적 차이에 따른 갈등을 해결할 수 있음.

(2) 법적·제도적 지원 확대

① 다문화 가족 구성원이 안정적으로 가족생활을 할 수 있도록 법과 제도적 지원 등을 확대해야 함.

② 다문화 관련 법률

다문화 가족 지원법	다문화 가정을 위한 상담과 교육은 물론, 임신·출산 등 다양한 의료 서비스를 제공함.
외국인 근로자의 고용 등에 관한 법률	외국인 근로자의 취업을 지원하고, 이들의 근로 환경을 개선하기 위한 제도를 마련하여 시행함.

(3) 다문화 지원 사업 시행: 다양한 문화를 체험하여 서로의 문화를 이해할 수 있는 기회를 마련해야 함.

⑩ 다문화 축제를 개최하여 외국인과 한국인이 다양한 문화를 함께 체험할 수 있는 기회를 마련함.

3. 다문화 사회의 이민자 정책

(1) 동화주의

① 의미: 이민자가 출신 국가의 언어적·문화적·사회적 특성을 완전히 포기하고 주류 사회의 일원이 되는 것을 목표로 하는 정책

② 용광로(melting pot) 이론에 근거하여 서로 다른 여러 물질을 용광로에 넣으면 모두 녹아 하나가 되는 것처럼, 이민자의 문화도 주류 문화에 완전히 동화해야 한다고 보는 관점임.

③ 주류 사회의 문화나 가치를 중심으로 사회 통합과 질서를 유지하는 데 용이하다는 장점이 있지만, 다양한 문화의 정체성이 상실될 수 있다는 한계가 있음.

(2) 다문화주의

① 의미: 이민자가 자신의 문화를 유지하면서 사회 구성원으로 살아갈 수 있도록 소수자 집단의 문화 고유성을 인정하고 다양한 문화의 공존을 추구하는 정책

② 샐러드 볼(Salad bowl) 이론에 근거하여 다양한 재료들이 섞여도 재료 본연의 맛을 유지하는 샐러드 볼처럼 한 국가 안에서도 주류 문화뿐만 아니라 비주류 문화나 소수 문화가 공존해야 한다고 보는 관점임.

③ 다양한 문화의 정체성을 유지하여 문화의 다양성에 기여하지만, 사회 통합을 약화할 수 있다는 한계가 있음.

자료 1 우리나라의 다문화 사회 현황

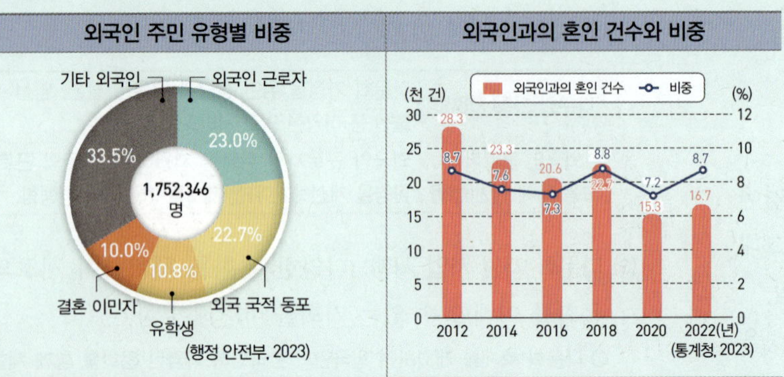

출제 POINT 외국인 주민은 우리나라에 90일을 초과하여 거주하는 외국인(한국 국적을 가지지 않은 자)과 한국 국적을 취득한 자 및 그 자녀를 의미한다. 외국인 주민의 유형별 비중을 살펴보면 기타 외국인이 가장 많고, 그 다음은 외국인 근로자, 외국 국적 동포, 결혼 이민자, 유학생의 순으로 나타난다. 외국인과의 혼인은 2022년 기준 전체 혼인 중 약 8.7%를 차지하고 있다. 이처럼 우리나라는 인구 구성이 다양해지고, 다문화 사회로 빠르게 변화하고 있다.

자료 2 다문화 사회의 이민자 정책

출제 POINT 동화주의는 문화적 동질화를 추구하며 소수 집단의 동화를 통한 사회 통합을 목표로 한다. 다양한 문화권의 이주민들을 기존의 주류 사회에 동화 또는 융합하고자 하며, 용광로(Melting pot) 정책으로 나타난다. 다문화주의는 문화적 이질성을 존중하며 소수 집단의 고유성을 인정하고 다양한 문화의 공존을 추구한다. 한 사회 내에서 다양한 집단의 독특한 정체성을 유지·보존하고자 하며, 샐러드 볼(Salad bowl) 정책으로 나타난다.

확인 문제

1 그래프는 국내 거주 외국인 주민 수와 비중 추이를 나타낸 것이다. 이에 대한 추론으로 옳지 **않은** 것은?

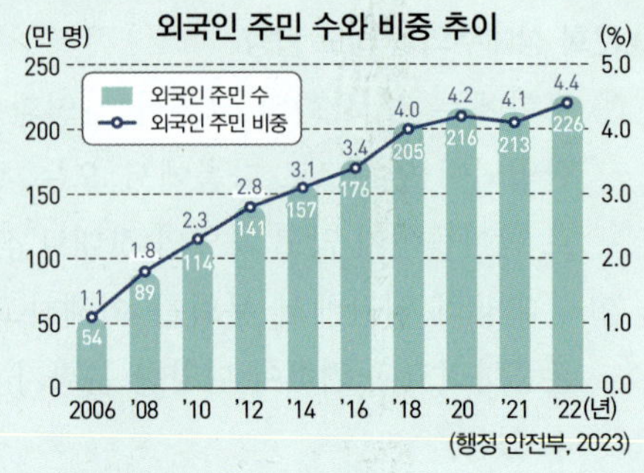

① 노동력 문제가 해결될 것이다.
② 문화의 획일화가 강화될 것이다.
③ 일상생활에서 선택의 폭이 넓어질 것이다.
④ 다른 나라의 문화를 쉽게 경험할 수 있게 될 것이다.
⑤ 사회 통합과 안정을 위한 정책의 필요성이 증가할 것이다.

확인 문제

2 동화주의에 대한 설명으로 옳은 것은?

① 문화적 이질성을 존중한다.
② 샐러드 볼 이론에 근거한다.
③ 소수 집단의 고유성을 인정한다.
④ 이주민들의 문화를 주류 사회에 동화시키고자 한다.
⑤ 한 사회 내에서 다양한 집단의 독특한 정체성을 보존하고자 한다.

정답 1 ② 2 ④

● 다음 문제의 빈칸에 알맞은 단어를 써 넣으시오.

417 다양한 인종, 민족, 종교, 언어 등 서로 다른 문화적 배경을 가진 사람들이 한 사회 내에 함께 어우러져 살아가는 사회를 (　　　)(이)라고 한다.

418 다문화 사회는 경제를 활성화하고 (　　　) 부족 문제를 해결하는 데 이바지하기도 한다.

419 다문화 사회에서 구성원 간 다른 가치관, 생활양식 등에 관한 지식과 이해 부족으로 서로를 오해하고 그 정도가 깊어지면 사회적 (　　　)(으)로 이어질 수 있다.

420 (　　　)은/는 국가라는 샐러드 볼 안에서 각 문화의 고유한 맛이 나타날 수 있도록 다양한 인종과 문화가 함께 어울리는 문화를 만들자는 입장이다.

421 (　　　)은/는 문화적 동질화를 추구하며 소수 집단의 동화를 통한 사회 통합을 목표로 한다.

● 다문화 사회와 문화 다양성에 대한 설명이 맞으면 ○표, 틀리면 ×표 하시오.

422 세계화의 영향으로 취업, 결혼, 학업 등을 목적으로 한 해외 이주뿐 아니라 해외에서 국내로의 이주도 활발해졌다. 　　　(○ | ×)

423 다문화 사회로 변화하면서 사회 구성원들의 선택의 폭이 좁아졌다. 　　　(○ | ×)

424 이주민에 대한 편견과 고정 관념은 사회 통합을 강화시킨다. 　　　(○ | ×)

425 다양한 문화 간의 교류와 접촉은 새로운 문화를 탄생시켜 그 사회의 문화를 더욱 풍부하게 만드는 요인이 되기도 한다. 　　　(○ | ×)

426 문화적 배경이 다른 사람들이 함께 생활하는 다문화 사회에서는 다른 문화를 이해하도록 노력해야 한다. 　　　(○ | ×)

427 다문화주의는 이민자가 출신 국가의 언어적·문화적·사회적 특성을 완전히 포기하고 주류 사회의 일원이 되는 것을 목표로 하는 정책이다. 　　　(○ | ×)

1 다문화 사회의 형성

428  중요 　　　상·중·하

다음과 같은 현상이 가져오는 사회 변화에 대한 설명으로 옳지 <u>않은</u> 것은?

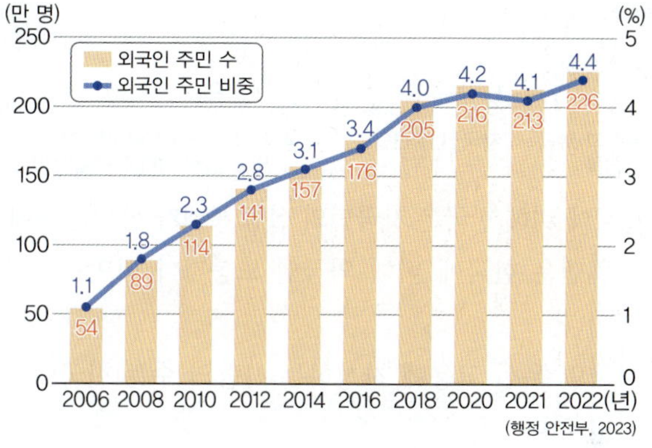

① 노동력 부족 문제에 도움을 줄 수 있다.

② 외국의 문화를 접할 기회가 많아지고 있다.

③ 서로 다른 문화 간에 충돌이 발생할 수 있다.

④ 일자리를 두고 내국인과 이주민 간에 갈등이 나타날 수 있다.

⑤ 다양한 민족이 공존하면서 문화적 동질성이 높아질 수 있다.

429 　　　상·중·하

밑줄 친 'A 사회'에서 나타나는 긍정적인 영향으로 옳지 <u>않은</u> 것은?

> A 사회는 한 국가나 사회 안에 서로 다른 문화를 가진 인종이나 민족 등이 함께 살고 있는 사회를 말한다. 즉, 언어나 가치관, 종교 등이 다른 다양한 집단이 하나의 공동체를 구성함으로써 문화 다양성이 나타나는 사회라고 할 수 있다.

① 일상생활에서 선택의 폭이 넓어진다.

② 노동력 부족 문제에 도움을 줄 수 있다.

③ 문화적 편견으로 인한 갈등이 줄어든다.

④ 해당 사회의 문화를 더욱 풍부하게 한다.

⑤ 다양한 사람들과의 교류로 사회 발전이 촉진된다.

430 중요

상 중 하

다음 자료에 대한 분석으로 옳은 것은?

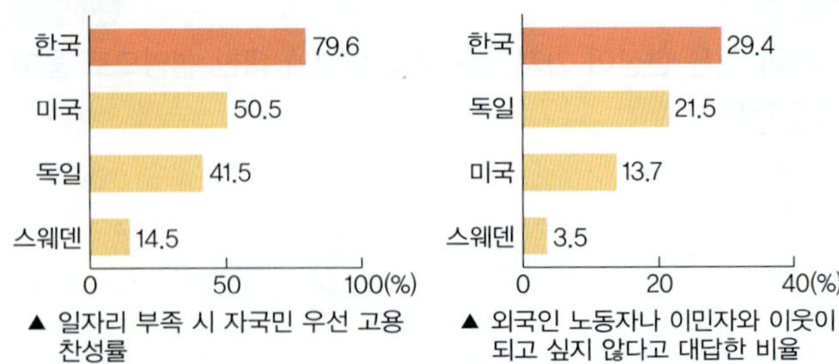

① 미국에 비해 한국은 자국민의 실업 사태가 심각한 편이다.

② 스웨덴은 한국에 비해 외국인 노동자나 이민자가 많은 편이다.

③ 자국민 우선 고용에 찬성하는 사람의 수는 한국이 미국보다 많다.

④ 독일은 한국에 비해 외국인 노동자나 이민자가 이웃인 사람이 많다.

⑤ 다른 나라에 비해 한국은 외국인 노동자나 이민자에 대한 배타성이 강하다.

431 중요

상 중 하

다음 자료에 대한 분석 및 추론으로 적절하지 않은 것은?

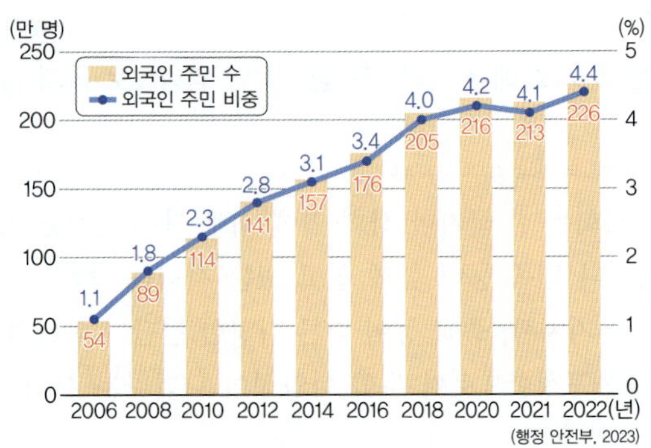

① 가족 구성원의 국적이 다양해졌을 것이다.

② 우리 사회가 다문화 사회로 바뀌고 있다.

③ 일상생활에서 문화적 갈등이 증가할 수 있다.

④ 우리 사회가 차별이 없는 사회로 바뀌고 있다.

⑤ 우리 사회에서 문화의 다양성이 증가하고 있다.

432

상 중 하

다음 글의 근거로 옳지 않은 것은?

> 다문화 사회란 한 사회 안에 이질적인 여러 문화 집단들이 공존하는 경우를 말하는데, 최근 우리나라도 다양한 문화를 가진 사람들이 함께 살아가는 다문화 사회가 되었다.

① 전체 혼인 건수에서 국제결혼의 비중이 높아지고 있다.

② 일자리를 찾아 해외로 나가는 사람들이 많아지고 있다.

③ 국내 기업에서 다양한 국적의 직원들을 채용하고 있다.

④ 국내 대학에서 외국인 유학생의 비율이 늘어나고 있다.

⑤ 외국의 전통 음식을 판매하는 음식점이 생겨나고 있다.

433

상 중 하

우리 나라에서 나타나는 다문화 사회의 특징을 알 수 있는 근거로 적절한 것을 |보기|에서 고른 것은?

| 보기 |

ㄱ. 외국인 유학생의 국적별 현황

ㄴ. 해외 진출 한국 기업의 매출 현황

ㄷ. 우리나라 국민 1인당 해외 출입 횟수

ㄹ. 국제결혼 이민자의 지역별 분포 현황

① ㄱ, ㄴ　　② ㄱ, ㄹ　　③ ㄴ, ㄷ

④ ㄴ, ㄹ　　⑤ ㄷ, ㄹ

434

상 중 하

다음과 같은 모습으로 인해 나타나는 긍정적인 영향으로 적절하지 않은 것은?

> • 안산에서 태국 전통 축제가 열렸다.
> • 인천에는 이국적인 분위기를 느낄 수 있는 차이나타운이 있다.

① 문화의 선택 폭이 넓어진다.

② 전반적인 문화 수준이 향상된다.

③ 한 사회 안에서 다양한 문화가 공존한다.

④ 상호 이해와 관용의 자세를 배울 수 있다.

⑤ 우리 민족 문화에 대한 자부심이 강해진다.

435 중요

상 중 하

다음과 같은 현상으로 기대되는 효과로 적절한 것을 |보기|에서 고른 것은?

> 경기도 안산시는 외국인이 많이 모여 사는 지역이다. 원곡동 일대는 이런 특수성을 인정받아 2009년 국내에서 처음으로 다문화 마을 특구로 지정되었다. 이곳에서는 식당과 상점은 물론 은행 같은 편의 시설이 대부분 외국어 간판을 사용한다. 국적이 다양한 사람들이 모여 사는 동네이다 보니 먹거리도 풍성하다. 다문화 음식 거리를 중심으로 중국, 인도네시아, 네팔, 인도, 베트남, 태국, 러시아, 우즈베키스탄 등 다양한 나라의 음식을 파는 식당이 있다. 비행기를 타고 멀리 가지 않아도 현지 음식을 맛볼 수 있는 것이다.

┌ 보기 ┐
- ㄱ. 문화 다양성을 존중할 수 있게 한다.
- ㄴ. 다양한 문화 체험의 기회가 늘어난다.
- ㄷ. 민족의 동질성을 강조하는 계기가 된다.
- ㄹ. 서로 다른 문화가 하나의 문화로 통합된다.

① ㄱ, ㄴ   ② ㄱ, ㄷ   ③ ㄴ, ㄷ
④ ㄴ, ㄹ   ⑤ ㄷ, ㄹ

436

상 중 하

다음 자료를 통해 추론할 수 있는 내용으로 가장 적절한 것은?

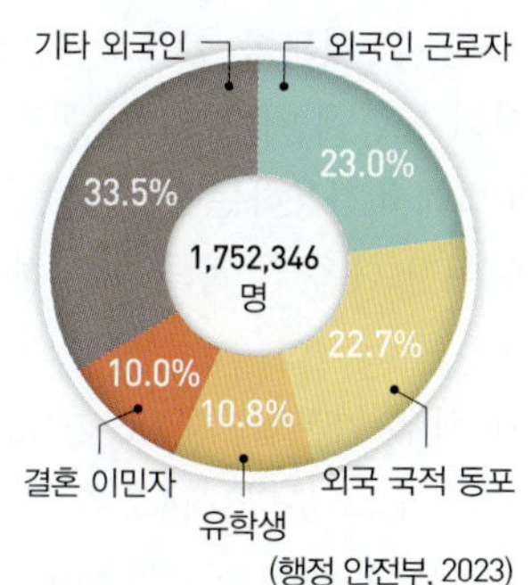

▲ 외국인 주민 유형별 비중

① 문화의 획일성이 강화될 것이다.
② 국제결혼 가정을 찾아보기 어려워질 것이다.
③ 단일 민족 의식 고취가 정책의 초점이 될 것이다.
④ 난민의 한국 사회 정착이 새로운 사회 문제가 될 수 있다.
⑤ 노동 현장에서 외국인 근로자와의 갈등이 나타날 수 있다.

437

상 중 하

다음 사례에서 추론할 수 있는 문제점으로 옳은 것은?

> 한 친구는 최근 식당에 가서 종업원에게 주문하는 동안 이유 없이 마음이 불안해졌다고 했다. 나중에 왜 그랬는지 생각해보니 조선족 종업원의 말투를 들으면서 자신도 모르게 한 조선족이 일으킨 범죄를 떠올리고 있었다고 한다. 반면 조선족 등 한국 거주 이주민들은 또 다른 이유로 불안을 느낀다고 한다. 단지 흉악 범인과 비슷한 말투를 쓴다든지 출신 지역이 같다는 이유로 경계의 대상이 되는 일이 있기 때문이다.

① 외래문화와의 갈등
② 이주민의 범죄 증가
③ 이주민에 대한 편견
④ 다문화 가족의 소외
⑤ 정부의 이주민 관리 소홀

---

2 다문화 사회의 갈등을 해결하는 방안

438

상 중 하

다음은 ○○국 출신 이주민 여성들의 대화이다. 이 대화에 나타난 문제를 극복하기 위한 다문화 정책으로 가장 적절한 것은?

> 갑: 시댁 식구들이 A 종교를 믿는데 자꾸만 A 종교를 믿으라고 강요하고 있어. 난 어렸을 때부터 B 종교를 믿었는데.
> 을: 우리 ○○국에서는 B 음식을 금기시하는데 시어머니가 자꾸만 먹으라고 해서 고민이야. 우리 문화를 너무 무시하는 것 같아 속상해.

① 이주민을 위해 한국 생활 정보를 제공한다.
② 이주민의 한국 입국 자격을 까다롭게 한다.
③ 이주민에게 한국 문화를 체계적으로 교육한다.
④ 이주민의 문화를 체험하는 프로그램을 실시한다.
⑤ 이주민이 한국 문화에 대한 편견을 없애도록 한다.

439 중요

상 중 하

교사의 질문에 옳게 답변한 학생만을 |보기|에서 고른 것은?

교사: 이 자료는 2008년의 다문화 광고입니다. 이 광고를 통해 당시 다문화 정책의 문제점을 발표해 볼까요?

| 보기 |

갑: 우리 문화가 지닌 민족적 정체성을 부정하려 하고 있습니다.
을: 이주민 문화도 사회 발전에 필요함을 인정하지 않고 있습니다.
병: 주류 문화와 비주류 문화의 명확한 구분이 중요함을 모르고 있습니다.
정: 다양한 문화가 대등한 자격으로 조화를 이루어야 함을 경시하고 있습니다.

① 갑, 을 　② 갑, 병 　③ 을, 병
④ 을, 정 　⑤ 병, 정

440

상 중 하

다음과 같은 활동으로 기대되는 효과로 가장 적절한 것은?

• 이주민 강사가 학교나 기관을 찾아가서 출신 국가의 문화를 소개하는 강의를 한다.
• 다문화 가정에서 자란 어린이들이 이중 언어 말하기 대회에 참가해서 자긍심을 가진다.

① 문화 다양성을 존중하는 태도를 함양한다.
② 다문화 가정 자녀의 학업 능력을 향상시킨다.
③ 다문화 가정 자녀의 한국 생활 적응을 촉진한다.
④ 다문화 가정 자녀의 한민족 정체성을 강화시킨다.
⑤ 여러 문화의 공통점을 모아 새로운 문화를 창조한다.

441

상 중 하

다음 글에 나타난 갈등을 해결하기 위한 개인적 차원의 노력으로 적절한 것을 |보기|에서 고른 것은?

다문화 사회에서는 문화적 차이에 따른 갈등이 발생할 수 있다. 예를 들어 이슬람 문화를 잘 모르는 사람이 이슬람교도에게 무슬림 방식으로 도축되지 않은 소고기나 닭고기를 억지로 권하면서 오해가 생길 수 있다. 다른 가치관, 생활양식 등에 관한 지식과 이해 부족은 서로를 오해하고 그 정도가 깊어지면 사회적 갈등으로 이어질 수 있다.

| 보기 |

ㄱ. 문화 상대주의적 태도를 함양한다.
ㄴ. 이주민에게 우리 문화의 우수성을 강조한다.
ㄷ. 문화적 다양성을 인정하는 관용의 자세를 갖춘다.
ㄹ. 서로 다른 문화의 이해를 위한 다문화 교육을 강화한다.

① ㄱ, ㄴ 　② ㄱ, ㄷ 　③ ㄴ, ㄷ
④ ㄴ, ㄹ 　⑤ ㄷ, ㄹ

442

상 중 하

다음은 다문화 가족 지원법의 일부 조항이다. 이를 통해 알 수 있는 이 법의 내용으로 적절하지 않은 것은?

제1조 (목적) 이 법은 다문화 가족 구성원이 안정적인 가족생활을 영위하고 사회 구성원으로서의 역할과 책임을 다할 수 있도록 함으로써 이들의 삶의 질 향상과 사회 통합에 이바지함을 목적으로 한다.
제2조 (정의) 이 법에서 사용하는 용어의 뜻은 다음과 같다.
1. "다문화 가족"이란 다음 각 목의 어느 하나에 해당하는 가족을 말한다.
가. 「재한외국인 처우 기본법」 제2조 제3호의 결혼 이민자와 「국적법」 제2조부터 제4조까지의 규정에 따라 대한민국 국적을 취득한 자로 이루어진 가족

① 다문화 가족 이해 증진 교육
② 다문화 가족에 대한 적응 교육
③ 다문화 가족 자녀의 학교 교육
④ 다문화 가족에 대한 건강 관리
⑤ 다문화 가족의 요건 취득 절차

443

상 중 하

이주민 정책과 관련한 갑, 을의 입장에 대한 옳은 설명을 |보기|
에서 고른 것은?

> 갑: 금, 철, 구리 등 서로 다른 여러 물질을 용광로에 넣
> 으면 모두 녹아 하나가 되는 것처럼, 이민자의 문화도
> 주류 문화에 완전히 동화해야 한다.
> 을: 다양한 재료들이 섞여도 재료 본연의 맛을 유지하는
> 샐러드 볼처럼 한 국가 안에서도 주류 문화뿐만 아니
> 라 비주류 문화나 소수 문화가 함께 어울리며 공존해
> 야 한다.

┤ 보기 ├
> ㄱ. 갑은 주류 문화와 비주류 문화를 동등하게 인정한다.
> ㄴ. 을은 다양한 문화의 이질성 보존을 지향한다.
> ㄷ. 갑에 비해 을의 입장은 문화 다양성을 실현하는 데 유
> 리하다.
> ㄹ. 갑, 을은 모두 비주류 문화의 보존을 강조한다.

① ㄱ, ㄴ   ② ㄱ, ㄷ   ③ ㄴ, ㄷ
④ ㄴ, ㄹ   ⑤ ㄷ, ㄹ

444  중요

상 중 하

밑줄 친 '한 학생'에 해당하는 사람은?

> 교사: 다문화 정책에 대한 관점 A에 대해 발표해 보세요.
> 갑: 주류 문화와 비주류 문화의 위계를 강조합니다.
> 을: 외래 소수 문화의 정체성을 인정하지 않습니다.
> 병: 이민자의 문화를 기존의 문화와 가치에 편입시키고자
> 합니다.
> 정: 다양한 문화가 용해되어 하나의 문화를 만들어야 한
> 다고 봅니다.
> 무: 다양한 문화가 공존할 수 있는 분위기를 조성해야 한
> 다고 주장합니다.
> 교사: 잘 대답했어요. 그런데 <u>한 학생</u>은 관점 B를 말했군요.

① 갑   ② 을   ③ 병   ④ 정   ⑤ 무

445

상 중 하

다음 글에 나타난 주장과 시각을 같이하는 우리 사회의 노력으로
적절하지 않은 것은?

> 다문화는 사회 현상을 설명하는 용어의 의미를 넘어 다
> 양한 문화를 존중하자는 의미를 담고 있다. 공동체 의식
> 을 바탕으로 다양한 문화가 공존하면서 다른 문화적 배경
> 을 가진 사람들이 함께 어울리는 다문화 사회로 발전하기
> 위해 사회 구성원 모두가 노력해야 한다.

① 외국인 근로자의 처우를 개선해 주는 제도를 마련한다.
② 공공 기관에 이주민 도우미를 배치하여 이주민의 민원
처리를 돕도록 한다.
③ 다문화 가정의 삶의 질 향상을 위해 '다문화 가족 지원
법'을 제정하여 시행한다.
④ 이주민 부모가 자녀 학교에 와서 이주민의 문화에 대해
강의하는 기회를 제공한다.
⑤ 이주민에게 한국 문화를 의무적으로 배우도록 하여 한
국 사회에 적응하도록 한다.

446

상 중 하

밑줄 친 부분에 대한 설명으로 가장 적절한 것은?

> <u>싱가포르의 다문화 정책</u>은 철저한 국가 주도의 정책에서
> 비롯되었다. 1965년 제정된 싱가포르 헌법은 각 인종 간
> 평등주의를 명시하고, 영어 이외에 각 민족별 모국어인 중
> 국어, 말레이어, 타밀어를 공용어로 채택하였으며, 각 종
> 교별로 균등하게 법정 공휴일을 지정하도록 규정하였다.

① 단일 문화를 지향하여 사회 통합을 이룬다.
② 이주민과 내국인 간의 차별을 없애고자 한다.
③ 사회적 소수자에 대한 우대 조치를 마련한다.
④ 소수 문화가 다수 문화에 동화되도록 유도한다.
⑤ 민족주의를 고취하여 문화의 주체성을 강화한다.

447

상 중 하

다음 글을 읽고 물음에 답하시오.

> 세계화의 영향으로 인구 이동이 활발해지면서 다른 문화권에 속한 사람들 간의 접촉이 빈번해지고 있다. 그 결과 다양한 인종, 종교, 언어 등 서로 다른 문화적 배경을 가진 사람들이 함께 어우러져 살아가는 사회로 변화하였는데, 이를 A라고 한다.
>
> 우리나라도 전체 인구 중 외국인 주민의 비중이 증가하고 있다. 국제결혼 이주민과 이주 배경 청소년, 외국인 근로자, 유학생을 비롯하여 문화 측면에서 차이가 있는 주민이 증가하면서 A로 접어들었다.

(1) A에 해당하는 용어를 쓰시오.

(2) A의 긍정적인 효과를 문화 발전의 측면에서 서술하시오.

448

상 중 하

다음 사례를 읽고 물음에 답하시오.

> 무더운 여름, 에스파냐 출신의 국제결혼 이민자 A 씨는 점심을 먹은 후 1~2시간 낮잠을 잔다. 그런데 낮잠을 자는 A 씨를 본 한국인 시어머니가 A 씨가 게으르다고 꾸중하면서 고부 간 갈등이 나타나고 있다. 에스파냐는 여름이 매우 덥고 건조하기 때문에 특정 시간에 낮잠을 자는 문화가 있다. 에스파냐 사람들은 하루 중 기온이 가장 높은 한낮에 야외 활동을 피하고 실내에서 낮잠을 자거나 휴식을 취하면서 피로를 풀고 체력을 보충한다.

(1) 위 사례에서 고부 간 갈등이 발생한 이유를 서술하시오.

(2) 위 사례에 나타난 고부 간 갈등을 해결하기 위한 개인적 차원의 방안을 서술하시오.

449

상 중 하

다음 자료를 보고 물음에 답하시오.

> 세계 인종 차별 철폐의 날을 앞두고 외국인 근로자들이 이주민에 대한 편견과 차별을 철폐할 것을 촉구하는 시위를 벌였다. 이들은 '인종 차별'이 적힌 현수막을 찢는 퍼포먼스를 펼치며 국가 인권 위원회까지 행진하였다. ㉠ 외국인 근로자들은 노동 착취, 임금 체불, 열악한 기숙사 등 노동 환경을 지적하며 이에 대한 개선을 요구하였다.

(1) 밑줄 친 ㉠과 관련된 법률을 쓰시오.

(2) 밑줄 친 ㉠을 해결하기 위한 사회적 차원의 노력을 서술하시오.

450

상 중 하

다음 글을 읽고 물음에 답하시오.

(가)	(나)
서로 다른 것들을 녹여 하나를 만들어 내는 용광로처럼 주류 문화에 이주민들의 문화를 융화 또는 흡수시켜 단일한 문화를 만들어 나가야 한다.	샐러드 볼에 담긴 재료가 각각 고유한 특성을 유지하면서도 어우러지는 것처럼 다양한 문화가 공존하며 서로 조화를 이룰 수 있다.

(1) 다문화 사회에서의 이민자 정책 (가), (나)를 쓰시오.

(2) (가)와 (나)의 특징을 비교하여 서술하시오.

451

상 중 하

다음 자료에 나타난 갈등을 해결하기 위한 개인적 차원의 방안으로 적절한 것만을 |보기|에서 고른 것은?

| 보기 |

ㄱ. 다문화 교육을 활성화한다.
ㄴ. 외국인에 대한 편견을 지양한다.
ㄷ. 상대방의 문화 정체성을 존중한다.
ㄹ. 자신의 입장에서 상대방의 문화를 평가한다.

① ㄱ, ㄴ   ② ㄱ, ㄷ   ③ ㄴ, ㄷ
④ ㄴ, ㄹ   ⑤ ㄷ, ㄹ

452

상 중 하

다음과 같은 현상에서 발생할 수 있는 문제의 해결 방안으로 적절하지 <u>않은</u> 것은?

> 국제적 인적 교류가 확대되고 국제결혼이 늘어남에 따라 우리 사회에 언어·문화적 배경이 다른 구성원의 비중이 증가하고 있다. 이들은 우리 사회에서 점차 많은 비중을 차지하고 있지만 경제적 빈곤과 함께 언어와 문화적 배경이 달라 의사소통이 힘들다 보니 심리적 위축감으로 인해 안정적인 사회생활을 하는 데 어려움을 겪고 있다.

① 국제결혼 부부의 출산율 증대 사업 실시
② 국제결혼 부부를 위한 언어 교육의 실시
③ 다문화 지역 축제 개최를 통한 다양한 문화 체험 기회 확대
④ 결혼 이민자를 외국어 강사로 활용하기 위한 방안 강구
⑤ 다문화 가정 자녀를 위한 진학 및 취업 프로그램의 개발

453

상 중 하

다음과 같은 문제를 해결하기 위해 지녀야 할 태도로 가장 적절한 것은?

① 이주민이나 다른 문화에 대한 편견을 가져야 한다.
② 다름에서 오는 차이를 차별의 잣대로 삼아야 한다.
③ 상대방의 입장이 아닌 나의 입장에서 문화를 이해해야 한다.
④ 다문화 사회보다 하나의 문화만 있는 사회가 좋다고 생각하는 자세를 갖는다.
⑤ 나와 다른 문화적 배경을 가진 사람들 동등한 사회 구성원으로 인정하는 자세를 갖는다.

454

상 중 하

(가)의 입장에 비해 (나)의 입장이 갖는 상대적 특징을 그림의 ㉠~㉤ 중에서 고른 것은?

> (가) 다양한 문화를 융합하여 하나의 정체성을 갖는 국가를 만들고자 한다.
> (나) 다양한 문화를 최대한 보장함으로써 서로 다른 문화가 각각의 정체성을 유지하면서 조화를 이루는 국가를 만들고자 한다.

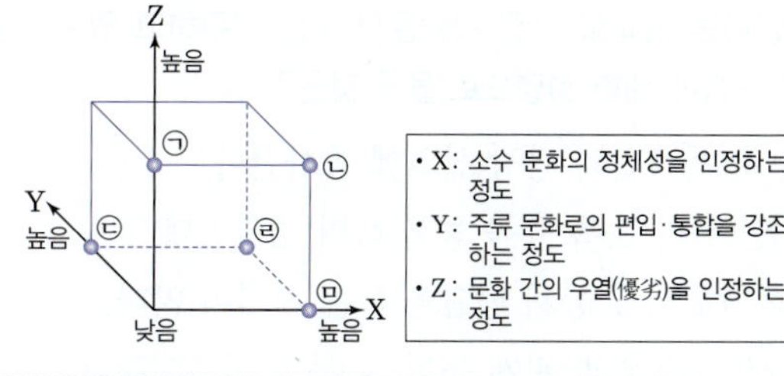

① ㉠   ② ㉡   ③ ㉢   ④ ㉣   ⑤ ㉤

[455~456] 자료는 세계의 종교 분포를 나타낸 것이다. 이를 보고 물음에 답하시오.

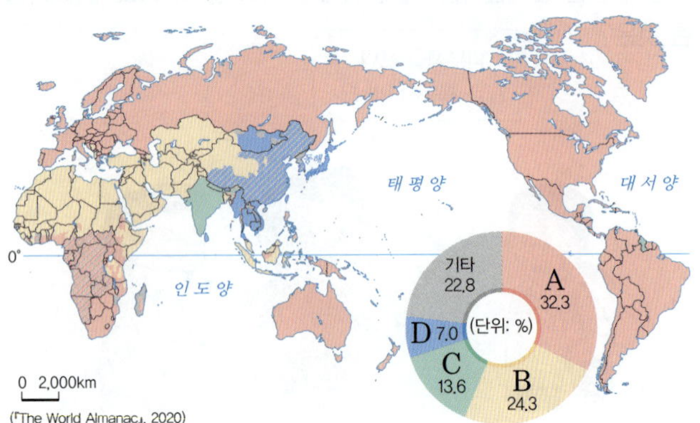

455

상 중 하

A에 해당하는 종교 경관으로 옳은 것은?

① 
② 
③ 
④ 
⑤ 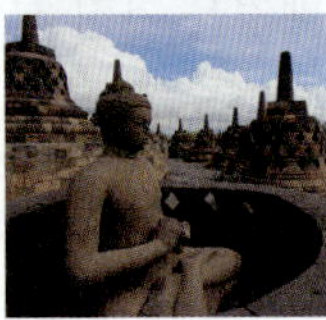

456 중요

상 중 하

B에 해당하는 종교를 가진 사람들이 주로 거주하고 있는 문화권의 생활 모습에 대한 설명으로 옳은 것은?

① 대부분 목축업과 관광 산업에 종사한다.

② 사냥, 어로, 순록 유목 등을 하며 생활한다.

③ 부족 단위의 공동체 생활을 하는 지역이 많다.

④ 오아시스 농업과 관개 농업, 유목이 이루어진다.

⑤ 한자 문화를 공유하고 있으며, 벼농사를 주로 한다.

457 수능형

상 중 하

(가), (나)에 해당하는 문화권을 지도에서 골라 옳게 연결한 것은?

(가)	• 산업 혁명의 발상지 • 크리스트교의 영향을 많이 받음. • 혼합 농업과 낙농업 발달함.
(나)	• 부족 단위의 공동체 생활이 이루어짐. • 전통적인 이동식 화전 농업과 플랜테이션 발달함. • 민족, 종교, 국경 등의 분쟁으로 발전이 어려움.

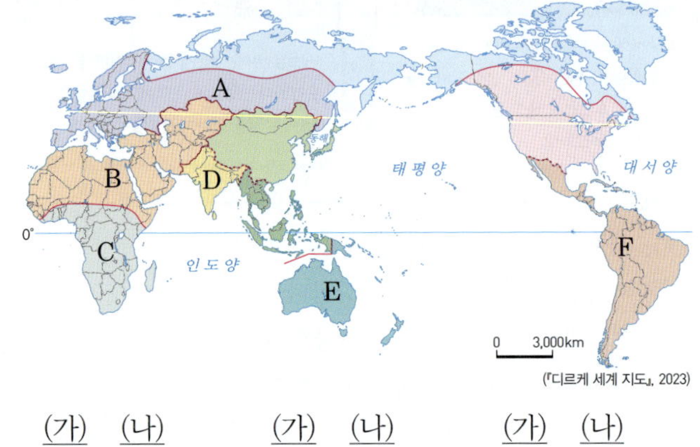

	(가)	(나)		(가)	(나)		(가)	(나)
①	A	B	②	A	C	③	B	E
④	B	F	⑤	D	E			

458

상 중 하

그림은 A국의 화폐 앞면 모습이다. A국이 속한 문화권의 주민 생활에 대한 설명으로 옳은 것은?

머리에 강한 햇빛과 모래바람으로부터 얼굴을 보호하기 위한 '구트라'라고 불리는 천을 두르고 있다.

① 밀을 이용한 빵과 파스타 등을 즐겨 먹는다.

② 주로 벼농사가 이루어져 쌀을 주식으로 한다.

③ 풍부한 침엽수를 이용하여 통나무집을 짓는다.

④ 대규모로 상품 작물을 재배하는 플랜테이션 농업을 한다.

⑤ 지하수나 외래 하천을 활용하여 대추야자나 밀 등을 재배한다.

459 수능형 [상·중·하]

그림은 문화 접변으로 인한 문화 변동의 양상을 도식화한 것이다. 이에 대한 옳은 설명만을 |보기|에서 있는 대로 고른 것은?

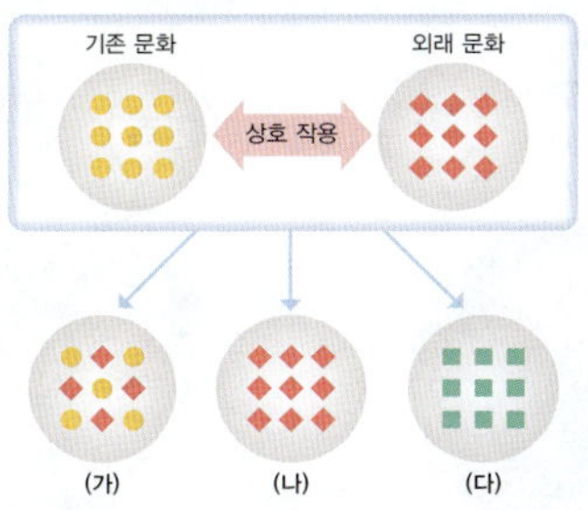

| 보기 |

ㄱ. (가)의 사례로 우리나라에서 전통 다과와 서양식 다과가 함께 존재하는 것을 들 수 있다.

ㄴ. (나)의 사례로 서양 음악과 아프리카 음악이 결합하여 재즈 음악이 등장한 것을 들 수 있다.

ㄷ. (다)의 사례로 외래 종교로 인해 토착 종교가 사라지는 것을 들 수 있다.

ㄹ. (가)와 (다)는 기존 문화의 정체성이 유지된다는 공통점을 갖고 있다.

① ㄱ, ㄴ   ② ㄱ, ㄹ   ③ ㄴ, ㄷ
④ ㄱ, ㄴ, ㄷ   ⑤ ㄴ, ㄷ, ㄹ

460 [상·중·하]

문화 변동의 요인 (가)~(다)에 대한 설명으로 옳지 <u>않은</u> 것은?

(가) A는 시각 장애인을 위한 점자를 개발하였다.
(나) 동남아시아 지역에서 한국 드라마가 인기를 끌면서 한류 열풍이 생겨났다.
(다) 설총은 중국의 한자에서 아이디어를 얻어 우리말을 표현하는 이두 문자를 개발하였다.

① (가)는 기존에 존재하지 않았던 새로운 문화 요소를 만들어 내는 것이다.
② (나)는 매개체를 통한 간접적인 접촉에 의해 문화 요소가 전파되는 현상이다.
③ (가)는 내재적 요인에 의해 문화가 변동한 사례이다.
④ (다)는 기존에 존재하고 있었지만 알려지지 않았던 것을 찾아낸 것이다.
⑤ (나), (다)는 외재적 요인에 의해 문화가 변동한 사례이다.

461 [상·중·하]

다음 자료에서 파악할 수 있는 전통문화의 의의로 가장 적절한 것은?

강원도의 한 마을에서는 설날을 맞이하여 동네 사람들이 어르신들을 모시고 세배를 드린다. 이 마을은 17세기 중반부터 해마다 설날을 전후한 음력 정초 한 장소에서 촌장을 모시고 집단으로 세배드리며, 준비한 음식을 나누고 서로 덕담을 나누는 방식으로 진행되어 오고 있다.

① 사회 통합에 이바지한다.
② 문화의 상업화를 촉진한다.
③ 외래문화를 비판적으로 수용한다.
④ 전통문화를 세계인에 맞게 보편화시킨다.
⑤ 전통문화와 외래문화의 공통점을 지향한다.

462 중요 [상·중·하]

다음 사례를 통해 얻을 수 있는 교훈으로 가장 적절한 것은?

텔레비전으로 인기리에 방영되었던 한 프로그램에서 이탈리아 나폴리에 한식당을 열었다. 나폴리에는 그동안 한식당이 한 곳도 없었기 때문에 한국식 피자를 시범 메뉴로 내놓았다. 그러나 피자는 손님에게 혹평을 듣고 결국 한식의 백반 문화를 보여줄 수 있는 제육 쌈밥으로 메뉴를 바꾼다. 쌈 싸는 방법을 영상으로 안내하고, 음식 맛을 일일이 조절하여 주문하는 현지인 방식에 따라 매운 정도를 맞춰주면서 현지 손님의 입맛을 사로잡는다. 이어 파스타로 만든 칼국수, 뇨끼로 만든 떡볶이, 토마토를 가미한 부대찌개 등의 음식을 팔아 식당은 대성공을 거둔다.

① 전통문화의 원형을 그대로 유지하려고 노력해야 한다.
② 전통문화 요소를 외래문화 요소로 전면 대체해야 한다.
③ 새로운 문화 창출을 위해 전통문화의 고유성을 버려야 한다.
④ 전통문화에 현지인의 기호를 접목해 부가 가치를 만들 수 있다.
⑤ 전통문화의 가치를 훼손하는 외래문화 요소를 배제하여야 한다.

463

상 중 하

다음 뉴스에서 우려하는 문화 이해의 태도에 대한 설명으로 가장 적절한 것은?

> 앵커: 오늘 한글날입니다. 그런데 한글보다는 영어가 남용되고 있습니다. ○○○ 기자입니다.
>
> 기자: 뜻 모를 영어가 남발하는 만화를 보면서 우리 아이들은 영어는 멋지고, 같은 뜻의 한국어는 촌스럽다고 느끼고 있었습니다. 어린이들이 좋아하는 만화 속 인기 캐릭터들은 "합체하자! 인티그레이션.", "트랜스포메이션(변신)." 등 어른도 선뜻 이해하기 어려운 영어 단어를 반복해 외칩니다.

① 자문화의 정체성을 상실할 우려가 있다.
② 자기 문화를 기준으로 다른 문화를 평가한다.
③ 보편 윤리의 관점에서 문화 상대주의를 경계한다.
④ 사회적 환경과 맥락을 고려한 문화 이해를 강조한다.
⑤ 문화 제국주의에 빠질 가능성이 높다는 비판을 받는다.

464

상 중 하

(가)의 입장에서 (나)의 ㉠에 들어갈 말로 가장 적절한 것은?

(가)	우리는 기본적으로 각 사회의 문화를 존중해야 하지만 극단적 문화 상대주의는 경계할 필요가 있다. 모든 문화가 각 사회의 특수한 환경을 반영하는 고유한 생활양식이라는 점은 부정할 수 없지만, 그렇다고 해서 모든 문화가 바람직하다고 할 수는 없기 때문이다. 문화 상대주의를 극단적으로 이해하여 자문화와 타 문화가 갖는 문제점을 비판할 수 없다면 자문화의 개선과 인류 사회의 문화 발전은 기대하기 어려울 것이다.
(나)	㉠ 그러면 각 사회의 문화가 지닌 고유한 가치를 보존하고 문제점을 개선함으로써 문화의 질적 발전을 실현할 수 있을 것이다.

① 모든 문화는 우열이 있음을 전제하고 살펴보라.
② 보편 윤리를 통해 자문화와 타 문화를 비판적으로 성찰하라.
③ 자기 문화보다 우수한 선진국의 문화를 수용하려고 노력하라.
④ 자신의 문화적 기준을 바탕으로 다른 문화의 내용을 평가하라.
⑤ 각 문화는 고유한 가치가 있음을 인식하고 그 문화를 존중하라.

465

상 중 하

다문화 정책 (가), (나)에 대한 옳은 설명만을 |보기|에서 고른 것은?

> |보기|
> ㄱ. (가)는 (나)와 달리 문화적 동질성을 추구한다.
> ㄴ. (나)는 (가)와 달리 문화 공존을 중시한다.
> ㄷ. (나)는 (가)와 달리 주류 집단과 소수 집단을 엄격히 분리한다.
> ㄹ. (가), (나)는 모두 문화 상대주의적 태도를 기본으로 한다.

① ㄱ, ㄴ ② ㄱ, ㄷ ③ ㄴ, ㄷ
④ ㄴ, ㄹ ⑤ ㄷ, ㄹ

466

상 중 하

다음 자료를 통해 호주의 다문화주의 정책에 대해 옳게 평가한 것은?

> 호주는 매년 3월 21일을 '하모니 데이(harmony day)'로 지정하여 다문화 축제를 진행한다. 이날은 도시 곳곳에서 각 나라의 전통 공연이나 다양한 문화의 연극과 코미디, 음악, 커뮤니티 이벤트, 영화제 등을 개최한다. 수많은 공동체에서는 자체 부스를 만들어 고유문화를 소개한다.

① 문화를 누리는 것을 권장한다.
② 개인의 문화 향유권을 제한하지 않는다.
③ 다양한 문화 체험을 통해 화합을 도모한다.
④ 소수 문화가 다수 문화에 동화되도록 유도한다.
⑤ 민족주의를 고취하여 문화의 주체성을 강화한다.

467

상 중 하

다음 자료를 보고 물음에 답하시오.

▲ 마오리족

▲ 양 방목장

(1) 위의 자료와 관련된 문화권을 쓰시오.

(2) 위의 자료와 관련된 문화권의 범위, 역사적 배경, 종교, 산업 등에 대해 서술하시오.

468

상 중 하

다음 자료에서 호미가 미국과 유럽에서 인기 상품이 된 이유를 쓰고, 이를 통해 파악할 수 있는 전통문화의 창조적 계승 방안을 서술하시오.

미국의 유명 인터넷 쇼핑몰에서 원예용품 10위권에 오른 'homi(호미)'가 화제이다. 호미는 오랫동안 농사를 지어온 우리 선조의 지혜가 녹아 있는 농기구이다. 호미는 모종삽보다 손목에 힘을 많이 주지 않아도 되기 때문에 편하면서 튼튼해 미국과 유럽의 정원사 사이에서 획기적인 원예용품이라는 평가를 받고 있다.

469

상 중 하

밑줄 친 부분을 보편 윤리의 관점에서 서술하시오.

키르기스스탄에는 '알라 카추'라는 풍습이 있다. '알라 카추'는 '잡아 달아난다.'라는 뜻으로, 여성을 납치하여 강제로 결혼하는 풍습이다. 키르기스스탄에서는 혼인할 때 신랑이 신부 측에 지참금을 주어야 하는데, 이를 준비할 수 없는 남성들이 여성을 납치하여 결혼을 한 것이다. 남성이 마음에 드는 여성을 납치해 오면 남성의 가족들은 여성에게 결혼을 설득하거나 협박하고, 거부의 의사를 표현하더라도 승낙을 의미하는 흰 두건을 씌워 혼인을 성사시킨다. 이슬람 문화권인 키르기스스탄에서는 납치된 여성은 순결을 잃은 것으로 간주하기 때문에 결국 결혼을 받아들일 수밖에 없다. 일부 학자들은 <u>이러한 풍습이 키르기스스탄이 유목 사회라는 특징에서 비롯된 것이므로 나름대로의 가치가 있다고 인정한다.</u>

470

상 중 하

다음 자료를 토대로 문화 다양성을 존중하기 위한 개인적 차원의 노력을 문화 상대주의적 태도를 중심으로 서술하시오.

〈문화 다양성을 증진하기 위한 활동〉
• 다른 문화가 전시되어 있는 미술 전시관이나 박물관에 가 보자.
• 우리 집 근처에 사는 다른 문화나 종교를 가진 가족이나 사람을 초대하여 같이 식사하며 이야기를 나누어 보자.
• 다른 문화권의 철학자 혹은 다른 종교에 관한 영화나 책을 빌려서 보자.
• 하누카, 라마단, 춘절 등 다른 문화권의 전통 기념일을 경험해 보자.
• 서로 다른 문화의 음악을 들어 보자.

12 산업화와 도시화에 따른 변화

1 산업화와 도시화에 따른 생활공간의 변화

1. 산업화와 도시화

(1) 산업화와 도시화의 의미

산업화	• 농업 중심 사회에서 공업과 서비스업 중심의 사회로 변화하는 현상 • 산업화가 진행됨에 따라 촌락의 인구가 일자리를 찾아 경제활동의 기회가 많은 도시로 이동하는 이촌 향도 현상이 발생함.
도시화	• 전체 인구 중 도시에 거주하는 인구의 비율이 높아지고 도시적 생활양식이 확대되는 현상 • 이촌 향도 현상이 활발해지면서 도시화가 빠르게 진행됨.

(2) 우리나라의 산업화와 도시화

① 1960년대 이후 경제 개발 계획이 추진되어 수도권과 남동 임해 지역을 중심으로 공업이 발달함. → 1차 산업의 비율이 감소하고 2·3차 산업 중심으로 산업 구조가 변화함.

② 산업화와 함께 도시화도 급격히 진행되어 현재 우리나라 전체 인구의 90% 이상이 도시에 거주하고 있음.

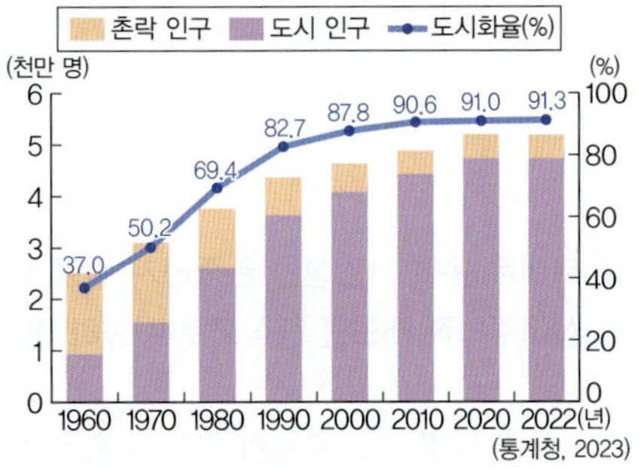

▲ **우리나라의 도시화** 우리나라는 1960년대 이후 산업화와 함께 도시화가 진행되기 시작했으며, 이후 빠르게 도시 인구가 증가하였다. 현재 우리나라의 도시화율은 90% 이상으로, 도시화의 종착 단계에 해당한다.

2. 산업화와 도시화에 따른 생활공간의 변화

(1) 거주 공간의 변화

토지 이용의 집약도 상승	제한된 도시 내의 공간을 효율적으로 이용하기 위한 아파트, 공동 주택, 고층 건물 등이 늘어나면서 토지 이용의 집약도가 높아짐.
도시 내부의 기능 분화	도시가 성장함에 따라 도시 내 기능이 분산되어 업무·상업·주거·공업 지역 등으로 공간이 분화함. • 도심: 접근성과 지대가 높고, 업무·상업 기능이 발달하여 주간 인구가 많음. • 주변 지역: 도심보다 접근성과 지대가 낮고, 대규모 부지가 필요한 주거·공업 기능이 집중됨.

대도시권의 형성	• 도시의 기능과 영향력이 커지면서 대도시의 인구나 기능, 시설 등이 도시 주변으로 분산되는 교외화 현상이 발생함. • 교외화로 분산된 기능들이 중심 도시와 연계되면서 대도시와 주변 지역이 하나의 생활권을 이루는 대도시권이 형성됨.

(2) 생태환경의 변화

① 아스팔트, 콘크리트 등으로 포장된 지표 면적이 확대됨에 따라 녹지 공간이 감소함. → 도시 내부가 주변부보다 기온이 높은 열섬 현상 심화, 도시 내 홍수 위험 증가

② 도시 내 하천을 직선화하는 등 인위적인 개발로 동식물 서식 환경이 변화하고 생물종 다양성이 감소함.

③ 주택과 산업 시설, 자동차 등에서 오염 물질이 배출되어 생태환경에 부정적 영향을 미침.

3. 산업화와 도시화에 따른 생활양식의 변화

(1) 도시성 확산

① 도시성: 도시에 거주하는 사람들에게 나타나는 특징적인 사고 및 행동 양식

② 도시성 확산 및 보편화: 효율성과 합리성을 추구하는 경향이 늘어나고 익명성을 띤 2차적 인간관계가 확산되면서 사회적 유대감이 약화됨.

(2) 생활 수준 향상

① 물질적 풍요 및 생활 편의성 증대: 도시에 거주하는 주민의 소득 증대로 생활 수준이 높아졌으며, 백화점, 복합 쇼핑 시설, 영화관 등 다양한 상업·여가 시설이 확충되면서 생활이 편리해짐.

② 여가 생활 범위 확대: 자가용이나 고속 열차 등을 이용하여 도시 외 지역에서도 자유롭게 여가 생활을 할 수 있게 됨.

(3) 직업의 분화: 직업이 분화되어 도시에 거주하는 사람들 간 이질성이 높아지고 직업 간 소득 수준의 차이가 커짐.

산업화 이전		산업화 이후
• 농업, 어업 등 1차 산업 중심 • 단순한 직업 구조	⇒	• 2·3차 산업 발달로 다양한 직업 등장 • 복잡한 직업 구조(다양화, 세분화, 전문화)

(4) 개인주의 가치관의 확산

① 배경: 대가족에서 핵가족 또는 1인 가구로 가족 형태가 변화하고, 직업의 다양화·전문화로 도시에 거주하는 사람들 간 이질성이 증대됨.

② 특징: 공동체보다 개인의 자유와 권리를 우선시하는 경향이 심화되며, 개인 간 경쟁이 치열해지고 개인의 가치와 성취를 중시하는 태도가 확산됨.

2 산업화와 도시화에 따른 문제점과 해결 방안

1 산업화와 도시화에 따른 문제

(1) **주택 문제**: 인구 집중으로 인한 주택 부족, 주택 가격 상승, 소득 수준에 따른 주거 지역 분리 및 불량 주택 지역 형성 등의 문제가 발생함.

(2) **교통 문제**: 자동차 증가에 따른 교통량 증가 및 교통 체증 심화, 출퇴근 시간대 대중교통 혼잡, 교통사고, 소음 발생, 주차난 등의 문제가 발생함.

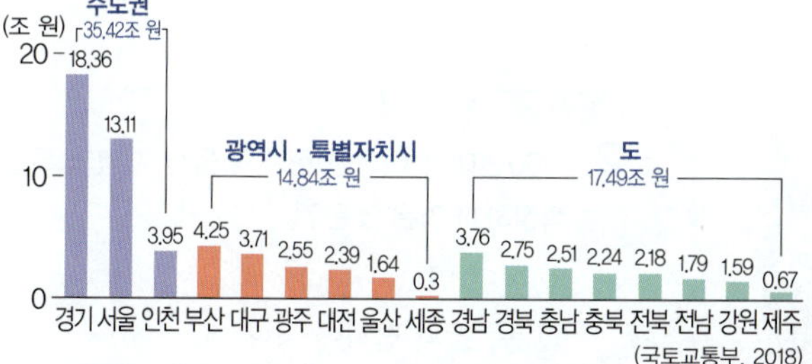

▲ **시·도별 교통 혼잡 비용** 교통 혼잡 비용은 차량 정체로 인해 추가로 발생하는 기름값과 시간 손실 등을 비용으로 바꿔 계산한 것이다. 인구가 많고 자동차가 밀집하여 교통량이 많은 수도권의 교통 혼잡 비용이 전체의 50% 이상을 차지하고 있어 수도권의 교통 문제가 심각하다는 것을 알 수 있다.

(3) 환경 문제

① 자동차 배기가스, 공장 매연, 산업 시설과 가정에서 배출하는 오폐수, 쓰레기 등 각종 오염 물질 배출로 인해 대기, 수질 및 토양 오염이 발생함.

② 환경 오염에 따른 동식물의 생태환경 훼손으로 도시 내 생물 다양성이 감소함.

(4) 노동 문제

① 실업 문제: 산업 구조 변화, 생산 과정의 자동화·기계화로 노동 수요가 감소하여 실업이 증가함. → 실업이 지속되면 개인적으로 생계유지와 자아실현이 어려워지고, 사회적으로 인적 자원 낭비, 빈부 격차 심화 등을 유발함.

② 노사 갈등: 노동자와 사용자 간의 이해관계 충돌로 노사 갈등이 발생하기도 함.

(5) 무관심과 이기주의에 따른 문제

① 공동체 의식 약화: 개인주의적 성향이 강화되고, 익명성 확산으로 사회적 유대감이 감소함.

② 인간 소외 현상: 기계화와 자동화, 물질 만능주의로 인해 인간이 기계의 부속품처럼 생산을 위한 수단으로 전락하여 소외감을 느끼는 현상이 나타남.

(6) 촌락의 쇠퇴와 지역 격차

① 이촌 향도 현상으로 촌락에 빈집이 늘어나고, 의료·교육 등의 생활 기반 시설이 부족해짐.

② 생산 가능 인구 감소로 인한 노동력 부족, 경제활동 위축에 따른 지역 공동체 쇠퇴 등의 문제가 나타남.

2. 산업화와 도시화에 따른 문제점 해결 방안

주택 문제	• 신도시 건설을 통한 주택 공급 확대 • 지속적으로 도시 재개발 사업을 추진하여 노후화된 불량 주택 개량 및 주거 환경 개선
교통 문제	• 대중교통 체계 확충으로 교통 체증 완화 • 도로와 주차장 등 도시 기반 시설 개선
환경 문제	• 친환경 도시 개발 계획 수립, 녹지 공간 확충을 통한 동식물 생태환경 개선, 오염 물질 배출 규제 및 관리 정책 마련 • 쓰레기 분리 배출, 자원 절약 등 환경 친화적 삶 실천
노동 문제	• 실업자를 위한 직업 교육과 취업 정보 제공 확대 • 노동자의 권리를 보장하는 방향으로 제도 개선 및 노사 간 소통과 협력 유도
무관심과 이기주의에 따른 문제	• 소외 계층을 위한 사회 복지 제도 확대 • 상호 배려하고 협력하는 공동체 문화 조성 및 지역 문제를 함께 해결하려는 연대 의식 강화
촌락의 쇠퇴와 지역 격차	• 산업·행정 등 각종 기능 분산을 통해 도시와 촌락, 수도권과 비수도권 간의 발전 격차 해소 및 국토 균형 발전 추구 • 촌락의 지속가능 성장을 위한 정책 수립 및 시행

자료 1 우리나라의 산업 구조와 도시화율 변화

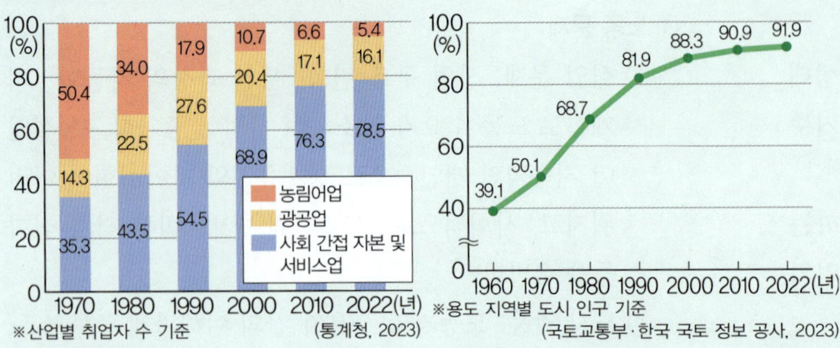

▲ 우리나라의 산업 구조 변화　　▲ 우리나라의 도시화율 변화

출제 POINT 우리나라는 1960년대에 공업이 발달하면서 산업화가 진행되었으며, 이로 인해 산업 구조에도 큰 변화가 나타났다. 우리나라의 산업 구조 변화를 나타낸 그래프를 보면, 산업화 초기인 1970년대에는 1차 산업 취업자 수 비율이 높고 2·3차 산업의 취업자 수 비율은 낮았다. 그러나 2022년에는 1차 산업 취업자 수 비율이 가장 낮고 3차 산업 취업자 수 비율이 가장 높게 나타난다. 이를 통해 산업화가 진행됨에 따라 산업 구조가 고도화되었음을 알 수 있다. 산업화가 진행되면서 촌락의 인구가 일자리를 찾아 경제활동의 기회가 많은 도시로 이동하는 이촌 향도 현상이 나타났고, 이로 인해 도시화율도 급격히 높아졌다.

확인 문제

1 우리나라의 산업 구조와 도시화율 변화에 대한 설명으로 옳지 **않은** 것은?

① 1960년대 이후 도시화율이 높아지기 시작했다.

② 1960년대에는 촌락 인구보다 도시 인구가 많았다.

③ 1970년대 이후에 1차 산업 취업자 수 비율이 점차 감소하였다.

④ 1970년대 이후 3차 산업 취업자 수 비율이 점차 증가하였다.

⑤ 2022년 산업별 취업자 수 비율은 3차＞2차＞1차 산업 순으로 높다.

자료 2 산업화와 도시화에 따른 생활공간의 변화

▲ 과거의 울산(1960년대)

▲ 현재의 울산

출제 POINT 1960년대까지만 해도 울산은 농업과 어업이 주로 이루어지던 곳으로, 토지의 대부분이 논과 밭으로 이용되었다. 그러나 1960년대 이후 산업화와 도시화가 진행됨에 따라 울산은 정유, 석유 화학, 자동차, 조선 등을 중심으로 한 우리나라 최대의 중화학 공업 도시로 성장하였다. 인구가 증가하면서 논과 밭이 있던 자리에 고층 건물과 대규모 아파트 단지가 들어서는 등 토지 이용의 집약도가 높아졌으며, 주민의 직업 구성도 2·3차 산업 중심으로 변화하였다.

확인 문제

2 1960년대와 비교한 현재의 울산 지역의 특징으로 적절하지 **않은** 것은?

① 인구 밀도가 높다.

② 논, 밭의 면적이 넓다.

③ 1차 산업 종사자 비율이 낮다.

④ 주민의 직업 구성이 다양하다.

⑤ 주택 유형 중 아파트의 비율이 높다.

답 1 ② 2 ②

● 다음 문제의 빈칸에 알맞은 단어를 써 넣으시오.

471 ( )은/는 농업 중심 사회에서 공업과 서비스업 중심의 사회로 변화하는 현상을 말한다.

472 ( )은/는 전체 인구 중 도시에 거주하는 인구의 비율이 높아지고 도시적 생활양식이 확대되는 현상을 말한다.

473 도시의 기능과 영향력이 커지면서 인구나 기능, 시설 등이 도시 주변으로 분산되는 ( ) 현상이 발생한다.

474 도시 내 하천 직선화 등 인위적인 개발은 동식물의 서식 환경 변화 및 생물종 ( ) 감소를 유발한다.

475 ( )은/는 도시에 거주하는 사람들에게 나타나는 특징적 사고 및 행동 양식을 말한다.

476 ( )은/는 기계화와 자동화, 물질 만능주의로 인해 노동의 주체인 인간이 기계의 부속품처럼 전락하는 현상을 말한다.

● 산업화와 도시화에 대한 설명이 맞으면 ○표, 틀리면 ×표 하시오.

477 산업화와 도시화로 1차 산업 취업자 수 비율은 감소하고 3차 산업 취업자 수 비율이 증가하였다. (○ | ×)

478 우리나라는 산업화와 함께 도시화가 진행되면서 수도권 인구 집중도가 낮아졌다. (○ | ×)

479 산업화와 도시화로 인해 고층 건물이 늘어나고 토지 이용의 집약도가 높아졌다. (○ | ×)

480 산업화와 도시화로 시가지 면적이 늘어나면서 포장된 지표 면적의 비율이 낮아졌다. (○ | ×)

481 산업화와 도시화로 효율성과 합리성을 추구하는 경향이 늘어나고 사회적 유대감이 약화되었다. (○ | ×)

482 산업화와 도시화로 인해 주택 문제, 교통 문제, 환경 문제 등 다양한 도시 문제가 발생하였다. (○ | ×)

483 산업화와 도시화로 인해 녹지 공간이 확대되어 도시 중심부의 열섬 현상 발생 빈도가 낮아졌다. (○ | ×)

1 산업화와 도시화에 따른 생활공간의 변화

484

㉠, ㉡에 해당하는 현상에 대한 설명으로 옳은 내용만을 |보기|에서 고른 것은?

- ㉠ 은/는 농업 중심 사회에서 공업과 서비스업 중심의 사회로 변화하는 현상이다.
- ㉡ 은/는 전체 인구 중 도시에 거주하는 인구의 비율이 높아지고 도시적 생활양식이 확대되는 현상이다.

┤보기├

ㄱ. ㉠은 산업화, ㉡은 도시화이다.
ㄴ. ㉠은 우리나라에서 1990년대에 시작되었다.
ㄷ. ㉡이 진행되면 토지 이용의 집약도는 낮아진다.
ㄹ. ㉠으로 이촌 향도 현상이 발생하면서 ㉡이 진행되었다.

① ㄱ, ㄴ ② ㄱ, ㄹ ③ ㄴ, ㄷ
④ ㄴ, ㄹ ⑤ ㄷ, ㄹ

485 중요

그래프의 (가), (나) 산업에 대한 설명으로 옳지 <u>않은</u> 것은? (단, (가), (나)는 각각 농림어업, 사회 간접 자본 및 서비스업 중 하나이다.)

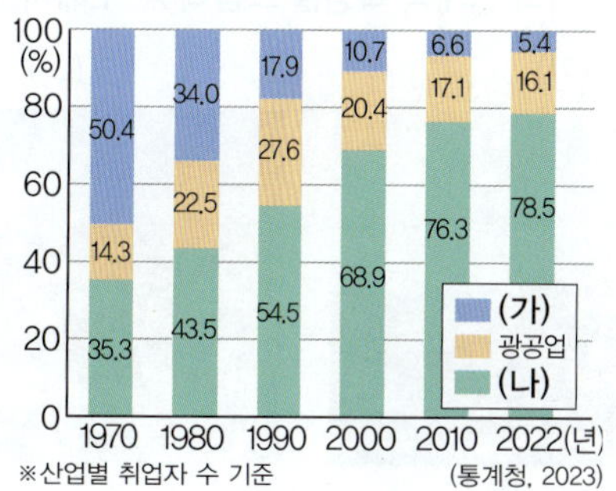

※산업별 취업자 수 기준 (통계청, 2023)

① (가)는 1차 산업, (나)는 3차 산업에 해당한다.
② (가)의 취업자 수 비율은 도시보다 촌락에서 높다.
③ (나)의 취업자 수 비율은 산업화가 진행됨에 따라 낮아졌다.
④ (가)보다 (나) 산업에서 생산 요소로서 토지의 중요성이 낮다.
⑤ 그래프를 통해 산업 구조가 고도화되고 있음을 알 수 있다.

486 중요
상 중 하

다음 그래프의 (가), (나)에 대한 설명으로 옳은 것은? (단, (가), (나)는 각각 도시, 촌락 중 하나이다.)

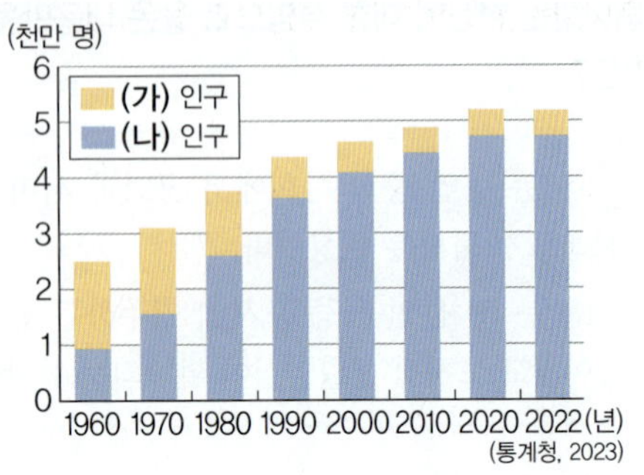

① 전체 인구 중 (가)에 거주하는 인구의 비율이 높아지는 현상을 도시화라고 한다.

② 우리나라의 서울은 (나)에 해당한다.

③ (가)는 (나)보다 3차 산업 취업자 수 비율이 높다.

④ (나)는 (가)보다 지표 면적 중 불투수 면적의 비율이 낮다.

⑤ 1960년대의 우리나라의 도시화율은 50% 이상이다.

487
상 중 하

다음은 어느 지역의 변화 모습을 보여주는 사진이다. (가) 시기와 비교한 (나) 시기의 상대적 특징을 그림의 A~E에서 고른 것은?

(가)

(나)

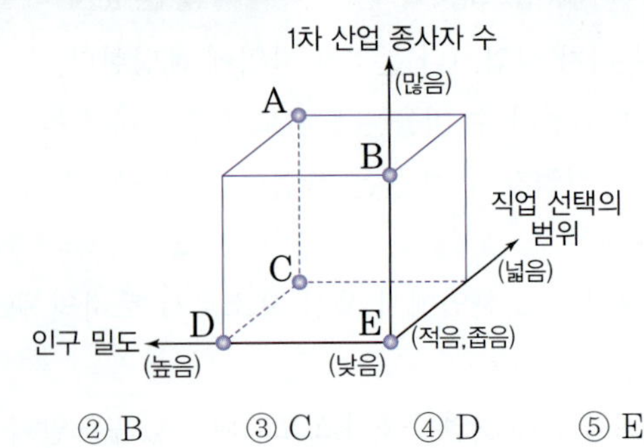

① A   ② B   ③ C   ④ D   ⑤ E

488 중요
상 중 하

다음은 어느 지역의 토지 이용 변화를 보여주는 사진이다. (가), (나) 시기에 대한 설명으로 옳은 것은? (단, (가), (나) 시기는 각각 1966년, 2022년 중 하나이다.)

(가)
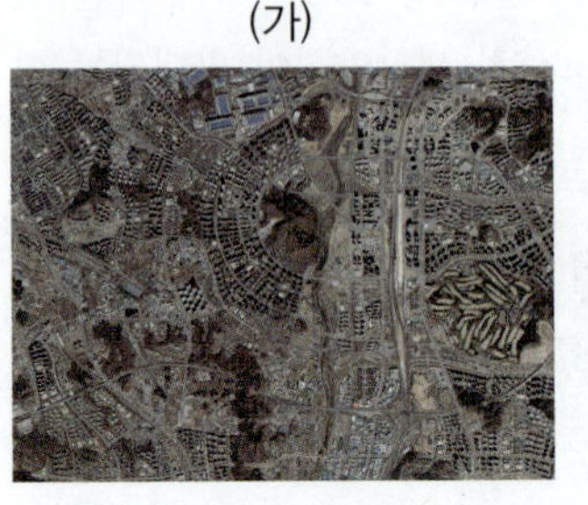

(나)
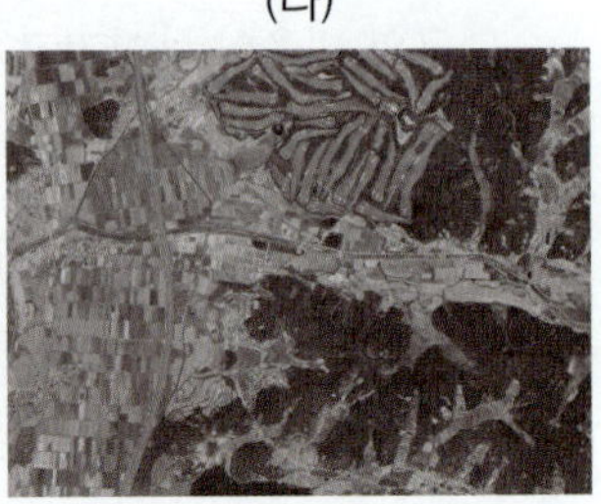

① (가) 시기는 1966년, (나) 시기는 2022년이다.

② (가) 시기에는 3차 산업 취업자 수보다 1차 산업 취업자 수가 많다.

③ (나) 시기에는 단독 주택 수보다 아파트 수가 많다.

④ (가) 시기는 (나) 시기보다 토지 이용의 집약도가 높다.

⑤ (나) 시기는 (가) 시기보다 직업의 종류가 다양하다.

489
상 중 하

다음 그래프는 도시화 이전과 이후의 시간에 따른 하천 수위 변화를 나타낸 것이다. 이러한 현상이 나타나게 된 원인으로 옳은 것은?

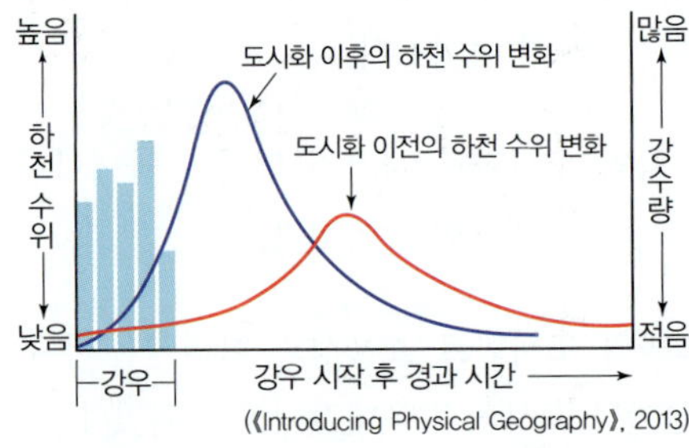

① 연 강수량의 감소

② 도시 내 녹지 면적의 증가

③ 교외화 현상으로 인한 대도시 인구의 감소

④ 아스팔트, 콘크리트로 포장된 지표 면적의 증가

⑤ 인공 열 배출량 증가로 인한 도시의 평균 기온 상승

490

상 **중** 하

㉠~㉢에 대한 설명으로 옳은 내용만을 |보기|에서 있는 대로 고른 것은?

> ┌───┐
> │ ┃ ㉠ ┃은/는 도시에 거주하는 사람들에게 나타나는
> │ 특징적인 사고 및 행동 양식을 말한다. 사람들은 효율성
> │ 과 합리성을 추구하며 ㉡ 이해타산에 기초한 인간관계를
> │ 주로 맺는다. ┃ ㉠ ┃ 확산으로 자율성과 다양성이 존중
> │ 되며, ㉢ 도시적 생활양식이 보편화되고 있다.
> └───┘

┤ 보기 ├

ㄱ. ㉠에 들어갈 말은 '도시성'이다.
ㄴ. ㉠이 확산되면 사회적 유대감이 강화된다.
ㄷ. ㉡과 같은 인간관계를 '2차적 인간관계'라고 한다.
ㄹ. ㉢의 사례로 복합 쇼핑몰, 영화관 이용 등을 들 수 있다.

① ㄱ, ㄴ ② ㄱ, ㄷ ③ ㄴ, ㄹ
④ ㄱ, ㄷ, ㄹ ⑤ ㄴ, ㄷ, ㄹ

491

상 **중** 하

다음은 학생의 노트 필기 내용 중 일부이다. 밑줄 친 ㉠~㉢ 중 옳은 내용만을 있는 대로 고른 것은?

■ 산업화와 도시화로 인한 생태환경의 변화

포장된 지표 면적의 확대	• 아스팔트, 콘크리트 등으로 ㉠ 포장된 지표 면적의 확대로 인한 홍수 위험 감소 • ㉡ 녹지 면적의 감소 및 생물종 다양성 감소
하천 직선화	도시 내 하천을 직선화하는 등 ㉢ 인위적인 개발로 인한 동식물의 서식 환경 변화
오염 물질 배출량 증가	도시 내 인구 및 산업 시설 증가로 인한 ㉣ 오염 물질 배출량 증가

① ㉠, ㉡ ② ㉠, ㉢ ③ ㉡, ㉣
④ ㉠, ㉢, ㉣ ⑤ ㉡, ㉢, ㉣

492

상 **중** 하

교사의 질문에 옳지 <u>않은</u> 답변을 한 학생은?

> ┌───┐
> │ 교사: 도시 내부의 기온이 주변부보다 높게 나타나는 현
> │   상인 ┃ ㉠ ┃에 대해 발표해 볼까요?
> │ 갑: 도시화에 따른 생태환경 변화로 나타나는 현상입니다.
> │ 을: 아스팔트, 콘크리트로 포장된 지표 면적이 늘어나면
> │   서 나타나게 되었습니다.
> │ 병: 인구와 산업 시설이 밀집한 대도시보다 중소 도시에
> │   서 뚜렷하게 나타납니다.
> │ 정: 자동차, 에어컨 실외기에서 배출되는 인공 열의 증가
> │   를 발생 원인으로 들 수 있습니다.
> │ 무: 도시 내 녹지 공간 확충, 도심 하천 복원, 바람길 조
> │   성 등을 통해 완화할 수 있습니다.
> └───┘

① 갑 ② 을 ③ 병 ④ 정 ⑤ 무

493

상 중 **하**

다음은 서로 다른 지역에 거주하는 두 사람의 일상생활을 소개한 것이다. (가), (나)에 들어갈 적절한 내용을 |보기|에서 골라 옳게 짝지은 것은?

> ┌───┐
> │ 갑: 제가 사는 곳은 논밭이 펼쳐진 작은 마을이에요. 이곳
> │   에서 저는 ____(가)____ 을/를 해요.
> │ 을: 제가 사는 곳은 아파트와 상가가 많은 신도시예요. 이
> │   곳에서 저는 ____(나)____ 을/를 해요.
> └───┘

┤ 보기 ├

ㄱ. 벼농사를 짓기 위해 모내기
ㄴ. 넓은 밭에서 배추, 무 등을 재배
ㄷ. 복합 쇼핑몰에서 영화를 보고 쇼핑
ㄹ. 광역 버스를 타고 인근 대도시로 출근

	(가)	(나)		(가)	(나)
①	ㄱ, ㄴ	ㄷ, ㄹ	②	ㄱ, ㄷ	ㄴ, ㄹ
③	ㄴ, ㄷ	ㄱ, ㄹ	④	ㄴ, ㄹ	ㄱ, ㄷ
⑤	ㄷ, ㄹ	ㄱ, ㄴ			

2 산업화와 도시화에 따른 문제점과 해결 방안

494 | 상 중 하

㉠에 들어갈 말로 가장 적절한 것은?

> 영화 『혼자 사는 사람들』은 1인 가구가 증가하고 도시 주민들의 개인주의적 성향이 강화됨에 따라 더욱 심화되고 있는 ⎡ ㉠ ⎦을/를 잘 보여준다. 영화 속에서 주인공 진아는 전화 상담실에서 기계처럼 일하고, 대부분의 시간을 이어폰을 꽂은 채 휴대 전화만 들여다본다. 신입 사원이 진아에게 먼저 말을 걸면 대화를 나누지만 마음을 열 생각은 없다. 그러던 어느 날, 출퇴근길에 매일 말을 걸던 옆집 남자가 고독사했다는 것을 알게 되면서 진아의 마음이 복잡해진다.

① 산업화 ② 노동 문제 ③ 열섬 현상
④ 교외화 현상 ⑤ 인간 소외 현상

495 | 상 중 하

(가)에 들어갈 적절한 내용만을 |보기|에서 고른 것은?

> ○○시가 저렴한 공동체 주택의 공급을 활성화하기 위한 지원을 확대하고 있다. 공동체 주택은 입주자들이 공동체 공간을 가꾸고 공동체의 약속을 만들어 지키며 생활하는 주택이다. 이러한 주택을 활성화하는 이유는 ______(가)______ 등을 개인이 아닌 입주자가 함께 해결하도록 하기 위함이다.

| 보기 |
ㄱ. 공동체 해체에 따른 고립
ㄴ. 인구 유출로 인한 촌락의 쇠퇴
ㄷ. 주거비 상승으로 인한 주거 불안
ㄹ. 교외화 현상의 심화로 인한 대도시권의 형성

① ㄱ, ㄴ ② ㄱ, ㄷ ③ ㄴ, ㄷ
④ ㄴ, ㄹ ⑤ ㄷ, ㄹ

496 | 상 중 하

산업화와 도시화에 따른 도시 문제와 각 문제의 해결 방안을 짝지은 것으로 옳지 않은 것은?

	문제점	해결 방안
①	주차난	공영 주차장 확대
②	교통 체증	승용차 요일제 폐지
③	주택 부족	신도시 건설과 주택 공급 확대
④	열섬 현상 심화	공원 및 옥상 정원 설치
⑤	불량 주택 지역 형성	도시 재개발 사업 실시

497  중요 | 상 중 하

밑줄 친 ㉠~㉤의 내용 중 옳지 않은 것은?

> 산업화와 도시화에 따른 문제를 해결하기 위해서는 국가, 지역 사회, 개인 모두의 노력이 필요하다. ㉠ 국가적 차원에서는 인구와 산업의 대도시 집중 정책을 계획하고 실행하며, 대도시와 지방 도시의 균형 발전을 위해 노력해야 한다. 또한 대중교통 수단을 확충하여 교통 체증을 완화하고, ㉡ 친환경 자동차 보급과 보조금 지원을 확대하여 오염 물질의 배출을 줄여야 한다. ㉢ 도시 재개발 사업을 지속적으로 추진하여 정주 환경을 쾌적하게 조성하며, ㉣ 도시 내 하천을 정비하고 녹지 공간을 확대하는 등 동식물의 생태환경을 개선하기 위해서도 노력해야 한다. 사회적 차원에서는 저소득층, 장애인 등 ㉤ 소외 계층을 위해 사회 복지 제도를 확대하는 등 정책적 보살핌이 필요하다.

① ㉠ ② ㉡ ③ ㉢ ④ ㉣ ⑤ ㉤

498

상 중 **하**

(가)에 들어갈 내용으로 옳은 것만을 |보기|에서 고른 것은?

> 몇 년 전 1980~1990년대의 생활상을 배경으로 했던 드라마가 크게 인기를 끌었다. 드라마에서는 이웃들이 모여서 함께 밥을 먹고, 이야기를 나누고, 아이들이 이웃집을 오가며 가족처럼 지내는 모습이 묘사되었다. 최근 들어 이러한 모습을 좀처럼 보기 어려워진 것은 산업화와 도시화에 따른 ______(가)______ 등을 원인으로 들 수 있다.

|보기|

ㄱ. 인구 밀도의 상승
ㄴ. 1인 가구의 비율 증가
ㄷ. 공동체의 결속력 강화
ㄹ. 아파트 중심으로의 주거 형태 변화

① ㄱ, ㄴ   ② ㄱ, ㄷ   ③ ㄴ, ㄷ
④ ㄴ, ㄹ   ⑤ ㄷ, ㄹ

499 중요

상 **중** 하

산업화와 도시화에 따른 문제점에 대한 설명으로 적절하지 <u>않은</u> 것은?

① 도시 내 하천 복원으로 열섬 현상이 심화되었다.
② 자동차 통행량이 증가하면서 대기 오염이 심화되었다.
③ 기계화와 자동화로 노동 수요가 감소하여 실업 문제가 발생하였다.
④ 익명성이 확산되고 공동체의 결속력이 약화되면서 인간 소외 현상이 나타났다.
⑤ 도시 인구의 급격한 증가로 주택 부족 문제가 발생하고 불량 주택 지역이 형성되었다.

500 중요

상 중 **하**

다음 그림은 산업화와 도시화에 따른 문제를 나타낸 것이다. (가), (나) 문제의 해결 방안으로 알맞은 것을 |보기|에서 골라 옳게 짝지은 것은?

|보기|

ㄱ. 신도시 건설   ㄴ. 옥상 정원 조성
ㄷ. 대중교통 수단의 확충   ㄹ. 지리적 표시제 실시

	(가)	(나)			(가)	(나)
①	ㄱ	ㄴ		②	ㄱ	ㄷ
③	ㄴ	ㄷ		④	ㄴ	ㄹ
⑤	ㄷ	ㄹ				

501

상 **중** 하

밑줄 친 ㉠에 해당하는 변화로 적절한 내용만을 |보기|에서 고른 것은?

> 부산 영도구 ○○동은 국내 최초로 조선소가 들어섰던 곳으로, 조선소와 수리 공업사 등이 밀집해 있었다. 이 지역은 조선업 불황으로 쇠락하였다가 최근 <u>㉠ 공공 예술을 적용한 도시 재생 사업을 통해 변화</u>하고 있다. 낡은 건물을 고쳐 생활 문화 센터와 마을 공작소 등의 거점 시설을 조성하였고, 다양한 주민 참여 프로그램이 개설되었다.

|보기|

ㄱ. 관광객이 증가하였을 것이다.
ㄴ. 주민의 주거 환경이 개선되었을 것이다.
ㄷ. 제조업 종사자의 비율이 높아졌을 것이다.
ㄹ. 조선업과 관련 제조업의 밀집도가 높아졌을 것이다.

① ㄱ, ㄴ   ② ㄱ, ㄷ   ③ ㄴ, ㄷ
④ ㄴ, ㄹ   ⑤ ㄷ, ㄹ

STEP 3 기출 예상 서답형 문제

502 상·중·하

다음 그래프는 우리나라의 1960년과 2020년의 산업별 종사자 비중을 나타낸 것이다. 이를 통해 추론할 수 있는 생활공간의 변화 모습을 제시어를 모두 사용하여 서술하시오.

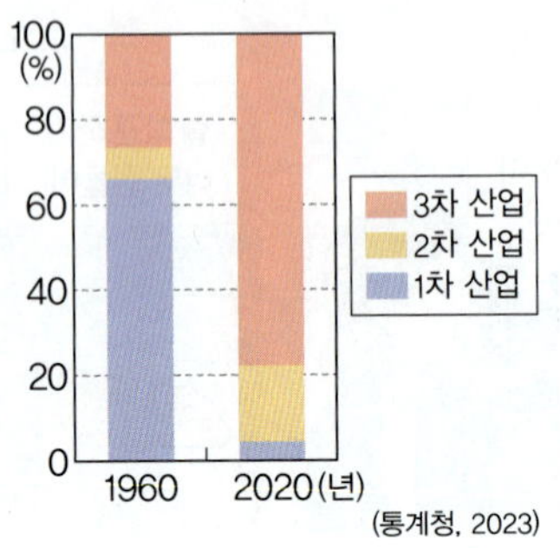

┤ 제시어 ├
- 인구 밀도
- 건물의 평균 층수
- 3차 산업 취업자 수

---

503 상·중·하

다음 글을 읽고, 산업화와 도시화에 따른 울산 지역의 변화의 특징을 제시어를 모두 사용하여 서술하시오.

> 울산은 과거 농업과 어업이 주로 이루어지던 곳이었으나, 1960년대 이후 정유, 석유 화학, 자동차, 조선 등을 중심으로 한 우리나라 최대의 중화학 공업 도시로 성장하였다. 1997년에는 인구가 100만 명이 넘어, 광역시로 승격되었다.

┤ 제시어 ├
- 제조업 출하액
- 총인구 중 농가 인구 비율
- 불투수 면적

---

504 중요 상·중·하

다음 그래프는 1990년대 이후 우리나라의 세대 구성 변화를 나타낸 것이다. 이를 보고 물음에 답하시오.

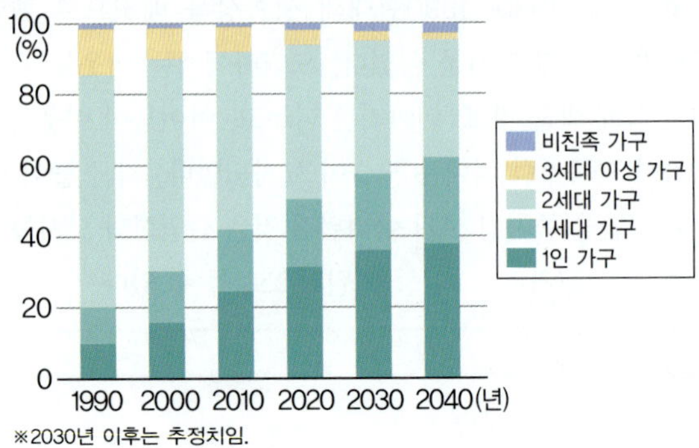

(1) 제시된 그래프를 분석하여 1990년대 이후 우리나라 가족 구성 변화의 특징을 서술하시오.

(2) 위와 같은 우리나라 가족 구성 변화의 경향이 지속될 경우 나타날 수 있는 문제점을 <u>두 가지</u> 서술하시오.

---

505 상·중·하

다음 글을 읽고 물음에 답하시오.

> ⟨ ㉠ ⟩은/는 공공 기관을 지역의 성장 거점으로 이전하여 조성하는 미래형 도시이다. 공공 기관을 이전하여 지역의 기업, 대학, 연구소 등과 긴밀하게 협력할 수 있는 최적의 여건을 마련함으로써 지역별로 새로운 성장 동력을 창출하고자 한다.

(1) 윗글의 ㉠에 들어갈 알맞은 말을 쓰시오.

(2) ㉠을 통해 기대할 수 있는 효과를 <u>두 가지</u> 서술하시오.

506 중요

상 중 하

다음 사진은 수도권 어느 지역의 시기별 모습을 나타낸 것이다. (가) 시기와 비교한 (나) 시기의 상대적 특징으로 옳은 내용만을 |보기|에서 있는 대로 고른 것은?

(가)	(나)
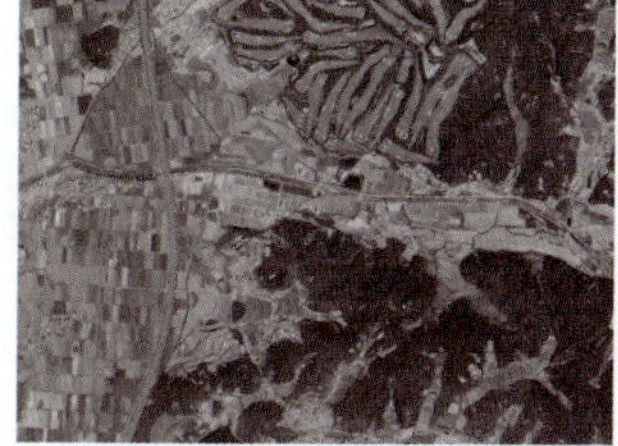	

┌─| 보기 |─────────────────────
ㄱ. 토지 중 경지 비율이 높다.
ㄴ. 1차 산업 종사자 수가 많다.
ㄷ. 서울로 통근·통학하는 인구가 많다.
ㄹ. 주택 유형 중에서 아파트의 비율이 높다.
└────────────────────────────

① ㄱ, ㄴ   ② ㄱ, ㄷ   ③ ㄴ, ㄷ
④ ㄴ, ㄹ   ⑤ ㄷ, ㄹ

507

상 중 하

다음 표는 두 지역의 특성을 나타낸 것이다. (가), (나) 지역에 대한 설명으로 옳은 것은? (단, (가), (나) 지역의 면적은 비슷하며, 각각 도시, 촌락 중 하나이다.)

구분	(가)	(나)
인구(명)	33,579	347,221
경지 면적(ha)	6,575	2,443
제조업 사업체 수(개)	374	4,373

(통계청, 2019)

① (가)는 도시, (나)는 촌락에 해당한다.
② (가)의 산업 구조는 2·3차 산업 중심이다.
③ (나)는 3차 산업 취업자 수보다 1차 산업 취업자 수가 많다.
④ (가)는 (나)보다 인구 밀도가 높다.
⑤ (나)의 상업 지역은 (가)보다 평균 지가가 높다.

508

상 중 하

다음 글의 ㉠~㉣에 대한 설명으로 옳은 것은?

┌────────────────────────────
㉠ 도시 재개발은 토지 이용의 효율성 증대, 도시 미관 개선 및 생활 기반 시설 확충, 지역 경제 활성화 등을 목적으로 시행한다. 도시 재개발 방법에는 역사·문화적으로 보존할 가치가 있는 ㉡ 에서 시행하는 방식, ㉢ 기존 건물을 유지하며 부족한 부분만 수리 및 개조하는 방식, ㉣ 기존 시설을 완전히 철거하고 새로운 시설물로 대체하는 방식 등이 있다.
└────────────────────────────

① ㉠은 도시의 교통 문제 해결 방안에 해당한다.
② ㉠은 도시화로 인해 발생하는 도시 문제를 심화시킨다.
③ ㉡에 들어갈 말은 '불량 주택 지구'이다.
④ ㉢을 통해 대규모 아파트 단지가 조성된다.
⑤ ㉣은 ㉢보다 토지 이용의 집약도를 높이는 데 효과적이다.

509

상 중 하

밑줄 친 ㉠~㉤에 대한 설명으로 옳지 <u>않은</u> 것은?

〈○○시 도시 문제 해결을 위한 포럼〉

1. 프로그램

구분	순서	토의 주제
1회의장	1	㉠ 신도시 건설 현황과 추후 방향 모색
	2	㉡ 도시 재개발 사업 추진을 위한 과제
2회의장	1	㉢ 유류세 인하 조치와 추후 정책 지속 여부 논의
	2	구(區)별 ㉣ 공영 주차장 현황과 확대 방안

2. 자유 토론

┌────────────────────────────
㉤ 지역 주민들 간의 소통 장려를 위한 시민 활동 모색
└────────────────────────────

① ㉠은 주택 부족 문제의 해결 방안이다.
② ㉡을 통해 주거 환경을 개선할 수 있다.
③ ㉢은 개인적 차원에서 실행할 수 있는 방안이다.
④ ㉣을 통해 주차 공간 부족 문제를 해결할 수 있다.
⑤ ㉤을 활성화하여 인간 소외 현상을 완화할 수 있다.

13 교통·통신 및 과학기술의 발달에 따른 변화

1 교통·통신 및 과학기술의 발달에 따른 생활공간과 생활양식의 변화

1. 교통·통신의 발달

(1) **교통의 발달**: 산업 혁명 이전에는 도보 또는 우마차, 범선 등 이용 → 산업 혁명 이후 기차가 등장하고, 자동차, 항공기 등의 발달로 사람들의 이동 범위가 확대됨.

(2) **통신의 발달**: 편지, 전보 이용 → 통신 기술 발달로 인터넷, 스마트폰, 인공위성 등을 통해 많은 양의 정보를 쉽고 빠르게 주고받을 수 있게 됨.

2. 교통·통신의 발달에 따른 생활공간과 생활양식의 변화

(1) **생활권의 확대**

① 교통·통신의 발달로 사람, 물자, 정보 이동의 시간적·공간적 제약이 줄어들어 지역 간 접근성이 향상됨.

② 통근 및 통학, 쇼핑 등의 일상생활이 이루어지는 공간적 범위가 넓어지고 지하철, 고속 국도 등 광역 교통망이 발달하는 과정에서 대도시권이 형성됨.

(2) **경제활동 범위의 확대**

국제 교역 증가	• 대형 선박, 항공기를 이용한 장거리 대량 화물 수송이 증가하는 등 다른 나라와의 교류와 협력이 활발해짐. • 기업 활동의 공간적 범위가 확대되어 기업의 본사, 연구소, 생산 공장 등이 세계 곳곳에 분산되어 입지하는 공간적 분업이 이루어짐. → 다국적 기업이 늘어남.
전자 상거래 활성화	• 인터넷과 스마트폰이 대중화되면서 전자 상거래, 온라인 금융 거래 등의 경제활동이 보편화됨. • 물품 구매의 시·공간적 제약이 감소하여 인터넷과 스마트폰을 이용한 국내외 상품 구매가 늘어남. • 전자 상거래 발달이 무점포 상점 증가, 택배업의 발달로 이어짐.

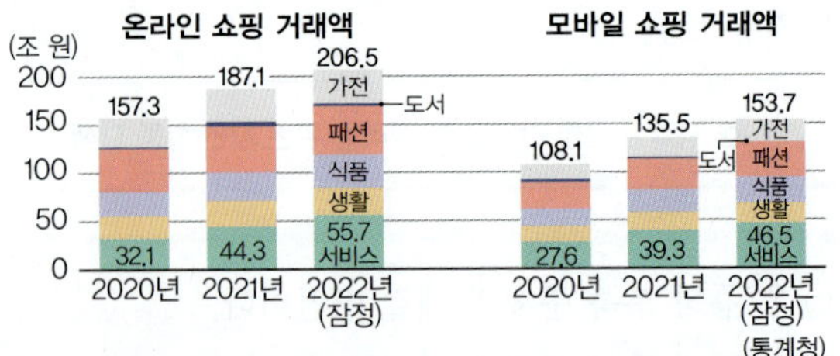

▲ **온라인 및 모바일 쇼핑 거래액** 과거에는 상점에서의 상품 구매율이 높았으나, 최근 온라인 금융 거래 보편화로 스마트폰, 인터넷을 이용한 상품 구매가 증가하고 있다. 2022년 온라인 쇼핑 거래액은 총 206조 원에 이르렀으며, 온라인 쇼핑 거래액 중에서도 특히 모바일 쇼핑 거래액이 약 74%로 특히 많은 비중을 차지했다.

(3) **여가 공간의 확대**

① 항공기, 철도 등을 이용해 장거리도 신속하게 이동할 수 있게 되면서 해외여행이 증가하고, 관광 산업이 발달함.

② 대중 매체, 인터넷 등의 통신 수단을 통해 세계 여러 지역과의 상호 작용이 활발해지고, 다양한 문화를 경험할 수 있게 됨.

(4) **생태환경의 변화**

① 도로와 철도 등 교통망과 통신 시설을 건설하는 과정에서 생태계가 파괴되고 동식물의 서식 환경이 악화됨.

② 교통·통신 수단을 생태환경 관리에 활용하기도 함.

⑩ 위성 위치 확인 시스템(GPS)을 활용한 멸종 위기 동물 관리·보호, 드론이나 헬리콥터를 활용한 동식물 생태환경 유지·관리, 산불 진화 등

3. 과학기술의 발달

(1) **정보화**: 과학기술의 발달에 따라 사회에서 지식과 정보가 가지는 중요성이 매우 커짐. → 지식과 정보가 부가가치를 창출하는 정보 사회로 전환됨.

(2) **4차 산업 혁명**: 사물 인터넷(IoT), 클라우드, 빅 데이터와 인공지능(AI) 등 첨단 정보 통신 기술이 다양한 산업 및 서비스 분야에 융합되어 사회·경제 전반에 혁신적인 변화가 나타나는 차세대 산업 혁명을 의미함.

사물 인터넷 (IoT)	사물에 센서를 부착하여 실시간으로 데이터를 주고받는 기술이나 환경
빅 데이터	디지털 환경에서 생성되는 데이터로, 수치 데이터뿐 아니라 문자와 영상 데이터를 포함하는 대규모 데이터
인공지능 (AI)	인간의 학습 능력, 추론 능력, 지각 능력을 인공적으로 구현하려는 컴퓨터 과학의 세부 분야

4. 과학기술의 발달에 따른 생활공간과 생활양식의 변화

(1) **생활공간의 변화**

① 정보화와 4차 산업 혁명으로 생활공간이 가상 공간까지 확장되고 물리적 공간의 제약이 크게 완화됨.

② 지리 정보 시스템(GIS), 위성 위치 확인 시스템(GPS) 등 공간 정보 기술의 발전이 일상생활뿐만 아니라 공공 분야에 도움이 됨.

(2) 일상생활의 변화

경제생활의 변화	• 재택근무, 원격 근무와 같은 근무 형태가 확대됨. • 증강 현실 기술이나 빅 데이터를 활용하여 소비자와 생산자의 의사 결정의 효율성이 높아짐. • 과학기술을 재난·재해, 교통 등 다양한 분야에 활용함.
정치·행정 분야의 변화	• 빅 데이터를 유권자 성향 파악 및 선거 결과 예측에 활용하게 됨. • 시민이 사회 관계망 서비스(SNS), 인터넷 게시판 등을 활용해 다양한 형태로 정치 활동에 참여할 수 있게 되어 전자 민주주의 실현 가능성이 높아짐. • 민원서류를 인터넷으로 신청하고 발급받을 수 있게 되어 편의성이 높아짐.
사회·문화 측면의 변화	• 다양한 매체를 통한 쌍방향 소통이 활발해지고, 가상 공간에서 새로운 사회적 관계를 형성하게 됨. • 지식 정보와 관련된 새로운 직업과 산업이 등장함. • 원격 수업, 원격 진료가 가능해지고, 다양한 문화 콘텐츠가 온라인으로 유통 및 소비됨.

2 교통·통신 및 과학기술의 발달에 따른 문제점과 해결 방안

1. 지역 격차 발생

문제점	• 교통이 발달한 지역은 접근성이 향상되어 지역 간 교류가 활발해지고 경제 성장이 빨라지는 반면, 교통 조건이 불리한 지역은 접근성 저하로 발전이 뒤처짐. • 빨대효과로 대도시와 중소 도시 간의 지역 격차가 심화됨.
해결 방안	• 고속 국도, 철도 등을 건설할 때 낙후된 지역의 접근성을 고려하여 균형적인 국토 개발 도모 • 낙후된 지역에 공공 기관을 이전하고 산업 단지를 조성하는 등 생활 여건 개선을 통한 지역의 성장 잠재력 향상 • 지역의 특색을 살린 관광 산업 육성으로 지역 경쟁력 강화

2. 생태환경 파괴

문제점	• 도로, 철도 건설로 산림·녹지가 훼손되고 야생 동물의 서식지가 파괴됨. • 항공기나 선박 등에 의해 외래 생물종이 유입되어 생태계 교란이 발생함. • 각종 오염 물질 배출로 대기·토양·해양이 오염되어 생태 환경이 악화됨.
해결 방안	• 도로나 철도 등 교통로 건설 시 생태 통로를 만들어 야생 동물의 서식지 보호 • 오염 물질의 배출과 이동 제한 정책 시행 예 선박 평형수 처리 장치 설치 의무화 • 환경 오염 물질 규제 정책 및 야생 동식물 보호법 제정 등을 통한 생태환경 보존

3. 전염병의 확산

문제점	교통 발달에 따른 국제 교류 증가로 특정 지역의 전염병이 전 세계로 확산되어 인류를 위협하는 요소가 됨. 예 2019년 코로나바이러스감염증-19의 세계적인 확산
해결 방안	• 출입국 과정에서 검역 관리 강화 • 전염병 관련 정보를 투명하고 신속하게 공유하고, 전염병 확산 시 각국 정부가 협력하여 예방 및 대응 체계 수립 • 전염병의 원인 및 치료제 개발을 위한 공동 연구 지속

4. 정보 격차 심화

문제점	• 정보 격차: 정보 기기의 이용과 접근에 어려움을 겪는 고령층, 농어민, 장애인, 저소득층 등의 정보 소외 계층과 일반 국민 간 인터넷 환경, 정보 사용 및 활용 능력 등에 차이가 나타나는 것을 의미함. • 정보의 접근 및 활용 정도에 따라 지역 간, 계층 간 정보 격차가 발생하여 경제적·사회적 불평등이 심화될 수 있음.
해결 방안	• 정보 소외 계층에게 정보 기기를 제공하고, 관련 서비스에 쉽게 접근하고 이용할 수 있는 기술 개발 • 정보화 교육 지원 및 사회 복지 제도 확대

5. 노동 시장 양극화

문제점	• 4차 산업 혁명으로 인간의 노동이 기계로 대체되면서 단순 생산직, 사무직, 관리직 일자리는 감소하는 반면 과학 및 정보 통신 기술 분야의 일자리는 증가함. • 단순 사무직·기능직과 고급 정보 및 기술이 요구되는 분야의 노동 시장이 구분되어 일자리에 따라 임금, 고용 비중, 근로 조건 등의 격차가 커짐.
해결 방안	• 산업 구조 변화에 따른 미래 유망 직업이나 기술을 예측하여 새로운 기술 및 직업 환경에 대한 지속적인 교육 시행 • 기존 노동력의 재취업을 위한 직업 훈련 지원 등을 통해 직업과 임금 격차 해소 노력 • 노동 시장 변화에 대응하여 사회 보장 시스템 개편

6. 디지털 중독, 사생활 침해, 사이버 범죄 등

디지털 중독	• 문제점: 인터넷 및 스마트폰 등 디지털 기기에 지나치게 의존해 일상생활에 지장을 받고 대면적 인간관계가 약화됨. • 해결 방안: 디지털 중독 예방 및 치료를 위한 시설 확대 및 프로그램 제작
사생활 침해	• 문제점: 디지털 기기를 통해 개인 정보가 유출되어 사생활이 침해됨. • 해결 방안: 개인 정보 보호와 사생활 침해 방지를 위한 법률 정비 및 규제 강화 예 정보 통신 보호법, 개인 정보 보호법 등
사이버 범죄	• 문제점: 가상 공간 익명성을 이용한 사이버 폭력이나 해킹, 사이버 금융 범죄, 사이버 저작권 침해 등의 문제가 증가함. • 해결 방안: 사이버 범죄 피해를 예방하기 위한 보안 프로그램 및 관련 법과 제도 강화, 피해 예방 관련 교육 시행, 개개인의 올바른 디지털 기기 사용 습관 형성 및 정보 윤리 실천

자료 ① 교통의 발달에 따른 지구의 상대적 크기 변화

출제 POINT 인류 역사에서 대부분의 시간 동안 지역 간 이동은 많은 시간이 걸리는 일이었다. 1500~1840년까지만 해도 마차, 범선에 의존했으며, 거리 마찰을 극복하기 위한 비용도 많이 들었다. 1850년대에 증기 기관차와 증기선의 등장으로 교역 비용이 크게 감소하였으며, 교통의 발달에 따른 교역 비용 감소는 원료와 상품의 국제 이동을 촉진하였다. 이러한 흐름은 1950년대 프로펠러 비행기의 등장과 1960년대 제트 비행기의 등장으로 더욱 가속화되었다. 이러한 교통의 발달로 시·공간적 제약이 크게 줄어들면서 마치 지구의 크기가 축소된 것과 같은 상태로 변화하였다.

1 교통 발달에 따른 변화 모습에 대한 설명으로 옳지 **않은** 것은?

① 세계 무역액이 많아졌다.
② 해외 여행객 수가 많아졌다.
③ 다국적 기업의 수가 많아졌다.
④ 국가 간 이동에 걸리는 시간이 짧아졌다.
⑤ 상품의 국제 이동에서 국경이 갖는 의미가 강해졌다.

자료 ② 수도권 통근 네트워크 변화

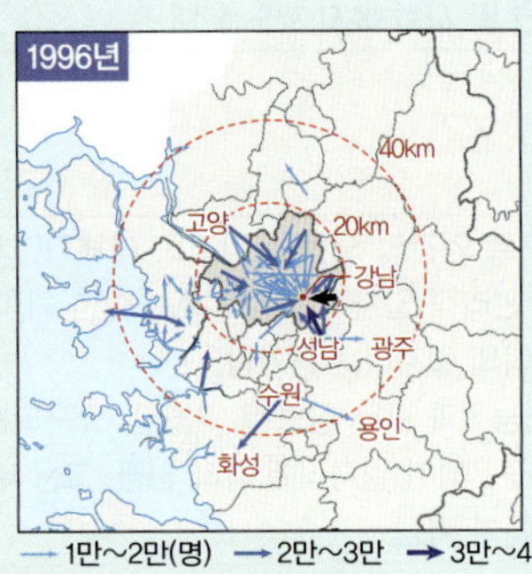

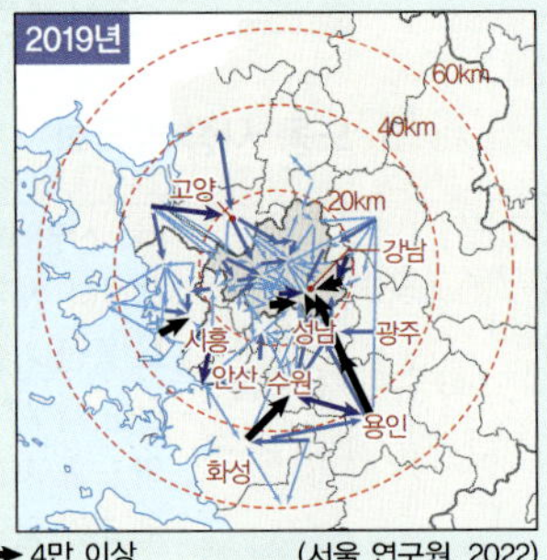

출제 POINT 수도권에 지하철과 고속 국도 등 광역 교통망이 확충되고 신도시가 개발되면서 주변 중소 도시에서 서울로 통근하는 인구가 늘어나고 통근 범위도 크게 확대되었다. 이로 인해 서울을 중심으로 대도시권이 형성되었다.

2 수도권의 통근 네트워크가 확대된 원인으로 옳은 내용만을 | 보기 |에서 모두 골라 기호를 쓰시오.

| 보기 |
ㄱ. 신도시 건설
ㄴ. 수도권의 인구 집중도 하락
ㄷ. 수도권 광역 교통망의 확충
ㄹ. 통신 발달에 따른 지역 간 교류 확대

자료 ③ 제4차 산업 혁명

1차 산업 혁명 (18세기)	2차 산업 혁명 (19~20세기 초)	3차 산업 혁명 (20세기 후반)	4차 산업 혁명 (21세기 초반~)
증기 기관 중심의 '기계화 혁명'	전기 에너지 기반의 '대량 생산 혁명'	컴퓨터와 인터넷 기반의 '디지털 혁명'	인공지능 기반의 '지능화 및 초연결화'

출제 POINT 4차 산업 혁명은 사물 인터넷이나 인공지능, 빅 데이터 등을 이용한 지능정보화사회로의 변화를 의미한다. 4차 산업 혁명으로 인공지능(AI), 사물 인터넷, 빅 데이터 등의 첨단 정보 통신 기술이 기존의 산업과 융합하고 있으며, 3D 프린팅, 생명 공학, 나노 기술 등 여러 분야의 신기술에도 첨단 정보 통신 기술이 결합하여 우리 생활에 많은 변화가 나타날 것으로 예상된다.

3 4차 산업 혁명과 관련된 기술로 옳지 **않은** 것은?

① 로봇 공학
② 빅 데이터
③ 증기 기관
④ 사물 인터넷
⑤ 인공지능(AI)

답 1 ⑤ 2 ㄱ, ㄷ, ㄹ 3 ③

● 다음 문제의 빈칸에 알맞은 단어를 써 넣으시오.

510 교통과 통신의 발달로 사람, 물자, 정보의 이동에 시간적·공간적 제약이 줄어들어 지역 간 (　　　　　)이/가 향상되었다.

511 교통·통신의 발달로 본사, 연구소, 생산 공장 등이 세계 곳곳에 분산되어 입지하며 경영 활동이 세계적으로 이루어지는 (　　　　　)이/가 늘어났다.

512 인터넷과 스마트폰을 이용한 (　　　　　)이/가 활발해지면서 점포 없이 상품을 거래할 수 있는 무점포 상점이 증가하였다.

513 좁은 빨대로 컵의 음료를 빨아들이듯이 대도시가 주변 중소 도시의 인구나 경제력을 흡수하는 대도시 집중 현상을 (　　　　　)(이)라고 한다.

514 교통로 건설로 인한 삼림 파괴 및 동물의 서식지 파괴를 막기 위해 (　　　　　)을/를 만들어 야생 동물의 안전한 이동을 보장할 수 있다.

515 (　　　　　)은/는 4차 산업 혁명의 핵심 기술로 인간의 학습 능력, 추론 능력, 지각 능력을 인공적으로 구현하려는 컴퓨터 과학의 세부 분야이다.

516 (　　　　　)은/는 사물에 센서를 부착하여 실시간으로 데이터를 주고받는 기술이나 환경을 말한다.

517 과학기술이 발달함에 따라 디지털 환경에서 생성되는 대규모 데이터인 (　　　　　)을/를 다양한 의사 결정에 활용하게 되었다.

● 교통·통신 및 과학기술의 발달에 따른 변화에 대한 설명이 맞으면 ○표, 틀리면 ×표 하시오.

518 교통이 발달한 지역과 교통 조건이 불리한 지역 간 접근성 차이로 지역 격차가 발생하기도 한다. (○ | ×)

519 교통·통신의 발달로 특정 지역의 전염병이 전 세계로 확산되는 속도가 빨라졌다. (○ | ×)

520 과학기술의 발달로 전자 민주주의의 실현 가능성이 낮아졌다. (○ | ×)

521 과학기술이 발달함에 따라 정보 격차와 노동 시장 양극화 문제가 해결될 것으로 예상된다. (○ | ×)

1 교통·통신의 발달에 따른 생활공간과 생활양식의 변화

522　상 중 하

다음 그림은 교통수단 발달에 따른 지구의 상대적 크기 변화를 나타낸 것이다. 이에 대한 설명으로 옳지 **않은** 것은?

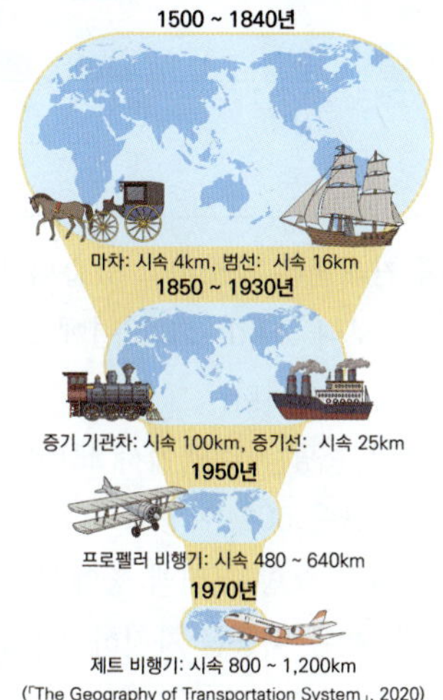

① 지역 간 접근성이 낮아졌다.
② 교역 비용이 크게 감소하였다.
③ 국제 교역이 더욱 활발해졌다.
④ 국경이 갖는 의미의 중요도가 낮아지고 있다.
⑤ 기업 활동의 공간 범위 확대로 다국적 기업이 많아졌다.

523 중요　상 중 하

밑줄 친 ㉠에 해당하는 변화로 적절한 내용만을 |보기|에서 고른 것은?

서울과 강릉을 연결하는 고속 철도(KTX)와 서울 – 양양 고속 국도 개통으로 ㉠ 해당 지역에 변화가 일어나고 있다.

| 보기 |
ㄱ. 양양과 강릉의 관광객 수 증가
ㄴ. 빨대효과로 인한 서울의 인구 감소
ㄷ. 고속 철도(KTX) 역 주변의 상권 확대
ㄹ. 서울 – 양양 간 항공 교통 이용객의 증가

① ㄱ, ㄴ　　　② ㄱ, ㄷ　　　③ ㄴ, ㄷ
④ ㄴ, ㄹ　　　⑤ ㄷ, ㄹ

524

상 중 하

다음 그래프를 통해 파악할 수 있는 내용을 옳게 설명한 학생만을 |보기|에서 고른 것은?

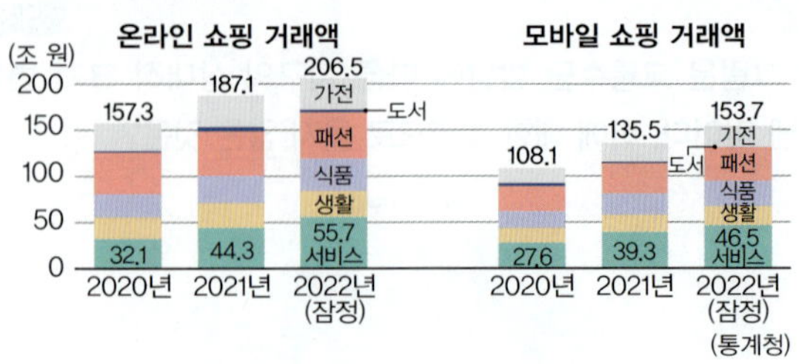

|보기|

갑: 온라인 쇼핑 거래액은 감소하고 있습니다.

을: 2020~2021년보다 2021~2022년에 모바일 쇼핑 거래액의 증가 폭이 큽니다.

병: 2022년 온라인 쇼핑 거래액에서 모바일 쇼핑 거래액이 차지하는 비율은 50% 이상입니다.

정: 2022년에 온라인 쇼핑 거래액 중에서 서비스 부문의 거래액이 가장 높은 비중을 차지하고 있습니다.

① 갑, 을　　　② 갑, 병　　　③ 을, 병
④ 을, 정　　　⑤ 병, 정

525 중요

상 중 하

다음 지도는 수도권 통근 네트워크의 변화를 나타낸 것이다. 이에 대한 설명으로 옳은 것은?

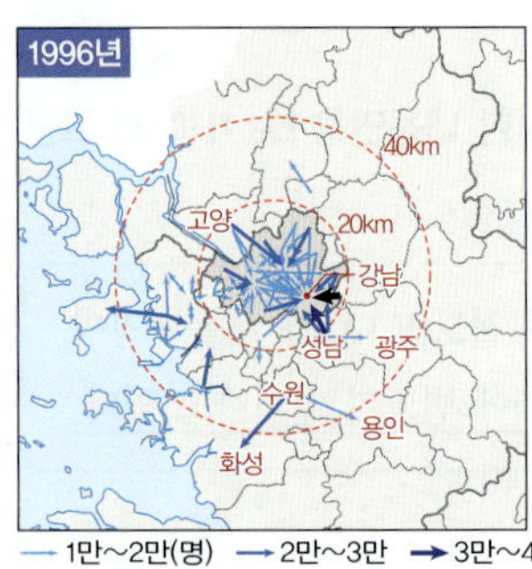

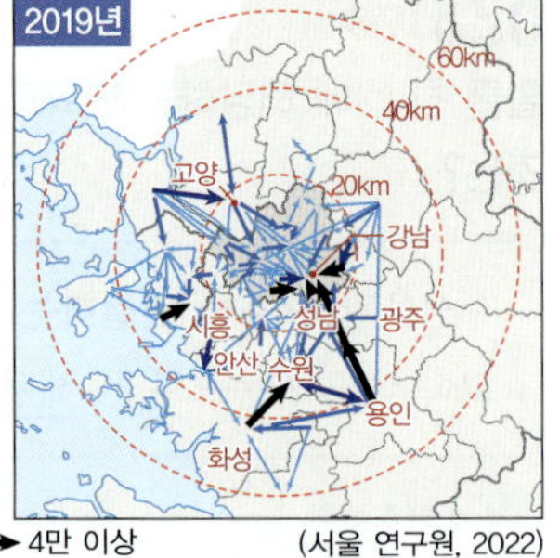

① 집과 직장의 평균 거리가 가까워졌다.

② 수도권 주민들의 통근 범위는 좁아지고 있다.

③ 신도시 개발 이후 서울로 통근하는 인구가 감소하였다.

④ 교통 발달로 대도시의 기능이 축소된 모습이 나타난다.

⑤ 광역 교통망 확충이 수도권 통근 네트워크 범위 변화에 영향을 미쳤다.

526

상 중 하

다음 그림은 어느 기업의 휴대 전화 제조 공정을 나타낸 것이다. 이 기업에 대한 설명으로 옳은 내용만을 |보기|에서 있는 대로 고른 것은?

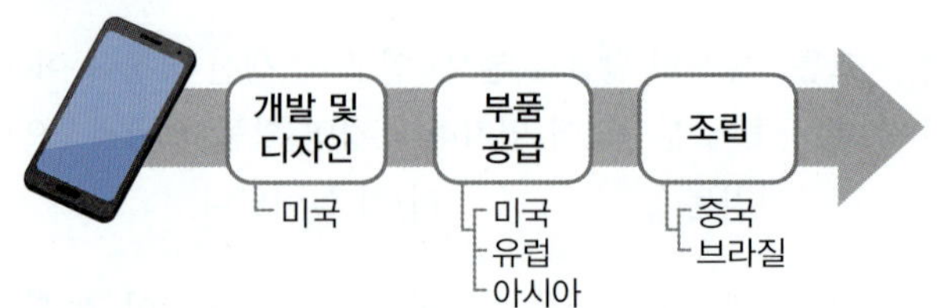

|보기|

ㄱ. 본사는 중국에 위치한다.

ㄴ. 다국적 기업에 해당한다.

ㄷ. 기업의 경제 활동 범위는 미국에 한정된다.

ㄹ. 교통·통신의 발달로 기업 활동의 공간적 범위가 확대되어 위와 같은 제조 공정이 가능해졌다.

① ㄱ, ㄴ　　　② ㄱ, ㄷ　　　③ ㄴ, ㄹ
④ ㄱ, ㄷ, ㄹ　　　⑤ ㄴ, ㄷ, ㄹ

527

상 중 하

다음 그림은 상품의 유통 방식을 나타낸 것이다. (가), (나) 방식에 대한 설명으로 옳은 것은?

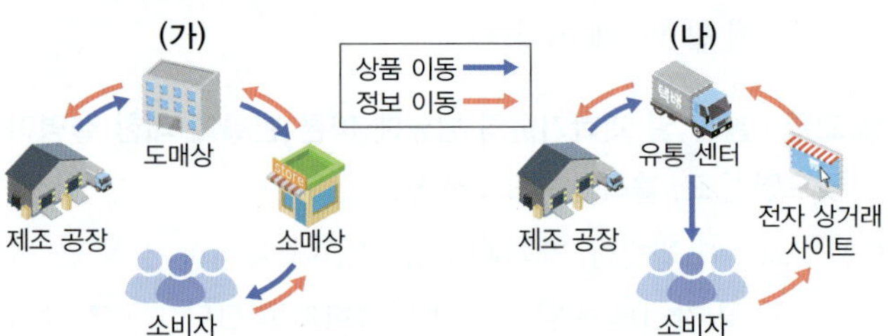

① (가)가 (나)보다 택배업의 발달에 끼친 영향이 크다.

② (가)가 (나)보다 소비자가 상품을 구매할 때 시·공간적 제약을 적게 받는다.

③ (나)가 (가)보다 상품의 유통 단계가 복잡하다.

④ (나)가 최초로 도입된 시기는 (가)보다 이르다.

⑤ 통신 발달에 따른 온라인 금융 거래 활성화는 (가)보다 (나)의 확산에 많은 영향을 주었다.

528 중요

상 중 하

4차 산업 혁명 시기의 주요 기술에 해당하는 내용만을 |보기|에서 고른 것은?

|보기|
ㄱ. 소품종 대량 생산 체제의 제조업 강화
ㄴ. 인공지능(AI) 소프트웨어의 적용 확대
ㄷ. 화석 에너지 중심 산업 구조로의 재편
ㄹ. 빅 데이터와 사물 인터넷의 활용도 증가

① ㄱ, ㄴ　　② ㄱ, ㄷ　　③ ㄴ, ㄷ
④ ㄴ, ㄹ　　⑤ ㄷ, ㄹ

529

상 중 하

다음은 학생의 노트 필기 내용 중 일부이다. (가)~(다)에 들어갈 내용을 옳게 짝지은 것은?

■ 생활의 편리성을 높여 준 최신 과학기술

(가)	인간의 학습 능력, 추론 능력, 지각 능력을 인공적으로 구현하려는 컴퓨터 과학의 세부 분야
(나)	사물에 센서를 부착하여 실시간으로 데이터를 주고받는 기술이나 환경
(다)	디지털 환경에서 생성되는 수치 자료, 문자와 영상을 포함하는 대규모 자료

	(가)	(나)	(다)
①	인공지능	빅 데이터	사물 인터넷
②	인공지능	사물 인터넷	빅 데이터
③	빅 데이터	사물 인터넷	인공지능
④	사물 인터넷	인공지능	빅 데이터
⑤	사물 인터넷	빅 데이터	인공지능

530

상 중 하

밑줄 친 ㉠~㉤에 대한 설명으로 옳은 것은?

과학기술의 발달과 ㉠ 정보화로 인해 생활공간과 생활양식에 변화가 나타나고 있다. 사람들이 ㉡ 가상 공간에 머무르는 시간이 많아지면서 새로운 사회적 관계가 형성되고 있으며, ㉢ 4차 산업 혁명의 영향으로 ㉣ 새로운 직업과 산업이 등장할 것으로 예상된다. 또한 ㉤ 과학기술이 재난·재해, 교통 등 다양한 분야에 활용되어 우리의 일상생활에 도움을 주고 있다.

① ㉠으로 인해 지역 간, 계층 간 정보 격차가 완화되었다.
② ㉡으로 인해 대면적 인간관계의 중요성이 커지고 있다.
③ ㉢은 전기 에너지 기반의 '대량 생산 혁명'을 의미한다.
④ ㉣에는 인터넷 설치 기사, 제조업 근로자 등이 있다.
⑤ ㉤의 사례로 지리 정보 시스템(GIS)을 활용한 재난 대비와 교통망 정비 등을 들 수 있다.

2　교통·통신 및 과학기술의 발달에 따른 문제점과 해결 방안

531 중요

상 중 하

밑줄 친 ㉠~㉤에 대한 설명으로 옳지 <u>않은</u> 것은?

• ㉠ 교통의 발달로 지역 간 교류가 활발해져 지역 경제가 활성화되었다. 그러나 교통로 건설로 인해 ㉡ 생태 환경의 변화가 나타나고 ㉢ 야생 동물의 서식지가 파괴되는 문제가 나타나고 있다.
• 통신의 발달로 ㉣ 전자 상거래가 활성화되고 원격 근무나 화상 회의가 가능해지는 등 생활이 편리해졌다. 그러나 ㉤ 정보화로 인한 문제도 발생하고 있다.

① ㉠은 대도시권의 형성에 영향을 주었다.
② ㉡의 사례로 삼림 훼손 및 녹지 면적 감소를 들 수 있다.
③ ㉢을 해결하기 위해 선박 평형수 관리 협약을 체결하였다.
④ ㉣의 영향으로 무점포 상점이 증가하였다.
⑤ ㉤의 사례로 정보 격차의 심화를 들 수 있다.

532

[상|중|하]

다음 글은 교통 · 통신의 발달에 따른 문제점이 나타난 사례이다. 밑줄 친 ㉠을 실천하기 위한 노력으로 적절하지 <u>않은</u> 것은?

> 교통과 통신의 발달로 전 세계적으로 관광객 수가 증가하면서 한 지역에 수용 가능한 적정 수준 이상으로 관광객이 유입되는 '오버투어리즘' 문제가 나타나고 있다. 예를 들어, 이탈리아의 베네치아는 인구가 5만여 명에 불과한 지역이나, 2022년에만 약 320만 명의 관광객이 방문하였다. 이러한 문제를 해결하기 위해 ㉠ <u>지역 주민과 관광객이 공존하기 위한 공정 여행</u>이 대안으로 제시되고 있다.

① 현지인이 생산한 제품을 이용한다.
② 여행지의 인사말과 노래, 춤을 배워본다.
③ 여행 경비의 일부를 현지 단체에 기부한다.
④ 다국적 기업이 운영하는 대규모 숙박 시설을 이용한다.
⑤ 여행지의 생활 방식과 종교를 존중하고 예의를 갖춘다.

533 중요

[상|중|하]

밑줄 친 ㉠에 해당하는 적절한 내용만을 | 보기 |에서 고른 것은?

> 교통수단이 발달하면서 대형 선박을 이용한 국가 간 물류의 이동도 활발해졌다. 대형 선박은 균형을 맞추기 위해서 보통 출발하는 항구에서 선박에 평형수를 채우고 도착하는 항구에서 이를 배출하는데, 이 과정에서 ㉠ <u>생태 환경이 악화되는 문제</u>가 발생하고 있다.

| 보기 |

ㄱ. 기름 유출로 인한 해수 오염
ㄴ. 해당 수역의 생태계 교란 및 파괴
ㄷ. 박테리아에 의한 토속 생물종 폐사
ㄹ. 미세 플라스틱 배출량 증가로 인한 해양 오염

① ㄱ, ㄴ　　　② ㄱ, ㄷ　　　③ ㄴ, ㄷ
④ ㄴ, ㄹ　　　⑤ ㄷ, ㄹ

534

[상|중|하]

다음과 같은 시설물을 설치하는 목적으로 옳은 것은?

① 야생 동물의 서식지 보호
② 외래 생물종 유입의 차단
③ 교통량 감소 및 화석 에너지 소비량 감소
④ 자동차로 인한 대기 오염 물질 배출량 감축
⑤ 겨울철 야생 동물 먹이 주기를 통한 생태계 보호

535

[상|중|하]

다음 신문 기사에 나타난 문제를 해결하기 위한 방안으로 적절한 내용만을 | 보기 |에서 고른 것은?

○○ 신문

20○○년 △월 △일

경제 협력 개발 기구(OECD)가 『2022년 한국 경제 보고서』에서 우리 사회의 '황금 티켓 신드롬'에 대해 지적하였다. 청년들이 대기업이나 공공 기관 취업이라는 '황금 티켓'을 얻기 위해 모든 노력을 쏟아붓고 있다는 것이다. 보고서는 우리나라 노동 시장이 정규직과 비정규직으로 나누어져 청년 고용률이 낮아지고, 이러한 상황이 혼인율, 출생률 저하로 이어졌다고 분석하였다.

| 보기 |

ㄱ. 단순 생산직 중심의 일자리 확대
ㄴ. 직업 훈련 및 취업 지원 서비스 확대
ㄷ. 비정규직 근로자의 사회 보험 적용 확대
ㄹ. 정규직 근로자의 고용 안정성 확대 및 임금 인상

① ㄱ, ㄴ　　　② ㄱ, ㄷ　　　③ ㄴ, ㄷ
④ ㄴ, ㄹ　　　⑤ ㄷ, ㄹ

536  중요

다음 그래프를 통해 파악할 수 있는 문제점의 해결 방안으로 적절한 내용만을 |보기|에서 고른 것은?

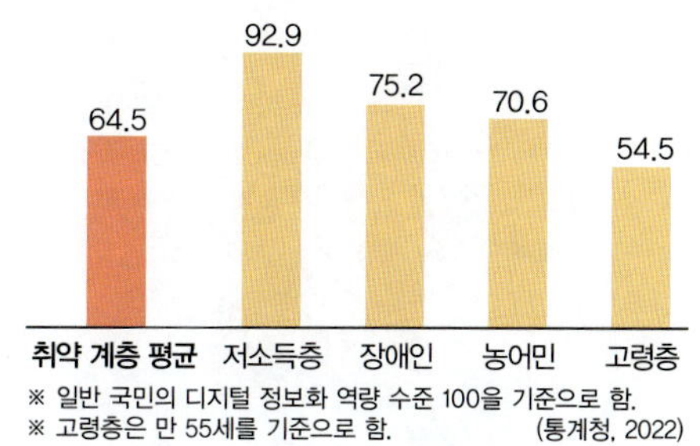

※ 일반 국민의 디지털 정보화 역량 수준 100을 기준으로 함.
※ 고령층은 만 55세를 기준으로 함.　　(통계청, 2022)

▲ 정보 소외 계층의 디지털 정보화 수준

│보기│
ㄱ. 정보 격차를 해소하기 위한 교육을 시행해야 한다.
ㄴ. 디지털 서비스에 대한 정보 소외 계층의 접근성을 높여야 한다.
ㄷ. 노동 시장 변화에 대응하여 사회 보장 시스템을 강화해야 한다.
ㄹ. 디지털 중독 예방 및 치료를 위한 프로그램 제작을 지원해야 한다.

① ㄱ, ㄴ　　② ㄱ, ㄷ　　③ ㄴ, ㄷ
④ ㄴ, ㄹ　　⑤ ㄷ, ㄹ

537

(가)에 들어갈 내용으로 적절하지 <u>않은</u> 것은?

고령자, 장애인과 같은 사회적 약자를 위한 배리어 프리 무인 단말기의 보급이 확대되고 있다. '배리어 프리(Barrier Free)'는 고령자나 장애인이 일상생활을 할 때 물리적 장벽이 없는 환경을 말한다. 배리어 프리 무인 단말기에는 ______(가)______ 등의 기능이 있어 정보 소외 계층을 위한 여러 편의성을 제공하고 있다.

① 농아인을 위한 수어 아바타
② 복잡한 인증 절차를 통한 보안 강화
③ 시각 장애인을 위한 점자 입출력 장치
④ 적외선 감지기를 이용한 자동 높이 조절
⑤ 시각 장애인을 위한 음성 인식 및 음성 안내

538

(가)에 들어갈 적절한 내용만을 |보기|에서 있는 대로 고른 것은?

국제 로봇 연맹은 『2022 세계 로봇 보고서』에서 한국의 2021년 산업용 로봇 밀도가 1,000대를 기록했다고 발표하였다. 이는 제조업 노동자 10명당 로봇이 1대꼴로 배치되어 있다는 의미이다. 이는 2011년보다 약 3배 증가한 수치이자 전 세계 평균치의 7배가 넘는 수치이다. 로봇 밀도의 증가는 ______(가)______ 등의 현상을 유발한다.

│보기│
ㄱ. 고용 감소
ㄴ. 생산 비용 증가
ㄷ. 노동 시장 양극화 심화
ㄹ. 로봇 관련 산업의 성장

① ㄱ, ㄴ　　② ㄴ, ㄷ　　③ ㄷ, ㄹ
④ ㄱ, ㄴ, ㄹ　　⑤ ㄱ, ㄷ, ㄹ

539

다음은 수업의 한 장면이다. 교사의 질문에 옳게 대답한 학생은?

교사: 사이버 범죄가 증가하는 문제를 해결하기 위한 방안을 발표해 볼까요?
갑: 보안 프로그램 개발을 위한 지원을 늘립니다.
을: 학생들의 인터넷 및 스마트폰 사용 시간을 대폭 늘립니다.
병: 소외 계층의 정보 기기 접근성을 높이기 위한 교육을 확대합니다.
정: 사물 인터넷을 활용하는 생활 환경을 조성하기 위한 지원을 늘립니다.
무: 자유롭고 개방적으로 전자 상거래가 이루어질 수 있도록 익명성을 강화합니다.

① 갑　　② 을　　③ 병　　④ 정　　⑤ 무

540 중요

상 중 하

다음 지도는 수도권 철도 노선의 변화와 통근·통학자 비율을 나타낸 것이다. 이를 보고 물음에 답하시오.

*1호선, 경의중앙선, 경춘선의 광역 전철 운행 구간을 표시함.

(통계청, 각 연도 / 한국 철도 공사, 2023)

(1) 수도권 철도 노선의 종점 수와 종점의 위치가 어떻게 변화하였는지 서술하시오.

____

____

(2) 철도 노선의 변화가 수도권의 통근·통학권 범위에 어떠한 영향을 미쳤는지 서술하시오.

____

____

541

상 중 하

(가)에 들어갈 내용을 서술하시오.

전문가들 사이에서 코로나바이러스감염증 – 19 다음으로 크게 유행할 신종 전염병에 대비해야 한다는 견해가 나오고 있다. 인간이 동물의 서식지를 계속 침범하고 있어 동물이 인간에게 전파할 수 있는 전염병이 발생할 위험이 커졌고, ______(가)______ 등으로 인해 전염병 확산이 더 쉬워졌기 때문이다. 특히 신종 전염병은 발생 주기가 계속 변화하고 있으므로 이에 대응하기 위한 국제적인 협력과 구체적인 대응책 마련이 필요하다.

____

542

상 중 하

다음 지도는 우리나라의 시·도별 5G 무선국 수를 나타낸 것이다. 이를 보고 물음에 답하시오.

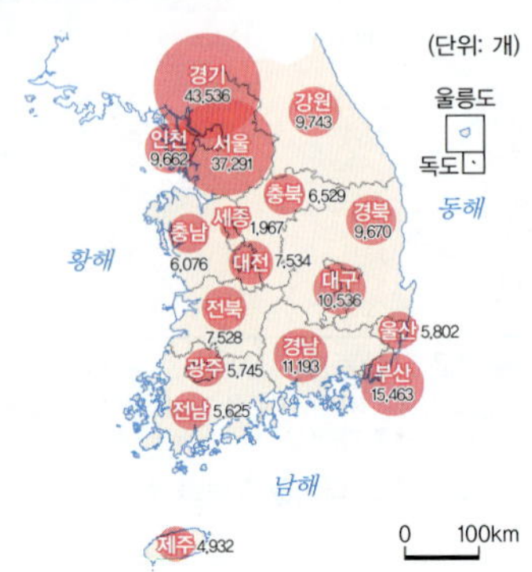

(1) 우리나라의 5G 무선국 수 분포 특징을 수도권과 비수도권을 비교하여 서술하시오.

____

____

(2) 시·도별 5G 무선국 수 분포의 특징으로 인해 나타날 수 있는 문제를 서술하시오.

____

____

543

상 중 하

다음 글을 읽고 물음에 답하시오.

인간의 학습 능력, 추론 능력, 지각 능력을 인공적으로 구현하려는 컴퓨터 과학의 세부 분야인 ⊙ 을/를 활용해 주어진 업무를 빠른 시간에 더욱 효율적으로 처리할 수 있게 되었다. 하지만 이로 인해 일자리가 사라질 것이라는 우려도 있다. 일자리를 잃은 사람들이 저임금 육체노동 분야로 밀려나게 되면서 ______(가)______ 등의 문제가 발생할 것으로 예상된다.

(1) 윗글의 ⊙에 들어갈 알맞은 말을 쓰시오.

____

(2) 윗글의 (가)에 들어갈 내용이 무엇인지 쓰고, 이러한 문제를 해결하기 위한 방안을 <u>두 가지</u> 서술하시오

____

544

<상><중><하>

다음은 학생이 생성형 인공 지능(AI)과 대화한 내용의 일부이다. 밑줄 친 ㉠~㉤에 대한 설명으로 옳지 <u>않은</u> 것은?

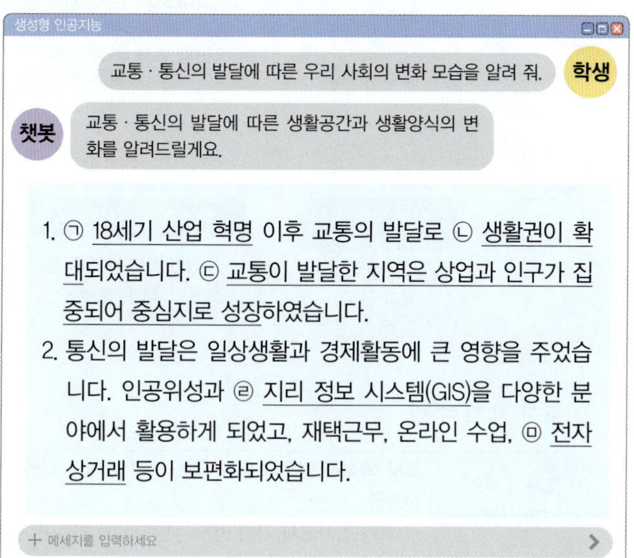

① ㉠은 정보 사회로의 변화에 영향을 미쳤다.
② ㉡은 대도시권의 형성 배경 중 하나이다.
③ ㉢의 사례로 고속 철도 역 주변 상권의 성장을 들 수 있다.
④ ㉣은 최적 입지 선정, 최단 경로 파악 등에 이용된다.
⑤ ㉤의 활성화로 무점포 상점의 수가 늘어났다.

545 중요

<상><중><하>

(가)에 들어갈 학생의 답변으로 가장 적절한 것은?

> 교사: 서울과 강릉을 연결하는 고속 철도(KTX)와 서울-양양 고속 국도의 개통으로 나타날 수 있는 변화에 대해 말해볼까요?
>
> 학생: _________ (가) _________

① 서울의 대학 병원 방문자 수가 줄어들 것입니다.
② 고속 철도 강릉역 주변의 상권이 축소될 것입니다.
③ 양양 해수욕장의 여름철 관광객 수가 증가할 것입니다.
④ 서울-양양 간 항공 교통 이용객 수가 증가할 것입니다.
⑤ 서울-양양 간 물류 이동에 소요되는 시간이 증가할 것입니다.

546

<상><중><하>

다음은 학생이 작성한 형성 평가지이다. ㉠~㉣ 중 답이 옳게 표시된 것만을 고른 것은?

> 〈형성 평가〉
>
> ※ 교통·통신에 따른 변화에 대한 설명이 맞으면 '예', 틀리면 '아니요'에 ∨표 하시오.
> (1) 국가 간 자원의 이동에서 국경이 갖는 의미가 강화되었다. 예☐ 아니요☑ … ㉠
> (2) 기업의 본사, 연구소, 생산 공장이 세계 곳곳에 분산되어 입지하게 되었다. 예☑ 아니요☐ … ㉡
> (3) 도로, 철도 등의 교통로 건설로 야생 동물의 자유로운 이동이 보장되었다. 예☑ 아니요☐ … ㉢
> (4) 전자 상거래 활성화로 물품 구매의 시·공간적 제약이 감소하였다. 예☐ 아니요☑ … ㉣

① ㉠, ㉡
② ㉠, ㉢
③ ㉡, ㉢
④ ㉡, ㉣
⑤ ㉢, ㉣

547

<상><중><하>

(가)에 들어갈 적절한 내용만을 |보기|에서 고른 것은?

> 특정 이슈를 편집한 영상을 인터넷에 게시하여 해당인을 비하하거나 비난하며, 이를 통해 영상 조회수를 올려 수익을 얻는 것을 목적으로 하는 영상 제작자를 '사이버 렉카'라고 한다. 이러한 활동으로 인한 피해와 사회 문제를 해결하기 위해서는 _________ (가) _________ 등이 필요하다.

|보기|
ㄱ. 정보 윤리 실천 교육의 강화
ㄴ. 디지털 소외 계층에 대한 정보화 교육 확대
ㄷ. 개인 정보 보호, 사생활 침해 방지를 위한 법률 정비
ㄹ. 기존 노동력의 재취업을 지원하기 위한 직업 훈련 강화

① ㄱ, ㄴ
② ㄱ, ㄷ
③ ㄴ, ㄷ
④ ㄴ, ㄹ
⑤ ㄷ, ㄹ

14 내가 사는 지역의 공간 변화

1 지역의 공간 변화

1. 지역과 지역성

(1) 지역

① 지리적 특성이 다른 지역과 구분되는 지표상의 공간 범위

② 다양한 자연환경과 인문환경으로 구성됨.

(2) 지역성

① 지역의 자연환경과 인문환경이 오랜 기간 상호 작용하여 형성되는 고유한 특성

② 지역성은 고정되어 있지 않고 다양한 요인에 의해 끊임없이 변화함.

③ 지역은 인접한 다른 지역과 상호 작용을 하므로, 지역의 경계 부근에서 두 지역의 지역성이 공통적으로 나타나기도 함.

2. 지역의 공간 변화

(1) 공간 변화의 요인: 산업화와 도시화, 교통과 통신의 발달, 과학기술의 발달 등에 의해 공간 변화가 나타남.

(2) 공간 변화의 양상

① 지역의 인구와 산업이 달라지고, 토지 이용과 생태환경이 변화함. → 지역의 토지 이용, 산업 구조, 직업 구조, 인구 구조, 생태환경, 주민의 가치관 변화 등을 통해 공간 변화 양상을 파악할 수 있음.

② 공간 변화가 생활 환경에 긍정적 영향을 주기도 하지만 부정적 영향을 주어 문제를 유발하기도 함.

3. 지역의 공간 변화 조사

(1) 지역 조사: 다양한 지역 정보를 수집·분석·종합하는 활동

(2) 지역 조사의 필요성

① 지역 조사 활동을 통해 지역의 공간 변화 양상을 파악하고 문제점을 파악할 수 있음.

② 지역에서 발생한 문제를 인식하고 합리적인 해결 방안을 모색하여 실천할 수 있음.

(3) 지역 조사의 과정: 조사 계획 수립 → 지역 정보 수집 → 지역 정보 분석 및 종합 → 결론 도출 및 보고서 작성의 순서로 진행됨.

① 조사 계획 수립

조사 주제와 지역 선정	조사 목적을 정하고 이에 맞는 조사 주제와 지역을 선정함. → 지역 조사에서 가장 먼저 수행되어야 하는 단계
조사 항목 및 조사 방법 선정	• 조사할 내용을 토의하고 세부적인 조사 항목과 조사 방법을 정함. • 조사 항목의 종류와 난이도를 고려하여 조사 인원을 배정하고 역할을 분담함.

〈조사 항목별 조사 방법〉

조사 내용	조사 항목	조사 방법	준비 사항
토지 이용의 변화	과거와 현재의 토지 이용	실내 조사	통계, 위성 사진
인구 구조의 변화	과거와 현재의 인구 구조	실내 조사	통계
산업 구조의 변화	과거와 현재의 산업 구조	실내 조사	통계
생태환경의 변화	과거와 현재의 생태환경	실내·야외 조사	면담, 사진 촬영
주민의 가치관 변화	주민 의식의 변화	야외 조사	설문지

② 지역 정보 수집

실내 조사	• 인터넷이나 도서관 등에서 지도, 문헌, 위성 사진, 통계 자료 등의 정보를 수집함. • 야외 조사 지역을 미리 선정하고, 조사 일정과 이동 경로 등을 결정함. • 설문 대상을 선정하고 설문지를 작성함.
야외 조사	• 조사 지역에 직접 방문하여 현장 답사를 수행함. • 현장 답사 과정에서 관찰, 실측, 촬영 등을 하며, 수집한 정보를 글, 사진, 영상 등으로 기록함. • 현장에서 주민을 대상으로 설문 조사나 면담을 진행하여 정보를 수집함.

③ 지역 정보 분석 및 종합

자료 정리 및 표현	수집한 정보를 주제, 지역 등 조사 항목별로 정리하고, 도표, 그래프, 통계 지도 등으로 시각화하여 표현함.
자료 분석 및 종합	정리한 자료를 분석·종합하여 지역의 공간 변화 양상과 현안을 파악함.

④ 결론 도출 및 보고서 작성

결론 도출	• 조사 목적에 맞게 지역의 공간 변화 양상을 정리하고 문제점과 해결 방안을 탐색함. • 여러 해결 방안의 장단점을 비교하여 지역 문제의 해결 방안을 마련함.
보고서 작성	조사 목적, 방법, 결과 등이 명확하게 나타나도록 체계적으로 정리하여 보고서를 작성함.

2 지역 문제의 해결 방안

1. 공간 변화 과정에서 발생하는 지역 문제

⑴ 급속한 산업화와 도시화 과정에서 무분별한 지역 개발로 발생하는 환경 문제

⑵ 인구 과밀화에 따른 시설 부족 문제

⑶ 특정 산업 시설의 입지 과정에서 발생하는 지역 주민 간 갈등

⑷ 도시화로 인한 주민의 가치관 변화와 공동체 의식 약화

⑸ 인구가 유출되는 지역의 경기 침체

2. 공간 변화에 따른 지역 문제의 해결 방안

⑴ 지역 문제의 해결 방안 모색

지속가능성 고려	미래 세대를 고려하여 경제 성장, 사회의 안정과 통합, 환경 보호 등이 균형을 이루는 방안을 모색해야 함.
지역 공동체 이익의 고려	지역 문제의 해결 방안을 마련할 때 개인적 이해관계를 넘어 지역 공동체의 이익을 고려하는 태도가 필요함.
민주적 토의	지역의 공동체 구성원이 모여 의사를 개진하고, 공동체가 민주적 토의를 통해 합리적인 해결 방안을 통합적으로 모색해야 함.

⑵ 지역 문제의 해결을 위한 실천: 실천은 지역 문제 해결을 위한 핵심적 과정이므로, 지역 문제에 관심을 가지고 지역 발전 방안을 실천하는 태도가 중요함.

빈출 자료 분석

자료 1 지역 조사 과정

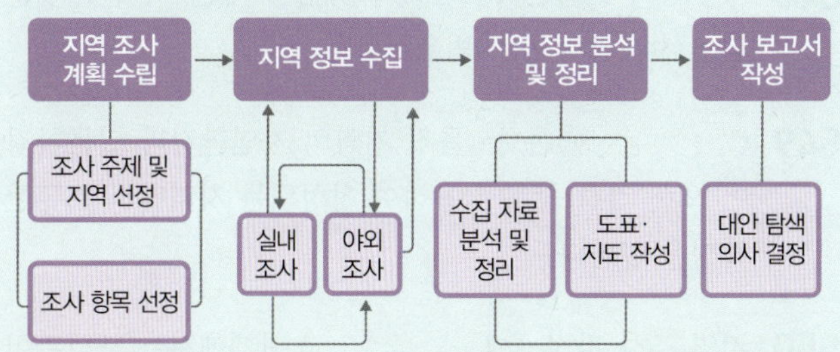

출제 POINT 지역 조사는 일반적으로 지역 조사 계획 수립에서 시작하여 지역 정보 수집, 지역 정보 분석 및 정리, 조사 보고서 작성 순으로 진행한다.

확인 문제

1 실내 조사 단계에 수행하는 활동으로 적절하지 <u>않은</u> 것은?

① 설문지 제작 ② 항공 사진 검색

③ 현장 답사 경로 조사 ④ 주민 대상 설문 조사

⑤ 문헌 및 통계 자료 조회

자료 2 지역 정보의 분석: 화성시 사례

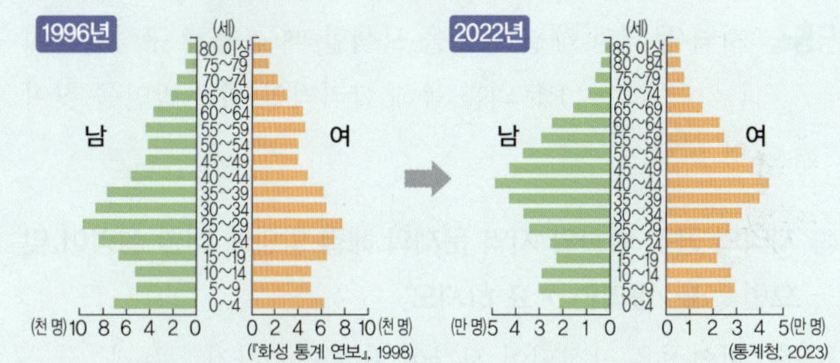

▲ 화성시의 연령별·성별 인구 변화

출제 POINT 그래프를 통해 화성시의 총인구와 인구 구조 변화를 파악할 수 있다. 1996년보다 2022년에 모든 연령대와 성별의 인구를 합한 인구가 많은 것으로 보아 총인구가 증가했고, 0~14세 유소년층 인구 비율이 감소한 반면 청장년층 인구 비율은 증가하였다.

확인 문제

2 그래프를 통해 파악할 수 있는 화성시의 공간 변화의 특징으로 옳은 것은?

① 총인구가 감소하였다.

② 중위 연령이 낮아졌다.

③ 총 종사자 수가 감소하였다.

④ 청장년층 인구 비율이 높아졌다.

⑤ 1차 산업 종사자 비율이 높아졌다.

답 1 ② 2 ④

● 다음 문제의 빈칸에 알맞은 단어를 써 넣으시오.

548 (　　　　)은/는 지리적 특성이 다른 지역과 구분되는 지표상의 공간 범위이다.

549 (　　　　)은/는 특정 지역의 자연환경과 인문환경이 오랜 기간 상호 작용하여 형성되는 지역만의 고유한 특성을 말한다.

550 지역 조사 과정 중 (　　　　) 단계에서는 도서관이나 인터넷을 이용해 자료 수집을 한다.

551 지역 조사 과정 중 (　　　　) 단계에서는 현장에서 주민 면담, 관찰, 실측, 촬영 등을 수행한다.

552 지역 조사의 마지막 단계에서 조사 방법, 지역의 공간 변화 및 문제점과 해결 방안 등을 체계적으로 정리하여 최종적으로(　　　　)을/를 작성해야 한다.

553 지역 문제의 해결 방안을 모색할 때는 미래 세대를 위해 경제 성장, 사회의 안정과 통합, 환경 보호 등이 균형을 이루도록 (　　　　)을/를 고려해야 한다.

554 지역 문제의 해결 방안을 모색할 때 공동체 구성원들이 (　　　　) 토의를 통해 합리적인 해결 방안을 찾아야 한다.

● 지역의 공간 변화와 지역 문제의 해결 방안에 대한 설명이 맞으면 ○표, 틀리면 ×표 하시오.

555 지역성은 고정되어 시간이 지나도 변하지 않는다.

(○ | ×)

556 지역의 공간 변화는 지역에 긍정적인 영향만을 미친다.

(○ | ×)

557 지역 조사 활동을 할 때 조사 주제와 지역 선정을 가장 먼저 수행하여야 한다. (○ | ×)

558 지역 주민 대상 설문 조사에 활용할 설문 조사지 제작은 실내 조사 단계에서 진행한다. (○ | ×)

559 자료를 도표, 그래프, 통계 지도 등으로 표현하는 것은 지역 정보의 수집 단계의 활동이다. (○ | ×)

560 지역 문제의 해결 방안을 마련할 때 지역 공동체의 이익보다 개인적인 이해관계를 중시해야 한다. (○ | ×)

---

1 지역의 공간 변화

561

상 중 하

다음은 학생이 작성한 형성 평가지이다. ㉠~㉣ 중 답이 옳게 표시된 것만을 고른 것은?

〈형성 평가〉

※ 지역과 지역성에 대한 설명이 맞으면 '예', 틀리면 '아니요'에 ∨표 하시오.

(1) 지역은 다양한 자연환경과 인문환경으로 구성되어 있다.　　　　　예 □　아니요 ☑ … ㉠

(2) 지역성은 고정되어 있지 않고 다양한 요인에 의해 끊임없이 변화한다.　　예 ☑　아니요 □ … ㉡

(3) 지역은 인접한 다른 지역과 상호 작용을 한다.　　　　　예 □　아니요 ☑ … ㉢

(4) 각 지역의 경계는 명확하게 구분되며, 두 지역의 지역성이 공통적으로 나타날 수는 없다.　　예 □　아니요 ☑ … ㉣

① ㉠, ㉡　　　　② ㉠, ㉢　　　　③ ㉡, ㉢
④ ㉡, ㉣　　　　⑤ ㉢, ㉣

562 중요

상 중 하

지역의 공간 변화에 대한 진술에 모두 옳게 답변한 학생은?

진술	학생				
	갑	을	병	정	무
산업화와 도시화가 진행되면 경지 면적이 늘어난다.	○	○	×	×	×
지역의 공간 변화는 생활 환경에 부정적 영향을 미치기도 한다.	○	×	○	○	×
지역 조사를 통해 지역의 공간 변화 양상과 문제점을 파악할 수 있다.	×	○	○	×	○
지역의 공간 변화는 토지 이용, 산업 구조, 인구 구조 변화 등을 통해 파악할 수 있다.	×	○	○	○	○

① 갑　　② 을　　③ 병　　④ 정　　⑤ 무

563 중요
상 중 하

다음은 지역 조사 과정에서 수집한 자료이다. 이와 관련하여 교사의 질문에 옳게 대답한 학생만을 고른 것은?

(가)	(나)
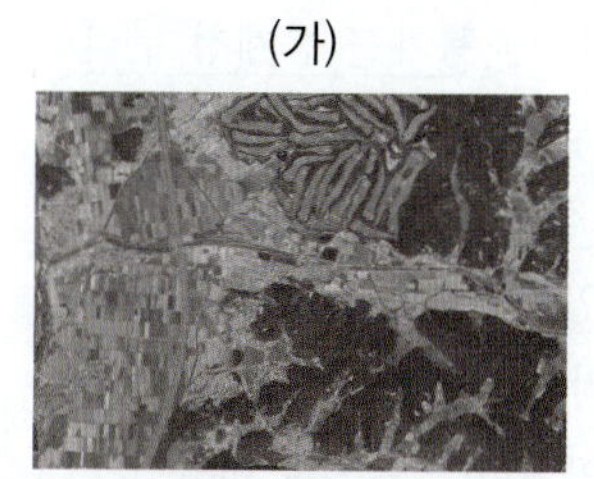	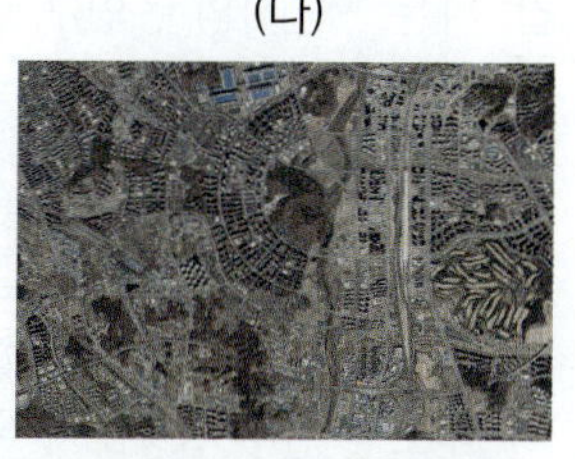

교사: 자료는 (가), (나) 시기의 ○○시의 항공 사진입니다. 이를 보고 추측할 수 있는 내용을 발표해 볼까요?
갑: (가) 시기가 (나) 시기보다 아파트 수가 많습니다.
을: (가) 시기가 (나) 시기보다 인구 밀도가 낮습니다.
병: (나) 시기가 (가) 시기보다 과거에 해당합니다.
정: (나) 시기가 (가) 시기보다 3차 산업 취업자 수 비율이 높습니다.

① 갑, 을 　② 갑, 병 　③ 을, 병
④ 을, 정 　⑤ 병, 정

564
상 중 하

신문 기사의 (가)에 들어갈 내용으로 적절하지 <u>않은</u> 것은?

○○ 신문

20○○년 △월 △일

A시는 2001년 군(郡)에서 시(市)로 승격한 이후, 주변 도시의 인구를 빨아들이며 성장하고 있다. 변화의 중심은 △△ 신도시이다. 신도시 내에 주거 단지뿐만 아니라 대규모 업무 지구와 산업 단지가 조성되어 있으며, 이곳에 대기업과 관련 업체들이 많이 입주함에 따라 젊은 층 인구가 몰려들었다. 그 결과 A시는 　　　(가)

① 총인구가 늘어났다.
② 주택 유형 중 아파트의 비율이 높아졌다.
③ 총인구 중 농가 인구의 비율이 높아졌다.
④ 도로 면적이 넓어지고 교통량이 늘어났다.
⑤ 30~40대 인구 비율이 전국 평균보다 높아졌다.

[565~566] 다음은 지역 조사의 단계를 나타낸 것이다. 이를 보고 물음에 답하시오.

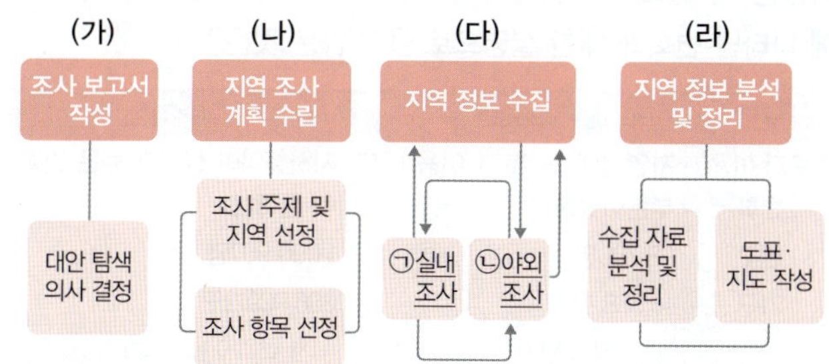

565 중요
상 중 하

(가)~(라)를 지역 조사의 순서대로 옳게 나열한 것은?

① (가) - (나) - (다) - (라)
② (나) - (다) - (라) - (가)
③ (나) - (라) - (다) - (가)
④ (다) - (나) - (가) - (라)
⑤ (다) - (나) - (라) - (가)

566
상 중 하

위 자료의 밑줄 친 ㉠, ㉡ 단계에 해당하는 활동을 |보기|에서 골라 옳게 짝지은 것은?

|보기|

ㄱ. 조사 지역을 방문하여 사진 촬영을 한다.
ㄴ. 지역 주민을 대상으로 설문 조사를 실시한다.
ㄷ. 설문 조사에 사용할 설문 조사지를 제작한다.
ㄹ. 도서관에서 조사 지역과 관련된 통계를 찾아본다.

	㉠	㉡
①	ㄱ, ㄴ	ㄷ, ㄹ
②	ㄱ, ㄷ	ㄴ, ㄹ
③	ㄴ, ㄷ	ㄱ, ㄹ
④	ㄴ, ㄹ	ㄱ, ㄷ
⑤	ㄷ, ㄹ	ㄱ, ㄴ

567

상 중 하

다음은 지역 조사 과정에서 수집한 ○○시의 자료이다. 이 지역에 나타난 변화에 대한 설명으로 옳지 <u>않은</u> 것은?

구분	1968년	2020년
토지 이용 변화	자연 상태의 토지 이용이 대부분이었음.	지하철역이 생기고 높은 건물이 들어섬.
인구	98,700명	1,090,907명
가구	16,568가구	386,929가구
산업 구조	1차 산업 62.1 / 2차 산업 0.9 / 3차 산업 37.0(%)	1차 산업 0.1 / 2차 산업 15.1 / 3차 산업 84.8(%)

① 인구 밀도가 높아졌다.
② 가구당 인구가 많아졌다.
③ 포장된 지표 면적이 늘어났다.
④ 1차 산업 종사자 수가 감소하였다.
⑤ 3차 산업 중심으로 산업 구조가 변화하였다.

568 중요

상 중 하

(가)~(마)를 지역 조사의 순서대로 옳게 나열한 것은?

(가) '○○시의 대형 마트 입지 분포의 특징'을 조사 주제로 선정한다.
(나) ○○시의 대형 마트 입지 분포의 특징을 분석한 보고서를 작성한다.
(다) ○○시의 지도에 대형 마트의 위치를 표시하고, 설문 조사한 내용을 정리한다.
(라) ○○시에 있는 대형 마트를 방문하여 소비자를 대상으로 설문 조사를 실시한다.
(마) 누리집을 검색하여 ○○시에 입지한 대형 마트의 위치를 찾아보고, 설문 조사지를 제작한다.

① (가) − (라) − (마) − (나) − (다)
② (가) − (라) − (마) − (다) − (나)
③ (가) − (마) − (라) − (나) − (다)
④ (가) − (마) − (라) − (다) − (나)
⑤ (나) − (마) − (라) − (다) − (가)

569

상 중 하

다음은 지역 조사와 관련한 두 학생의 대화이다. 이에 대한 설명으로 옳은 내용만을 |보기|에서 고른 것은?

> 갑: 나는 ○○시의 총인구 변화 ㉠ 통계를 통계청 누리집에서 검색하고, 신도시에 답사를 나가서 ㉡ 대규모 아파트 단지 건설 현장을 사진으로 찍었어.
> 을: 나는 수집한 ㉢ 지역 간 인구 이동 자료를 통계 지도로 표현했어. 그리고 정리한 자료를 분석, 종합해서 수도권 인구 집중도가 높아졌다는 결론을 내렸어.

| 보기 |

ㄱ. ㉠은 실내 조사, ㉡은 야외 조사 활동에 해당한다.
ㄴ. ㉢은 지리 정보를 시각화하여 표현하는 활동이다.
ㄷ. 갑의 활동은 조사 계획의 수립 단계에 해당한다.
ㄹ. 을의 활동은 보고서 작성 이후에 진행되어야 한다.

① ㄱ, ㄴ   ② ㄱ, ㄷ   ③ ㄴ, ㄷ
④ ㄴ, ㄹ   ⑤ ㄷ, ㄹ

570 중요

상 중 하

A~E 단계에 해당하는 활동으로 옳지 <u>않은</u> 것은?

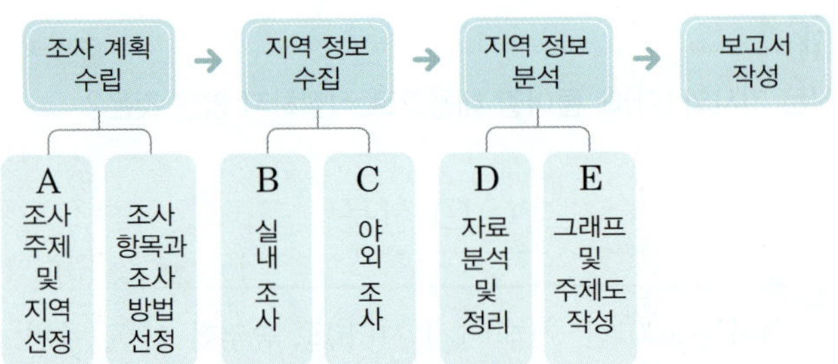

① A: '혁신 도시 조성에 따른 ○○시의 변화'를 조사 주제로 정한다.
② B: 혁신 도시 조성 이전과 이후의 ○○시 위성 사진을 국토 정보 플랫폼 누리집에서 찾아본다.
③ C: ○○시의 혁신 도시로 가는 경로를 찾아보고 주민들에게 나눠줄 설문 조사지를 제작한다.
④ D: ○○시의 혁신 도시 건설과 관련해 조사한 자료들을 분석하여 어떠한 변화가 나타났는지 정리한다.
⑤ E: ○○시의 혁신 도시 관련 통계, 설문 조사 내용 등을 도표 등으로 시각화하여 표현한다.

571

밑줄 친 ⑦~⑩에 대한 설명으로 옳지 <u>않은</u> 것은?

상 중 하

> 지역의 공간 변화는 ⑦ 산업화와 도시화, 교통·통신, 과학기술의 발달 등에 따라 이루어진다. ⑥ 지역의 인구와 산업 구조가 달라지고, 토지 이용과 생태환경이 변화하며, ⑥ 산업과 교통의 발달에 따라 성장하거나 쇠퇴하기도 한다. 이러한 ⑧ 지역의 공간 변화 양상 및 문제점을 파악하기 위해서는 ⑩ 지역 조사가 필요하다.

① ⑦으로 인해 토지 이용의 집약도가 높아진다.

② 지역 조사 과정에서 ⑥를 파악하기 위해 통계를 찾는 활동은 실내 조사에 해당한다.

③ ⑥에 따른 지역의 공간 변화는 생활 환경에 항상 긍정적 영향을 준다.

④ ⑧은 주민의 가치관 변화를 통해서도 파악할 수 있다.

⑤ ⑩에서 가장 먼저 조사 주제를 정하고 지역을 선정하여야 한다.

572

다음은 지역 조사 보고서의 일부이다. ⑦~⑩에 대한 설명으로 옳은 내용만을 |보기|에서 있는 대로 고른 것은?

상 중 하

> • 조사 목적: [⑦   ]을/를 파악한다.
> • 조사 방법: ○○시 통계 연보 수집, ⑥ 통계청 누리집 검색, 촬영, ⑥ 주민 면담 등
> • 조사 결과
>   – 토지 이용 변화: 산업 발달과 인구 증가로 [⑧]의 면적은 감소하고, [⑩]의 면적은 증가함.

| 보기 |

ㄱ. ⑦에 '산업화와 도시화에 따른 ○○시의 변화'가 들어갈 수 있다.

ㄴ. ⑥은 지역 조사 과정 중 야외 조사에 해당한다.

ㄷ. ⑥을 통해 주민들의 인식 변화를 파악할 수 있다.

ㄹ. ⑧에는 공장 용지, ⑩에는 논, 밭이 들어갈 수 있다.

① ㄱ, ㄴ   ② ㄱ, ㄷ   ③ ㄴ, ㄹ
④ ㄱ, ㄷ, ㄹ   ⑤ ㄴ, ㄷ, ㄹ

---

2 지역 문제의 해결 방안

573

상 중 하

(가), (나)에 들어갈 알맞은 내용을 |보기|에서 골라 옳게 짝지은 것은?

> 지역의 공간 변화 과정에서 다양한 문제가 나타난다. 대도시에서는 주로 ______(가)______ 문제가 발생하고, 지방 중소 도시와 촌락에서는 주로 ______(나)______ 문제가 발생하여 악순환이 지속되고 있다.

| 보기 |

ㄱ. 노동력 부족
ㄴ. 공동체 의식 약화
ㄷ. 주택 부족, 교통 체증
ㄹ. 경제 침체와 인구 유출

	(가)	(나)		(가)	(나)
①	ㄱ, ㄴ	ㄷ, ㄹ	②	ㄱ, ㄷ	ㄴ, ㄹ
③	ㄴ, ㄷ	ㄱ, ㄹ	④	ㄴ, ㄹ	ㄱ, ㄷ
⑤	ㄷ, ㄹ	ㄱ, ㄴ			

574 중요

상 중 하

다음은 수업의 한 장면이다. 교사의 질문에 옳게 대답한 학생만을 고른 것은?

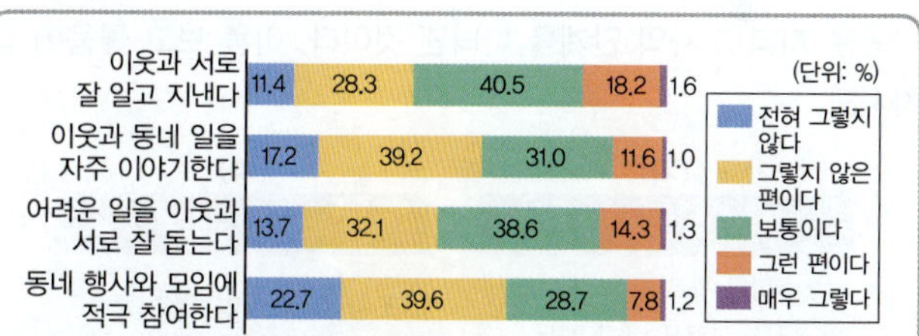

교사: 그래프는 A 지역 주민의 인간관계 및 가치관에 대한 조사 결과입니다. 이에 대해 발표해 볼까요?

갑: A 지역은 촌락에 해당합니다.

을: 이 조사 결과는 현장에서 주민들을 대상으로 설문 조사를 하여 얻을 수 있습니다.

병: 이 조사 결과를 통해 A 지역은 주민의 공동체 의식이 약하다는 것을 알 수 있습니다.

정: A 지역의 문제를 해결하기 위해서는 도시성을 확산하기 위한 정책을 시행해야 합니다.

① 갑, 을   ② 갑, 병   ③ 을, 병
④ 을, 정   ⑤ 병, 정

575

상 중 하

다음 표는 학생들이 ○○시에 대한 지역 조사를 하기 위해 모둠별 조사 항목 및 조사 방법을 작성한 것이다. (가), (나)에 들어갈 내용을 각각 서술하시오.

모둠	조사 항목	조사 방법
1	토지 이용의 변화	(가)
2	산업 구조의 변화	(나)
3	생태환경의 변화	○○시의 환경 오염 관련 신문 기사 수집, 해당 지역 관찰 및 촬영

576

상 중 하

다음은 지역 조사의 단계를 나타낸 것이다. 이를 보고 물음에 답하시오.

(가)	(나)
지역 정보 분석 및 종합	**결론 도출 및 보고서 작성**
• 수집한 자료 분석 및 정리 • 도표, 그래프, 통계 지도 등으로 표현	조사 주제, 방법, 결과 등을 체계적으로 정리

(다)	(라)
조사 계획 수립	**지역 정보 수집**
조사 주제와 지역 선정 ↓ 조사 항목 및 조사 방법 선정	• 실내 조사: ㉠ • 야외 조사: ㉡

(1) (가)~(라)를 지역 조사의 순서대로 나열하시오.

(2) ㉠, ㉡에 들어갈 활동을 각각 <u>두 가지</u>씩 제시하시오.

577 중요

상 중 하

다음 그래프는 어느 지역의 산업별 종사자 수 변화를 나타낸 것이다. 이를 보고 물음에 답하시오.

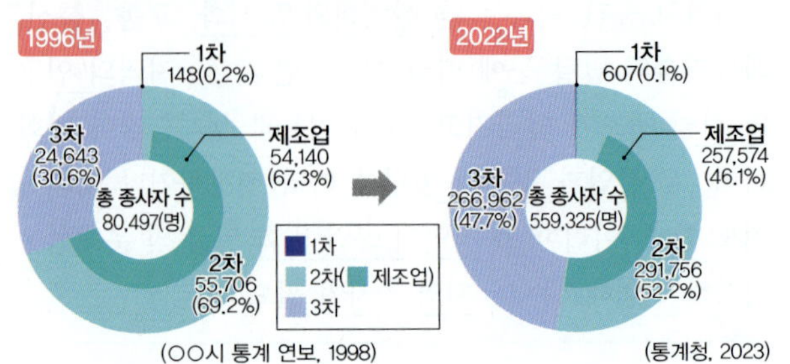

(1) 이 지역에 나타난 공간 변화를 추론하여 제시어를 모두 사용하여 서술하시오.

제시어
• 포장된 지표 면적 비율   • 건물의 평균 층수 • 인구 밀도

(2) 위 자료를 통해 추측할 수 있는 지역의 공간 변화에 따른 문제점과 해결 방안을 각각 <u>두 가지</u>씩 서술하시오.

578

상 중 하

다음 그림을 보고 물음에 답하시오.

(1) 그림을 통해 파악할 수 있는 지역 문제가 무엇인지 쓰시오.

(2) 위와 같은 지역 문제의 해결 방안을 <u>두 가지</u> 서술하시오.

579

다음은 지역 조사 과정을 나타낸 것이다. (가) 단계에 수행하는 활동으로 적절하지 <u>않은</u> 것은? [상 중 하]

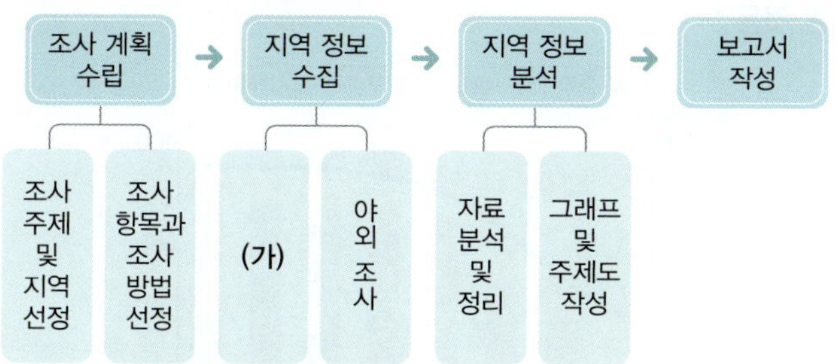

① 현장에서 주민을 면담한다.
② 도서관에서 관련 문헌을 찾아본다.
③ 인터넷을 이용하여 통계 자료를 찾아본다.
④ 주민에게 배포할 설문 조사지를 제작한다.
⑤ 현장에서 이동할 경로와 일정을 계획한다.

580

다음은 학생의 지역 조사 활동을 나타낸 것이다. ㉠~㉤에 대한 설명으로 옳지 <u>않은</u> 것은? [상 중 하]

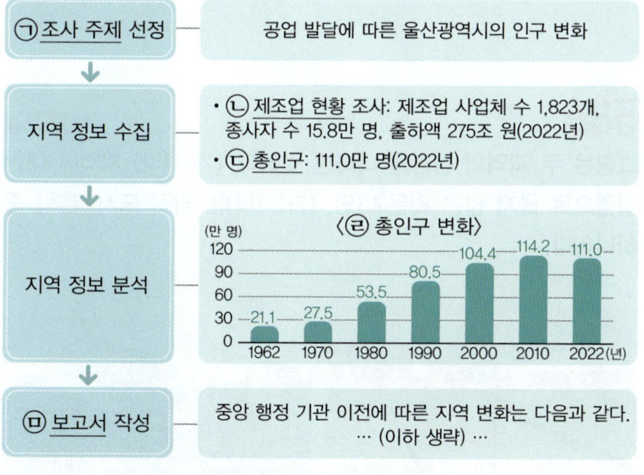

① ㉠은 조사 목적에 맞게 선정하여야 한다.
② ㉡은 통계 연보나 통계청 누리집 검색을 통해 수집할 수 있다.
③ ㉢은 인공위성 영상 촬영을 통해 수집할 수 있다.
④ ㉣을 통해 2010~2022년보다 1970~1980년에 울산의 총인구 증가율이 높다는 것을 알 수 있다.
⑤ ㉤은 포스터 또는 카드 뉴스 형태로도 제작할 수 있다.

581 중요

다음은 학생이 작성한 경기도 안산시의 지역 조사 보고서의 일부이다. ㉠~㉤에 대한 설명으로 옳지 <u>않은</u> 것은? [상 중 하]

• 주제: [㉠]
1. ㉡ 지역 정보: 경기도 남서부에 위치한 공업 도시
2. 공간 변화의 원인: 국가산업단지 조성에 따른 제조업의 성장
3. 공간 변화의 양상
 – ㉢ 용도별 토지 이용과 경관 변화
 – ㉣ 산업별 취업자 수 비율 변화
4. ㉤ 문제점 및 해결 방안 제시

① ㉠은 '제조업 발달에 따른 안산시의 공간 변화'가 적절하다.
② ㉡은 인터넷이나 문헌 등을 통해 조사할 수 있다.
③ ㉢에 도시적 경관이 증가했다는 내용이 들어갈 것이다.
④ ㉣에 1차 산업 취업자 수 비율이 낮아졌다는 내용이 들어갈 것이다.
⑤ ㉤은 지역 조사 단계 중 지역 조사 계획의 수립 단계에 수행하는 활동이다.

582

다음은 학생의 노트 필기 내용 중 일부이다. ㉠~㉢에 들어갈 내용을 옳게 짝지은 것은? [상 중 하]

■ 지역 문제의 해결 방안 모색

㉠ 고려	미래 세대를 고려하여 경제 성장, 사회의 안정과 통합, 환경 보호 등이 균형을 이루는 방안을 모색해야 함.
㉡ 의 이익 고려	해결 방안을 모색할 때 개인적인 이해관계를 넘어 ㉡ 의 이익을 고려하는 태도가 필요함.
㉢ 토의	공동체 구성원들이 ㉢ 토의를 통해 합리적인 해결 방안을 통합적으로 모색해야 함.

	㉠	㉡	㉢
①	지속가능성	정부	전제적
②	지속가능성	지역 공동체	민주적
③	경제적 효율성	지역 공동체	민주적
④	지역 간 형평성	정부	민주적
⑤	지역 간 형평성	지역 공동체	전제적

583 중요 상 중 하

다음 그래프는 우리나라의 산업 구조 변화를 나타낸 것이다. (가)~(다) 산업에 대한 설명으로 옳은 내용만을 |보기|에서 고른 것은?

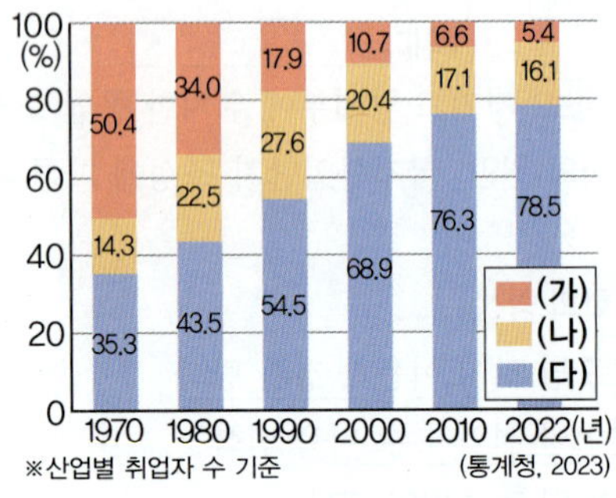

※산업별 취업자 수 기준 (통계청, 2023)

| 보기 |

ㄱ. (가)는 1차 산업, (나)는 2차 산업에 해당한다.

ㄴ. 산업화가 진행됨에 따라 (가)의 취업자 수 비율이 증가하였다.

ㄷ. (다)의 가장 중요한 생산 요소는 토지와 노동력이다.

ㄹ. 서울에는 (나)보다 (다)의 취업자 수가 많다.

① ㄱ, ㄴ   ② ㄱ, ㄹ   ③ ㄴ, ㄷ
④ ㄴ, ㄹ   ⑤ ㄷ, ㄹ

584 상 중 하

산업화와 도시화가 진행됨에 따라 수치가 높아지는 지표만을 |보기|에서 있는 대로 고른 것은?

| 보기 |

ㄱ. 직업의 종류

ㄴ. 건물의 평균 층수

ㄷ. 대기 오염 물질 배출량

ㄹ. 총 토지 면적 중 경지 면적의 비율

① ㄱ, ㄴ   ② ㄴ, ㄹ   ③ ㄷ, ㄹ
④ ㄱ, ㄴ, ㄷ   ⑤ ㄱ, ㄷ, ㄹ

585 중요 수능형 상 중 하

다음 그래프는 우리나라의 도시 및 촌락 인구와 도시화율 변화를 나타낸 것이다. 이에 대한 분석으로 옳은 내용만을 |보기|에서 고른 것은?

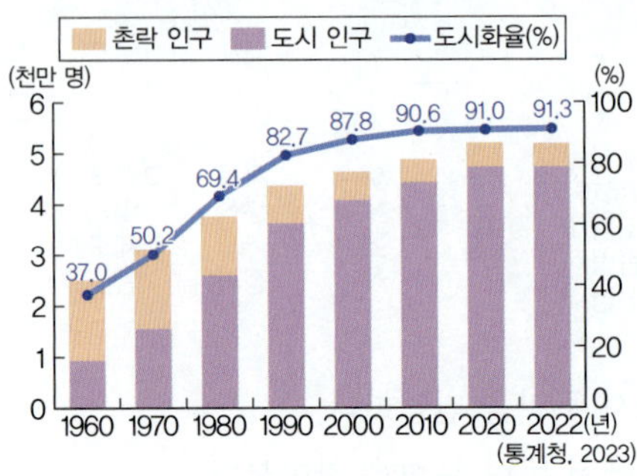

(통계청, 2023)

| 보기 |

ㄱ. 도시 인구는 1980년보다 2022년에 더 많다.

ㄴ. 1970년에는 촌락 인구보다 도시 인구가 많다.

ㄷ. 1960~1970년보다 2010~2020년에 도시화율 증가 폭이 크다.

ㄹ. 총인구 중 촌락 인구가 차지하는 비율은 1990년보다 2022년에 더 높다.

① ㄱ, ㄴ   ② ㄱ, ㄷ   ③ ㄴ, ㄷ
④ ㄴ, ㄹ   ⑤ ㄷ, ㄹ

586 상 중 하

그림은 두 지역의 경관을 나타낸 것이다. (가), (나) 지역에 대한 설명으로 옳지 <u>않은</u> 것은? (단, (가), (나)는 각각 도시, 촌락 중 하나이다.)

(가)   (나)

① (가)는 촌락, (나)는 도시 지역이다.

② (가)는 (나)보다 불투수 면적의 비율이 높다.

③ (가)는 (나)보다 1차 산업 취업자 수 비율이 높다.

④ (나)는 (가)보다 직업의 다양성이 높다.

⑤ (나)는 (가)보다 토지 이용의 집약도가 높다.

587

<상 중 하>

다음 글은 산업화와 도시화에 따른 문제점과 해결 방안에 대한 설명이다. 밑줄 친 ㉠~㉤에 대한 설명으로 옳지 <u>않은</u> 것은?

> 도시에서 ㉠ 주택 문제, ㉡ 교통 문제, ㉢ 환경 문제 등이 발생하고 있으며, ㉣ 자동화와 기계화로 노동 수요가 감소하면서 문제가 나타나고 있습니다. 또한 ㉤ 익명성이 확산되고 공동체의 결속력이 약화되고 있습니다.

① ㉠의 해결 방안으로 신도시 건설, 도시 재개발 사업 시행 등이 있다.

② ㉡은 도시로 인구가 집중되면서 교통량이 증가하여 발생한다.

③ ㉢의 사례로 산업 폐수, 생활 쓰레기 등으로 인한 수질 및 토양 오염이 있다.

④ ㉣은 실업이 증가하는 문제를 유발한다.

⑤ ㉤을 해결하기 위해 도시성 확산 정책을 실시해야 한다.

588 _{중요}

<상 중 하>

다음 사진은 두 시기의 우리나라의 주요 철도 교통수단을 나타낸 것이다. (가) 시기와 비교한 (나) 시기의 상대적 특징을 그림의 A~E에서 고른 것은?

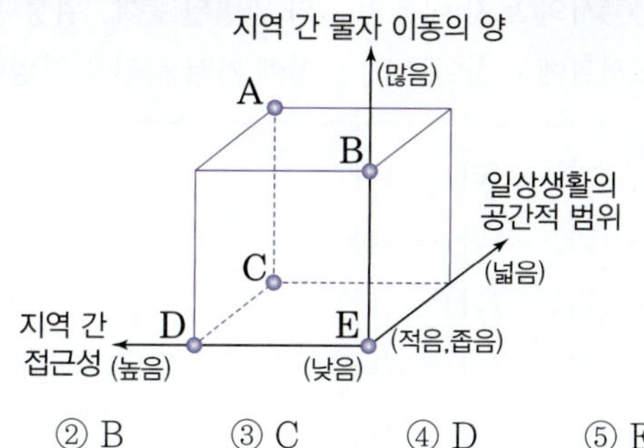

① A　　② B　　③ C　　④ D　　⑤ E

589

<상 중 하>

다음 지도는 수도권 철도 노선 변화에 따른 통근·통학자 비율을 나타낸 것이다. 이에 대한 설명으로 옳지 <u>않은</u> 것은?

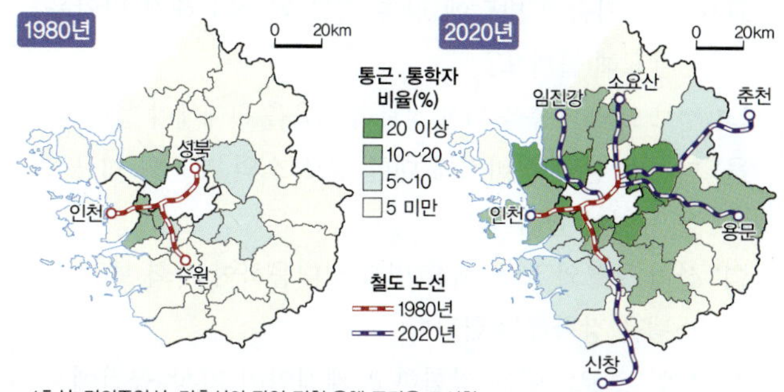

*1호선, 경의중앙선, 경춘선의 광역 전철 운행 구간을 표시함.

(통계청, 각 연도 / 한국 철도 공사, 2023)

① 서울의 대도시권이 넓어졌다.

② 서울로 통근·통학하는 인구 비율이 높아졌다.

③ 철도 노선 확충으로 지역 격차가 줄어들고 있다.

④ 광역 교통망 발달로 통근과 통학권의 범위가 확대되었다.

⑤ 교통 발달로 공간적 제약이 완화되어 개인의 생활권이 넓어졌다.

590

<상 중 하>

(가)에 들어갈 내용으로 가장 적절한 것은?

> ### ○○ 신문
>
> 20○○년 △월 △일
>
> 야생 동물의 움직임을 탐지하는 센서와 인공 지능 기술이 적용된 폐쇄 회로 텔레비전(CCTV)을 결합해 운전자에게 전광판으로 야생 동물의 출현을 알려주는 기술이 개발되었다. 이 기술을 통해 _____ (가) _____ 효과를 기대할 수 있다.

① 교통량 감소로 인한 에너지 절약

② 야생 동물 이동의 안전 보장 및 교통사고 감소

③ 겨울철 야생 동물 먹이주기를 통한 생태계 보호

④ 외래 생물종 유입 차단을 통한 생태계 교란 방지

⑤ 자동차에서 배출되는 대기 오염 물질 배출량 감축

591 상 중 하

다음은 수업의 한 장면이다. 교사의 질문에 대해 옳은 대답을 한 학생만을 고른 것은?

교사: 과학기술의 발달에 따른 정보 격차의 해결 방안을 발표해 볼까요?
갑: 정보 소외 계층을 위한 정보화 교육을 확대해야 합니다.
을: 디지털 관련 서비스에 대한 정보 소외 계층의 접근성을 높여야 합니다.
병: 산업 구조와 노동 시장 변화에 대응하여 사회 보장 시스템을 강화해야 합니다.
정: 보안 프로그램을 강화하고 개개인이 가상 공간에서 정보 윤리를 실천해야 합니다.

① 갑, 을   ② 갑, 병   ③ 을, 병
④ 을, 정   ⑤ 병, 정

592 중요 상 중 하

다음 표는 각 산업 혁명 단계의 특징을 나타낸 것이다. (가)~(라)에 들어갈 알맞은 내용을 |보기|에서 골라 옳게 짝지은 것은?

1차 산업 혁명 (18세기)	2차 산업 혁명 (19~20세기 초)	3차 산업 혁명 (20세기 후반)	4차 산업 혁명 (21세기 초반~)
(가)	(나)	(다)	(라)

|보기|
ㄱ. 증기 기관 중심의 기계화 혁명
ㄴ. 전기 에너지 기반의 대량 생산 혁명
ㄷ. 인공지능 기반의 지능화 및 초연결화
ㄹ. 컴퓨터와 인터넷 기반의 디지털 혁명

	(가)	(나)	(다)	(라)
①	ㄱ	ㄴ	ㄷ	ㄹ
②	ㄱ	ㄴ	ㄹ	ㄷ
③	ㄴ	ㄱ	ㄷ	ㄹ
④	ㄴ	ㄱ	ㄹ	ㄷ
⑤	ㄴ	ㄷ	ㄹ	ㄱ

593 수능형 상 중 하

다음은 지역 정보 수집 단계에서 수행하는 활동을 정리한 것이다. ㉠~㉣에 대한 설명으로 옳은 내용만을 |보기|에서 고른 것은?

(1) ㉠ : 지도, 문헌, 통계 자료, ㉡ 위성 사진 등의 정보를 수집하고, ㉢ 을/를 위해 조사 내용과 방법, 구체적인 일정과 이동 경로 등을 결정한다.
(2) ㉢ : 관찰, 실측, 촬영 등으로 수집한 정보를 글, 사진, 영상 등으로 기록하고, ㉣ 주민을 대상으로 설문 조사나 면담을 진행하여 정보를 수집한다.

|보기|
ㄱ. ㉠은 야외 조사, ㉢은 실내 조사이다.
ㄴ. ㉡을 통해 얻은 정보는 지리 정보 시스템(GIS)에서 활용할 수 있다.
ㄷ. ㉢을 먼저 시행한 뒤 추가적인 정보 수집이 필요할 때만 ㉠을 시행한다.
ㄹ. ㉣을 위한 설문 조사지 제작은 ㉠ 단계의 활동이다.

① ㄱ, ㄴ   ② ㄱ, ㄷ   ③ ㄴ, ㄷ
④ ㄴ, ㄹ   ⑤ ㄷ, ㄹ

594 중요 상 중 하

(가)~(라)를 지역 조사의 순서대로 옳게 나열한 것은?

(가) 'OO시의 토지 이용 변화'를 조사 주제로 선정한다.
(나) OO시의 토지 이용 변화를 분석한 보고서를 작성한다.
(다) OO시의 토지 이용 변화와 관련해 수집한 자료들을 정리하여 그래프, 지도 등으로 시각화한다.
(라) OO시의 토지 이용 변화와 관련된 통계, 위성 사진을 도서관에서 찾아보고, 현장에 가서 사진을 촬영한다.

① (가) – (다) – (라) – (나)
② (가) – (라) – (나) – (다)
③ (가) – (라) – (다) – (나)
④ (라) – (가) – (다) – (나)
⑤ (라) – (다) – (가) – (나)

595   상 중 하

다음 그래프는 (가), (나) 두 시기의 하천 수위 변화를 나타낸 것이다. 이를 보고 물음에 답하시오.

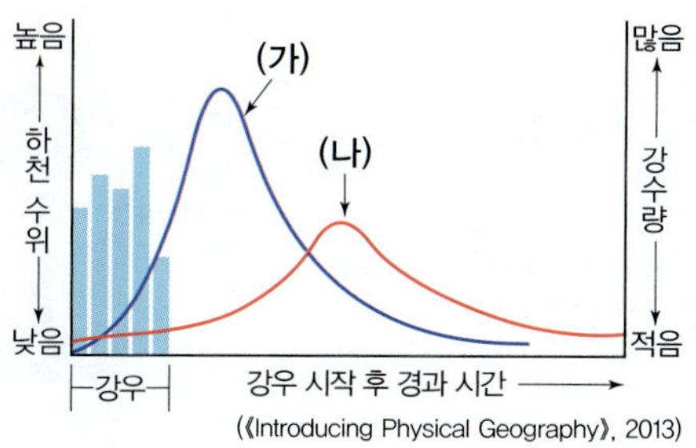

(1) (가), (나)는 각각 도시화 이전과 도시화 이후 중 어느 시기에 해당하는지 쓰시오.

(2) (나) 시기와 비교한 (가) 시기의 상대적 특징을 제시어를 모두 사용하여 서술하시오.

┤ 제시어 ├
- 포장된 지표 면적의 비율 · 하천의 최고 수위
- 홍수 발생 가능성

596 중요   상 중 하

다음 그래프는 두 시기의 어느 지역의 용도별 토지 이용 비율을 나타낸 것이다. (가) 시기와 비교한 (나) 시기의 상대적 특징을 제시어를 모두 사용하여 서술하시오.

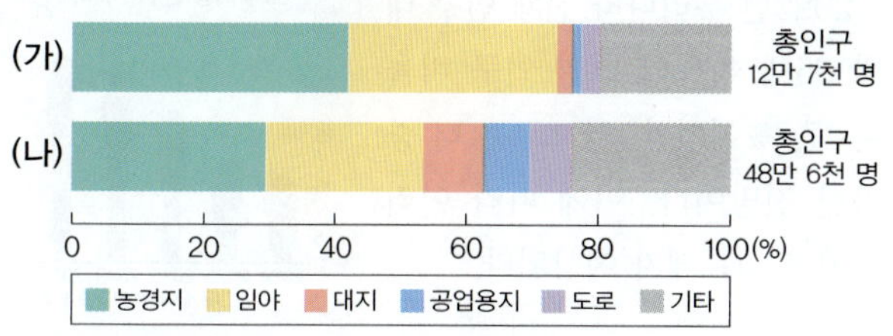

┤ 제시어 ├
- 1차 산업 취업자 수 비율 · 토지 이용의 집약도
- 인구 밀도

597   상 중 하

다음은 (가), (나) 시기의 주요 교통수단을 설명한 것이다. (가) 시기와 비교한 (나) 시기의 상대적 특징을 제시어를 모두 사용하여 서술하시오.

> (가) 다른 지역으로 이동하거나 물자를 보낼 때 사람이 직접 걸어가거나 마차와 같은 교통수단을 이용하였다.
> (나) 내연 기관 발명으로 자동차, 항공기 등의 교통수단이 발달하면서 먼 거리를 빠르게 이동할 수 있게 되었다.

┤ 제시어 ├
- 세계 무역량 · 국경이 갖는 의미의 중요성
- 다국적 기업의 수

598   상 중 하

다음 학생들의 대화를 보고 물음에 답하시오.

> 갑: ○○ 지역의 백화점 분포 특징에 대해 조사하려고 하는데 어디부터 답사를 해야 할지 모르겠어.
> 을: 나는 백화점을 이용하는 소비자들에게 나눠줄 설문 조사지를 미처 준비하지 못했어.

(1) 갑, 을이 답사 현장에서 겪고 있는 어려움을 두 가지 서술하시오.

(2) 학생들이 위와 같은 어려움을 겪게 된 이유를 지역 조사 과정에서 미흡했던 점과 관련하여 서술하시오.

599

상 중 하

다음 자료는 영국의 가옥 구조에 대해 인간, 사회, 환경을 바라보는 다양한 관점 중 하나의 관점에서 설명한 것이다. 이 관점에 대한 설명으로 가장 적절한 것은?

> 영국에는 창문을 벽돌로 채워 놓은 형태의 건물이 있다. 이는 과거 윌리엄 3세가 부유할수록 집이 크고 창문이 많을 것이라고 판단하여 창문의 수에 따라 세금을 부과하는 창문세를 도입하였고, 사람들이 세금을 내지 않기 위해 창문을 없애기 시작하면서 생겨난 것이다.

① 하나의 사회현상을 여러 관점에서 살펴보는 것이다.
② 인간과 사회, 자연이 상호 작용하는 방식을 알 수 있다.
③ 인간의 행위를 도덕적 기준에서 탐색하고 바람직한 삶의 방향을 살펴보는 것이다.
④ 과거의 경험을 기반으로 우리 사회가 나아가야 할 미래의 방향을 예측할 수 있도록 한다.
⑤ 개인의 행동과 의식 또는 사회현상이 사회 구조와 사회제도의 영향을 받는 양상을 파악할 수 있다.

600

상 중 하

쓰레기 매립지 건설 문제와 관련하여 A~D의 관점에 해당하는 적절한 질문만을 | 보기 |에서 고른 것은?

〈쓰레기 매립지 건설 문제〉

| 보기 |

ㄱ. A - 쓰레기 매립지 문제를 해결하려면 시민으로서 어떤 태도를 지녀야 바람직할까?
ㄴ. B - 쓰레기 매립지가 들어서면 지역의 공간 이용에 어떤 변화가 일어날까?
ㄷ. C - 쓰레기 처리를 위해 어떤 법과 제도가 필요할까?
ㄹ. D - 역사적으로 쓰레기를 어떻게 처리해 왔을까?

① ㄱ, ㄴ ② ㄱ, ㄷ ③ ㄴ, ㄷ ④ ㄴ, ㄹ ⑤ ㄷ, ㄹ

601

상 중 하

다음 교사가 제시한 탐구 과제에 가장 적절한 탐구 활동을 수행한 학생은?

> 장애인 등 교통 약자를 위한 이동 편의 시설이 과거보다 잘 구축되고 있지만, 여전히 많은 곳에서 장애인들의 이동권이 확보되지 않아 불편함을 겪고 있다.

① 갑: 장애인의 이동권을 보장하는 정책을 분석하였습니다.
② 을: 장애인의 이동권 확보를 위한 올바른 가치관에 대해 탐색하였습니다.
③ 병: 장애인의 이동 편의 시설이 부족한 지역의 사회 구조를 분석하였습니다.
④ 정: 장애인 등 교통 약자를 위한 법률의 시대적 변천 과정을 분석하였습니다.
⑤ 무: 장애인을 위한 저상 버스 노선 확대가 가능한 지역은 어디인지 파악하였습니다.

602 중요

상 중 하

다음 자료와 관련한 사회현상을 탐구하고자 할 때, 각 관점에 따른 활동으로 적절한 내용만을 | 보기 |에서 고른 것은?

> 2022년 우리나라 전체 인구 대비 65세 이상의 노인 인구 비율은 17.4%이지만, 앞으로는 더 증가할 전망이다. 이에 따라 여러 가지 사회문제가 예상된다.

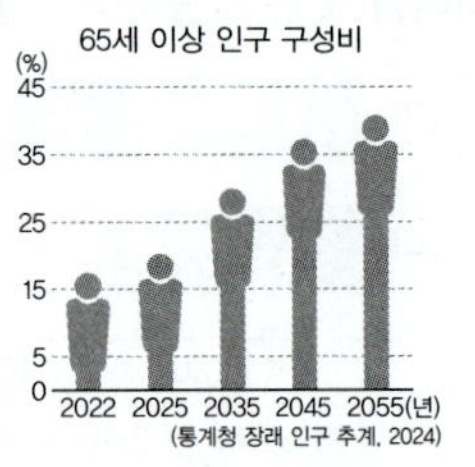

| 보기 |

ㄱ. 시간적 관점 - 노인 인구 증가의 시대적 배경 조사
ㄴ. 공간적 관점 - 도시와 농촌의 노인 인구 비율 비교
ㄷ. 사회적 관점 - 노인 문제에 대한 바람직한 자세 탐색
ㄹ. 윤리적 관점 - 노인 인구 증가와 관련된 정부 정책 파악

① ㄱ, ㄴ ② ㄱ, ㄷ ③ ㄴ, ㄷ ④ ㄴ, ㄹ ⑤ ㄷ, ㄹ

603

상 중 하

다음을 주장한 사상의 입장에서 부정의 대답을 할 질문으로 가장 적절한 것은?

> - 배우고 때로 익히니 기쁘지 아니한가? 뜻을 같이하는 친한 벗이 먼 곳으로부터 찾아오니 이 또한 즐겁지 아니한가? 사람들이 알아주지 않아도 화를 내지 않으니 이 또한 군자가 아니겠는가?
> - 의롭지 않은데도 돈이 많고 지위가 높은 것은 마치 뜬 구름과 같습니다. 거친 음식을 먹고 맹물을 마시며 팔을 굽혀 베개로 삼더라도 의로운 삶이라면 행복은 그 속에 있는 법입니다.

① 대동 사회를 실현해야 하는가?
② 부유함은 행복의 충분조건인가?
③ 인(仁)을 실천해야 행복해질 수 있는가?
④ 인간은 하늘로부터 선한 본성을 부여받는가?
⑤ 인륜이 구현되는 사회 속에서 행복해질 수 있는가?

604

상 중 하

다음은 서양의 행복론에 대한 설명이다. 설명의 ㉠~㉤ 중 옳지 않은 것은?

> 서양에서는 많은 철학자들이 다양한 행복론을 전개하였다. 우선 아리스토텔레스는 ㉠ 행복한 삶을 실현하기 위해 이성을 탁월하게 발휘하고 좋은 습관을 형성해야 한다고 강조하였다. ㉡ 또한 모자람과 지나침 사이의 산술적 중간을 택할 수 있는 중용의 태도가 요구된다고 주장하였다.
> 이에 반해 에피쿠로스는 ㉢ 고통의 부재와 심리적 평온을 행복으로 간주하였다. 그래서 ㉣ 진정한 쾌락은 자연적이고 필수적인 욕구를 최소한으로만 충족하는 것이라고 보았다.
> 한편 중세 시대 신학자들은 ㉤ 신앙을 통해 영원하고 완전한 존재인 신과 하나가 되는 것을 행복한 삶이라고 주장하였다.

① ㉠　　② ㉡　　③ ㉢　　④ ㉣　　⑤ ㉤

605

상 중 하

다음은 통합사회 수업의 한 장면이다. 교사의 질문에 대한 답변으로 적절한 것만을 | 보기 |에서 고른 것은?

| 보기 |

ㄱ. 국가 권력을 분립시키지 않고 통합시켜야 해요.
ㄴ. 질 높은 인문환경과 자연환경이 갖춰져야 해요.
ㄷ. 소득과 행복 지수가 항상 비례함을 인식해야 해요.
ㄹ. 자신의 삶을 성찰하고 도덕적 행위를 실천해야 해요.

① ㄱ, ㄴ　　② ㄱ, ㄷ　　③ ㄴ, ㄷ
④ ㄴ, ㄹ　　⑤ ㄷ, ㄹ

606 중요

상 중 하

지도의 (나)와 비교한 (가) 지역의 상대적 특성을 그림의 A~E에서 고른 것은?

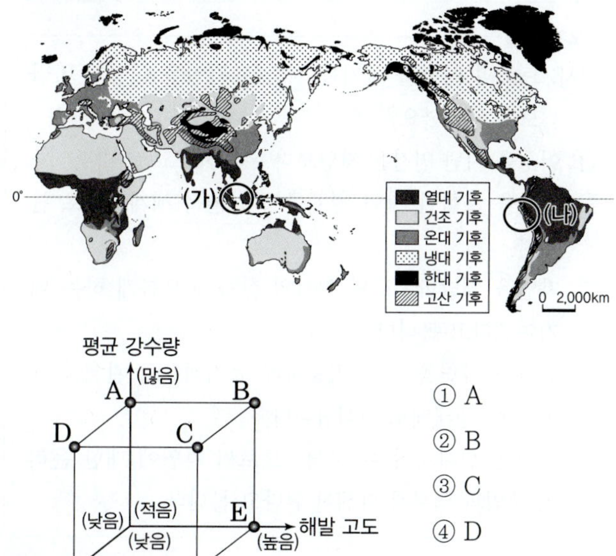

① A
② B
③ C
④ D
⑤ E

607

[상] [중] [하]

다음 사진은 지도에 표시된 지역에서 볼 수 있는 지형이다. 이에 대한 설명으로 옳은 것은?

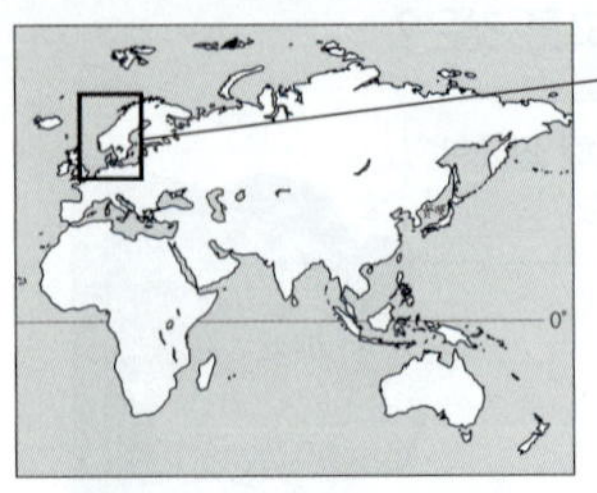 

① 큰 강 하구의 삼각주가 발달하면서 형성되었다.

② 강수량이 많은 열대 기후 지역에서 형성되었다.

③ 빙하의 침식 작용으로 만들어진 U자곡에 바닷물이 들어와 형성되었다.

④ 강수량보다 증발량이 많은 지역에서 하천 퇴적 작용에 의해 형성되었다.

⑤ 하천의 상류에서 계곡의 옆면이 경사를 이루어 V자 모양의 계곡이 형성되었다.

608

[상] [중] [하]

다음은 통합사회 수업 장면이다. 교사의 질문에 옳게 발표한 학생만을 고른 것은?

> 트로피 사냥이란 동물 박제, 즉 '트로피'를 얻기 위한 사냥을 말한다. 생계나 상업적 이유로 동물을 잡는 것이 아닌 사냥 그 자체를 오락으로 즐기는 행위다.

│ 보기 │

교사: 트로피 사냥을 즐기는 사람은 자연을 어떻게 바라보고 있을까요?

갑: 이성을 지닌 인간은 자연보다 우월하다고 봅니다.

을: 인간을 포함한 자연 전체를 전일론적 세계관으로 봅니다.

병: 자연을 개발함으로써 인간의 삶을 풍요롭게 하는 데 기여했다고 봅니다.

정: 인간과 자연을 서로 평등하게 유기적으로 관계를 맺고 있는 생태계로 인식합니다.

무: 인간은 생태계의 한 구성원으로써 자연에 대한 윤리적 책임과 의무를 다해야 한다고 봅니다.

① 갑, 을   ② 갑, 병   ③ 을, 병
④ 병, 정   ⑤ 정, 무

609 중요

[상] [중] [하]

지도의 (가), (나) 지역에서 나타나는 대표적인 환경 문제에 대한 옳은 설명만을 │ 보기 │에서 고른 것은?

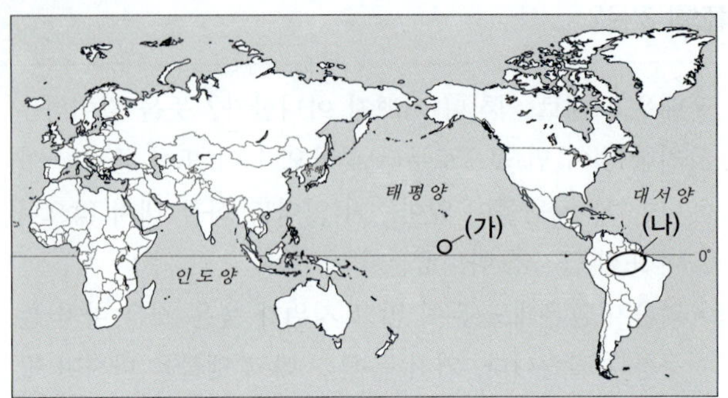

│ 보기 │

ㄱ. (가) 지역에서는 미세먼지 농도가 높아져 인간의 건강에 악영향을 미칠 것이다.

ㄴ. (가) 지역에서는 해안 저지대가 물에 잠겨 삶의 터전을 잃은 난민이 증가할 것이다.

ㄷ. (나) 지역에서는 생물종 다양성 감소, 토양 침식 심화 등이 가속화될 수 있다.

ㄹ. (나) 지역에서는 목재를 연료로 사용함으로써 화석연료로 인한 환경 오염을 줄일 수 있을 것이다.

① ㄱ, ㄴ   ② ㄱ, ㄷ   ③ ㄴ, ㄷ   ④ ㄴ, ㄹ   ⑤ ㄷ, ㄹ

610

[상] [중] [하]

다음 퀴즈의 정답에 해당하는 용어를 글자판에서 모두 지우고 난 뒤, 남은 글자로 만들 수 있는 용어에 대한 설명으로 옳은 것은?

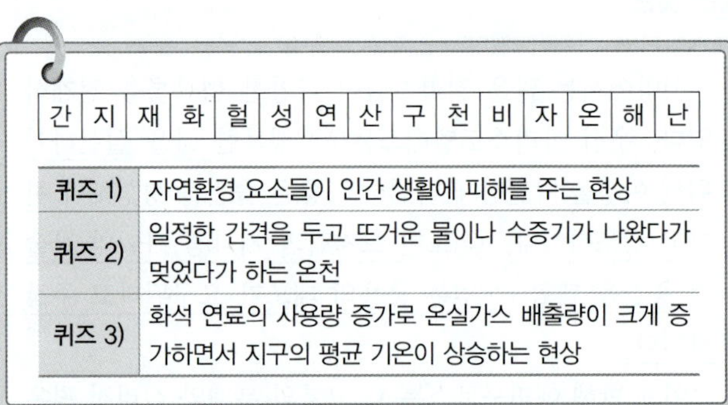

간	지	재	화	혈	성	연	산	구	천	비	자	온	해	난

퀴즈 1)	자연환경 요소들이 인간 생활에 피해를 주는 현상
퀴즈 2)	일정한 간격을 두고 뜨거운 물이나 수증기가 나왔다가 멎었다가 하는 온천
퀴즈 3)	화석 연료의 사용량 증가로 온실가스 배출량이 크게 증가하면서 지구의 평균 기온이 상승하는 현상

① 석회암이 빗물에 녹아 형성된 지형

② 대기 오염 물질이 산성 물질로 변해 내리는 비

③ 지속가능한 발전에 대한 책임과 의식을 가진 시민

④ 공해 없는 자연 속에서 전통문화와 자연을 잘 보호하면서 느림의 삶을 추구하는 국제 운동

⑤ 국민의 생명 및 신체의 안전과 재산 보호에 관련된 행위를 할 때에는 안전을 우선적으로 고려하는 법

611

[상][중][하]

다음 그림과 같은 자연환경의 변화와 인간 생활에 대한 설명으로 옳지 <u>않은</u> 것은?

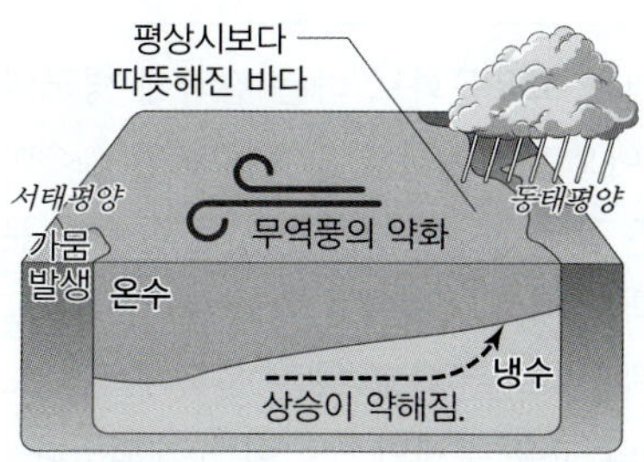

① 동태평양의 바닷물 온도가 올라가는 현상이다.
② 서태평양에서는 폭우와 홍수 같은 극단적인 기상 현상이 나타날 수 있다.
③ 동태평양에서는 해수 온도 상승으로 어류 감소와 어업 피해가 발생하기도 한다.
④ 무역풍이 약화되거나 역전되면서 따뜻한 해수가 동태평양으로 몰리기 때문에 발생한다.
⑤ 인도네시아, 오스트레일리아 지역은 상대적으로 해수면 온도가 낮아지고 강수량이 줄어 가뭄이 심해질 수 있다.

612

[상][중][하]

환경 문제 해결을 위한 다양한 주체의 노력으로 알맞지 <u>않은</u> 것은?

오늘날의 환경 문제는 전 세계적으로 나타나며, 더욱 심각해지는 양상이 나타나고 있다. 이를 해결하기 위해서는 국제적인 협력은 물론 정부, 시민사회, 기업, 개인 모두의 다양한 노력이 필요하다.

정부	환경 문제 해결과 환경 보호를 위해 국제기구 활동과 국제 협약 등을 준수하는 등 국제 사회에서 다양한 활동을 한다.	㉠
	환경 관련 법 제정과 제도를 마련하고 기업과 국민이 이를 지키도록 해야 한다.	㉡
시민사회	정부의 친환경 정책에 의해 기업의 경제적 이익이 감소하거나 경제 성장이 억제되는 것을 방지하고자 정부 정책을 견제한다.	㉢
기업	환경을 보호하면서 성장을 추구하는 기업 윤리에 따라 기업을 경영한다.	㉣
개인	지속가능한 발전에 관심을 가지고, 인간과 자연의 관계를 바라보고 실천하는 생태시민성을 기른다.	㉤

① ㉠ ② ㉡ ③ ㉢ ④ ㉣ ⑤ ㉤

주관식·서술형

613

[상][중][하]

다음 자료를 읽고 물음에 답하시오.

> ㉠ 은/는 자신이 원하는 욕구가 충족되어 만족하거나 즐거움과 여유로움을 느끼는 상태이다. 일반적으로 ㉠ 의 기준은 시대나 지역에 따라 다르게 나타난다.

(1) 윗글의 ㉠에 공통으로 들어갈 개념을 쓰시오.

(2) 윗글의 밑줄 친 내용에 해당하는 사례를 <u>두 가지</u> 서술하시오. (시대와 지역에 따른 측면을 각각 서술해야 함.)

614 중요

[상][중][하]

다음 글을 읽고 물음에 답하시오.

> 전 세계적인 환경 문제를 해결하고 지속가능한 발전을 이루기 위해 개인은 □□□□□으로서의 자질을 함양해야 한다. □□□□□은/는 변화하는 환경에서 생태 감수성, 책임감을 바탕으로 인간과 환경의 공존을 위해 노력해야 한다. 무엇보다 ㉠ <u>일상생활에서 친환경적 생활 방식을 실천하는 것</u>이 중요하다.

(1) 윗글의 빈칸에 공통으로 들어갈 용어를 쓰시오.

(2) 윗글의 밑줄 친 ㉠에 해당하는 사례를 <u>두 가지</u> 이상 서술하시오.

615

상 중 하

다음의 화폐가 사용되는 지역의 문화권에 대한 설명으로 가장 적절한 것은?

> 
> 이 나라의 화폐 앞면에는 국왕의 초상화가 그려져 있는데, 강한 햇빛과 모래바람으로부터 보호하려고 머리에 '구트라'라고 불리는 천을 두른 모습이다. 뒷면에는 이슬람교의 성지 중 하나인 예루살렘의 알 아크사 모스크가 그려져 있다.

① 계절풍의 영향을 많이 받아 벼농사가 발달하였다.
② 전통적으로 순록을 유목하거나 사냥을 하면서 생활한다.
③ 부족 단위의 공동체 생활을 하는 곳이 많아 언어와 종교가 다양하다.
④ 물이 부족하여 오아시스 농업을 통해 재배한 대추야자를 말려 먹는다.
⑤ 세계 경제의 중심지 역할을 하며, 세계적인 농산물 수출 지역이기도 하다.

616

상 중 하

다음의 특징을 가진 문화권을 지도의 A~E에서 고른 것은?

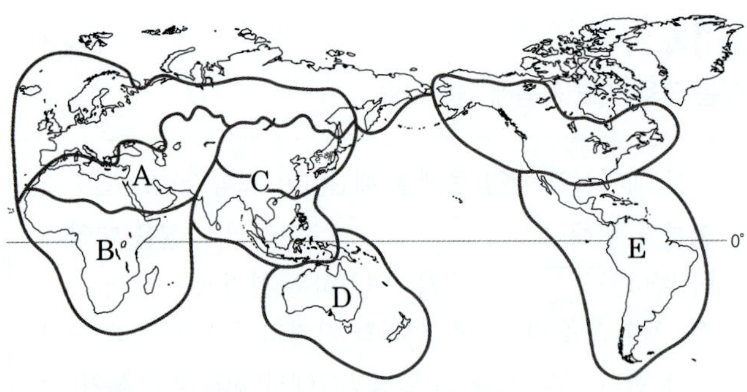

> • 에스파냐와 포르투갈 식민 지배의 영향으로 주민들은 대부분 가톨릭교를 믿는다.
> • 옥수수를 활용한 음식이 발달하였고, 매운 향신료를 많이 사용한다.
> • 대표적인 춤인 탱고는 이주민들의 설움과 애환을 담은 애절한 리듬과 절도 있는 동작이 엿보인다.

① A   ② B   ③ C   ④ D   ⑤ E

617 중요

상 중 하

다음 자료에 대한 옳은 설명만을 | 보기 |에서 고른 것은?

> • ●●주택을 고유문화로 하는 갑국에 병국의 건축업자들이 들어오면서 병국의 고유 주택인 ◇◇이 소개되었다. 이후 갑국에서는 자신들의 고유 주택 문화와 함께 ◇◇주택도 새로운 주택 문화로 자리잡았다.
> • ◆◆주택을 고유문화로 하는 을국에서는 드라마를 통해 병국의 고유 주택인 ◇◇이 소개되었다. 이후 을국에서는 ◆◆주택과 ◇◇주택이 결합하여 만들어진 ◆◆주택이 새롭게 나타나 을국의 대표적인 주택 문화가 되었다.

| 보기 |

ㄱ. 갑국에서는 문화 병존이 나타났다.
ㄴ. 을국에서는 자문화의 정체성이 소멸되었다.
ㄷ. 갑국과 달리 을국에서는 새로운 문화 요소가 만들어졌다.
ㄹ. 갑국과 달리 을국에서는 직접 전파에 의한 문화 변동이 나타났다.

① ㄱ, ㄴ   ② ㄱ, ㄷ   ③ ㄴ, ㄷ
④ ㄴ, ㄹ   ⑤ ㄷ, ㄹ

618

상 중 하

다음 글은 수업 시간에 제시된 자료이다. 이를 통해 학습하고자 한 주제로 가장 적절한 것은?

> 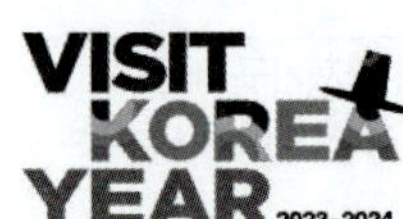
> 한국 관광 공사는 '한국 방문의 해'를 맞이하여 'Visit Korea Year'에 한복의 문양을 입힌 서체 디자인과 한국 전통문화인 갓이 사용된 로고를 공개하였다. 이에 대해 "한국 방문의 해 로고는 전통과 현대가 조화롭게 공존하는 한국으로의 초대를 의미한다."라고 설명하였다.

① 전통문화의 기능과 역할
② 문화와 관광 산업의 관계
③ 자발적 문화 접변의 사례
④ 전통문화의 창조적 계승 방안
⑤ 외래문화에 대한 비판적 수용의 필요성

619

상 중 하

다음 글에서 강조하는 문화 이해 태도에 대한 설명으로 가장 적절한 것은?

우리는 다른 사회의 문화를 존중하려는 입장을 가지는 동시에, 도덕적으로 비난받을 만한 문화에 대해서는 비판적인 입장을 가져야 한다. 각 사회가 처한 독특한 상황과 맥락을 고려하여 해당 사회의 문화를 이해해야 한다는 이유로 인간의 존엄성 같은 보편적인 가치를 위협하는 문화까지 정당화할 수는 없다. 또한, 한 사회의 고유한 문화가 가진 가치를 정당화하기 위해서 그 문화의 부정적 측면에 대한 비판을 거부하고 새로운 대안을 받아들이는 것을 주저한다면, 바람직한 방향으로의 문화 변동이 나타나기 어렵다.

① 문화의 다양성을 존중하는 태도가 중요하다고 본다.
② 서로 다른 문화들 간에 우열을 가릴 수 있다고 본다.
③ 보편적인 윤리 기준으로 문화를 성찰해야 한다고 본다.
④ 인류는 동일한 인문환경을 바탕으로 문화를 형성한다.
⑤ 자기 문화의 우월성을 바탕으로 타문화를 평가해야 한다고 본다.

620  중요

상 중 하

갑국과 을국의 다문화 정책에 대한 설명으로 옳지 <u>않은</u> 것은?

① 갑국 정책은 이질적 문화 간의 위계를 인정하고 있다.
② 을국 정책은 각 문화의 정체성과 가치를 존중하고 있다.
③ 갑국 정책은 이민자의 문화 정체성을 훼손할 우려가 있다.
④ 을국 정책은 문화 간 차이를 인정하는 관용의 자세를 중시한다.
⑤ 갑국과 을국 정책은 여러 문화를 합쳐 하나의 문화로 만드는 것이다.

621  중요

상 중 하

그래프는 우리나라의 산업 구조와 도시화율 변화를 나타낸 것이다. 이에 대한 설명으로 옳은 것은? (단, (가)~(다)는 각각 농림어업, 광공업, 사회 간접 자본 및 기타 서비스업 중 하나임.)

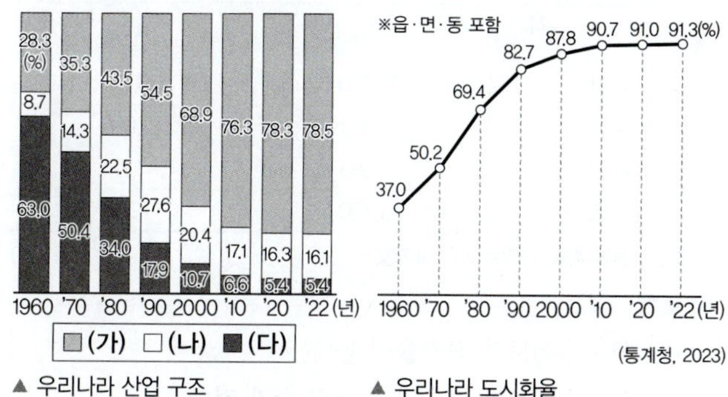

① 산업화가 진행되면 (가)의 종사자 수 비율은 낮아지게 된다.
② (가)는 1차 산업, (나)는 2차 산업에 해당한다.
③ 촌락은 (가) 종사자 수가 (다) 종사자 수보다 많다.
④ 우리나라는 1970년에 촌락 인구보다 도시 인구가 많다.
⑤ 우리나라는 1970~1980년보다 2010~2020년의 도시화율 증가 폭이 크다.

622

상 중 하

㉠~㉤에 대한 설명으로 옳은 것은?

㉠ 산업화의 진전으로 ㉡ 산업 구조의 고도화가 나타났고 일자리가 많은 도시로 촌락의 인구가 이동하는 ㉢ 현상이 나타났다. 이에 따라 전체 인구 중에서 ㉣ 도시에 거주하는 인구 비율이 증가하고 도시적 생활양식이 확산되는 현상인 ㉤ 도시화가 진행되었다.

① 우리나라에서 ㉠은 1990년대에 시작되었다.
② ㉡은 2, 3차 산업의 비율이 감소하고 1차 산업 중심의 산업 구조로 변화하는 현상을 말한다.
③ ㉢에 들어갈 알맞은 말은 '역도시화'이다.
④ ㉣은 선진국보다 개발도상국에서 높게 나타난다.
⑤ ㉤으로 인해 토지 이용의 집약도가 높아졌다.

623

상 중 **하**

표는 (가), (나) 시기의 토지 이용을 나타낸 것이다. 이에 대한 설명으로 옳은 것만을 | 보기 |에서 고른 것은? (단, (가), (나)는 각각 1980년, 2023년 중 하나임.)

(단위: km²)

용도 \ 시기	(가)	(나)
임야	63,370	66,128
논밭	18,413	22,099
* 대지	3,383	1,721
도로	3,480	1,399

* 대지는 건물을 지을 수 있는 땅을 의미함.　　　　(통계청)

| 보기 |

ㄱ. (가)는 (나)보다 경지율이 높다.

ㄴ. (가)는 (나)보다 가구당 구성원 수가 적다.

ㄷ. (나)는 (가)보다 도시화율이 낮다.

ㄹ. (나)는 (가)보다 3차 산업 종사자의 비율이 높다.

① ㄱ, ㄴ　　　② ㄱ, ㄷ　　　③ ㄴ, ㄷ

④ ㄴ, ㄹ　　　⑤ ㄷ, ㄹ

624

상 중 **하**

(가)에 들어갈 내용으로 옳은 것만을 | 보기 |에서 고른 것은?

> 브라질의 리우데자네이루 시(市) 곳곳에는 '파벨라'라고 불리는 거대한 규모의 불량 주택 지구가 형성되어 있다. 파벨라의 주민들은 상하수도 시설 부족, 화장실 부족 등의 문제로 어려움을 겪고 있으며, 건축 재료의 내구성이 약해 지진이나 홍수 발생 시 큰 피해가 발생할 가능성이 매우 높다. 이러한 문제를 해결하기 위해서는 　　　(가)　　　 등의 대책이 필요하다.

| 보기 |

ㄱ. 소득 계층에 따른 철저한 거주지 분리

ㄴ. 거주민을 대상으로 강제 이주 정책 실시

ㄷ. 도시 재생 사업을 통한 노후 불량 주택 개량

ㄹ. 도시 기반 시설의 확충을 통한 생활환경 개선

① ㄱ, ㄴ　　　② ㄱ, ㄷ　　　③ ㄴ, ㄷ

④ ㄴ, ㄹ　　　⑤ ㄷ, ㄹ

625

상 중 **하**

그림은 교통의 발달 과정을 나타낸 것이다. (가) 시기와 비교한 (나) 시기의 상대적 특징을 A~E에서 고른 것은?

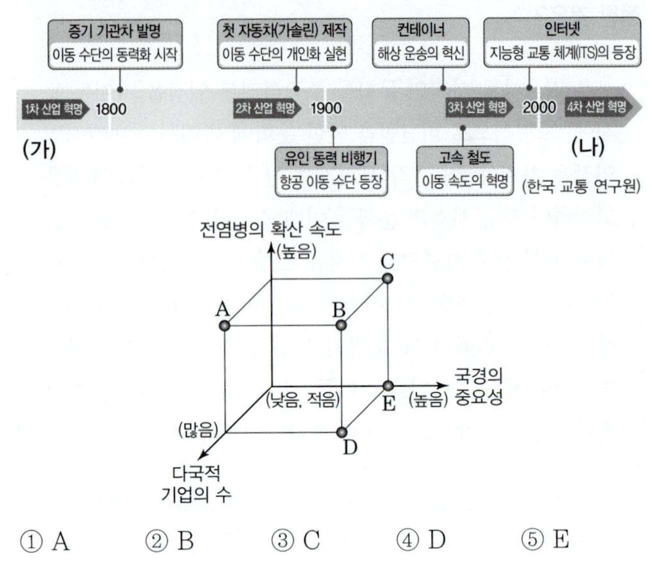

① A　　　② B　　　③ C　　　④ D　　　⑤ E

626 중요

상 중 **하**

그림은 지역 조사 과정을 나타낸 것이다. (가), (나)에 해당하는 활동으로 옳은 것만을 | 보기 |에서 고른 것은?

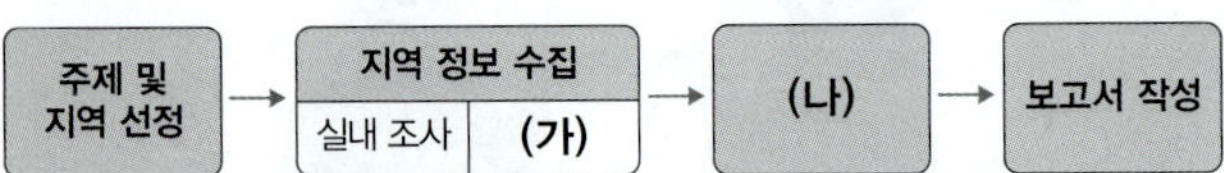

| 보기 |

ㄱ. (가) – 답사 현장에서 사진을 촬영한다.

ㄴ. (가) – 주민을 대상으로 면담을 진행한다.

ㄷ. (나) – 설문 대상자에게 나누어줄 설문지를 제작한다.

ㄹ. (나) – 답사 일정과 이동 경로, 방문 기관 등을 정한다.

① ㄱ, ㄴ　　　② ㄱ, ㄷ　　　③ ㄴ, ㄷ

④ ㄴ, ㄹ　　　⑤ ㄷ, ㄹ

627 중요

상 중 하

다음 글에 대한 설명으로 옳지 <u>않은</u> 것은?

> 제4차 산업 혁명으로 단순 생산직 · 사무직 · 관리직 일자리는 ⓐ 하지만 과학 · 수학 · 정보통신기술 분야 일자리는 ⓑ 할 전망이다. 미래 사회에서 요구하는 직무 역량이 부족한 노동자는 일자리를 잃게 되고, 이는 실업률 증가와 빈부 격차의 확대 등으로 이어지게 되면서 노동 시장의 ⓒ 을/를 심화시키게 된다. 따라서 이러한 문제를 해결하기 위해서는 _______(가)_______ 등과 같은 대책이 필요하다.

① ⓐ에 들어갈 말은 '증가', ⓑ에 들어갈 말은 '감소'이다.

② ⓒ에 들어갈 말은 '양극화'이다.

③ (가)에 들어갈 대책으로는 미래의 유망 직업 노동력 양성, 기존 노동력의 재취업을 위한 직업 훈련 등이 있다.

④ 과학기술의 발달에 따른 정보화로 사람들의 생활공간과 생활양식이 변화한다.

⑤ 제4차 산업 혁명으로 사물 인터넷이나 인공지능, 빅 데이터 등의 이용이 증가하고 있다.

📝 주관식·서술형

628

상 중 하

(가)~(다) 문화 전파의 사례를 보고 물음에 답하시오.

(가)	(나)	(다)
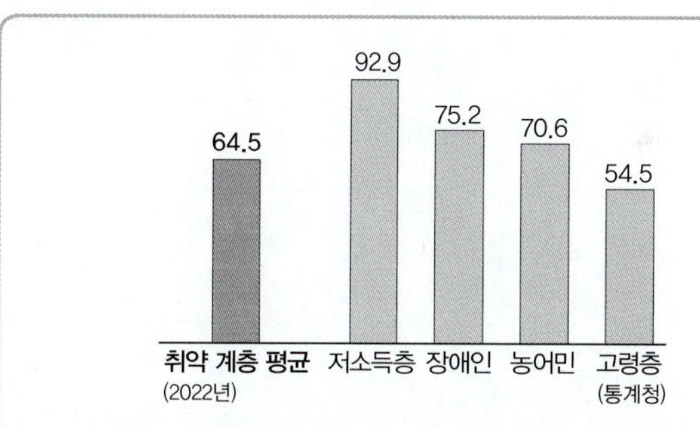		
중국에 사신으로 갔던 문익점이 목화씨를 들여와 재배하면서 면을 사용하기 시작했고 의복 혁명을 일으켰다.	한국 드라마가 인기를 끌면서 드라마에 나온 딱지치기와 같은 한국 놀이 문화가 전 세계로 퍼졌다.	임신서기석에 남은 신라 이두이다. 이두는 한자의 음과 뜻을 이용하여 우리 말의 어순대로 표기한 것이다.

(1) (가)~(다)에 해당하는 문화 전파의 유형을 쓰시오.

(2) (다)에 해당하는 문화 전파의 의미와 대표적인 사례를 서술하시오.

629

상 중 하

다음 사례를 읽고 물음에 답하시오.

> 대명혼일도는 명나라 초기에 제작된 지도이다. 이 지도에는 중국을 지도의 중심에 두고 아프리카, 유럽, 인도, 한국, 일본 등을 주변에 배치하였다.

(1) 위 사례에서 나타난 문화 이해 태도를 쓰시오.

(2) (1)에 해당하는 문화 이해 태도의 문제점을 서술하시오.

630

상 중 하

다음 자료를 보고 물음에 답하시오.

> 그래프는 일반 국민의 디지털 정보화 역량 수준을 100으로 했을 때 저소득층, 장애인, 농어민, 고령층과 같은 취약 계층의 디지털 정보화 역량 수준을 나타낸 것이다. 이를 통해 계층 간에 ⓐ 문제가 나타나고 있음을 파악할 수 있다.

(1) 위 자료의 ⓐ에 들어갈 알맞은 용어를 쓰시오.

(2) ⓐ의 해결 방안을 <u>두 가지</u> 서술하시오.

MEMO

올쏘

2022 개정
교육과정
2025년 고1부터 적용

실전에 강한 내신 기출서

기출 ALL 630제

정답 및 해설

고등학교
통합사회 1

동아출판

올쏘
기출 ALL
통합사회1
정답및
해설

I. 통합적 관점

01 세상을 바라보는 다양한 관점

STEP 1 개념 확인 문제
008쪽

001 관점 **002** 역사적 **003** 공간적 관점
004 상호 작용 **005** 사회 구조 **006** 윤리적 관점
007 × **008** × **009** ○
010 × **011** ○ **012** ○

STEP 2 예상 적중 기출 문제
008~011쪽

013 ③ **014** ④ **015** ① **016** ③ **017** ① **018** ④
019 ⑤ **020** ② **021** ⑤ **022** ③ **023** ③ **024** ④
025 ② **026** ④

013
정답 체크

사회현상을 이해하고 사회문제를 해결하기 위해서는 서로 다른 가치관을 하나의 가치관으로 통합하는 것이 아니라, 다양한 관점에서 통합적으로 접근해야 한다.

014
정답 체크

ㄴ. 시간적 관점은 역사적 배경과 시대적 맥락에 초점을 두고 사회현상을 바라본다.
ㄹ. 사회적 관점은 사회 구조 및 제도의 영향력에 초점을 둔다.

바로 알기

ㄱ. 공간적 관점은 장소와 지역 및 공간적 상호 작용에 초점을 둔다.
ㄷ. 윤리적 관점은 도덕적 가치와 규범을 고려한다.

개념 정리 세상을 바라보는 각 관점에서 고려하는 요소

- 시간적 관점 - 역사적 배경, 시대적 맥락
- 공간적 관점 - 장소, 지역, 공간적 상호 작용
- 사회적 관점 - 사회 구조 및 사회 제도의 영향력
- 윤리적 관점 - 도덕적 가치, 규범

015
정답 체크

제시된 자료는 주요 국가의 이산화 탄소 배출량을 나타낸 것으로, 주제에 대해 공간적 관점에서 접근하였다.

바로 알기

② 시간적 관점에서 접근한 내용이다.
③, ④ 윤리적 관점에서 접근한 내용이다.
⑤ 사회적 관점에서 접근한 내용이다.

016
정답 체크

공간적 관점은 어떤 사회현상과 관련이 있는 위치나 장소, 분포 유형, 이동과 네트워크 등 공간 정보를 고려하는 관점이다.
ㄴ. 공간적 관점을 적용하면 해당 사회현상에 영향을 미치는 자연환경과 인문환경 요소를 고려함으로써 지역 간 공통점과 차이점을 파악할 수 있다.
ㄷ. 공간적 관점은 지역의 특성이 무엇인지 파악하고 다른 지역과 어떻게 상호 작용하는지 탐구한다.

바로 알기

ㄱ. 사회적 관점에 대한 설명이다.
ㄹ. 시간적 관점에 대한 설명이다.

017
정답 체크

제시문은 교복의 시기별 변화에 대해 설명하고 있으므로, 시간적 관점이 적용되었다.

개념 정리 세상을 바라보는 다양한 관점

- 시간적 관점: 과거에 발생한 사건이나 삶의 자취에 초점을 두고 당시의 시대적 상황과 역사적 사실을 현재와 연결 지어 의미를 부여하는 것
- 공간적 관점: 어떤 사회현상과 관련이 있는 위치나 장소, 분포 유형, 이동과 네트워크 등 공간 정보를 고려하는 것
- 사회적 관점: 사회 구성원으로서의 개인과 그를 둘러싼 사회 구조 및 제도의 상호 작용에 초점을 두어 사회현상을 이해하는 것
- 윤리적 관점: 도덕적 가치와 규범을 고려하여 사회의 다양한 현상과 문제를 이해하고, 사회 구성원들의 삶의 방향성을 모색하는 것

018
정답 체크

사회적 관점은 사회 구성원으로서의 개인과 그를 둘러싼 사회 구조 및 제도의 상호 작용에 초점을 두어 사회현상을 이해하는 관점이다.
④ 사회 구조적 요인을 파악하고자 하는 것이므로 사회적 관점으로 분석하기 위한 질문으로 적절하다.

①, ⑤ 시간적 관점으로 분석하기 위한 질문에 해당한다.
② 공간적 관점으로 분석하기 위한 질문에 해당한다.
③ 윤리적 관점으로 분석하기 위한 질문에 해당한다.

019

(가)에서 1인 가구 증가로 혼밥 문화가 생겨났으며, 이에 따라 혼자 간편하게 식사할 수 있는 공간인 햄버거 전문점을 찾는 사람이 증가하였다는 내용을 토대로 햄버거 문화를 사회적 관점에서 바라보고 있음을 알 수 있다.

(나)에서 환경 보호에 대한 인식이 높아지면서 햄버거 전문점들도 변화를 추구하고 있다는 내용을 토대로 햄버거 문화를 윤리적 관점에서 바라보고 있음을 알 수 있다.

020

(나)에 적용된 관점은 윤리적 관점이다.
② 윤리적 관점은 도덕적 가치와 규범을 고려하여 사회현상을 이해하고자 한다.

①, ③ 공간적 관점에 대한 설명이다.
④ 사회적 관점에 대한 설명이다.
⑤ 시간적 관점에 대한 설명이다. 시간적 관점을 적용하여 사회현상을 파악하면 과거의 사실과 사건을 바탕으로 현재의 사회현상을 이해하고 미래를 예측하여 바람직한 해결 방안을 찾는 데 도움이 된다.

021

㉠은 사회적 관점이다.
⑤ 사회적 관점으로 사회현상을 살펴봄으로써 사회문제의 근본적인 원인을 이해하고, 관련된 정책과 제도의 개선 방안을 제안할 수 있다.

① 윤리적 관점에 대한 설명이다.
②, ③ 공간적 관점에 대한 설명이다. 공간적 관점은 사회현상에 영향을 미치는 자연환경과 인문환경 요소를 고려하므로, 다양한 지역의 유사점과 차이점을 이해할 수 있다.
④ 시간적 관점에 대한 설명이다.

022

사회적 관점은 사회 구성원으로서의 개인과 그를 둘러싼 사회 구조 및 제도의 상호 작용에 초점을 두어 사회현상을 이해하는 관점이다. 따라서 사회 제도, 정책에 대한 질문이 사회적 관점과 관련한 토의 주제로 적절하다.

① 시간적 관점과 관련한 토의 주제로 적절하다.
② 공간적 관점과 관련한 토의 주제로 적절하다.
④, ⑤ 윤리적 관점과 관련한 토의 주제로 적절하다.

023

갑의 관점은 사회적 관점, 을의 관점은 윤리적 관점이다.
③ 인문환경 요소에 따른 공간적 특성을 파악할 수 있는 관점은 공간적 관점이다.

024

갑, 을, 병, 무의 관점은 시간적 관점에 해당한다.
④ 정부의 저출산 정책 시행은 사회 제도 변화와 관련된 내용이므로 정의 관점은 사회적 관점이다.

025

(가)는 시간적 관점, (나)는 공간적 관점, (다)는 사회적 관점, (라)는 윤리적 관점에 해당한다.
ㄱ. 시간적 관점을 적용하면 현재에 발생할 수 있는 사회현상이 미래에 어떤 영향을 미칠 것인지 예측할 수 있다.
ㄷ. 사회적 관점을 통해 사회 구조와 제도를 이해하고, 사회적 상호 작용을 탐구할 수 있다.

ㄴ. 공간적 관점을 통해 지역 간 공통점과 차이점을 파악할 수 있다.
ㄹ. 윤리적 관점은 사실 문제뿐만 아니라 가치 문제와도 관련이 있다.

026

(가)는 윤리적 관점, (나)는 사회적 관점, (다)는 시간적 관점이 적용된 토의 주제이다. 윤리적 관점은 도덕적 가치와 규범을 고려하고 사회 구성원들의 삶의 방향성을 모색하며, 사회적 관점은 사회 구성원으로서의 개인과 그를 둘러싼 사회 구조 및 제도의 상호 작용에 초점을 두어 사회현상을 이해한다. 시간적 관점은 과거에 발생한 사건이나 삶의 자취에 초점을 두고 당시의 시대적 상황과 역사적 사실을 현재와 연결 지어 의미를 부여한다.

 기출 예상 **서답형 문제** 012쪽

027

| 핵심 키워드 | 시간적 관점, 과거, 현재, 미래

(1) 시간적 관점

(2) 예시 답안 시간적 관점을 적용하면 과거의 특정 사건이나 상황이 그 사회현상에 어떤 영향을 미쳤는지 알 수 있으며, 현재 우리가 마주하는 사건이나 상황이 미래에 어떤 영향을 미칠 것인지 예상할 수 있다.

★ 채점 기준 ★

상	과거의 상황이 현재의 사회현상에 미치는 영향을 알 수 있고, 미래에 어떤 영향을 미칠지 예상할 수 있다는 내용을 모두 정확히 서술한 경우
하	과거의 상황이 현재의 사회현상에 미치는 영향을 알 수 있다는 내용 또는 미래에 어떤 영향을 미칠 것인지 예상할 수 있다는 내용 중 한 가지만 정확히 서술한 경우

028

| 핵심 키워드 | 윤리적 관점, 윤리적 문제, 범죄, 인권

예시 답안 특정인에 대한 음해나 보복을 위해 가짜 영상을 제작하고 배포하여 타인의 인권을 침해하는 사례, 보이스피싱과 같은 사기, 성범죄 등의 범죄에 악용하는 사례 등이 있다.

★ 채점 기준 ★

상	인공지능 기술의 무분별한 사용으로 발생할 수 있는 윤리적 문제의 사례를 두 가지 모두 정확히 서술한 경우
하	인공지능 기술의 무분별한 사용으로 발생할 수 있는 윤리적 문제의 사례를 한 가지만 정확히 서술한 경우

029

| 핵심 키워드 | 공간적 관점, 환경, 지역

(1) 공간적 관점

(2) 예시 답안 공간적 관점을 적용하면 주변 환경이 인간과 사회에 어떤 영향을 미치는지 파악함으로써 특정 지역에서 발생하는 현상이나 문제를 효과적으로 이해하고 그에 적합한 해결책을 마련하는 바탕이 된다.

★ 채점 기준 ★

상	공간적 관점의 필요성에 대해 환경의 영향, 특정 지역의 현상과 문제 이해를 통한 해결책 마련을 관련 지어 정확히 서술한 경우
하	공간적 관점의 필요성에 대해 환경의 영향, 특정 지역의 현상과 문제 이해를 통한 해결책 마련 중 한 가지 측면에서만 서술한 경우

030

| 핵심 키워드 | 시간적 관점, 사회적 관점

(1) (가) 시간적 관점, (나) 사회적 관점

(2) 예시 답안 (가) 시간적 관점은 과거에 발생한 사건이나 삶의 자취에 초점을 두고 당시의 시대적 상황과 역사적 사실을 현재와 연결 지어 의미를 부여하는 것이고, (나) 사회적 관점은 사회 구성원으로서의 개인과 그를 둘러싼 사회 구조 및 제도의 상호 작용에 초점을 두어 사회현상을 이해하는 것이다.

★ 채점 기준 ★

상	시간적 관점과 사회적 관점의 의미를 모두 정확히 서술한 경우
하	시간적 관점과 사회적 관점 중 한 가지의 의미만 정확히 서술한 경우

031

정답 체크

모든 진술에 옳게 답변한 학생은 갑이다.

바로 알기

공간적 관점은 인문환경과 자연환경 요소를 모두 고려하여 지역 간 공통점과 차이점을 파악한다.

사회적 관점에서 사회문제의 해결 방안을 마련할 때 사회 제도나 법률의 개선뿐 아니라 사회 구성원의 의식 변화도 고려해야 한다.

032

정답 체크

병, 정의 답변이 윤리적 관점에 해당한다.

바로 알기

갑은 시간적 관점, 을은 사회적 관점에 해당하는 탐구 내용을 제시하였다.

033

정답 체크

ㄱ. 지역별 차이를 파악하는 것은 공간적 관점에서 탐구하기 위한 주제로 적절하다.

ㄹ. 사회현상과 관련한 시민 의식 파악은 윤리적 관점에서 탐구하기 위한 주제로 적절하다.

바로 알기

ㄴ. 관련 제도의 문제점 파악은 사회적 관점에서 탐구할 수 있는 주제에 해당한다.

ㄷ. 연도별 변화율 조사는 시간적 관점에서 탐구할 수 있는 주제에 해당한다.

034

| 문제 분석 |

(가)에 들어갈 내용으로 가장 적절한 것은?

— 윤리적 관점

• 주제: ㉠ 관점으로 자율 주행 자동차 탐구하기
  – ㉠ 관점: 행위의 도덕적 기준을 탐색하고 사회
    현상을 규범적 차원에서 살펴보는 것
• 조사 내용: _______________(가)_______________

① 자율 주행 자동차와 관련한 제도를 살펴본다.→사회적 관점
② 자율 주행 자동차가 개발될 때까지의 자동차의 발달 단
  계를 조사한다. → 시간적 관점
❸ 자율 주행 자동차가 인간의 생명을 우선시하도록 설계
  되었는지 살펴본다. →윤리적 관점
④ 일반 자동차와 비교하여 자율 주행 자동차가 어느 정도
  소비되고 있는지 알아본다. →사회적 관점
⑤ 자율 주행 자동차에 문제가 발생하였을 경우 대처 방법
  이 국가별로 어떻게 다른지 조사한다. → 공간적 관점

정답 체크

㉠은 윤리적 관점이다.
③ 자율 주행 자동차가 인간의 생명을 우선시하도록 설계
되었는지 살펴보는 것은 윤리적 관점에 해당하는 내용이다.

바로 알기

①, ④ 사회적 관점에 해당한다.
② 시간적 관점에 해당한다.
⑤ 공간적 관점에 해당한다.

02 인간, 사회, 환경의 탐구와 통합적 관점

STEP 1 개념 확인 문제
016쪽

035 가치		036 통합적	037 포용
038 성찰	039 사회문제	040 ×	041 ○
042 ○	043 ×	044 ○	045 ×

STEP 2 예상 적중 기출 문제
016~019쪽

046 ①	047 ②	048 ②	049 ③	050 ④	051 ②
052 ②	053 ④	054 ①	055 ②	056 ③	057 ③
058 ①	059 ③				

046

정답 체크

제시문의 내용은 인간, 사회, 환경을 탐구할 때 한 부분만
보게 되면 편협한 사고를 할 수 있으므로 종합적인 이해가
필요하다는 것을 강조하고 있다. 사회현상은 여러 요인, 다
양한 이해관계, 사실과 가치 문제 등이 얽혀 복잡한 양상을
띠므로, 통합적 관점으로 이해할 필요가 있다.

바로 알기

② 사회현상을 이해하기 위해서 도덕적 가치와 규범을 최우선적으로
적용해야 하는 것은 아니다.
③ 사회현상을 이해하기 위해서 시대적 맥락보다 역사적 배경을 중
심으로 접근해야 하는 것은 아니다.
④ 사회현상을 이해하기 위해서 각 학문의 경계를 넘어 종합적으로
분석하는 것이 바람직하지만, 제시문과 관련 있는 내용은 아니다.
⑤ 다양한 관점에서 종합적인 이해를 바탕으로 사회현상에 따른 문
제 해결 방안을 모색해야 한다.

047

정답 체크

사실 문제는 경험적인 자료에 의해 참과 거짓을 판단할 수
있는 문제를 의미한다.
② 올해의 경제 성장률이 전년도보다 하락하였는지 여부는
경험적인 자료를 통해 참과 거짓을 판단할 수 있는 내용이
므로 사실 문제에 해당한다.

바로 알기

①, ③, ④, ⑤ 개인의 주관적 판단에 기초한 진술로서 경험적인 자료
에 의해 참과 거짓을 판단할 수 없는 가치 문제이다.

개념 정리 **사실 문제와 가치 문제**

- 사실 문제: 개인적인 감정이나 태도가 개입되지 않은 객관적 상태로, 경험적인 자료에 의해 참과 거짓을 판단할 수 있다.
- 가치 문제: 개인의 주관적 판단에 기초한 진술로, 경험적 자료에 의해 참과 거짓을 판단할 수 없다.

048

정답 체크

어떤 사회문제를 해결하는 과정에서 새로운 문제가 발생하기도 한다. 따라서 해결 방안을 모색할 때 새롭게 나타날 수 있는 문제점까지 고려해야 한다.

바로 알기

① 사회문제 해결 방안을 모색할 때 다양한 측면에서 그 원인을 분석해야 하지만, 제시문에서 파악할 수 있는 내용은 아니다.
③ 사회현상은 여러 사실과 가치가 혼재되어 발생하므로 문제 해결 과정에서 사실 판단뿐만 아니라 가치 판단도 해야 하지만, 제시문에서 파악할 수 있는 내용은 아니다.
④ 사회문제 해결 방안을 모색할 때 특정 관점을 우선시하여 대안을 제시해야 하는 것은 아니다.
⑤ 사회문제 해결 방안을 모색할 때 사회 제도의 개선보다 개인의 의식 개선을 우선시해야 하는 것은 아니다.

049

정답 체크

제시문은 ○○시가 교통 체증에 대한 대안을 마련할 때 다양한 측면을 고려하지 않았기 때문에 효율적인 대책을 세우지 못했고, 이 때문에 또 다른 문제점도 발생하였다고 보고 있다.
③ 특정 측면에서만 사회현상을 바라보면 여러 요인 간의 상호 연관성과 사회현상의 복합성을 충분히 고려하지 못하여 문제 해결에 어려움이 생길 수 있다.

바로 알기

① 사회적 관점을 강조한다고 해서 효율적인 정책을 수립할 수 있는 것은 아니다.
② 시민들의 자발적 참여가 없다고 해서 정책의 효율성이 떨어지는 것은 아니다.
④ 사실 문제와 가치 문제 중 어느 쪽을 우선시해야 하는 것은 아니다.
⑤ 교통 문제와 같은 사회문제는 시간적 관점, 공간적 관점, 사회적 관점, 윤리적 관점 등 다양한 관점에서 통합적으로 탐구하여 해결 방안을 도출할 수 있다.

자료 분석 **통합적 관점의 필요성**

교통 체증 문제를 해결하기 위해서 사회적 관점에서만 분석하여 대응 방안을 마련함.

> ○○시는 교통 체증을 해소하기 위해 <u>도로를 확장하고 신호 체계를 개선하는 정책을 수립</u>하였다. 그러나 이러한 정책은 단기적인 해결책에 그쳤다. ○○시에서 발생하는 교통 체증은 인근 지역의 과도한 개발과 인구 밀집이 주요 원인이었는데, 국가 차원에서 이와 관련해 도시 계획을 충분히 검토하지 않아 균형 개발 정책을 시행하지 못했기 때문이다. 게다가 ○○시가 환경친화적인 교통 정책을 수립하지 못하여 지역의 대기 오염이 더욱 심각해졌다.

사회문제를 효율적으로 해결하기 위해서는 사회문제를 다양한 관점에서 분석하여 해결 방안을 모색해야 한다.

050

정답 체크

난민 문제에 대해 갑은 시간적 관점, 을은 공간적 관점, 병은 사회적 관점, 정은 윤리적 관점에서 접근하고 있다.
④ 정은 난민 문제에 대해 윤리적 관점에서 접근하고 있다. 인간과 세상을 균형 잡힌 시각으로 이해하는 관점은 통합적 관점이다.

051

정답 체크

(가)는 저출생 현상의 지역적 차이를 파악하고자 하므로 공간적 관점에 해당하고, (나)는 저출생 현상의 역사적 변화 과정을 중심으로 접근하고 있으므로 시간적 관점에 해당한다. (다)는 가치관 변화에 따른 저출생 현상의 변화를 살펴보고자 하므로 윤리적 관점에 해당하며, (라)는 저출생 현상을 해결하기 위한 제도적 노력을 파악하고자 하므로 사회적 관점에 해당한다.

052

정답 체크

모든 진술에 옳게 답변한 학생은 을이다.

바로 알기

통합적 관점에서 사회현상을 탐구할 때는 가장 먼저 탐구할 주제를 정해야 한다.

053

정답 체크

통합적 관점을 적용한 탐구는 (라) 탐구 주제 선정 → (가) 시간적, 공간적, 사회적, 윤리적 관점을 고려하여 탐구할 질문 작성 → (나) 각 질문에 답하기 위한 자료 수집 및 분석 → (마) 다양한 문제 해결 방안 모색 → (다) 적절한 문제 해결 방안 선택 순으로 진행한다.

054

정답 체크

제시된 자료는 시기별로 관광객이 증가한 원인과 관광객 증가 실태, 그에 따른 문제점을 서술하고 있으므로 시간적 관점과 관련이 있다.

055

정답 체크

해당 주제 탐구는 시간적 관점을 적용한 것이므로, (가)에는 시간적 관점에 해당하는 탐구 질문이 들어가야 한다.

바로 알기

①, ④ 윤리적 관점과 관련된 탐구 질문이다.
③ 공간적 관점과 관련된 탐구 질문이다.
⑤ 사회적 관점과 관련된 탐구 질문이다.

056

정답 체크

ⓒ 철도 신규 노선이 개통되는 지역과 그렇지 않은 지역 간 격차가 커질 수 있다는 내용은 공간적 관점과 관련이 있다.

057

정답 체크

시대적 배경과 역사적 맥락에 대한 이해를 바탕으로 사회현상을 살펴보는 관점은 시간적 관점이다.
ㄴ, ㄷ. 시간의 흐름에 따른 추이를 나타내는 자료가 시간적 관점으로 살펴보기 위한 자료로 적절하다.

바로 알기

ㄱ. 공간적 관점으로 살펴보기 위한 자료로 적절하다.
ㄹ. 사회적 관점으로 살펴보기 위한 자료로 적절하다.

058

정답 체크

현대 사회의 인간, 사회, 환경은 과거보다 더 다양하고 복잡한 관계 속에서 변화하고 있으므로 통합적 관점을 적용하여 다양한 측면에서 깊고 면밀한 탐구를 수행하여야 한다.

바로 알기

② 사회현상을 탐구할 때는 혼자보다 모둠으로 함께 탐구하는 것이 더 효율적이다.
③ 사회현상을 탐구할 때 특정 관점만 적용하기보다는 통합적 관점으로 분석하고 해결하는 자세를 가져야 한다.

④ 사회현상의 원인보다 결과에 집중하여 탐구를 수행해야 하는 것은 아니다.
⑤ 다른 사람의 의견을 존중하고, 다양한 의견을 수용하여 사회현상 탐구에 반영하는 것이 바람직하다.

059

정답 체크

갑은 공유 경제의 거래에 대한 제도적 규제와 정책적 대응에 관한 자료를 수집하였으므로 사회적 관점에 해당한다. 사회적 관점은 사회 제도 및 사회 구조와의 관련성 속에서 사회현상을 살펴보는 관점이다.

STEP 3 기출 예상 서답형 문제 020쪽

060

| 핵심 키워드 | **시간적 관점, 공간적 관점, 사회적 관점, 윤리적 관점, 통합적 관점**

(1) (가) 시간적 관점, (나) 공간적 관점, (다) 사회적 관점, (라) 윤리적 관점
(2) **예시 답안** 시간적, 공간적, 사회적, 윤리적 관점 등을 종합적으로 고려하는 관점을 통합적 관점이라고 하며, 인간과 세상을 균형잡힌 시각으로 이해하고자 한다.

＊ 채점 기준 ＊

상	통합적 관점이라고 쓰고, 통합적 관점의 의미를 정확히 서술한 경우
하	다양한 관점을 고려한다는 내용으로만 서술한 경우

061

| 핵심 키워드 | **통합적 관점**

예시 답안 다양한 관점을 통합적으로 고려하여 사회현상을 탐구하면 복잡한 사회현상을 정확하고 깊이 있게 이해하는 데 도움이 되며, 사회문제에 대한 근본적이고 다양한 해결 방안을 제시할 수 있다.

＊ 채점 기준 ＊

상	통합적 관점의 필요성을 두 가지 모두 정확히 서술한 경우
하	통합적 관점의 필요성을 한 가지만 정확히 서술한 경우

062

| 핵심 키워드 | **역사적 관점, 사회적 관점**

예시 답안 (가) 우리 지역에 공유 전동 킥보드가 언제 도입되었을까? (나) 전동 킥보드와 같은 공유 경제의 등장에 영향을 준 사회 변동 양상은 무엇인가?

★ 채점 기준 ★

상	역사적 관점과 사회적 관점에 해당하는 질문을 모두 정확히 작성한 경우
중	역사적 관점과 사회적 관점에 해당하는 질문 중 한 가지만 정확히 작성한 경우
하	역사적 관점과 사회적 관점에 해당하는 질문을 작성하였으나 두 가지 모두 미흡한 경우

063

| 핵심 키워드 | 통합적 관점, 신뢰성, 성찰

(예시 답안) 의견을 제시할 때 관련 자료를 명확히 밝히고, 자료의 신뢰성을 확인하는 태도가 필요하다. 또한 자신이 제시하는 의견이 사회적으로 의미가 있는 것인지 성찰해 보아야 한다.

★ 채점 기준 ★

상	통합적 관점을 적용하여 사회현상을 탐구할 때 가져야 할 자세를 두 가지 모두 적절히 서술한 경우
하	통합적 관점을 적용하여 사회현상을 탐구할 때 가져야 할 자세를 한 가지만 적절히 서술한 경우

064 ④   **065** ⑤   **066** ④   **067** ④

064

| 문제 분석 |

다음은 학생이 작성한 형성 평가지이다. 학생이 받을 점수로 옳은 것은?

〈형성 평가〉

다음은 인공지능의 저작권 쟁점을 통합적 관점에서 탐구하기 위해 각 관점과 관련한 질문을 제시한 것이다. 각 내용이 옳으면 ○, 틀리면 ×로 표시하시오. (문항당 맞으면 1점, 틀리면 0점을 부여함.)

문항	답안
1. 시간적 관점 – 인공지능의 저작권 문제가 발생한 시대적 배경은 무엇인가?	○ ○
2. 공간적 관점 – 저작권은 어떤 역사적 과정을 통해 보호받게 되었는가? → 시간적 관점	× ×
3. 사회적 관점 – 저작권은 어떤 법이나 제도를 통해서 보호받고 있는가?	× ○ 틀린 답안
4. 윤리적 관점 – 인공지능을 저작권의 주체로 인정하는 것이 바람직한가?	○ ○

① 0점   ② 1점   ③ 2점   ❹ 3점   ⑤ 4점

(정답 체크) 1, 2, 4번 문항에 옳게 답하였으므로 학생이 받을 점수는 3점이다.

2번 문항은 시간적 관점에 대한 설명이다.

(바로 알기) 사회적 관점은 사회 제도 및 사회 구조에 초점을 두어 살펴보는 것이므로 3번 문항에 대한 옳은 답안은 '○'이다.

065

(정답 체크) ㄷ, ㄹ. 복잡한 사회현상을 다양한 측면에서 분석해야 하며, 사회문제의 해결 방안을 모색할 때는 문제 해결 과정에서 새롭게 나타날 수 있는 문제점까지 고려해야 한다.

(바로 알기) ㄱ. 효율적인 탐구를 위해 복잡한 사회현상을 다양한 관점을 적용하여 분석해야 한다.

ㄴ. 사회현상은 여러 사실과 가치가 혼재되어 발생하므로 문제 해결 과정에서 사실 판단뿐만 아니라 가치 판단도 같이 이루어져야 한다.

066

(정답 체크) 제시된 자료는 지구상의 기아 문제의 원인을 분석한 것이므로 사회적 관점에 해당하는 자료이다.

④ 제시된 자료는 기아 문제의 원인을 극단 기후, 갈등/불안정, 경제적 충격 등으로 분류하고 있으므로 '구조적 측면에서 본 기아 문제의 원인'이 (가)에 들어갈 내용으로 가장 적절하다.

(바로 알기) ① 시간적 관점에 해당하는 내용이다.
②, ③ 공간적 관점에 해당하는 내용이다.
⑤ 윤리적 관점에 해당하는 내용이다.

067

(정답 체크) 옳게 답변한 학생은 을과 정이다.

을. 시간적 관점은 역사적 배경과 시대적 맥락에 초점을 두는 것이므로 K–컬처가 언제부터 세계적인 인기를 얻게 되었는지 조사하는 것은 시간적 관점에 해당한다.

정. 공간적 관점은 장소와 지역 및 공간적 상호 작용에 초점을 두는 것이므로 K–컬처가 어느 지역에서 많은 인기를 얻고 있는지 조사하는 것은 공간적 관점에 해당한다.

갑. K-컬처의 세계화에 영향을 준 사회적 요인을 조사하는 것은 사회적 관점에 해당한다.

병. K-컬처에 담긴 가치를 조사하는 것은 윤리적 관점에 해당한다.

대단원 마무리 문제

022~024쪽

068 ②	069 ②	070 ①	071 ⑤
072 ②	073 ②	074 ④	075 ④
076 ④	077 ⑤	078 ③	079 ②

068

정답 체크

윤리적 기준을 마련하기 위해 도덕적 가치와 규범을 고려하여 사회의 다양한 현상과 문제를 이해하고, 사회 구성원들의 삶의 방향성을 모색하는 윤리적 관점이 필요하다.

ㄱ, ㄷ이 윤리적 관점에서 고려하는 내용에 해당한다.

ㄴ. 사회 구조와 사회 제도는 사회적 관점과 관련이 있다.

ㄹ. 국가별 현황을 조사하는 것은 공간적 관점과 관련이 있다.

069

정답 체크

제시문의 내용은 공간적 관점과 가장 관련이 있다. 공간적 관점은 어떤 사회현상과 관련이 있는 위치나 장소, 분포 유형, 이동과 네트워크 등 공간 정보를 고려하는 관점이다.

070

정답 체크

자료 1에 적용된 관점은 시간적 관점이다. 시간적 관점은 역사적 배경과 시대적 맥락에 초점을 두므로, 유휴 시설 증가 시기와 추이를 파악하고자 하는 질문이 시간적 관점과 관련한 질문으로 적절하다.

②, ③ 공간적 관점과 관련한 질문이다.

④ 사회적 관점과 관련한 질문이다.

⑤ 윤리적 관점과 관련한 질문이다.

071

정답 체크

자료 2에 적용된 관점은 공간적 관점이다. 공간적 관점은

어떤 사회현상과 관련이 있는 위치나 장소, 분포 유형, 이동과 네트워크 등 공간 정보를 고려하는 관점이다.

① 사회적 관점에 대한 설명이다.

② 시간적 관점에 대한 설명이다.

③ 윤리적 관점에 대한 설명이다.

④ 통합적 관점에 대한 설명이다.

072

정답 체크

㉠은 공간적 관점이다. 공간적 관점은 다양한 지역을 비교·분석하거나, 특정 지역에서 발생하는 현상이나 문제를 효과적으로 이해하는 데 활용된다.

073

정답 체크

제시된 내용은 시간적 관점과 관련된 질문들이다.

② 사회 구조 및 제도가 사회현상에 미치는 영향을 파악할 수 있는 것은 사회적 관점이다.

074

정답 체크

도덕적 가치와 규범의 방향을 설정하여 바람직한 해결 방안을 모색한다는 내용을 통해 제시문에 나타난 관점이 윤리적 관점임을 알 수 있다.

ㄴ, ㄹ이 윤리적 관점에 대한 설명이다.

ㄱ. 공간적 관점에 대한 설명이다.

ㄷ. 시간적 관점에 대한 설명이다.

075

정답 체크

갑의 관점은 시간적 관점, 을의 관점은 사회적 관점이다.

④ 사회적 관점은 사회현상과 사회문제에 미치는 사회 구조 및 제도의 영향력에 초점을 둔다.

① 개별 학문의 경계를 넘어 종합적으로 사회현상을 이해하는 것은 통합적 관점이다.

② 과거의 자료를 바탕으로 과거와 현재의 관계를 탐구하는 것은 시간적 관점이다.

③ 공간적 상호 작용에 초점을 두는 것은 공간적 관점이다.

⑤ 도덕적 가치와 규범에 초점을 두고 사회현상을 바라보는 것은 윤리적 관점이다.

076

정답 체크

㉠에 들어갈 관점은 윤리적 관점이다.
④ 노부모 부양에 관한 책임 의식 변화를 조사하는 것은 노부모 부양에 대한 도덕적 가치와 규범을 판단하는 것이므로 윤리적 관점을 적용한 탐구 주제로 적절하다.

바로 알기

①, ② 시간적 관점을 적용한 탐구 주제로 적절하다.
③ 공간적 관점을 적용한 탐구 주제로 적절하다.
⑤ 사회적 관점을 적용한 탐구 주제로 적절하다.

077

정답 체크

ㄷ. 사회 제도에 초점을 두었으므로 사회적 관점에 해당한다.
ㄹ. 환경 보호라는 도덕적 가치와 규범을 고려하였으므로 윤리적 관점에 해당한다.

바로 알기

ㄱ. 지역에 따른 특성을 비교한 것이므로 공간적 관점에 해당한다.
ㄴ. 해외여행객 수 증가에 대해 역사적 배경과 시대적 맥락에 초점을 둔 설명이므로 시간적 관점에 해당한다.

078

정답 체크

갑은 시간적 관점, 을은 공간적 관점, 병은 사회적 관점, 정은 윤리적 관점에서 저출생 현상을 파악하였다.
③ 정은 윤리적 관점을 적용하여 도덕적 가치와 규범을 고려하여 사회의 다양한 현상과 문제를 이해하고자 하였다.

바로 알기

① 공간적 관점에 해당하는 설명이다.
② 시간적 관점에 해당하는 설명이다.
④ 병은 저출생 현상에 대해 사회적 관점을 적용하여 조사하였다.
⑤ 갑은 시간적 관점, 정은 윤리적 관점에서 접근하였다.

079

정답 체크

② 인간, 사회, 환경이 상호 작용하면서 연계되어 나타나는 사회현상을 폭넓게 이해하기 위해서는 통합적 관점으로 사회현상을 바라보아야 한다.

대단원 마무리 서답형 문제 025쪽

080

| **핵심 키워드** | 객관적 사고, 창의적 사고, 개방적 사고

예시 답안 다양한 관점을 바탕으로 인간, 사회, 환경을 바라볼 때 편협한 시각에서 벗어나 객관적 사고를 할 수 있으며, 창의적 사고를 통해 혁신적 방법으로 사회현상과 사회문제를 바라볼 수 있다. 또한 개방적 사고를 통해 사회를 구성하는 다양한 사람을 이해할 수 있다.

*** 채점 기준 ***

상	객관적 사고, 창의적 사고, 개방적 사고를 모두 언급하여 적절히 서술한 경우
중	객관적 사고, 창의적 사고, 개방적 사고 중 두 가지 측면에서만 적절히 서술한 경우
하	객관적 사고, 창의적 사고, 개방적 사고 중 한 가지 측면에서만 적절히 서술한 경우

081

| **핵심 키워드** | 사회적 관점, 윤리적 관점

(1) (가) 사회적 관점, (나) 윤리적 관점
(2) **예시 답안** 사회적 관점은 개인의 행동과 의식 또는 사회현상이 사회 구조와 사회 제도의 영향을 받는 양상을 파악함으로써 관련된 정책과 제도 개선 방향을 제시할 수 있다. 윤리적 관점은 사회가 나아갈 바람직한 방향을 제공함으로써 개인의 도덕적 삶과 정의로운 사회 실현에 도움을 줄 수 있다.

*** 채점 기준 ***

상	사회적 관점과 윤리적 관점의 필요성을 모두 정확히 서술한 경우
하	사회적 관점과 윤리적 관점의 필요성 중 한 가지만 정확히 서술한 경우

082

| **핵심 키워드** | 통합적 관점

예시 답안 하나의 관점으로 바라보기보다 다양한 관점을 바탕으로 통합적으로 살펴볼 때 사회현상을 더 깊이 있게 이해할 수 있으며, 사회문제에 대한 근본적이고 창의적인 해결 방안을 찾을 수 있다.

*** 채점 기준 ***

상	통합적 관점의 유용성을 사회현상 이해와 해결 방안 모색의 측면에서 적절히 서술한 경우
하	통합적 관점의 유용성에 대해 사회현상 이해와 해결 방안 모색 중 한 가지 측면에서만 서술한 경우

083

(1) 윤리적 관점

(2) **예시 답안** 커피를 생산하는 과정에서 아동 및 여성 등 사회적 약자의 노동 착취가 발생할 수 있으며, 개발도상국의 커피 생산자가 정당한 임금을 받지 못하는 문제가 발생할 수 있다.

★ 채점 기준 ★

상	윤리적 관점을 바탕으로 커피 생산 과정에서 발생할 수 있는 문제를 두 가지 모두 적절히 서술한 경우
하	윤리적 관점을 바탕으로 커피 생산 과정에서 발생할 수 있는 문제를 한 가지만 적절히 서술한 경우

Ⅱ. 인간, 사회, 환경과 행복

03 행복의 기준과 의미

STEP 1 개념 확인 문제

028쪽

084 행복	085 시대, 지역	086 목적
087 불교	088 습관	089 성찰	090 ×
091 ○	092 ○	093 ○	094 ×
095 ×		

STEP 2 예상 적중 기출 문제

028~031쪽

096 ③	097 ③	098 ②	099 ①	100 ②	101 ③
102 ④	103 ②	104 ④	105 ①	106 ①	107 ⑤
108 ⑤	109 ⑤	110 ④	111 ②		

096

정답 체크

제시문은 사람마다 각자 생각하는 행복의 의미와 기준이 다를 수 있음을 설명하고 있다.

바로 알기

① 행복은 즐거움, 만족감, 불안감 등의 감정적 요소와 관련이 있다.

② 개인이 느끼는 행복의 기준은 조금씩 다를 수 있다.

④ 각자에게 행복의 구체적 의미는 다르게 나타날 수 있다.

⑤ 만족감을 가져오는 행위가 모두 윤리적인 행동이라고는 볼 수 없다.

097

정답 체크

행복의 기준은 시대 상황이나 지역에 따라 다르게 나타난다. ③ 제시문은 시대 상황에 따라 행복의 기준이 다를 수 있음을 설명하고 있다.

바로 알기

①, ②, ④ 옳은 설명이나, 제시문의 내용과는 관련이 없다.

⑤ 역사적 사건이 행복의 기준에 영향을 미칠 수 있지만, 행복의 기준이 항상 달라진다고 단정 지을 수 없으며, 제시문의 내용과도 관련이 없는 설명이다.

098

정답 체크

제시문의 내용은 노자의 주장으로, 도가 · 도교 사상에 해당한다. 도가 · 도교에서는 인위적인 것에서 벗어나 자연의 순리에 따라 살아가는 무위자연(無爲自然)의 태도를 통해 참된 행복을 실현할 수 있다고 보았다.

바로 알기

①, ④ 불교 사상에 해당하는 내용이다.

③, ⑤ 유교 사상에 해당하는 내용이다.

> **개념 정리 노자가 바라보는 이상적 사회의 모습**
>
> 노자는 『도덕경』에서 "성인은 다음과 같이 말한다. 내가 무위(無爲)하니 백성은 저절로 감화되고, 내가 고요히 있는 것을 좋아하니 백성이 저절로 바르게 되며, 내가 일을 도모하지 않으니 백성은 저절로 부유해지고, 내가 욕심을 내지 않으니 백성은 저절로 다듬지 않은 통나무처럼 순박하게 된다."라고 하였다.

099

정답 체크

불교 사상에서는 삶의 고통에서 벗어나 해탈을 이루고 자비를 실천하여 부처의 세계인 정토를 구현하는 것에서 행복을 구하였다.

바로 알기

② 불교 사상에서 마음의 번뇌는 집착과 무지로 인해 발생하는 것이며, 행복 실현을 방해하는 요소이다. 따라서 마음의 번뇌를 제거하는 수양을 해야 한다.

③ 불교 사상에서 불성은 부처가 될 수 있는 성질로서 모든 인간이 태어날 때부터 지니고 있는 것이다. 이러한 불성의 존재를 깨닫고 드러냄으로써 행복에 도달할 수 있다.

④ 도가 · 도교 사상의 입장이다.

⑤ 유교 사상의 입장이다.

100

정답 체크

갑의 입장은 동양의 유교 사상에 해당한다. 유교에서는 내면의 도덕성과 인간다움을 의미하는 인(仁)을 실천함으로써 행복을 추구해야 한다고 주장하였다. 따라서 제시된 갈등 상황에 대해 인(仁)에 따라 행동하라고 조언할 것이다.

바로 알기

① 불교 사상에 해당한다.

③ 도가 · 도교 사상에 해당한다.

④ 불교 사상에 따르면 번뇌는 집착과 무지로 인해 발생하는 것이며, 행복 실현을 방해하는 마음의 갈등을 의미한다. 따라서 번뇌는 제거해야 할 대상이다.

⑤ 유교 사상에서는 행복 실현을 위해서는 부유함과 같은 경제적 여건보다 의로움과 같은 삶의 태도가 더 중요함을 강조하였다.

101

정답 체크

제시문의 밑줄 친 '이 사상'은 불교 사상이다.

ㄴ. 정토는 불교의 이상 사회로서, 부처와 보살이 살며 번뇌의 구속에서 벗어난 깨끗한 세상을 의미한다.

ㄷ. 불교 사상은 삶의 고통에서 벗어나 해탈을 이루고 자비를 실천하여 부처의 세계인 정토를 구현하는 것에서 행복을 구하였다.

바로 알기

ㄱ. 인(仁)은 유교 사상에서 강조하는 개념으로, 인간다움, 내면의 도덕성, 타인에 대한 사랑을 의미한다.

ㄹ. 무위자연은 도가 · 도교 사상에서 강조하는 개념으로 인위적인 것에서 벗어난 자연스러운 삶의 태도를 의미한다.

> **자료 분석 불교 사상에 대한 이해**
>
> 부처가 될 수 있는 본성으로, 인간이 행복에 도달할 수 있는 근거이다. 태어날때부터 지니고 있는 것이므로 형성해야 하는 대상이 아니다.
>
> 불교 사상은 누구나 부처가 될 수 있는 불성(佛性)을 드러내어 무지와 고통에서 벗어남으로써 해탈에 이르는 것이 행복이라고 주장한다.
>
> 사물의 실상을 있는 그대로 통찰하여 괴로움에서 벗어나는 것이다.
>
> 모든 현상이 일시적인 것에 불과함을 모르는 상태이다. 고통은 무지로부터 시작된다.

102

정답 체크

갑: 유교 사상에서는 내면적 도덕성이자 인간다움을 의미하는 인(仁)을 실천하는 것이 곧 행복이라고 보았다.

병, 정: 불교 사상에서는 마음의 번뇌로부터 해방되어 해탈을 이루고, 자비를 실천하여 정토를 구현하는 것이 행복으로 이어질 수 있다고 보았다.

바로 알기

을: 자연의 순리에 따르는 무위자연의 태도는 도가 · 도교 사상에서 강조한 내용이다.

무: 대동 세계를 이룩하는 것은 유교 사상에서 강조한 내용이다.

103

정답 체크

제시문은 행복에 관한 정약용의 관점이다. 정약용은 관직 생활을 통해 얻을 수 있는 행복으로 '열복(熱福)', 자연 속에서 얻게 되는 행복으로 '청복(淸福)'을 제시하였고, 이 중에서도 주어진 환경에 만족하며 소박한 삶의 태도를 갖는 청복이 진정한 행복이라고 보았다.

① 정약용은 관직 생활을 통해 얻을 수 있는 행복을 '열복'이라는 개념으로 제시하였다.

③ 물질적 재화가 행복의 필수 요소라고 단정지을 수는 없다. 정약용은 자연 속에서 삼베옷에 짚신을 신는 것만으로도 행복을 얻을 수 있다고 하였다.

④ '열복'과 '청복'의 개념을 언급한 대목에서 행복의 의미와 기준이 사람마다 다를 수 있음을 파악할 수 있다.

⑤ 정약용은 관직 생활을 통해 얻는 즐거움인 '열복'보다 자연 속에서 소박한 생활을 하며 얻을 수 있는 즐거움인 '청복'을 추구하는 것이 진정한 행복이라고 보았다.

104

정답 체크

제시문은 나이가 들수록 단순한 즐거움보다 자신의 성장, 타인의 삶에 이바지하는 것 등 바람직한 의미를 추구하는 것에 더 관심을 가지게 된다고 설명하고 있다.

④ 나이가 들수록 단순한 쾌락보다 정신적 만족감으로서의 행복을 추구하는 경향이 더 강하게 나타난다는 점을 파악할 수 있다.

바로 알기

① 행복은 상황에 따라 증가할 수도 있고 감소할 수도 있다.

② 제시문을 통해 자기 삶에 대한 만족감이 크고 긍정 정서도 강하게 경험하는 사람이 더 행복할 수 있다는 점을 파악할 수 있다. 따라서 행복과 긍정적 정서는 비례 관계라고 볼 수 있다.

③ 즐거움을 경험하는 것이 행복을 가져다줄 수 있지만, 항상 행복으로 이어진다고 보기는 어렵다.

⑤ 자기가 성장하는 것과 타인의 삶에 이바지하는 것 중 어떤 것이 중요한지는 제시문에 언급되지 않았다.

105

정답 체크

제시문의 내용은 소극적 쾌락주의를 주장한 서양 사상가 에피쿠로스의 입장이다. 에피쿠로스는 육체에 고통이 없고 마음에 불안이 없는 평정심의 상태를 갖춤으로써 참된 행복을 얻을 수 있다고 보았다.

바로 알기

②, ⑤ 부동심은 스토아학파가 제시한 개념으로, 정념에 방해받거나 휘둘리지 않는 초연한 태도를 의미한다.

③ 신의 은총은 중세 시대 신학자들이 강조한 개념이다.

④, ⑤ 중용은 아리스토텔레스가 제시한 개념으로, 지나치지도 모자라지도 않은 적절한 상태를 의미한다.

106

정답 체크

제시문은 행복에 관한 아리스토텔레스의 주장이다.

① 아리스토텔레스는 덕을 가지고 이성적 활동을 수행할 때 행복에 가까워질 수 있다고 보았으며, 평소 올바른 행위를 반복적으로 실천하는 습관을 형성함으로써 덕을 갖출 수 있다고 주장하였다.

바로 알기

② 아리스토텔레스의 중용은 산술적 중간이 아니라 주어진 상황을 고려하여 지나침과 모자람 사이의 적절함을 추구하는 것이다.

③ 도덕 법칙을 실천함으로써 행복해질 수 있다고 주장한 사상가는 칸트이다.

④ 신의 은총을 통해 참된 행복에 도달할 수 있다는 내용은 중세 시대 신학자들의 주장이다.

⑤ 아리스토텔레스는 이성의 기능을 탁월하게 수행할 때 행복을 실현할 수 있다고 보았다.

107

정답 체크

제시된 내용은 아리스토텔레스의 주장이다. 아리스토텔레스는 인간이 살아가는 삶의 궁극적 목적이 행복이라고 보았으며, 중용을 유지하면서 감정에 휘둘리지 않고 이성에 따라 살아가야 함을 강조하였다.

> **개념 정리 | 아리스토텔레스의 행복론**
>
> 무엇이 행복인지 알려면 인간의 기능에 대해 생각해 보아야 한다. 인간만이 지닌 특별한 기능은 정신의 이성적 활동 능력이다. 인간의 기능을 훌륭하게 수행하는 것은 바로 그것에 알맞은 덕을 가지고 이성적 활동을 잘 수행하는 것이다. 그러므로 행복이란 덕에 따르는 정신의 활동이라고 할 수 있다.

108

정답 체크

제시문의 내용은 공리주의 사상의 입장이다. 공리주의는 최대 다수의 최대 행복이라는 결과의 유용성을 실현하는 행위가 옳은 행위라고 보았다.

109

정답 체크

⑤ 결과의 유용성을 실현함으로써 행복해질 수 있다는 내용은 공리주의 사상가들의 주장이다. 칸트는 도덕 법칙에 따라 살아가는 사람이 행복해질 수 있다고 보았다.

110

정답 체크

제시문의 내용은 행복 지수를 객관적 지표와 주관적 지표 등 다양한 항목으로 측정할 수 있으며, 행복 지수를 측정한 자료는 구성원들의 삶에 영향을 미치는 요인을 개선하기 위한 근거로 활용될 수 있음을 언급하고 있다.

바로 알기

① '더 나은 삶 지수'에 시민 참여, 공동체 의식 등의 내용도 포함되어 있는 것을 볼 때 행복이 정치적 요소와 무관하다고 볼 수 없다.
② 행복을 연구할 때 객관적 차원과 주관적 차원을 함께 고려해야 한다.
③ 소득과 같은 경제적 여건은 행복에 영향을 미치는 중요한 기준 중 하나이다. 다만, 경제적 안정이 항상 행복으로 이어지지는 않을 수 있음에 유의해야 한다.
⑤ 제시문에서 행복 지수를 측정할 때 객관적 지표와 주관적 지표를 모두 포함한다고 설명하고 있다.

111

정답 체크

제시된 명언들은 물질적 · 경제적 풍요로움보다 정신적 만족감을 바탕으로 하는 행복을 지향하는 내용을 담고 있다.

STEP 3 기출 예상 서답형 문제　　032쪽

112

| 핵심 키워드 | 시대 상황에 따른 행복의 기준

(1) 시대 상황
(2) **예시 답안** 복지의 혜택을 누리는 것, 쾌적한 환경에서 사는 것, 개인의 다양한 행복의 기준에 따라 자아를 실현하는 것 등

★ 채점 기준 ★

상	오늘날 강조되는 행복의 기준을 두 가지 모두 적절히 서술한 경우
하	오늘날 강조되는 행복의 기준을 한 가지만 적절히 서술한 경우

113

| 핵심 키워드 | 지역 여건에 따른 행복의 기준

예시 답안 행복의 기준은 지역 여건에 따라 달라지기도 한다. 고대 그리스인들은 개인의 자율성을 중시하고 고대 중국인들은 조화로운 인간관계를 중시하였으므로, 이러한 문화의 차이로 인해 행복의 기준이 다르게 나타났다.

★ 채점 기준 ★

상	고대 그리스와 고대 중국의 문화 차이를 언급하고, 지역에 따라 행복의 기준이 달라질 수 있음을 정확히 서술한 경우
하	지역 여건에 따라 행복의 기준이 달라질 수 있다고만 서술한 경우

114

| 핵심 키워드 | 유교, 인(仁), 불교, 해탈, 도가 · 도교, 무위자연

(1) ㉠: 인(仁), ㉡: 해탈
(2) **예시 답안** 인위적인 것에서 벗어나 자연 그대로의 도를 본받아 무위자연의 태도에 따라 살아가며, 복지를 건설하는 것이 행복의 조건이라고 보았다.

★ 채점 기준 ★

상	도가·도교 사상의 행복의 조건으로 인위적인 것에서 벗어난 무위자연의 태도, 복지 건설을 모두 포함하여 서술한 경우
하	도가·도교 사상의 행복의 조건으로 인위적인 것에서 벗어난 무위자연의 태도, 복지 건설 중 한 가지만 포함하여 서술한 경우

115

| 핵심 키워드 | 행복, 중용, 쾌락, 평정심

(1) **예시 답안** 아리스토텔레스의 중용은 지나치지도 모자라지도 않은 적절한 상태를 의미한다.

★ 채점 기준 ★

상	중용의 의미를 지나치지도 모자라지도 않은 상태라고 정확히 서술한 경우
하	중용의 의미를 중간 또는 적절한 상태라는 내용으로만 서술한 경우

(2) **예시 답안** ㉡에 들어갈 말은 평정심이다. 평정심은 육체에 고통이 없고 마음에 불안이 없는 상태를 의미한다.

★ 채점 기준 ★

상	㉡에 들어갈 말을 정확히 쓰고, 육체의 고통과 마음의 불안을 모두 언급하여 ㉡의 의미를 적절히 서술한 경우
중	㉡에 들어갈 말을 정확히 쓰고, 육체의 고통과 마음의 불안 중 한 가지만 언급하여 ㉡의 의미를 서술한 경우
하	㉡에 들어갈 말만 정확히 썼거나, 육체의 고통과 마음의 불안 중 한 가지만 언급하여 ㉡의 의미를 서술한 경우

STEP 4 기출 예상 고난도 문제　　033쪽

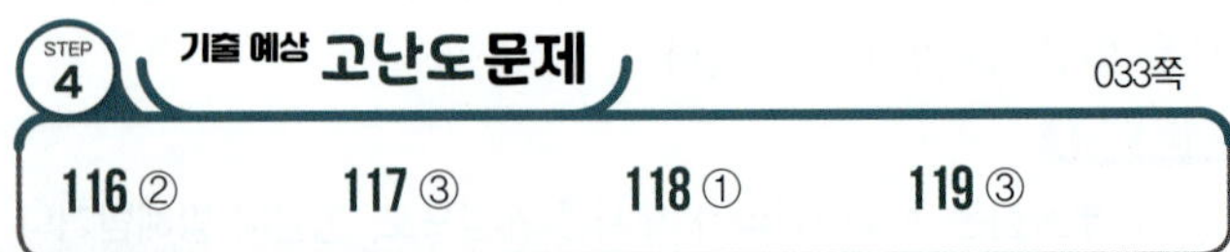

116 ②　　**117** ③　　**118** ①　　**119** ③

116

정답 체크

갑은 유교 사상가 공자, 을은 불교 사상가 석가모니이다.

ㄱ. 유교 사상에서는 다른 사람과 더불어 대동 세계를 이룩
함으로써 행복을 실현할 수 있다고 보았다.
ㄹ. 불교 사상에서는 삶의 고통에서 벗어나 해탈을 이루고,
자비를 실천하여 부처의 세계인 정토를 구현하는 것에서
행복을 구하였다.

ㄴ. 군자는 유교 사상에서 제시하는 이상적인 인간상이므로, B가 아
닌 A에 해당하는 진술이다.
ㄷ. 불교 사상에서는 번뇌로부터 해방되어야 한다고 주장하였으므로
제시된 내용은 A~C 중 어느 곳에도 해당하지 않는 틀린 진술이다.

117

제시문의 내용은 도가 사상가 노자의 주장이다.
③ 노자는 통치자가 인위적인 것으로부터 벗어나 자연의
순리에 따라 통치해야 사회가 혼란스러워지지 않는다고 보
았다.

① 노자는 무위의 태도를 강조하였다.
② 노자에 따르면 도(道)는 만물의 근원이자 본체이므로, 도에 따르
는 삶을 통해 사회의 혼란으로부터 벗어날 수 있다고 주장하였다.
④ 진리를 깨닫고 해탈을 이루어야 한다는 것은 불교 사상의 입장이다.
⑤ 인간다움, 타인에 대한 사랑을 의미하는 인(仁)은 유교 사상에서
강조한 개념이다.

118

| 문제 분석 |

행복에 대해 다음과 같이 주장한 사상가의 입장으로 옳은 진술에
만 모두 ∨ 표시한 학생은?

> 행복이 최고선이라는 것은 누구나 다 아는 이야기이다.
> 행복이란 덕에 일치하는 정신의 활동이다.
>   – 아리스토텔레스의 주장이다.

진술	학생				
	갑	을	병	정	무
삶의 궁극적 목적은 행복이다. – 옳은 진술	∨	∨	∨		
좋은 습관을 통해 덕을 갖출 수 있다 – 옳은 진술	∨	∨		∨	
참된 행복은 이성을 아주 잘 실현할 때 이루어진다. – 옳은 진술	∨		∨		∨
산술적 중간으로서의 중용을 통해 적절한 행동을 선택해야 한다.		∨		∨	

① 갑　　② 을　　③ 병　　④ 정　　⑤ 무

→ 아리스토텔레스의 중용은 상황에 따라 달라지는 개념
으로, 단순히 산술적 중간을 의미하지 않는다.

제시된 내용은 행복에 관한 아리스토텔레스의 주장이다.
아리스토텔레스는 행복이 인간 삶의 궁극적 목적이라고 보
았으며, 이성을 잘 발휘하고, 중용을 습관화하여 덕을 갖춤
으로써 행복해질 수 있다고 주장하였다.
① 옳은 진술에만 모두 ∨ 표시한 학생은 갑이다.

아리스토텔레스의 중용은 지나침과 모자람 사이의 적절함을 추구하
는 것으로, 중간의 기준은 상황에 따라 달라질 수 있다.

119

갑은 개개인이 법적 제한을 받지 않고 자유롭게 행복을 추
구해야 한다고 주장하고, 을은 행복 추구 과정에서 타인에
게 피해를 준다면 법적 제재가 필요하다고 주장하고 있다.
따라서 행복 추구에 대해 제도적 규제가 필요한지 여부가
토론의 핵심 쟁점임을 알 수 있다.

04 행복한 삶을 실현하기 위한 조건

STEP 1 개념 확인 문제
036쪽

120 행복　　**121** 정주 환경　　**122** 자연환경
123 소득　　**124** 민주주의　**125** 실천　　**126** ○
127 ×　　**128** ○　　**129** ○　　**130** ×
131 ×

STEP 2 예상 적중 기출 문제
036~039쪽

132 ③　**133** ⑤　**134** ②　**135** ④　**136** ④　**137** ⑤
138 ⑤　**139** ①　**140** ③　**141** ①　**142** ③　**143** ④
144 ④　**145** ①

132
정답 체크

행복한 삶을 실현하기 위해서는 질 높은 정주 환경, 경제적 안정, 민주주의 실현, 도덕적 실천 등의 조건이 충족되어야 한다.
③ 국가가 다양한 복지 정책을 시행하여 경제적 불평등을 해소하고자 노력함으로써 국민의 경제적 안정을 달성할 수 있다.

바로 알기

① 경제적 안정감은 행복 실현의 조건 중 하나이다.
② 자연과 더불어 살아갈 수 있는 정주 환경 속에서 행복을 실현할 수 있다.
④ 행복을 실현하기 위한 조건은 시대와 상황에 따라 다르게 나타난다.
⑤ 행복의 조건은 변할 수 있으므로, 인간다운 삶을 살 수 있는 조건이 갖추어졌다고 해서 평생 행복을 유지할 수 있다고 단정지을 수 없다.

133
정답 체크

강제적 국가 권력이 남용된다면 민주주의 발전을 저해하여 시민의 권리를 침해하고, 행복한 삶 실현에도 부정적 영향을 줄 수 있다.

134
정답 체크

행복한 삶을 실현하기 위한 조건으로 질 높은 정주 환경, 경제적 안정, 민주주의 실현, 도덕적 실천 등이 있다.

ㄱ. 자연환경과 인문환경 여건을 모두 고려하여 질 높은 정주 환경을 조성하여야 한다.
ㄷ. 민주적 제도가 잘 갖추어져 시민의 의사가 정치 과정에 잘 반영될수록 시민들이 행복감을 느낄 수 있다.

바로 알기

ㄴ. 어느 한 가지 조건만 충족된다고 해서 행복해지는 것은 아니기 때문에 경제적 안정과 정주 환경을 모두 고려하여야 한다.
ㄹ. 다른 사람의 행복에도 관심을 두고 배려를 실천하는 것이 바람직하다.

135
정답 체크

제시된 사례는 공통적으로 열악한 주거 환경을 나타내고 있다.
④ 쾌적하고 질 높은 정주 환경을 마련하는 것은 행복한 삶을 실현하기 위한 조건 중 하나이다.

바로 알기

① 주거 문제가 외국에만 국한되는 것은 아니다.
② 주거 관련 문제는 개인의 노력으로만 해결하기는 어려우며, 사회적 환경을 갖추기 위한 국가적 노력도 필요하다.
③ 열악한 주거 환경 속에서도 행복을 추구하는 것이 가능하나, 제시문에서 파악할 수 있는 내용은 아니다.
⑤ 행복한 삶을 실현하기 위해 주거 환경뿐만 아니라 경제적 안정, 민주주의 발전, 도덕적 실천 등 다양한 조건을 고려하여야 한다.

136
정답 체크

제시문은 우리나라 국민의 명품 소비액이 늘어났으나, 삶의 만족도나 행복도는 낮게 나타난다는 점을 설명하고 있다. 이는 경제적 풍요에 따른 소비 확대가 삶의 만족도 향상이나 행복으로 이어지지 않을 수 있음을 나타낸다.

바로 알기

①, ③ 제시문에서 명품 소비 확대 등 물질적 풍요가 정신적 행복이나 풍요로 이어지지 있음을 지적하고 있다.
② 제시문은 명품 소비가 크게 늘었음에도 삶의 만족도나 행복도가 낮게 나타남을 보여준다. 이를 통해 행복의 가치가 단순히 경제적 여건에 의해 좌우되지 않음을 파악할 수 있다.
⑤ 제시문에 따르면 명품 소비는 늘어났으나 삶에 대한 만족도나 행복도는 최하위 수준이므로, 명품 소비를 늘린다고 해서 국민 전체의 행복도가 높아지지는 않을 것이다.

137
정답 체크

제시문은 단기적으로 소득과 행복은 정(+)의 상관 관계를

보이지만, 장기적으로는 소득 증가가 행복감 증가로 이어
지지 않음을 의미하는 이스털린의 역설에 대한 설명이다.

138

정답 체크

제시문은 사상가 맹자의 주장으로, 행복한 삶을 실현하기
위한 조건 중 경제적 안정과 관련 있는 내용이다. 맹자는
왕도 정치를 주장하면서, 백성의 기본적인 생업 보장과 의
식주를 만족시키는 것을 중시하였다.

바로 알기

ㄴ. 시민의 정치 참여는 민주주의 발전과 관련된 것으로 제시문의 내
용과는 관련이 없다.

139

정답 체크

제시문은 상대적 소득 개념을 통해 절대적 소득이 높더라
도 타인과 비교하여 인식하는 상대적 소득이 낮다면 행복
감을 덜 느낄 수 있다는 점을 설명하고 있다.

바로 알기

② 상대적 소득 개념에 따르면 부유한 사람도 상대적 소득이 낮다고
느끼는 경우 행복감을 덜 느낄 수 있다.
③ 제시문을 통해 행복이 타인과의 관계 속에서 추구하는 가치임을
파악할 수 있다.
④ 절대적 소득이 높아 경제적 안정을 실현한 경우에도 상대적 소득
이 낮다고 생각하면 행복감을 덜 느낄 수 있다.
⑤ 경제적 안정은 행복 실현의 조건 중 하나이다.

140

정답 체크

제시된 그래프를 보면, 완전한 민주주의에 가까울수록 시
민의 행복 지수가 높게 나타남을 알 수 있다.
③ 일반적으로 민주주의 지수와 행복 지수는 비례 관계를
나타낸다.

바로 알기

① 결함이 존재하는 민주주의 국가에서도 행복감을 느낄 수 있다.
다만, 완전한 민주주의 국가에 비해 행복 지수가 낮게 나타난다.
② 권위주의 정권하에서 행복 지수는 전체 평균보다 낮게 나타난다.
④ 시민이 자유롭게 의사를 표현할 수 없는 국가는 권위주의 정권이라
고 볼 수 있다. 권위주의하에서 행복 지수는 비교적 낮게 나타난다.
⑤ 시민이 적극적으로 정치에 참여할 수 있는 문화가 잘 형성되어 있
을수록 완전한 민주주의에 가깝다고 볼 수 있으므로 행복 지수는 높
아질 것이다.

141

정답 체크

㉠은 민주주의, ㉡은 참정권이다. 참정권은 국민이 정치에
참여할 수 있는 권리를 의미하며, 국민의 정치적 의사가 잘
반영되는 민주주의 국가일수록 국민들이 행복감을 더 많이
느낄 수 있다.

142

정답 체크

민주주의 사회에서 시민은 본인이 주권자임을 인식하고 정
치에 능동적으로 참여함으로써 정부의 잘못을 바로잡기 위
해 노력하여야 한다.

바로 알기

① 대의 민주주의에서 시민은 법과 제도 제정에 의견을 제시함으로
써 참여할 수 있다.
② 정치권력은 자의적으로 행사하는 것이 아니라 공익과 공동선을
목적으로 절차에 따라 행사되어야 한다.
④ 민주주의 사회에서는 참정권이 보장되지만 투표를 강요할 수는
없다.
⑤ 정치적 견해가 다르다고 해서 상대방의 의견을 배척하는 것은 바
람직한 태도라고 볼 수 없다.

143

정답 체크

제시문은 소크라테스의 입장이다. 소크라테스는 도덕적 실
천과 행복의 관계를 설명하며 참된 앎을 지닌 사람이 곧 덕
이 있는 사람이고, 덕 있는 사람이 행복한 사람임을 주장하
였다.
④ 절제를 추구한다는 내용에서 세속적 가치를 멀리하고자
하였음을 파악할 수 있다.

144

[정답 체크]

제시문은 버스 기사가 산타 버스를 운행하며 승객들에게 즐거움을 주었고, 모금 활동과 기부를 통해 도덕적 행동을 실천함으로써 어린이들에게도 도움을 준 사례를 소개하고 있다.

④ '손님이 즐거워하는 모습은 돈으로 바꿀 수 없다'는 내용을 통해 행복은 돈으로 환산할 수 없는 개념임을 확인할 수 있다.

145

[정답 체크]

제시문의 내용은 도덕적인 행동을 실천하는 것이 행복 실현으로 이어질 수 있음을 설명하고 있다.

ㄱ. 자신의 이익만 추구하기보다 타인의 입장도 고려하는 것이 바람직하다.

ㄴ. 자신의 행동을 되돌아 보고 성찰하는 태도가 도덕적 행동으로 이어진다면 행복한 삶을 실현할 수 있다.

[바로 알기]

ㄷ. 본인이 스스로 선택하여 자발적으로 도덕적 행위를 하는 것이 더욱 가치가 있다.

ㄹ. 개인의 주관적 기준에 따르기보다 보편적 가치를 생각하고 타인과 사회 전체의 입장을 고려하여 행동해야 한다.

STEP 3 기출 예상 서답형 문제

040쪽

146

| 핵심 키워드 | 정주 환경, 자연환경, 사회적 환경

(1) 자연환경

(2) [예시 답안] 교통, 보건 및 위생 서비스, 치안 서비스, 학교 및 교육 서비스, 문화 서비스 등이 있다.

* 채점 기준 *

상	사회적 환경의 구체적 사례 세 가지를 정확히 서술한 경우
중	사회적 환경의 구체적 사례를 두 가지만 정확히 서술한 경우
하	사회적 환경의 구체적 사례를 한 가지만 정확히 서술한 경우

147

| 핵심 키워드 | 행복과 소득의 관계, 이스털린의 역설

(1) [예시 답안] 단기적으로 행복과 소득은 같은 방향으로 움직이지만, 장기적으로 보았을 때 소득이 일정 수준을 넘으면 더 이상 소득 증가로 인해 행복감이 증가하지 않음을 의미한다.

* 채점 기준 *

상	소득과 행복의 관계에 대해 단기적, 장기적인 측면을 모두 포함하여 이스털린의 역설의 의미를 정확히 서술한 경우
하	소득과 행복의 관계에 대해 단기적인 측면 또는 장기적인 측면만 포함하여 이스털린의 역설의 의미를 서술한 경우

(2) [예시 답안] 국가는 일정 수준 이상의 소득을 꾸준히 얻을 수 있는 일자리를 보장하여야 한다. 또한 질병, 실업 등 예상하지 못한 위험에 대비하기 위해 다양한 복지 정책을 마련함으로써 경제적 불평등을 해소하기 위해 노력해야 한다.

* 채점 기준 *

상	경제적 안정을 위한 국가적 노력을 두 가지 모두 적절히 서술한 경우
하	경제적 안정을 위한 국가적 노력을 한 가지만 적절히 서술한 경우

> **개념 정리 소득과 행복의 관계에 대한 주장**
>
> • 이스털린(Easterlin, R.): 소득과 행복은 관련이 있지만, 소득이 증가한다고 해서 반드시 더 행복한 것은 아니다. 소득이 일정 수준에 도달하고 기본적 욕구가 충족되면, 소득 증가가 행복에 큰 영향을 미치지 않는다.
> • 스티븐슨(Stevenson, B.): 국가가 부유할수록 국민의 행복 수준은 높아진다. 소득이 늘어나면 더 자유롭고 건강한 생활을 할 수 있으므로 돈이 행복에 미치는 영향에는 한계가 없다.

148

| 핵심 키워드 | 세계 민주주의 지수, 세계 행복 지수, 민주주의, 참정권

[예시 답안] 참정권이란 국민이 정치에 참여할 수 있는 권리를 의미한다. 제시된 자료에서 세계 민주주의 지수가 높은 국가는 국민의 정치적 의사가 잘 반영되어 대체로 세계 행복 지수 순위가 높게 나타난다. 반면 세계 민주주의 지수가 낮은 국가는 정치 참여가 활발하지 않아 행복 지수가 낮게 나타난다.

* 채점 기준 *

상	참정권의 의미, 정치 참여와 민주주의 지수의 상관관계, 민주주의 지수가 높을수록 행복 지수가 높다는 내용을 모두 포함하여 서술한 경우
중	참정권의 의미, 정치 참여와 민주주의 지수의 상관관계, 민주주의 지수가 높을수록 행복 지수가 높다는 내용 중 두 가지만 포함하여 서술한 경우
하	참정권의 의미, 정치 참여와 민주주의 지수의 상관관계, 민주주의 지수가 높을수록 행복 지수가 높다는 내용 중 한 가지만 포함하여 서술한 경우

| 핵심 키워드 | 도덕적 행동, 도덕적 성찰

예시 답안 도덕적 행동을 실천하기 위해서는 도덕적 성찰을 바탕으로 삶의 가치와 의미를 깨닫고 올바른 가치를 추구하려는 의지를 가져야 한다. 또한 역지사지의 마음으로 타인의 입장과 상황을 헤아리며 타인의 행복에도 관심을 가져야 한다.

★ 채점 기준 ★

상	도덕적 행동을 실천하기 위해 필요한 태도를 올바른 가치 추구, 역지사지의 마음을 모두 포함하여 적절히 서술한 경우
하	도덕적 행동을 실천하기 위해 필요한 태도를 올바른 가치 추구, 역지사지의 마음 중 한 가지만 포함하여 서술한 경우

STEP 4 | 기출 예상 고난도 문제

041쪽

150 ⑤	**151** ①	**152** ⑤	**153** ③

150

| 문제 분석 |

(가)와 비교한 (나) 입장의 상대적 특징을 그림의 ㉠~㉤ 중에서 고른 것은?

(가) 민주주의 국가에서 시민이 행복감을 느끼려면 자신의 견해가 사회에 반영될 수 있다는 믿음을 가지고 각종 정책 결정에 적극적으로 참여해야 합니다.
— 행복 실현의 조건으로 민주주의 발전을 중요시하는 입장

(나) 행복은 경제적 안정감을 기반으로 합니다. 일정한 소득이 보장되면 안정적으로 생활할 수 있으며 삶의 여유가 생기기 때문에 행복을 실현할 수 있습니다.
— 행복 실현의 조건으로 경제적 안정을 중요시하는 입장

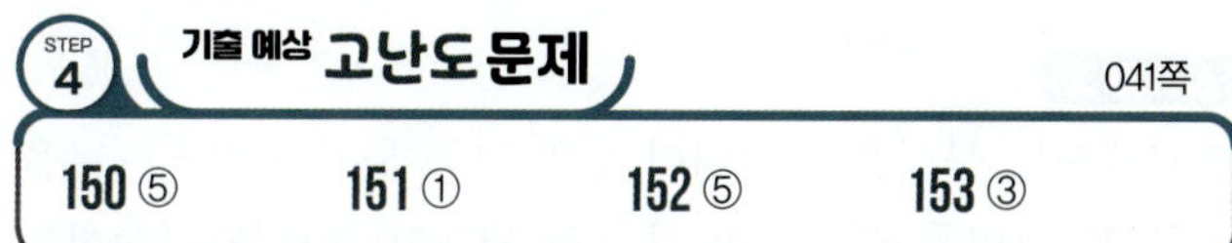

① ㉠	② ㉡	③ ㉢	④ ㉣	⑤ ㉤

정답 체크

행복 실현의 조건으로 (가)는 정치적 요소를 중요시하고, (나)는 경제적 안정을 중요시하는 입장이다. 따라서 (나)는 (가)보다 경제 활동에 따른 행복, 의식주와 같은 기본적인 삶의 조건 충족 등을 상대적으로 강조한다.

151

정답 체크

제시문에서는 행복 실현을 위해서 여러 가지 조건을 고려해야 함을 설명하고 있다.
① 제시문의 입장에 부합하는 진술에만 모두 v 표시한 학생은 갑이다.

바로 알기

경제적 안정과 도덕적 행위의 실천을 모두 추구해야 한다.
민주주의 사회에서 정치 참여의 기회가 늘어날수록 국민의 행복 지수가 높아진다.

152

정답 체크

제시된 대화에서 갑, 을, 병은 민주주의 발전과 관련하여 시민의 정치 참여를 의무화하는 것에 대한 각자의 입장을 제시하고 있다.

153

정답 체크

그래프에서 연간 소득이 올라갈수록 삶의 만족도와 정서적 행복감이 상승하다가, 소득이 일정 수준을 넘어서면 조금씩 하락하는 모습을 확인할 수 있다. 이는 소득과 행복이 반드시 비례 관계에 놓여있는 것은 아님을 보여준다.

바로 알기

① 일반적으로 소득이 높을수록 삶의 만족도나 정서적 행복감이 높게 나타나므로 소득과 행복은 서로 관련되어 있음을 알 수 있다.
② 소득과 삶의 만족도가 항상 비례 관계인 것은 아니다. 그래프에서 연간 소득이 95,000달러 이상일 때 삶의 만족도가 오히려 떨어지는 것을 확인할 수 있다.
④, ⑤ 제시된 그래프와는 관련이 없는 내용이다.

자료 분석 **소득과 정서적 행복감 · 삶의 만족도 간 상관관계**

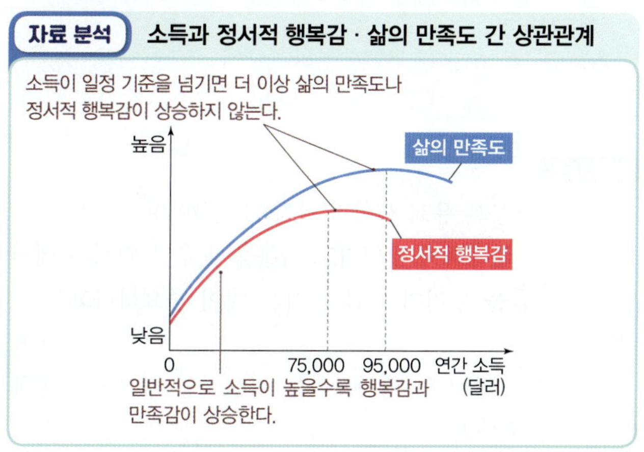

<table>
<tr><td>대단원</td><td>마무리 문제</td><td colspan="2" style="text-align:right">042~044쪽</td></tr>
</table>

154 ③	**155** ⑤	**156** ①	**157** ③
158 ①	**159** ③	**160** ⑤	**161** ①
162 ②	**163** ④	**164** ①	**165** ④

154

정답 체크

제시문은 행복의 구체적인 의미가 각자가 처한 상황과 시대적 배경에 따라 달라질 수 있음을 설명하고 있다.

바로 알기

① 행복의 기준은 시대에 따라 달라질 수 있다.
② 행복에 대한 보편적 기준이 존재할 수 있지만, 항상 그 기준에 따라 살아갈 필요는 없다.
④ 행복의 기준은 사람마다 다르기 때문에 자신이 생각하는 행복의 기준을 타인에게 강요해서는 안 된다.
⑤ 의식주와 관련된 욕구 충족은 인간의 삶과 직결되는 부분이기 때문에 행복 실현에 도움이 될 수 있다.

155

정답 체크

⑤ 산업화 시기에는 대량 생산 기술이 발달함에 따라 행복의 기준으로 특히 물질적 풍요로움이 중시되었다.

> **개념 정리** **행복한 삶을 실현하기 위해 필요한 조건**
>
> - 질 높은 정주 환경: 안심하면서 쾌적하고 편리하게 살아갈 수 있는 조건이 갖추어진 환경
> - 경제적 안정: 생활에 필요한 재화나 서비스를 안정적이고 일정하게 누릴 수 있는 상태
> - 민주주의의 발전: 법, 제도, 문화 등을 통해 시민의 권리를 보장하고 시민의 정치적 의사를 잘 반영하는 것
> - 도덕적 실천: 살면서 마주하는 문제에 대해 도덕적으로 사고하고 행동하는 것

156

정답 체크

제시문의 내용은 유교 사상가 공자의 주장이다.
ㄱ. 공자는 부유하지 않더라도 학문을 배우고 익히는 데서 얻는 즐거움을 누리며 의롭게 사는 것이 중요하다고 주장하였다.
ㄴ. 공자는 육체적인 행복보다는 정신적인 행복을 지향해야 함을 강조하였다.

ㄷ. 공자는 의로운 삶 속에서 행복을 찾고자 하였다.
ㄹ. 진정한 행복을 얻는 과정에서 기본적인 욕구도 어느 정도 충족되어야 한다.

> **자료 분석** **행복을 바라보는 공자의 관점**
>
> 의롭지 않은데도 돈이 많고 지위가 높은 것은 마치 뜬구름과 같습니다. 거친 음식을 먹고 맹물을 마시며 팔을 굽혀 베개로 삼더라도 의로운 삶이라면 행복은 그 속에 있는 법입니다.
> – 공자는 물질적 풍요로움보다 의로운 태도가 더 중요함을 강조하며, 일상생활에서 불편함을 경험하고 있더라도 정신적 만족감을 느끼며 살아간다면 행복해질 수 있음을 강조하였다.

157

정답 체크

불교에서는 불성을 드러내어 삶의 고통에서 벗어나 해탈을 이루고, 자비를 실천하여 부처의 세계인 정토를 구현하는 것에서 행복을 구하였다.

바로 알기

① 불교 사상에서 불성은 부처가 될 수 있는 성질로 모든 인간이 태어날 때부터 지니고 있는 것이다. 따라서 불성을 지니기 위해 노력할 필요가 없다.
② 인(仁)을 실천하는 사람이 군자가 될 수 있다고 본 것은 유교 사상의 입장이다.
④ 행복을 실현하기 위해 무위자연의 태도를 강조한 것은 도가·도교 사상의 입장이다.
⑤ 불교에서는 누구나 수양을 통해 불성을 실현하고 부처가 될 수 있다고 보았다.

158

정답 체크

제시문의 내용은 노자의 주장이다. 노자는 자연 그대로의 도(道)를 본받아 순수한 삶을 살아감으로써 행복을 얻을 수 있다고 보았다. 또한 성인(聖人)은 백성들의 마음을 어지럽히지 않는 정치를 해야 한다고 주장하였다.
① 노자의 입장에 해당하는 진술에만 모두 v 표시한 학생은 갑이다.

바로 알기

도가·도교에서는 현명한 사람을 높이게 되면 그로 인해 경쟁이 나타나게 되고, 장기적으로 다툼과 혼란이 발생하여 자연의 질서가 무너지게 된다고 보았다.

159

동양의 유교 사상은 하늘로부터 부여받은 선한 본성을 보존하고 함양하여 인(仁)을 실천하며, 군자가 되는 것이 행복이라고 보았다.

ⓒ 불성을 드러내야 한다는 것은 불교 사상에서 강조한 내용이다.

160

갑은 아리스토텔레스, 을은 에피쿠로스이다.

ㄴ. 아리스토텔레스는 이성의 기능을 충분히 활용하여 덕을 갖춘 사람이 행복해질 수 있다고 보았으며, 덕을 갖추기 위해 좋은 습관을 형성해야 한다고 주장하였다.

ㄷ. 에피쿠로스는 몸에 고통이 없고 마음에 불안이 없는 평정심의 상태를 지향하였다.

ㄹ. 에피쿠로스는 고통을 제거함으로써 얻게 되는 쾌락을 추구하며, 자연적이고 필수적인 욕구만을 최소한으로 충족함으로써 행복을 실현할 수 있다고 보았다.

ㄱ. 아리스토텔레스는 모자람과 지나침 사이의 중용이 필요하다고 보았고, 에피쿠로스는 기본적으로 쾌락을 절제하고 적절하게 추구해야 한다고 보았다. 따라서 아리스토텔레스와 에피쿠로스 모두 동의할 만한 질문이라고 볼 수 있다.

161

제시문의 내용은 공리주의 사상의 입장이다. 공리주의 사상은 최대 다수의 최대 행복이라는 결과의 유용성을 실현하는 것이 행복이라고 보았다.

② 칸트의 주장이다.

③ 아리스토텔레스의 주장이다.

④ 공리주의 사상은 기본적으로 많은 사람에게 많은 쾌락을 가져다주는 행위가 옳은 행위라고 본다. 그러나 쾌락을 추구하는 행위가 항상 좋은 결과를 가져다준다고 볼 수는 없다.

⑤ 헬레니즘 시대 스토아학파의 주장이다.

162

제시문의 내용은 에피쿠로스의 주장이다.

② 에피쿠로스는 육체에 고통이 없고 마음에 불안이 없는 평정심의 상태를 지향하였다.

① 에피쿠로스는 정신적 고통은 제거해야 하는 대상이라고 보았으므로 제시된 질문에 '예'라고 대답할 것이다.

③ 에피쿠로스는 쾌락을 추구하고 고통은 제거해야 한다고 주장하였으므로 제시된 질문에 '아니오'라고 대답할 것이다.

④ 에피쿠로스는 자연적이고 필수적인 욕구만을 최소한으로 충족해야 한다고 주장하였으므로 제시된 질문에 '아니오'라고 대답할 것이다.

⑤ 에피쿠로스는 심리적 안정감과 평온함을 바탕으로 행복을 추구하였으므로 제시된 질문에 '예'라고 대답할 것이다.

163

④ 갑은 국가가 기회를 공정하게 제공할 뿐만 아니라 복지 제도를 통해 실질적 도움을 주어야 한다고 주장한다. 이에 반해 을은 국가가 기회를 공정하게 제공하는 것만으로도 충분하다고 보는 입장이다.

①, ⑤ 국가의 지원이 필요하다는 것, 국가가 기회의 공정성을 보장하는 것에 대해서는 갑, 을 모두 동의하고 있으므로 토론의 쟁점이라고 보기 어렵다.

164

갑: 헬레니즘 시대에는 정치적 혼란으로 전쟁이 지속되어 삶이 불안정하였기 때문에 마음의 안정을 유지하는 것에서 행복을 찾았다.

을: 아리스토텔레스는 중용과 이성에 따라 자신의 능력을 발휘하는 것을 행복이라고 보았다.

병: 스토아학파는 이성적 사고를 하며 정념에 지배받지 않고 자연의 질서에 따라야 행복해질 수 있다고 보았다.

정: 공리주의 사상에서는 행위의 동기보다 결과의 유용성을 통해 행복을 추구하였다.

165

제시문은 도덕적 실천과 행복의 관계를 뇌 과학과 연결 지어 설명하고 있다.

④ 사회적 유대를 높이는 행동이 행복을 높이는 데 기여한다는 내용을 바탕으로 좋은 사회적 관계를 통해 행복을 실현할 수 있음을 파악할 수 있다.

① 제시문은 인간의 이타적 행위와 행복의 관계를 뇌 과학적으로 해

석한 내용이다.
② 도덕적 실천을 통해 얻는 뿌듯함과 같은 긍정적 감정이 행복 실현에 기여할 수 있다. 따라서 모든 감정으로부터 자유로워져서는 안 된다.
③ 도덕적 행동이 항상 행복으로 이어진다고 단정지을 수는 없다.
⑤ 사회적 유대를 높이는 행동이 성인과 아동 모두의 행복을 높이는 데 기여한다는 내용을 통해 성인과 아동이 느끼는 행복의 기준이 비슷하거나 동일함을 파악할 수 있다.

대단원 마무리 서답형 문제

045쪽

166

| 핵심 키워드 | 행복, 시대에 따른 행복의 기준

(1) **예시 답안** 자신이 원하는 욕구가 충족되어 만족하거나 즐거움과 여유로움을 느끼는 상태를 말한다.

*** 채점 기준 ***

상	행복의 의미를 욕구 충족, 만족과 즐거움 등의 개념을 활용하여 정확히 서술한 경우
하	행복의 의미를 욕구가 충족된 상태 또는 만족이나 즐거움의 상태라고만 서술한 경우

(2) **예시 답안** 시대 상황이 변화함에 따라 행복의 기준이 달라지게 되었다.

*** 채점 기준 ***

상	시대 상황에 따라 행복의 기준이 달라졌다는 내용을 정확히 서술한 경우
하	행복의 기준이 달라졌다는 내용으로만 서술한 경우

167

| 핵심 키워드 | 도(道), 무위자연

예시 답안 선한 본성을 함양하기 위해 노력하는 인위적인 태도가 오히려 삶을 불행하게 만들 수 있습니다. 인간은 인위적인 것이 더해지지 않은 자연 그대로의 도를 본받아 순수하고 자연스러운 삶을 지향해야 행복해질 수 있습니다.

*** 채점 기준 ***

상	두 사상가의 주장을 비교하여 행복한 삶을 위해 도가·도교에서 지향하는 태도를 적절히 서술한 경우
하	두 사상가의 주장에 대한 비교 없이 행복한 삶을 위해 도가·도교에서 지향하는 태도만을 적절히 서술한 경우

168

| 핵심 키워드 | 행복, 이성, 중용

예시 답안 참된 행복은 지나치지도 모자라지도 않은 중용, 욕구나 감정에 좌우되지 않고 균형을 유지하는 이성에 따

라 자신의 능력을 발휘함으로써 얻을 수 있습니다. 따라서 본인이 처한 상황을 고려하여 중용의 태도에 따라 적절한 행위를 취한다면 행복해질 수 있습니다.

*** 채점 기준 ***

상	중용의 의미를 정확히 쓰고, 중용의 태도를 통해 참된 행복을 얻을 수 있음을 적절히 서술한 경우
중	중용의 의미를 정확히 쓰고, 중용의 태도가 필요하다고만 서술한 경우
하	중용의 의미만 썼거나, 중용의 태도가 필요하다는 내용으로만 서술한 경우

개념 정리 아리스토텔레스의 행복론

- 삶의 궁극적 목적은 행복
- 행복은 인간의 이성을 계발하여 유덕한 사람이 되는 것
- 행복은 중용에 따라 욕구나 감정에 좌우되지 않고 쾌락과 도덕 사이에서 균형을 유지하는 이성을 통해 자신의 능력을 발휘하는 것

169

| 핵심 키워드 | 정주 환경, 민주주의, 경제적 안정, 상대적 소득

(1) ㉠: 정주 환경, ㉡: 민주주의

(2) **예시 답안** 상대적 소득은 다른 사람과 비교함으로써 인식하게 되는 소득을 의미한다. 따라서 본인이 얻는 절대적 소득이 많아도 타인과 비교하여 상대적으로 소득이 적다고 인식한다면 행복감을 느끼지 못할 수 있다.

*** 채점 기준 ***

상	상대적 소득의 의미를 쓰고, 상대적 소득이 적다고 인식할 때 행복감을 느끼지 못할 수 있음을 정확히 서술한 경우
하	상대적 소득의 의미만 썼거나, 상대적 소득이 적다고 인식할 때 행복감을 느끼지 못한다고만 쓴 경우

Ⅲ. 자연환경과 인간

05 자연환경과 인간 생활

STEP 1 개념 확인 문제

049쪽

170 날씨 마케팅　　**171** 열대　　**172** 평야
173 카르스트　**174** 해안 침식　**175** 열대 저기압
176 ○　　**177** ×　　**178** ×　　**179** ○
180 ×　　**181** ×

STEP 2 예상 적중 기출 문제

049~053쪽

182 ③　**183** ③　**184** ①　**185** ②　**186** ④　**187** ①
188 ④　**189** ③　**190** ⑤　**191** ④　**192** ③　**193** ③
194 ④　**195** ⑤　**196** ①　**197** ⑤　**198** ④　**199** ②
200 ②

182

정답 체크

기후 요인은 기후의 지역적 차이를 가져오는 요인으로, 위도, 해발 고도, 수륙 분포 등이 있다.
(가) 위도는 지구의 위치에 따라 태양의 입사 각도가 달라져, 저위도에서 고위도로 갈수록 기온이 낮아진다.
(나) 해발 고도가 높아질수록 대기 압력이 낮아지며, 이로 인해 공기가 희박해져 열을 잘 보유하지 못해 기온이 낮아진다. (다) 바다는 육지에 비해 같은 양의 태양 에너지를 받더라도 더 천천히 가열되고 더 오랜 시간 열을 유지한다. 따라서 대륙은 해양보다 기온 변화가 커서 연교차가 크다.
(라) 난류가 흐르는 해안은 한류가 흐르는 해안보다 평균 기온이 높고 강수량이 많다.

183

정답 체크

사진은 건조 기후 지역의 전통 가옥 구조이다. 건조 기후 지역은 뜨거운 열기를 차단하고 내부 온도를 유지하기 위해 벽이 두꺼운 흙벽돌집을 짓는다. 또한 강한 햇볕을 피하기 위해 창문이 작고, 건물 사이 간격을 좁게 지어 그늘이 생기도록 한다.

바로 알기

① 열대 우림 기후 지역의 전통 가옥 구조 특징이다.

② 온대 기후 지역의 특징이다.
④ 냉대 기후나 한대 기후 지역의 특징이다.
⑤ 한대 기후 지역 전통 유목민의 생활 모습이다.

184

정답 체크

열대 기후 지역은 기온과 습도가 높아 음식이 쉽게 상할 수 있으므로, 음식이 부패하지 않도록 기름에 튀기거나 볶는 요리가 발달하였고, 향신료를 많이 사용한다.

바로 알기

② 냉대 기후나 한대 기후와 같이 겨울이 추운 지역은 보온에 유리한 가옥 구조가 나타난다.
③ 연중 대부분 기온이 낮아 농경이 불가능한 지역은 대체로 극지방에 위치한 한대 기후 지역이다.
④ 순록 유목이나 어로, 수렵 생활은 한대 기후 지역의 전통 생활 모습이다.
⑤ 건조 기후 지역에서는 강한 햇볕과 모래 바람으로부터 몸을 보호하기 위해 온몸을 감싸는 긴 옷을 입는다.

185

정답 체크

(가)는 북부 아프리카의 사하라 사막 일대로 건조 기후가 나타나고, (나)는 동아시아의 일본으로 온대 기후가 나타난다. 건조 기후 지역은 연 강수량이 500mm 미만으로 식생이 자라기 어려워 사람이 거주하기에 불리하다.
② 온대 기후 지역인 (나)는 건조 기후 지역인 (가)보다 강수량이 많고, 식생 밀도가 높으며, 농업 생산성이 높아 인구 밀도가 높다.

186

정답 체크

세계의 다양한 기후를 형성하는 데 영향을 주는 기후 요인으로는 위도, 수륙 분포, 지형, 해발 고도, 해류 등이 있다.
① 위도에 따라 태양 에너지가 지표에 도달하는 양과 각도가 달라지기 때문에, 지구의 기후대는 위도의 영향을 많이 받는다.
② 해류는 해양의 물이 움직이는 흐름을 말하는데, 난류와 한류의 영향을 받는 지역은 기후 특성이 다르게 나타나기도 한다.
③ 바다와 육지는 각각 열을 저장하고 방출하는 방식이 다르기 때문에 기온, 강수, 바람 등 기후 요소에 영향을 준다.
⑤ 해발 고도가 높아질수록 기압이 낮아지고 공기가 팽창하면서 열을 잃기 때문에 기온은 점차 낮아진다.

187

정답 체크

쓰촨 지방은 중국 남서부에 위치한 지역으로, 대체로 기후가 온화하며 사계절이 뚜렷하다. 여름은 고온 다습하여, 이 지역 사람들은 향신료를 많이 사용하고 매운 음식을 먹으며 땀을 흘려서 몸의 열을 배출하고자 하였다.

바로 알기

② 수렵·어로 활동은 한대 기후 지역에서 행해진다.
③ 육류 생산량이 많은 지역은 기업적 목축업이 발달한 지역이다.
④ 플랜테이션은 열대 기후 지역에서 행해지는 농업 방식이다.
⑤ 쓰촨 지방은 겨울이 춥기는 하지만 한대 기후 지역만큼 겨울이 매우 춥거나 길지는 않다.

188

정답 체크

사진은 열대 기후 지역에서 행해지는 이동식 화전 농업을 나타낸 것이다.

ㄴ. 이동식 화전 농업은 특정 장소에서 몇 년간 경작한 후 토양의 비옥도가 떨어지면 다른 장소로 이동하여 숲을 태워 다시 경작지를 만든다.

ㄹ. 이동식 화전 농업은 자연 상태의 숲이나 풀밭을 태워, 여기에서 생긴 재를 비료로 이용하여 농작물을 재배한다.

바로 알기

ㄱ. 열대 기후 지역은 강수량이 많아 토양의 영양분이 씻겨 나가므로 토양이 척박하다.
ㄷ. 이동식 화전 농업이 행해지는 열대 기후 지역은 강수량이 많다.

189

정답 체크

연중 덥고 습한 ㉠은 열대 기후, 계절 변화가 뚜렷하고 기후가 온화한 ㉡은 온대 기후, 겨울이 길고 연교차가 큰 ㉢은 냉대 기후, 주로 극지방에 나타나는 ㉣은 한대 기후, 강

수량이 부족하여 식물이 자라기 힘든 ㉤은 건조 기후 지역이다.

③ 초원을 찾아 이동하는 유목 생활은 건조(스텝) 기후 지역의 특징이다.

190

정답 체크

ㄷ. 온대 기후가 나타나는 지중해 연안을 지중해성 기후 지역이라고 한다. 여름이 고온 건조한 지중해성 기후 지역은 여름에 강한 햇볕이 집 안으로 들어오는 것을 차단하기 위해 벽이 하얗고 창문이 작은 집을 짓는다. 하얀색 벽은 태양의 열과 빛을 반사하여 집 안의 온도를 낮추는 데 도움을 준다.

ㄹ. 건조 기후 지역은 물이 부족하여 식물 성장에 불리하지만 관개 농업을 통해 농사를 짓기도 한다.

바로 알기

ㄱ. 기후는 인간 생활에 큰 영향을 주지만 절대적인 영향을 주는 것은 아니다. 인간은 끊임없이 기후 제약을 극복하거나 기후에 적응하며 고유한 생활양식을 만들어 간다.
ㄴ. 열대 기후는 연중 기온이 높고 강수량이 많으며, 강수량 분포에 따라 열대 우림 기후와 열대 사바나 기후로 구분한다.

191

정답 체크

지도에 표시된 A 지역은 말레이시아로, 열대 기후가 나타난다.

④ 열대 기후 지역은 강수량이 많아 빗물이 잘 흘러내리도록 지붕의 경사가 급하며, 땅에서 올라오는 열기와 습도, 해충을 피하기 위해 지면에서 바닥을 띄운 고상 가옥이 나타난다.

바로 알기

① 한대 기후 지역에서 눈과 얼음을 이용한 임시 거처인 이글루이다.
② 한대 기후 지역에서 순록을 키우는 유목민들의 이동식 가옥이다.
③ 사막 기후(건조 기후) 지역의 흙벽돌집이다.
⑤ 스텝 기후(건조 기후) 지역의 이동식 가옥이다.

192

정답 체크

③ 인공 지능의 답변은 냉대 기후 지역에 대한 설명이다. 냉대 기후 지역은 주로 북반구 고위도에 분포하고 겨울이 길고 추우며, 여름과 겨울의 기온 차이가 크다. 냉대 기후는 주로 러시아, 캐나다, 북유럽, 아시아의 일부 북부 지역

에서 나타난다.

① 겨울이 매우 춥다고 하였으므로 열대 기후에는 해당하지 않는다.
② 한대 기후는 주로 북극, 남극과 같이 극지방에서 나타나는 기후로 농업이 불가능하다.
④ 건조 기후에서는 물이 부족하여 관개 농업이나 오아시스 농업으로 밀, 대추야자 등을 주로 재배한다.
⑤ 온대 기후는 냉대 기후보다 온화하며, 농작물 재배 가능 기간이 길고 밭농사 외에 벼농사, 목축업 등도 발달한다.

193

③ 베트남의 할롱베이는 카르스트 지형으로, 카르스트 지형은 석회암이 오랜 세월 동안 침식과 용식 과정을 거쳐 형성된다.

① 지각판의 충돌로 형성되는 지형은 습곡 산맥이다.
② 화산 지형은 대부분 환태평양 조산대의 '불의 고리'라고 불리는 지역에 분포한다. 세계 화산 활동의 대부분이 이 지역에 집중한다.
④ 쓰나미는 해저 화산 활동으로 발생하는 거대한 파도이다.
⑤ 지구 온난화로 해수면이 상승할 경우 태평양 연안의 해안 저지대 등이 침수될 위험에 놓이지만, 베트남 할롱베이의 형성과는 거리가 멀다.

194

갯벌은 조류의 퇴적 작용으로 형성되는 지형이다. 갯벌은 해양 생태계의 보고로서 다양한 생물종의 서식지이며, 철새들의 중간 기착지 역할을 한다. 또한 갯벌에서 서식하는 해양 생물은 어업 활동의 중요한 자원이 된다. 최근에는 갯벌을 이용한 관광 산업도 활성화되고 있어 관광 자원으로써의 가치도 늘어나고 있다.

갑. 해안선이 단조로우면 파랑의 침식 작용이 크기 때문에 갯벌이 형성되기 어렵다.
병. 파도가 강하면 파도에 의해 퇴적물이 쓸려가기 때문에 갯벌이 형성되기 어렵다.

195

지도의 A는 아랍 에미레이트의 두바이, B는 몽골, C는 대한민국(남한)이다.
⑤ 촬영 장면 1~3은 각각 평야, 초원, 사막에서 순서대로 촬영이 가능하다. 아랍 에미레이트의 두바이(A)는 사막 기후, 몽골(B)은 스텝 기후, 대한민국(C)은 온대 기후가 나타난다.

196

지도의 A는 아이슬란드, B는 남아프리카 공화국, C는 이집트, D는 일본, E는 오스트레일리아이다.
① 아이슬란드는 북대서양 중앙 해령 위에 위치한 섬나라로 화산 지형이 발달해 있다. 화산 지형과 빙하 지형을 활용하여 관광 산업이 발달해 있으며, 지열을 이용하여 전기를 생산하는 지열 발전소가 전력 생산에 큰 역할을 한다.

197

산업화 이후 인간 활동에 의한 온실가스 배출이 증가하면서 지구의 평균 기온이 계속 상승하여 지구 온난화 현상이 심화되고 있다.
ㄷ. 지구 온난화로 폭염 등의 발생 빈도가 높아져 열사병, 일사병 등과 같은 온열 질환이 증가하고 있다.
ㄹ. 지구 온난화로 인해 가뭄, 홍수 등 이상 기후가 자주 발생하면서 인명과 재산 피해가 발생하고 있다.

ㄱ. 지구 온난화로 일부 동식물은 서식지가 사라지거나 먹이가 없어지면서 멸종 위기에 처하여 생물종 다양성이 감소할 수 있다.
ㄴ. 지구 온난화로 극지방의 빙하가 녹으면서 해수면이 상승하여 해안 저지대와 섬 나라들이 침수될 위기에 처해 있다.

198

(가)는 호우, (나)는 태풍이다. 우리나라에서 자연재해 피해액이 가장 많은 것은 호우이고, 두 번째는 태풍이다.
④ 태풍은 저위도 열대 해상에서 발생하여 고위도로 이동하는 열대 저기압으로 강한 바람과 비를 동반한다.

① 호우는 짧은 시간에 강하게 내리는 강수 형태를 말한다. 호우로 인한 산사태 등으로 산림이 파괴될 수는 있지만, 산림 파괴가 호우의 직접적인 원인은 아니다.
② 화석 연료 사용량 증가로 기후변화가 심화되고 호우 피해 규모가 커질 수 있지만, 직접적인 영향으로 보기는 어렵다.
③ 태풍은 기후 관련 자연재해이다.
⑤ 농작물 재배 북한계선의 상승은 지구 온난화와 관련이 있다.

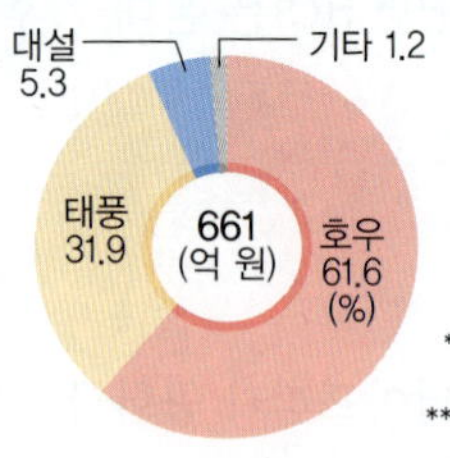

*2012년~2021년에 발생한 자연재해 피해액의 누적치를 기준으로 함.
**각 당해 연도 가격을 기준으로 함.
(행정안전부, 2022)

우리나라에서 주로 발생하는 자연재해는 호우, 태풍, 대설이다. 여름에는 홍수, 태풍, 폭염이 자주 일어나고, 겨울에는 폭설과 한파가 주로 발생한다. 전국에서 자연재해 발생 횟수가 가장 많은 지역은 전라남도이다. 강원특별자치도는 전국에서 자연재해 피해액이 가장 많은 지역이다.

199

정답 체크

(가)에 해당하는 자연재해는 지진이다. 지진은 예측이 어려우므로 평상시에 미리 대비하고, 지진 발생 시 적절하게 대처하는 것이 매우 중요하다. 특히 실내에 있을 때 지진이 발생할 경우 탁자나 책상 아래로 몸을 숨기고 머리를 보호해야 한다. 또한 창문, 거울 등 깨질 위험이 있는 물건에서 멀리 떨어져야 한다.

② 지진은 땅이 갈라지고 흔들리는 현상으로, 짧은 시간에 인명과 재산에 큰 피해를 준다.

바로 알기

① 가뭄에 대한 설명이다. 가뭄은 장기간 비가 내리지 않는 현상으로, 다른 자연재해에 비해 진행 속도는 느리지만 피해 범위가 넓게 나타난다.

③ 하굿둑이나 수중보 등의 인공 구조물 건설로 하천 하류의 흐름이 원활하지 못할 경우 홍수 피해가 커질 수 있다.

④ 지구 온난화로 인해 해수면이 상승할 경우 해안 저지대가 침수될 우려가 있다.

⑤ 자연재해는 예측하기 어렵지만, 대부분 특정 시기나 특정 지역에서 반복적으로 발생하는 특성이 있다.

200

정답 체크

제시된 글은 인도네시아에서 발생한 화산 폭발에 대한 것이다. 지도의 A는 나이지리아, B는 인도네시아, C는 뉴질랜드, D는 그린란드, E는 브라질이다. 화산 폭발이나 지진은 판의 경계에 위치한 지역에서 자주 발생하며, 그 피해 규모도 크게 나타나는 편이다.

201

| 핵심 키워드 | 기후와 인간 생활, 고상 가옥

(1) **예시 답안** (가), (나) 모두 땅속에 기둥을 박아 지면에서 띄워 설치하였다.

(2) **예시 답안** (가)는 열대 우림 기후 지역의 고상 가옥으로, 이는 땅에서 올라오는 열기와 습기를 피하기 위해서이다. (나)는 툰드라 기후 지역의 송유관으로, 이와 같은 구조물이 나타나는 이유는 짧은 여름에 토양층이 녹아 구조물이 붕괴되는 것을 방지하기 위해서이다.

*** 채점 기준 ***

상	(가), (나) 구조가 나타나는 지역의 기후를 구분하고, (가), (나)와 같은 구조물이 나타나는 이유를 각각의 기후 특징과 연결하여 서술한 경우
중	(가), (나) 구조가 나타나는 지역의 기후 구분 없이 기후 특징에 따라 가옥의 특징만 서술한 경우
하	(가), (나) 구조가 나타나는 지역의 기후 구분 없이 가옥의 특징 또는 형태만 서술한 경우

자료 분석 | 한대 기후 지역의 구조물 구조

툰드라 기후 지역에서 송유관을 떠받치는 'H'자형 지지대를 설치하는 이유는 지지대 아래의 토양층이 녹으면서 지반이 무너질 때 송유관이 붕괴되는 것을 막기 위해서이다. 영구 동토층은 2년 이상 결빙 온도 이하를 유지하며 얼어 있어야 하지만 여름에 이 땅이 흐물흐물해지며 송유관이 내려앉을 수도 있기 때문에 고상식으로 구조물을 설치한다.

202

| 핵심 키워드 | 태풍, 열대성 저기압

예시 답안 적조 현상을 완화하거나 해결해 주기도 하고, 수자원 공급, 대기 오염 완화에

*** 채점 기준 ***

상	태풍의 긍정적 영향을 두 가지 이상 옳게 서술한 경우
하	태풍의 긍정적 영향을 한 가지만 옳게 서술한 경우

개념 정리 | 태풍의 순기능

태풍은 많은 비를 동반하여 가뭄을 해결해 주고, 농업에 필요한 용수를 제공하여 작물 성장에 도움을 준다. 해양 생태계에 필수적인 영양분을 분산시켜 해양 생물의 번식을 촉진한다. 태풍의 강한 바람은 나무와 식물의 성장을 자극하고, 생태계의 다양성을 증가시킬 수 있다.

203

| 핵심 키워드 | 지형과 인간 생활, 평야 지역, 산지 지역

(1) (가) 평야 지역, (나) 산지 지역

(2) **예시 답안** A와 C는 인구 밀도 또는 도시 발달, B는 임업 발달이다. (가) 평야 지역은 해발 고도가 낮고 경사가 완만해서 농업과 도시가 발달하여 인구 밀도가 높다. 반면에 (나) 산지 지역은 해발 고도가 높고 경사가 급해 인간이 거주하기에 불리하여 인구 밀도가 낮은 편이고, 밭농사, 목축업, 임업, 광산업 등이 발달하였다.

★ 채점 기준 ★

상	(가), (나) 지역 구분과 지표 세 가지를 모두 옳게 비교하여 서술한 경우
중	(가), (나) 지역 구분 없이 지표 세 가지를 비교하여 서술한 경우
하	지표 세 가지 중 두 가지만 옳게 비교하여 서술한 경우

204

| 핵심 키워드 | 헌법, 재난 및 안전 관리 기본법

예시 답안 우리나라는 헌법 제34조와 제35조를 비롯한 법과 제도를 통해 시민이 안전하고 쾌적한 환경에서 살 권리를 보장하고 있다.

★ 채점 기준 ★

상	헌법을 통해 법과 제도적으로 시민이 안전하고 쾌적하게 살 권리를 보장함을 정확히 서술한 경우
중	헌법을 통해 시민이 안전하게 살 수 있게 하였다라고 서술한 경우
하	법과 제도를 마련하였다라고만 서술한 경우

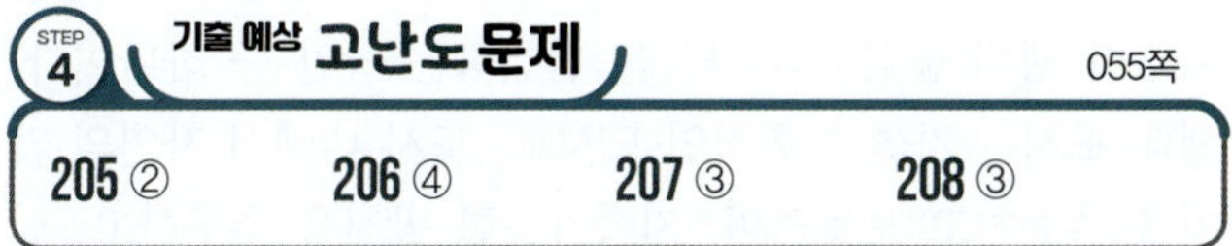

205

정답 체크

〈퀴즈 1〉의 정답은 날씨 마케팅, 〈퀴즈 2〉의 정답은 간헐천, 〈퀴즈 3〉의 정답은 대평원이다. ② 글자판에 남은 카르스트는 석회암이 화학적 풍화 작용(용식 작용)을 받아 형성된 지형이다.

바로 알기

① 해식애에 대한 설명이다. 파도가 해안에 부딪히면서 암석이 침식되어 해안선이 후퇴하고, 하단부가 깎이면서 상부의 암석이 무너져 해식애가 형성된다.

③ 대륙 내부의 판이 갈라지면서 만들어지는 산지는 동아프리카 지구대와 같은 지구대이다.

④ 석회질의 산호충 유해가 퇴적되어 형성되는 해저 지층은 산호초이다.

⑤ 화산 지형으로, 성층 화산에 대한 설명이다.

206

정답 체크

밑줄 친 '이 지역'은 건조 기후인 스텝 기후 지역의 초원을 말한다. 초원에서의 이동식 가옥은 유목 생활에 적합하도록 이동과 설치가 쉽고, 지역의 기후와 생활 방식에 적응한 구조로 되어 있다. ④ 대표적인 이동식 가옥으로는 몽골의 게르가 있다.

바로 알기

① 열대 기후 지역의 고상 가옥이다.

② 건조(사막) 기후 지역의 흙벽돌집이다.

③ 한대(툰드라) 기후 지역의 고상 가옥이다.

⑤ 한대 기후 지역의 임시 얼음집인 이글루이다.

207

정답 체크

지구 온난화로 인한 그린란드와 아프리카 킬리만자로의 환경 변화를 유추할 수 있다. 그린란드는 툰드라 기후 지역이었으나 지구 온난화로 인해 일부 지역에서 농경이 가능해졌고, 킬리만자로산 정상부의 빙하가 감소하면서 주변 지역의 주민들은 용수 부족 문제를 겪게 되었다.

(가) 지역은 평균 기온과 농업 생산성이 높아졌고, (나) 지역은 농업 수익은 낮아지고 농경지 훼손 정도가 높아졌다.

208

정답 체크

(가)는 한대 기후 지역, (나)는 건조 기후 지역의 주민 생활에 대한 설명이다.

ㄱ은 건조 기후, ㄴ은 한대 기후, ㄷ은 냉대 기후 지역의 기후 그래프이다.

6 인간과 자연의 관계

STEP 1 개념 확인 문제
059쪽

209 인간 중심주의　　**210** 이분법　**211** 베이컨
212 생태 중심주의　　**213** 전일론적　**214** 대지 윤리
215 ○　　　**216** ○　　　**217** ×　　**218** ×
219 ○

STEP 2 예상 적중 기출 문제
059~063쪽

220 ⑤　**221** ⑤　**222** ③　**223** ③　**224** ②　**225** ②
226 ⑤　**227** ①　**228** ②　**229** ④　**230** ④　**231** ④
232 ②　**233** ⑤　**234** ①　**235** ①　**236** ②　**237** ②
238 ②

220

정답 체크

(가)는 인간 중심주의를 주장한 베이컨의 입장을, (나)는 생태 중심주의를 주장한 레오폴드의 입장을 나타낸다. 베이컨은 인간의 힘은 자연을 파악하고 분석하여 지식을 얻을 때 생겨난다고 하였다. 자연은 인류 복지를 위한 수단이며, 인간의 이익을 위해 봉사하게 해야 한다고 주장하였다. 레오폴드는 대지 윤리를 제시하며, 대지 전체를 자연의 모든 존재가 서로 그물망처럼 얽혀 있는 생명 공동체로 보았다.

바로 알기

동물 중심주의는 동물을 도덕적 고려의 대상으로 보고, 생명 중심주의는 개별 생명체를 도덕적 고려의 대상으로 본다.

221

정답 체크

(가)는 인간 중심주의에 관한 데카르트의 주장이다. 데카르트는 인간이 자연을 지배하고 이용하는 것이 당연하다고 생각하였으며, 자연을 인간의 이익을 위한 도구로 간주하였다. (나)는 생태 중심주의에 대한 레오폴드의 주장이다. 레오폴드는 대지 윤리를 제시하며, 대지 전체를 자연의 모든 존재가 서로 그물망처럼 얽혀 있는 생명 공동체로 보았다. 이는 인간, 동물, 식물, 무생물(흙, 물 등)을 포괄하는 대지 전체를 하나의 도덕적 고려의 대상으로 삼아야 한다는 것을 의미한다. 따라서 (나) 주장은 (가) 주장보다 이분법적 세계관은 약하고, 자연의 내재적 가치를 높게 보고 자

연에 대한 적극적 개발 정도는 낮으므로 그림의 E에 해당한다.

222

정답 체크

독일 프라이부르크는 원자력 발전소 반대 운동을 계기로 생태 도시로 변화를 추진하였다. 프라이부르크는 태양광 발전 등 재생 에너지 활용, 대중교통과 자전거 이용의 활성화, 철저한 쓰레기 분리수거, 녹지 공간의 적극적 확보 등 지속가능하고 친환경적인 생태 도시의 대표적인 사례이다.

바로 알기

① 관광 도시는 자연 경관, 역사 유적, 문화유산, 축제, 스포츠 이벤트 등 다양한 관광 자원을 보유하며, 이를 활용하여 관광객에게 독특한 경험과 즐거움을 제공하는 도시를 말한다.
② 산업 도시는 공업을 주요 기능으로 하는 도시로, 도시의 기능적 분류에 있어서 제조업이 우위를 차지하는 도시이다.
④ 문화 예술 도시는 문화 시설과 예술 단체가 많이 모여 있어 문화 예술 관련 산업이 발달한 도시이다.
⑤ 첨단 기술 도시는 정보 통신 기술(ICT), 바이오 기술(BT), 나노 기술(NT) 등 첨단 기술을 기반으로 하는 산업이 발달한 도시이다.

223

정답 체크

생태 중심주의는 인간과 자연의 관계를 재정립하고, 자연과 인간이 공존할 수 있는 환경을 조성하는 것을 중요시한다. 이는 자연을 단순히 인간의 이익을 위한 도구로 보는 것이 아니라, 자연 자체가 가치를 지니고 있으며 인간과 함께 공존해야 하는 존재로 보는 것이다. 생태 도시 건설은 이러한 생태 중심주의 사상을 실천하는 방안 중 하나이다. 생태 도시는 자연 친화적인 도시로, 도시 내에서 자연의 가치를 존중하고 보호하며, 지속가능한 발전을 추구하고, 인간이 자연에 대한 윤리적 책임과 의무를 다하는 것으로 볼 수 있다.

바로 알기

①, ②, ④, ⑤ 모두 인간 중심주의와 관련된 내용이다.

224

정답 체크

생태 통로는 도로, 철도, 댐, 수중보 등으로 인해 야생 동물의 서식지가 단절되거나 훼손되는 것을 방지하고, 야생 동물이 안전하게 이동할 수 있도록 인공적으로 만든 통로이다. 생태 통로 설치는 생태 중심주의의 핵심 가치인 생물

다양성 보전, 생태계의 균형과 조화 유지, 환경 보호에 기여한다.

② 자연 개발 촉진의 사상적 기반이 된 것은 인간 중심주의 관점에 대한 설명이다.

생태 통로는 각종 개발 사업으로 훼손 또는 단절된 생태계를 복원하고 야생 동물이 잘 다닐 수 있도록 하기 위해 만든 길이다. 야생 동물이 목숨을 걸고 길을 건너야만 하는 이유는 도로 건설 등 인간 활동으로 기존 서식지가 훼손되었거나 이동 통로가 단절 및 파편화되었기 때문이다. 넓은 서식지를 필요로 하는 야생 동물 개체군에게 생태적 연결을 고려하지 않은 도로 건설은 생존에 치명적이다.

225

생태 공동체는 인간과 자연의 공존을 목표로 하는 공동체로, 환경 보호와 지속가능한 생활 방식을 중요하게 생각하는 사람들의 집단을 의미한다. 생태 공동체는 자연을 소중히 여기고, 인간 활동이 생태계에 미치는 영향을 최소화하면서 자급자족하거나 환경친화적인 방법을 추구하며, 지속 가능성, 협력과 상생, 환경 보호를 주된 특징으로 한다.

⑤ 지구 공동체는 지구상의 모든 국가와 지역 그리고 그 안에 살고 있는 모든 사람이 하나의 공동체로 연결되어 있다는 개념이다. 이는 지리적 경계를 넘어 인간과 자연, 문화와 역사 등 다양한 요소들이 서로 영향을 주고받으며 상호 작용하는 것을 의미한다.

226

남극 개발에 대해 (가)는 인간 중심주의 관점, (나)는 생태 중심주의적 관점에서 바라보고 있다. 인간 중심주의 관점에서 남극 개발은 인간의 경제적 이익을 증진할 수 있으며, 석유, 천연가스 등의 자원이 풍부하여 이를 개발하면 인류의 에너지 문제를 해결할 수 있다고 본다. 반면 생태 중심주의 관점에서 남극은 지구상에서 청정한 지역 중 하나로 자연 그대로 보존되어야 하며, 인간의 개입은 생태계의 균형을 파괴할 수 있으므로 개발에 반대한다.

227

둠벙은 전통적으로 논농사에 필요한 물을 저장하는 저수지 역할을 해 왔으며, 다양한 생태적 기능이 있다. 생물 다양성 보전, 수질 정화, 기후 조절, 농업용수 공급, 문화적 가치, 관광 자원 등의 기능을 제공하며, 지역의 생태계와 환경을 보호하고 지역 주민들의 삶의 질을 향상시키는 데 기여한다. 따라서 둠벙을 설치한 것은 인간과 자연이 공존할 수 있는 방법으로 볼 수 있으며, 이는 생태 중심주의 관점과 관련된다.

②, ③, ⑤는 인간 중심주의 관점과 관련된 설명이다.

228

둠벙은 자연과 조화를 이루며 지속가능한 발전을 추구하는 생태 중심주의를 실현하는 방안 중 하나로 볼 수 있다. 둠벙의 다양한 기능은 생태계의 건강성을 유지하고 생물 다양성을 보전하며, 환경 문제를 해결하는 데 도움이 된다. 병은 노자, 정은 레오폴드의 입장으로 생태 중심주의 관점을 나타낸다.

갑은 데카르트, 을은 베이컨의 입장으로 인간 중심주의를 나타낸다.

229

생태주의적 관점은 인간과 자연이 상호 의존하는 관계 속에서 자연을 단순한 자원의 집합체가 아닌 그 자체로 가치 있는 존재로 바라보는 입장이다.
ㄷ, ㄹ. 생태주의적 관점은 인간이 자연을 지배하거나 착취하는 대신 자연과 조화롭게 공존해야 한다고 주장하며, 모든 생명체는 동등한 가치를 지닌다고 본다. 생태주의는 환경 보호와 생태계 보전을 중요한 가치로 삼고, 지속가능한 발전을 통해 미래세대가 자연과 함께 살아갈 수 있는 조건을 마련해야 한다고 강조한다.

ㄱ, ㄴ, ㅁ. 인간 중심주의 입장을 나타낸다.

230

생태 중심주의 관점에서의 전일론적 관점은 자연을 부분들의 단순한 집합체로 보지 않고, 모든 생명체와 생태계가 하나로 연결된 통합적인 전체로 이해하는 입장이다. 이 관점은 각각의 개체나 요소가 독립적으로 존재하는 것이 아니라 상호 의존적인 관계 속에서만 온전한 의미를 지닌다고 본다. 이러한 상호 의존성을 존중하는 것이 생태 중심주의의 핵심이다.

바로 알기

② 자연을 생명이 없는 물질적 재료로만 보고, 자연 현상을 기계적인 운동과 법칙으로 설명하려는 입장으로, 자연을 정복하고 이용하는 것이 가능하다는 생각의 바탕이 되었다.

231

정답 체크

④ 물질적 풍요로움이 확산되어 세계 인구는 증가하였고, 이에 자원 소비량과 폐기물 양은 빠르게 증가하였다. 그 결과 자연 훼손과 더불어 생물종 다양성은 감소하였다.

232

정답 체크

인간과 자연의 바람직한 관계는 상호 존중과 공존을 바탕으로 한 조화로운 관계를 의미한다. 인간은 자연을 지배하거나 착취하는 존재가 아니라, 자연의 일부로서 그 속에서 의존하며 살아가는 존재이다. 따라서 인간의 활동은 자연에 해를 끼치지 않고, 생태계 균형을 유지하는 방향으로 이루어져야 한다. 또한 인간이 자연을 단순한 도구로 여기지 않고, 그 자체를 가치 있는 존재로 인식하는 것이 중요하다.

바로 알기

① 인간의 이윤 추구를 위해 자연을 이용하는 것은 지속가능한 방식이 아니다.
③ 인간과 자연의 바람직한 관계는 상생을 위한 균형이 중요하다.
④ 과학이 발달하더라도 자연의 모든 문제를 해결하는 것은 불가능하다.
⑤ 자연을 개발하는 행위는 자연의 무질서함을 더욱 가중할 우려가 있다.

233

정답 체크

동양의 자연관은 조화와 상생을 목적으로 하고, 서양의 자연관은 지배와 통제를 기반으로 한다. 따라서 (가) 동양의 유기적 자연관은 인간과 자연을 상호 의존하는 하나의 유기체로 보고, (나) 서양의 기계론적 자연관은 자연을 기계처럼 분석 가능한 대상으로 보고, 인간이 이를 통제하고 활용할 수 있다고 여긴다.

개념 정리 · 동양과 서양의 자연관

- 동양의 자연관: 조화와 상생을 추구한다. 동양 철학, 특히 유교, 도교, 불교에서는 자연을 인간과 분리된 존재로 보지 않고, 인간이 자연의 일부로서 조화를 이루어야 한다고 강조한다. 자연은 모든 생명의 근원이며, 인간은 자연과의 상호 작용을 통해 자신의 삶을 영위한다.
- 서양의 자연관: 지배와 통제를 바탕으로 한다. 오랫동안 기독교적 전통과 과학적 합리주의를 바탕으로 형성되었다. 기독교 세계관에서는 인간이 신의 섭리에 따라 자연을 정복하고 관리할 권리를 부여받은 존재로 간주되었다. 근대 이후에는 데카르트와 같은 철학자들이 이원론적 사고를 강조하며, 자연을 인간의 이성으로 분석하고, 객관적으로 탐구할 수 있는 대상이라고 보았다. 산업 혁명 이후 과학과 기술이 발달하면서 인간의 발전을 위한 자원으로 자연을 인식하였고, 인간이 자연을 이용해 발전을 추구하는 경향이 강해졌다.

234

정답 체크

인간과 자연의 공존을 위해서는 지속가능한 발전과 환경친화적 생활 방식이 필수적이다. 인간은 재생 가능한 에너지를 사용하고 자원을 절약하며 생태계를 보호하는 노력을 기울여야 한다. 생물 다양성을 보존하고, 훼손된 서식지를 복원하며, 탄소 배출을 줄이는 정책을 시행하는 것도 중요하다. 개인의 일상에서도 생태시민으로써 환경친화적인 행동을 실천해야 한다.

갑. 에너지 부족 문제를 해결하기 위해서는 화석 에너지 개발보다 에너지 효율성을 높이거나 친환경 에너지 개발로 방향을 바꿔야 한다.

235

정답 체크

제시된 글은 필리핀 세부의 오슬롭 마을에서 행해지는 생태 투어의 사례이다.

① 고래의 서식 환경을 파괴하지 않고 공존한 사례로, 인간과 자연을 유기적인 관계로 보는 것과 관련된다.

236

정답 체크

인간과 자연은 대립하는 관계가 아닌 공존의 관계이므로 인간은 자연 이용의 주체이면서 동시에 자연 생태계의 한 구성원으로 자연에 대한 책임감과 의무감을 가지고 자연과 조화로운 공생을 도모해야 한다.

② 자원의 적극적인 개발보다는 자원 절약을 실천하는 행

동이 중요하므로, 적극적인 자원 개발은 인간과 자연의 공
생을 도모하는 행동이라고 보기 어렵다.

237

정답 체크

㉠~㉢은 각각 생태 도시, 슬로시티, 생태 통로에 대한 설
명이다. 생태 도시는 자연과 인간이 조화롭게 공존할 수 있
도록 설계된 도시이다. 환경 보호와 자원 절약을 중시하며,
에너지 효율적인 건축, 지속가능한 교통 시스템, 녹지 확장
등을 통해 환경에 미치는 영향을 최소화한다. 슬로시티는
지역 고유의 전통문화, 환경을 보존하며 느린 삶의 방식을
추구하는 도시를 말한다. 생태 통로는 도로 등으로 단절된
서식지를 연결해 야생 동물이 안전하게 이동할 수 있도록
만든 통로이다.

238

정답 체크

해양과 육지로 유입된 플라스틱은 오랫동안 분해되지 않
고, 동물들이 이를 먹이로 오인해 섭취하여 생명을 위협받
는다. 미세 플라스틱은 먹이 사슬을 통해 인간을 포함한 다
양한 생물에게 축적되어 장기적으로 생태계 균형을 해칠
수 있다. 또한, 플라스틱 쓰레기는 서식지를 파괴하고, 생
물 다양성을 감소시키며 환경 오염을 가속화한다.
② 개인적 차원에서 플라스틱 뿐만 아니라 종이 재질이어
도 일회용품 사용을 줄이는 노력이 필요하다.

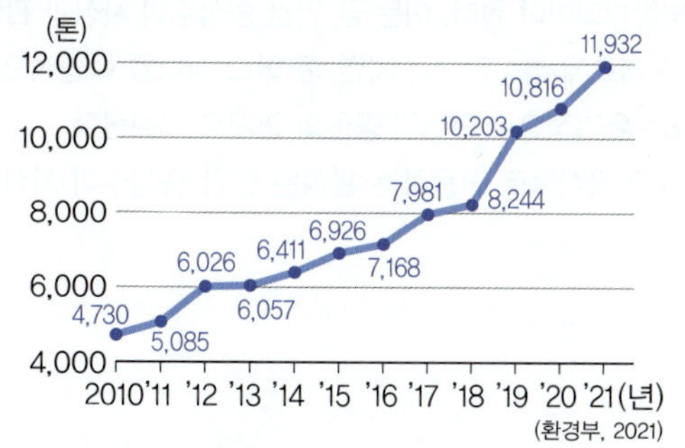

자료 분석 생활계 플라스틱 폐기물 발생량 변화

플라스틱 폐기물 문제는 전 지구적인 기후변화와도 큰 관련이 있
다. 플라스틱은 제작부터 폐기에 이르기까지 전 과정에서 기후변화
의 핵심 원인인 온실가스를 배출하며 썩지 않는 채로 남아 지구의 복
원 능력을 해친다. 플라스틱 생산과 소비, 폐기로 온실가스 배출량이
늘어나면 지구 평균 기온이 상승하여 극지방의 빙하 면적이 감소하고
빙하가 녹으면 그동안 빙하가 가두고 있던 미세 플라스틱도 바다로
방출되어 생태계를 오염시키는 악순환이 반복된다.

239

| 핵심 키워드 | 슬로시티, 생태 도시

(1) ㉠ – 슬로시티, ㉡ – 생태 도시

(2) **예시 답안** 슬로시티(㉠)는 공해 없는 자연 속에서 전통
문화와 자연을 잘 보호하면서 느림의 삶을 추구하는 것이
고, 생태 도시(㉡)는 인간과 자연환경이 조화를 이루며 공
생할 수 있는 체계를 갖춘 지속가능한 도시이다. 슬로시티
와 생태 도시를 도입하는 이유는 인간과 자연은 서로 공존
해야 하는 유기적 관계이기 때문이다.

＊ 채점 기준 ＊

상	㉠, ㉡의 개념을 모두 쓰고, 제시어를 모두 사용하여 슬로시티와 생태 도시의 도입 이유를 옳게 서술한 경우
중	㉠, ㉡의 개념 중 한 가지만 쓰고, 제시어를 모두 사용하여 슬로시티와 생태 도시의 도입 이유를 옳게 서술한 경우
하	㉠, ㉡의 개념만 쓴 경우

240

| 핵심 키워드 | 기후변화, 생태계

예시 답안 기후변화로 생태계 균형이 무너져 식량 작물의
종류나 생산량이 감소할 수 있고, 특정 생물이 사라져 생물
종 다양성이 감소할 수 있다. 이러한 현상이 일어나게 된
원인은 인간이 자연을 도구로 여기고 인간의 이익을 위해
자연을 무분별하게 개발하였기 때문이다.

＊ 채점 기준 ＊

상	기후변화가 식량 작물, 생물종 다양성에 미치는 영향을 서술하고, 그 원인을 인간 중심주의 관점에서 찾아 모두 옳게 서술한 경우
중	인간 생활과 생태계에 피해가 발생한다고 서술하고, 그 원인이 인간 중심주의라고 서술한 경우
하	기후변화의 원인이 된 관점은 인간 중심주의라고만 서술한 경우

241

| 핵심 키워드 | 생태계 파괴

예시 답안 • 케이블카 설치에 찬성: 관광객 유입에 따라 지
역 경제가 활성화될 수 있다.

• 케이블카 설치에 반대: 낮은 경제성과 공익성 및 생태계
파괴가 우려된다.

＊ 채점 기준 ＊

상	찬성과 반대의 근거를 제시된 자료에서 모두 찾아 옳게 서술한 경우
중	찬성과 반대의 근거 중 하나만 제시된 자료에서 찾아 옳게 서술한 경우
하	찬성과 반대의 근거를 제시된 자료가 아닌 일반적인 관점에서 서술한 경우

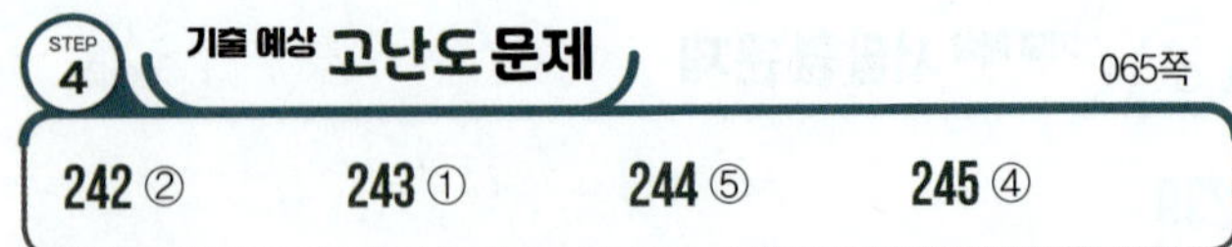

242 ②	243 ①	244 ⑤	245 ④

242

정답 체크

생태 중심주의는 자연 자체의 가치를 강조하며, 인간도 자연의 일부로서 다른 생명체와 평등하게 공존해야 한다는 관점이다.

바로 알기

ㄴ. 자연의 도구적 가치를 중시합니까?, ㄹ. 산업화 과정에서 개발의 정당성을 부여합니까? 두 질문에 대해 인간 중심주의는 '예', 생태 중심주의는 '아니요'에 ∨ 표시해야 한다.

243

정답 체크

제시된 글은 생태 중심주의를 주장한 레오폴드의 입장이다.

바로 알기

'이성을 지닌 인간은 자연보다 우월한 존재이므로 인간이 자연을 이용할 권리를 지닌다.'와 '새로운 기술 개발로 환경 문제를 해결할 수 있다.'는 진술은 모두 인간 중심주의와 관계 깊은 입장이다.

244

| 문제 분석 |

(가), (나) 사상가 입장의 상대적 특성으로 옳은 것만을 |보기|에서 고른 것은?

┌ 데카르트 (가)	┌ 네스 (나)
인간은 주변의 모든 물체의 힘과 작용을 명확하게 앎으로써 장인처럼 이 모든 것들을 적절하게 사용하고, 이를 통해 자연의 주인이자 소유자가 될 수 있다. ─ 인간 중심주의	생태계 위기를 근본적으로 해결하려면 개인적·사회적 관행을 바꾸는 정도로는 부족하며, 생태 중심적 세계관으로 전환해야 한다. ─ 생태 중심주의

| 보기 |

ㄱ. 자연에 대한 도구적 관점   ㄴ. 자연 개발의 적극성

인간 중심주의 ○, 생태 중심주의 ×   인간 중심주의 > 생태 중심주의

ㄷ. 생태계의 조화와 균형   ㄹ. 물질적 혜택과 복지 추구

인간 중심주의 < 생태 중심주의   인간 중심주의 > 생태 중심주의

(가)는 데카르트의 인간 중심주의 입장, (나)는 네스의 생태 중심주의 입장이다. 데카르트는 인간이 이성을 통해 세상을 이해하고 통제할 수 있으며, 자연을 기계처럼 분석하고 조작할 수 있다고 주장하였다. 이와 같은 사상은 인간이 자연과 동물을 지배할 수 있다는 인간 중심적 세계관을 강화하였다. 반면 네스는 인간은 자연의 일부로서 그 안에서 상호 연결된 존재라고 보았으며, 자연을 인간의 이익을 위한 도구로만 여기는 인간 중심주의를 강하게 비판하였다. 그는 모든 생명체가 고유한 가치를 지니며, 인간은 자연을 보호하고 존중해야 할 책임이 있다고 주장하였다.

245

정답 체크

자연 친화적 건축은 자연을 훼손하지 않고, 자연 자원을 지속가능하게 활용하며, 생태계를 보존하는 것을 목표로 한다. 이를 통해 건축물은 인간의 편의뿐 아니라 생태계 전체의 건강을 고려하여 설계된다. 예를 들어, 에너지 효율성, 재생가능한 자원 사용, 폐기물 최소화, 생태적 다양성 유지 등을 중요하게 여기며, 이는 생태 중심주의에서 추구하는 자연과의 조화와 책임감을 구체화한 것이다.

바로 알기

① 재생 가능한 재료를 활용하는 것은 생태 중심주의 사상에 부합하지만, 모든 건축물을 재생 가능한 자원으로만 짓는 것은 현실적인 어려움이 따른다.
② 자연이 인간에게 미치는 영향을 최소화하는 방법은 과학 기술의 발전이 뒷받침되어야 한다. 이는 곧 인간 중심주의 사상과 관련된다.
③ 제시된 자료에서는 인간과 자연 중 어느 하나를 독립적으로 이해하기보다는 유기적으로 연결된 공존의 관계로 이해한다.
⑤ 자연을 적극적으로 활용하는 관점은 인간 중심주의 사상에 해당한다.

STEP 1 **개념 확인 문제**   069쪽

246 지구 온난화	247 온실가스	248 산성비
249 몬트리올 의정서	250 정부	251 생태시민
252 ×	253 ○	254 ○	255 ×
256 ○	257 ×		

STEP 2 예상 적중 **기출 문제**   069~073쪽

258 ④	259 ③	260 ②	261 ⑤	262 ⑤	263 ④
264 ②	265 ④	266 ④	267 ⑤	268 ⑤	269 ②
270 ⑤	271 ①	272 ④	273 ⑤	274 ②	275 ⑤
276 ⑤					

258
정답 체크

산업 혁명으로 인한 기술 발전과 대규모 생산 체계로 인구가 급격히 증가하였으며, 이로 인해 도시화가 급격히 진행되고 화석 연료 소비량이 증가하였다. 인구가 늘어나고 경제 활동이 활발해지면서 환경이 수용할 수 있는 환경 용량을 초과하게 되었고, 이는 지속가능한 자원 관리와 환경 보호의 중요성을 일깨우는 계기가 되었다.

259
정답 체크

㉠에는 이산화 탄소, ㉡에는 지구 온난화, ㉢에는 해수면 상승이 들어갈 수 있다.
③ 지구 온난화 방지를 위해 1992년 유엔 기후변화 협약이 체결되어 전 세계가 협력해 온실가스를 감축하자는 목표를 제시하였다. 이후 교토 의정서(1997)는 선진국의 온실가스 감축 목표를 규정하였고, 파리 협정(2015)은 선진국과 개발도상국에 모두 온실가스 감축 의무를 부여하였다. 몬트리올 의정서는 오존층 파괴 물질인 염화 플루오린화 탄소의 사용 규제를 명시하였다.

260
정답 체크

② 지구 온난화로 빙하가 녹아 해수면이 상승하고, 지역에 따라 폭염, 폭우, 가뭄, 태풍과 같은 이상 기후가 자주 나타

난다. 이로 인해 홍수, 산사태 등 자연재해의 규모가 커지고 발생 빈도가 높아지며, 생태계 변화로 인류의 삶도 영향을 받고 있다.

261
정답 체크

⑤ 영구 동토층은 지구 표면의 일정 부분이 2년 이상 얼어 있는 곳을 뜻한다. 지구의 평균 기온 상승으로 동토층이 녹으면 새로운 토지가 나타날 수 있지만, 농경이 가능한 경작지가 확대되는 것은 아니다.

개념 정리   영구 동토층

영구 동토층은 2년 이상 얼어 있는 땅으로, 주로 북극권과 고산 지대에 분포한다. 지구 온난화로 영구 동토층이 점차 녹으면서 여러 환경 문제가 발생하고 있다. 영구 동토층이 녹으면서 그 안에 갇혀 있던 이산화 탄소(CO_2)와 메탄(CH_4) 같은 온실가스가 대기 중으로 방출되어 지구 온난화를 가속화한다. 또한, 동토층이 지탱하던 지반이 약해지면서 건물과 도로 등이 붕괴되며, 주변 생태계에도 영향을 미친다.

262
정답 체크

사진은 산성비로 인한 삼림 황폐화를 나타낸 것이다.
⑤ 공장의 매연, 자동차의 배기가스 등이 빗물과 결합하여 산성도가 높은 비가 내리면서 삼림 파괴, 건축물과 조각상 부식, 토양 오염 등의 피해가 발생하고 있다. 또한 숲의 생물종 다양성이 감소하고, 생태계의 균형이 무너져 지속가능한 성장에 위협을 받게 된다.

263
정답 체크

④ 지구 온난화로 빙하가 녹아 해수면이 상승하면서 투발루와 같은 일부 섬 지역은 침수 피해가 발생하여 주민들의 삶이 위협받고 있다. 이는 화석 연료 사용량 증가로 인한 온실가스 배출량의 증가가 주요 원인이다.

264
정답 체크

② 태평양 쓰레기 섬은 해양에 버려진 플라스틱과 기타 쓰레기가 해류를 따라 이동하여 한곳에 모이면서 형성된다. 이 쓰레기들은 주로 육지에서 바다로 흘러 들어간 플라스틱 폐기물로, 시간이 지나도 잘 분해되지 않아 바다 위에 떠돌며 거대한 쓰레기 섬을 만들게 된다.

바로 알기

① 해수면 상승만으로 태평양의 쓰레기 섬이 만들어지지는 않는다.
③ 지구 온난화로 인한 해양과 대기의 변화로 한류가 약화될 수 있지만, 태평양의 쓰레기 섬은 전반적인 해류의 흐름으로 형성된다.
⑤ 지구 온난화로 고지대의 만년설이 녹는 것은 해수면 상승에 영향을 미친다.

265

정답 체크

A 지역은 서유럽으로, 대표적인 산성비 피해 지역이다.
④ 산성비는 대기 중에 방출된 오염 물질이 바람에 의해 멀리 이동하면서 원인 물질 배출 지역과 피해 지역이 일치하지 않는 경우가 많다. 공장 등에서 배출된 대기 오염 물질이 대기 중에서 물, 산소와 반응해 산성 물질로 변하는데, 이 과정에서 생성된 오염 물질은 대기 흐름을 따라 수백 km 이상 이동하면서 산성비로 내리게 된다. 따라서 원인 물질 배출 지역에서 멀리 떨어진 지역에서도 피해가 발생할 수 있다.

바로 알기

① 산성비의 영향으로 산호초가 약해지고, 다양한 해양 생물이 서식지를 잃을 수 있다. 하지만 해양 오염에 가장 직접적인 영향을 준다고 보기는 어렵다.
② 산성비는 조류나 해류와 상관이 없다.
③ 인구 규모가 클수록 생활 폐기물 배출량이 많아질 수 있지만, 자연적인 환경 문제는 인구 규모 외에도 다양한 요인의 영향으로 나타날 수 있으므로, 인구 규모와 반드시 비례한다고 보기는 어렵다.
⑤ 산성비 원인 물질 배출 지역과 피해 지역이 달라 책임 소재가 불분명하고, 이는 곧 국가 간 갈등의 원인이 될 수 있다.

266

정답 체크

B는 아랄해의 사막화, C는 가봉의 열대림 파괴, D는 남태평양 키리바시의 해수면 상승과 침수 피해, E는 아마존 밀림의 열대림 파괴를 나타낸다.
ㄴ. C에서는 무분별한 벌목으로 열대림이 파괴되고 있다.
ㄹ. E에서는 열대림 파괴로 동물들의 서식지가 사라져 생물종 다양성이 감소하고 있다.

바로 알기

ㄱ. B의 아랄해 부근에서는 극심한 가뭄과 경지 개간 등으로 사막화가 빠르게 진행되고 있다.
ㄷ. D의 남태평양에서는 지구 온난화로 해수면이 상승하여 섬의 일부가 침수 피해를 겪고 있다.

267

정답 체크

세로 열쇠 ㉢에 들어갈 용어는 '오존층 파괴'이다. 염화 플루오린화 탄소(CFCs)와 같은 물질로 인해 오존층이 파괴되면 지표에 도달하는 자외선이 증가하여 피부암이나 백내장 등의 질병이 증가하고, 해양 생태계와 식물 성장에 부정적 영향을 미친다. 국제 사회에서는 몬트리올 의정서를 체결하여 염화 플루오린화 탄소 사용을 규제하고 있다.

268

정답 체크

(가)는 사막화 현상이다. 사막화는 토양이 점차 황폐해지면서 주변 지역이 사막으로 변하는 현상으로, 장기간의 가뭄이나 과도한 방목과 개간 등으로 발생한다. 사막화가 지속되면 식량 생산량 감소와 생태계 파괴 등의 문제가 발생한다.
⑤ 국제 연합(UN)에서는 사막화 방지를 위해 사막화 방지 협약(1994)을 채택하여 사막화와 가뭄으로 인한 토지 황폐화를 방지하고 지속가능한 개발을 촉진하고 있다.

269

정답 체크

런던 협약(1972)은 해양 오염을 방지하고 해양 생태계를 보호하기 위해 유해 물질의 배출을 규제하고 있다. 몬트리올 의정서(1987)는 오존층 파괴 물질인 프레온 가스와 같은 화학 물질의 생산 및 사용을 단계적으로 감축하고, 오존층을 회복하기 위한 국제적 노력을 촉구한다.

바로 알기

생물종 보호를 위한 협약은 생물 다양성 협약(1992)이다.
국제적으로 중요한 습지 보호를 내용으로 하는 협약은 람사르 협약(1971)이다.

270

정답 체크

ㄷ. 습지는 생태학적으로 매우 중요한 가치를 지니고 있다.
ㄹ. 람사르 협약은 습지 보존과 지속가능한 이용을 위한 최초의 국제 협약이다. 공식 명칭은 '물새 서식지로서 국제적으로 중요한 습지에 관한 협약'이며, 1971년 이란의 람사르에서 체결되었기 때문에 람사르 협약이라고 부른다.

바로 알기

ㄱ. 사막화의 대표적인 지역으로는 사헬 지대, 아랄해 등이 있다.
ㄴ. 사막화 방지 협약은 전 세계 국가들이 가입할 수 있다. 현재 회원국은 194개국이며, 우리나라도 가입되어 있다.

271

정답 체크

국제 환경 문제 해결을 위한 정부의 역할은 환경 보호를 위한 법과 제도를 마련하고, 국제기구 활동과 국제 협약을 준수한다. 또한 환경 교육과 인식을 높여 시민의 참여를 유도하고, 기업의 환경친화적 행동을 장려함으로써 지속가능한 경제 성장을 도모한다.

바로 알기

② 탄소 국경 제도는 국가의 탄소 배출량을 측정하고 관리하기 위한 국제적 협력 사례로, 정부는 국제 협약을 준수하기 위해 세부적인 시행 지침, 제도 등을 마련하여 이행하고 있다.

③ 기업은 기술 개발 등을 통해 환경 문제 해결을 위해 앞장서야 하지만 기업의 이윤을 포기하면서 기업을 운영하기는 어렵다.

④ 국제 민간 환경 단체는 일반적으로 환경 문제 해결을 목표로 하는 개인이나 조직이 모여 설립하는 비영리 법인이다. 기금 모금, 캠페인, 연구 등을 통해 활동을 시작한다.

⑤ 환경 문제 해결을 위해 ⊙ 정부가 © 기업을 관리 감독할 필요가 있다.

272

정답 체크

탄소 국경 조정 제도는 탄소 배출이 높은 제품에 대해 수입 시 추가 세금을 부과하는 제도로, 기업들이 탄소 배출을 줄이도록 유도하고, 국제적으로 탄소 배출 감축을 장려하며, 기후변화 대응과 환경 보호를 목표로 한다. 탄소 국경 조정 제도는 유럽 연합(EU)에서 처음 도입되었다.

바로 알기

ㄱ. 탄소 국경 조정 제도는 유럽 연합의 주도로 시행된다.

ㄷ. 탄소 배출 규제가 약한 국가들은 앞으로 유럽으로의 제품 수출이 어려워지므로 탄소 배출에 대한 규제가 강화될 것이다.

273

정답 체크

기후변화 협약(1992)은 기후변화 문제를 해결하기 위한 최초의 국제 협약으로, 전 세계가 기후변화의 영향을 완화하고 적응하기 위해 협력할 것을 촉구하였다. 교토 의정서(1997)는 선진국에 법적 구속력이 있는 온실가스 감축 목표를 설정해 이행하도록 하였다. 이후 파리 협정(2015)이 체결되면서 선진국과 개발도상국에 모두 온실가스 감축 의무를 부여하였다.

바로 알기

ㄱ. 런던 협약(1972)은 해양 오염을 방지하기 위해 유해 폐기물의 해양 투기를 규제하는 국제 협약이다.

274

정답 체크

환경 문제 해결을 위해서는 국제 사회, 정부, 기업, 시민사회, 개인 모두의 협력이 필요하다. 국제 사회는 국가 간 협력을 조정하고, 환경 협약과 의정서를 통해 국제 기준을 설정한다. 정부는 환경 보호를 위해 법적 규제와 정책을 마련한다. 기업은 제품의 생산 과정에서 발생하는 환경 오염 요인을 최소화하려고 노력한다. 시민사회는 환경 문제에 대한 인식을 높이고, 정책 감시와 캠페인을 통해 정부와 기업에 지속적인 개선을 요구한다. 개인은 일상 속에서 에너지 절약, 재활용, 친환경 소비 등의 실천을 통해 환경 보호에 기여한다.

② 환경 영향 평가 제도는 각 국가 내에서 시행하는 제도이다.

275

정답 체크

그린피스와 같은 시민사회 단체는 환경 문제에 대한 인식을 높이고, 정부와 기업의 책임 있는 행동을 촉구한다. 캠페인, 시위 활동을 통해 환경 파괴 행위를 감시하고, 문제 해결을 위한 정책을 제안한다. 또한, 시민들에게 환경 문제에 대한 관심과 참여를 독려하고, 사회적 압력을 통해 환경 법규 강화와 정책 개선을 유도하기도 한다.

⑤ 환경 관련 법을 제정하는 것은 국가 및 정부의 역할이다.

276

정답 체크

환경 문제는 지구 생태계가 상호 연결되어 있기 때문에 특정 지역에 국한되지 않고 전 세계에 영향을 미친다. 예를 들어, 온실가스 배출은 지구 전체의 평균 기온을 상승시키고, 해양 오염은 해류를 통해 다른 지역에 확산된다.

ⓜ 환경 문제는 국경을 넘어 전 세계의 문제로 인식되며, 전 지구적 차원의 협력이 필요하기 때문에 해당 지역에 한정하여 문제를 해결하는 것은 쉽지 않다.

STEP 3 · 기출 예상 서답형 문제 074쪽

277

| 핵심 키워드 | 지구 온난화, 온실가스 감축

(1) **예시 답안** 지구 온난화의 주요 요인인 이산화 탄소의 발생량을 줄이기 위한 환경 실천 운동이다.

＊ 채점 기준 ＊

상	지구 온난화의 주요 요인인 이산화 탄소 발생량을 줄이기 위함임을 밝히고, 전 세계적인 환경 실천 운동이라고 서술한 경우
중	세계적인 환경 실천 운동 또는 이산화 탄소 발생량을 줄이기 위한 운동이라고만 서술한 경우
하	환경을 보호하는 운동이라고만 서술한 경우

(2) **예시 답안** 시민사회 단체들은 '어스 아워(Earth Hour)' 캠페인이나 기후 위기의 대응을 촉구하는 '기후 정의와 에너지' 등의 활동을 진행하였다. 나아가 여러 시민사회 단체들은 서로 연대하여 지속가능한 삶을 위한 전 지구적 차원의 환경 보호 활동을 펼치고 있다.

＊ 채점 기준 ＊

상	시민사회 단체들의 구체적인 활동을 한 가지 이상 인용하고, 전 지구적 차원의 환경 보호 활동을 펼치고 있다고 서술한 경우
중	시민사회 단체들이 전 지구적 차원에서 자발적으로 환경 보호 운동을 펼치고 있다고 서술한 경우
하	환경 문제 해결에 앞장선다 또는 환경 문제 해결을 위해 노력한다고 간단히 서술한 경우

278

| **핵심 키워드** | 쓰레기 섬

예시 답안 쓰레기 섬은 해양으로 유입된 플라스틱과 기타 쓰레기들이 해류를 따라 이동하면서 모여 형성된다.

＊ 채점 기준 ＊

상	쓰레기 섬의 구성 물질과 형성 원인을 모두 옳게 서술한 경우
중	쓰레기 섬의 형성 원인을 옳게 서술한 경우
하	쓰레기 섬의 구성 물질과 형성 원인을 모두 서술하였으나 틀린 내용이 포함된 경우

279

| **핵심 키워드** | 일회용품 줄이기, 플라스틱 감축

(1) (가)-정부, (나)-기업

(2) **예시 답안** 정부와 기업 모두 자원의 재활용을 늘리고 플라스틱 사용을 줄이는 것을 목표로 한다.

＊ 채점 기준 ＊

상	자원 재활용 확대, 플라스틱 사용 감축 등을 포함하여 서술한 경우
중	자원 재활용 확대, 플라스틱 사용 감축 중 한 가지만 포함하여 서술한 경우
하	환경 문제 해결을 위한 일반적인 내용을 서술한 경우

280

| **핵심 키워드** | 미세먼지, 산성비, 국경을 넘어선 환경 문제

예시 답안 (가)는 미세먼지, (나)는 산성비이다. 미세먼지와 산성비는 모두 특정 국가의 오염이 국경을 넘어 인접 국가

와 지구 전체에 영향을 미친다. 이러한 문제는 개별 국가의 노력만으로 해결할 수 없으며, 전 지구적 차원의 협력과 공동 대응이 필요하다.

＊ 채점 기준 ＊

상	(가)는 미세먼지, (나)는 산성비임을 밝히고, 두 환경 문제 모두 국경을 넘어 피해를 일으키므로 국제적인 협력으로 해결해야 한다고 서술한 경우
중	(가)는 미세먼지, (나)는 산성비임을 밝히고, 두 환경 문제 모두 국경을 넘어 피해를 일으킨다고 서술한 경우
하	두 환경 문제 모두 국경을 넘어 피해를 일으킨다고만 서술한 경우

STEP 4 기출 예상 고난도 문제　075쪽

281 ⑤	**282** ⑤	**283** ③	**284** ④

281

| **문제 분석** |

다음 자료에 대한 설명으로 옳은 것만을 | 보기 |에서 고른 것은?

> MZ 세대들은 제품 구매 시 기업의 ESG 경영 실천 여부를 중요하게 생각한다는 조사 결과가 나왔다. 'ESG를 실천하는 기업이라면 제품이 비싸더라도 구매할 의사가 있다.'는 응답자가 64.5%였다. 또한 응답한 MZ 세대들의 70%가 'ESG 우수 기업 제품 구매 시 경쟁사의 동일 제품 대비 2.5~7.5%를 추가로 지불할 수 있다.'라고 답했다.

| 보기 |

ㄱ. 기업은 ESG 경영을 통해 제품을 생산할 경우 이윤 추구가 불가능할 것이다. → 가능하다

ㄴ. ESG 경영을 통해 환경 문제 유발 행위의 감시와 문제 제기, 정책 수립 등이 가능하다. → 정부나 시민 단체의 역할

ㄷ. ESG 경영 기업의 제품이 비싸도 구매하겠다는 응답자가 전체의 3분의 2 정도를 차지한다.

ㄹ. 기업은 ESG 경영을 통해 제품을 생산할 때 가격을 2.5%~7.5% 높여도 소비자의 구매를 끌어낼 수 있다.

정답 체크

ESG 경영은 환경, 사회, 지배 구조를 고려해 지속가능한 성장을 추구하는 책임 경영 방식이다. 기업의 경영 구조를 친환경적인 구조로 바꿀 경우 매출 성장을 기대할 수 있다. ㄷ, ㄹ. ESG 제품에 대한 구매 의사가 있는 응답자가 전체의 3분의 2 정도로 많고, ESG 우수 기업의 제품 구매 시

추가 금액을 지불할 의향이 있으므로, 기업은 ESG 경영을 통해 제품을 판매할 경우 추가 이윤을 기대할 수 있다.

ㄱ. 기업은 ESG 경영을 통해 제품을 생산할 경우 더 많은 이윤 추구가 가능할 수도 있다.

ㄴ. ESG 경영은 기업의 역할이다. 환경 문제 유발 행위의 감시 및 정책 수립 등은 시민 단체 또는 정부의 역할이다.

282

1992년 유엔 기후변화 협약이 체결되면서 각국은 기후변화의 심각성을 인식하고, 이를 해결하기 위한 기본 틀이 마련되었다. 1997년에 채택된 교토의정서는 선진국에만 구체적인 온실가스 감축 목표를 설정하였고, 2015년 파리 협정이 체결되면서 선진국과 개발도상국 모든 국가에 온실가스 감축 의무가 부여되었다. 이들 협약은 기후변화 대응을 위한 국제 사회의 협력이다.

283

오존층은 태양의 해로운 자외선을 차단하여 사람과 생태계를 보호하는 역할을 한다. 그러나 염화 플루오린화 탄소의 사용량 증가로 오존층이 파괴되기 시작하였고, 이에 대한 국제적 대응으로 1987년 몬트리올 의정서가 채택되어 오존층 파괴 물질의 생산 및 사용을 규제하기로 합의하였다. 오존층 파괴로 피부암, 안과 질환 등의 피해가 늘고 있다.
병. 극지방의 빙하가 녹는 것은 온실가스 배출량 증가로 인한 지구 온난화와 연관이 있다.

284

산성비는 공장, 자동차 등에서 배출되는 대기 오염 물질이 빗물과 만나 산성도가 높은 비이다. 대기 오염 물질은 배출된 지역에 머물지 않고 바람이나 기류에 의해 다른 지역으로 이동하여, 산성비의 원인 물질 배출 지역과 피해 지역이 일치하지 않는 경우가 많다.

076~078쪽

285 ⑤	286 ②	287 ③	288 ①
289 ④	290 ⑤	291 ⑤	292 ③
293 ②	294 ①	295 ④	296 ⑤

285

(가)는 건조(사막) 기후, (나)는 열대 기후 지역의 전통 가옥 구조이다.
ㄷ. (가) 건조 기후 지역은 연 강수량이 적고 일교차가 크며, (나) 열대 기후 지역은 연중 기온이 높고 강수량이 많다.
ㄹ. 열대 기후 지역은 강수량이 많아 빗물이 잘 흘러내리도록 지붕의 경사가 급하다.

ㄱ. 이동식 화전 농업은 열대 우림 기후 지역에서 행해진다.
ㄴ. 타이가는 냉대 기후 지역에 분포하는 침엽수림대이다.

286

우리나라는 기후변화로 인해 주요 농산물의 재배지가 점차 북상하고 있다. 지구의 평균 기온이 상승하면서 봄꽃 개화일이 빨라지고 결빙 일수는 줄어들고 있다. 이로 인해 농작물 재배 가능 기간이 길어지며, 서리가 내리는 기간도 짧아지고 있다. 그러나 고랭지 농업 가능 면적은 축소되어 고랭지 작물 재배에 어려움이 발생할 수 있다.

287

(가)는 건조 기후(스텝 기후)가 나타나는 몽골, (나)는 온대 기후가 나타나는 우리나라이다. 온대 기후 지역은 건조 기후 지역보다 벼농사 비율이 높고, 식량 공급이 원활하여 인구 밀도가 높다. 반면 건조 기후 지역인 몽골의 초원에서는 목축업이 활발하다.

288

(가)는 서안 해양성 기후 지역인 영국 런던, (나)는 지중해성 기후 지역인 이탈리아 로마, (다)는 온대 겨울 건조 기후 지역인 우리나라 서울의 기후 그래프이다. 서안 해양성 기후는 대륙 서안에서 주로 나타나며, 연중 강수량이 비교적 고르고, 여름은 선선하며 겨울은 비교적 온화하다. 지중해성 기후는 지중해 연안, 미국의 캘리포니아, 오스트레일리아 남서부 등에 주로 나타나며, 여름이 고온 건조하고 겨울이 온난 습윤하다. 온대 겨울 건조 기후는 동아시아의 중국, 우리나라, 일본 등에서 주로 나타나며, 연 강수량이 대체로 600mm 이상이지만 겨울에 건조한 것이 특징이다.
ㄱ. 연교차는 '최난월 평균 기온−최한월 평균 기온'으로,

(다)>(나)>(가) 순으로 크다.

ㄴ. 1월 평균 기온은 (나)>(가)>(다)>순으로 높다.

바로 알기

ㄷ. 여름 강수량은 (다)>(가)>(나) 순으로 많다.

ㄹ. 겨울 강수 비율은 연 강수량에서 겨울 강수량이 차지하는 비율로, (나)>(가)>(다)>순으로 높다.

289

정답 체크

생태 중심주의는 환경 문제에 대한 인간의 활동이나 경제적 활동이 생태계의 균형과 안정성을 해칠 수 있다고 보며, 이러한 활동을 최소화해야 한다고 주장한다. 그러나 이러한 주장은 현실적으로 실현하기 어렵다는 비판을 받기도 한다. 따라서 네 번째 질문에 대한 답변은 '예'가 되어야 한다. 첫 번째~세 번째 질문에 대해서는 모두 옳게 답변하였으므로 학생이 취득한 점수는 3점이다.

290

정답 체크

제시된 글은 생태 중심주의 관점에서 천성산 도롱뇽 서식지 보존과 관련한 사례이다. 생태 중심주의 입장에서는 천성산 터널이 건설되면 환경 파괴와 생태계 훼손이 발생할 수 있어 공사를 반대한다. 천성산은 다양한 야생 동물이 서식하고 습지가 있어 생태계 안정과 생물 다양성 유지에 중요한 역할을 하기 때문이다.

⑤ 인간을 위한 터널 공사는 천성산 주변 생태계를 파괴할 수 있으므로 생태 중심주의 입장에서 효용성보다는 생태적 가치와 균형을 더 중시해야 한다.

291

정답 체크

ㄷ, ㄹ은 생태 중심주의 관점이다. 생태 중심주의는 케이블카 건설이 생태계에 부정적인 영향을 미친다는 주장에 부합한다. 이들은 케이블카가 야생 동물의 서식지를 파괴하고, 환경 오염을 유발하며, 자연 경관을 훼손한다고 본다. 따라서 생태 중심주의에서는 케이블카 건설에 반대하며, 자연 보호와 생태계 복원을 강조한다.

바로 알기

ㄱ, ㄴ은 인간 중심주의 관점이다. 인간 중심주의는 케이블카 건설이 인간의 편리와 관광 산업의 발전에 기여한다고 주장한다. 이들은 케이블카가 관광객들에게 아름다운 경관을 편리하게 볼 기회를 제공하고, 지역 경제 활성화에도 도움이 된다고 본다.

292

정답 체크

③ 인간 중심주의는 자연의 도구적 가치를 중시하므로, 산림 파괴 및 생태계 훼손이 예상되더라도 인간을 위한 도로 확충이 더 중요한 가치로 여겨질 수 있다. 따라서 생태 통로는 인간 중심주의 관점이 아닌 생태 중심주의 관점에 가깝다.

293

정답 체크

극 소용돌이는 북극 상공의 찬 공기를 둘러싼 강한 바람의 소용돌이로, 제트 기류가 약해지면 찬 공기가 남하하여 우리나라에 한파와 폭설 등이 증가할 수 있다.

294

정답 체크

ㄱ. 제시된 '갯벌의 가치' 그래프를 통해 갯벌은 오염 물질을 정화하는 환경적 가치가 크다는 것을 알 수 있다.

ㄴ. 갯벌은 천연 방파제로서 자연재해를 완화하고, 침수 피해를 줄이는 완충 역할을 한다.

바로 알기

ㄷ. 갯벌을 매립하여 농경지로 이용하는 것은 갯벌을 보존하자는 입장과 대비된다.

ㄹ. 간척지가 조성되면 갯벌이 가지는 본연의 기능을 잃게 된다. 갯벌은 경제적으로 어업과 관광업의 기반이 되며, 다양한 수산 자원을 제공하여 지역 경제에 기여할 수도 있다.

295

정답 체크

(가)는 사막화 방지 협약, (나)는 람사르 협약이다. 우리나라는 (가), (나) 두 협약에 모두 가입하였으며, 환경 보호와 생태계 보전을 위해 국제 협약에 적극 참여하고 있다. 1994년에 체결된 사막화 방지 협약은 사막화와 토지 황폐화를 막기 위한 협약으로, 우리나라는 1999년에 가입하여 토양 침식과 황폐화 문제 해결에 동참하고 있다. 1971년에 체결된 람사르 협약은 습지의 생태적 가치를 보존하고 지속가능한 이용을 촉진하기 위한 협약으로, 우리나라는 1997년에 가입하여 갯벌과 같은 생태적으로 중요한 습지를 보호하고 생물 다양성을 유지하려고 노력하고 있다.

296

정답 체크

태평양의 쓰레기 섬 문제를 해결하기 위해 다양한 국제적 노력이 시도되고 있다. 해양 청소 기술의 발전을 통해 대규모로 해양 쓰레기 수거를 시도 중이며, 쓰레기 발생을 줄이기 위해 플라스틱 사용을 제한하고 재활용률을 높이기 위해 협력하고 있다. 또한 해양 보호 구역을 지정하여 쓰레기 유입을 차단하고 해양 생태계를 복원하려는 노력도 진행되고 있다.

⑤ 파리 협정은 기후변화 대응 체제로, 모든 참여국에 온실가스 배출량 감축 의무를 부여한다.

대단원 **마무리 서답형 문제**

079쪽

297

| **핵심 키워드** | ECO 시스템, EGO 시스템, 인간 중심주의, 생태 중심주의

(1) **예시 답안** EGO 시스템은 (가) 인간 중심주의 관점에서 인간과 자연의 지배와 종속의 관계가 나타나며, ECO 시스템은 (나) 생태 중심주의 관점에서 인간과 자연의 상호 의존성에 기반을 둔다.

＊ 채점 기준 ＊

상	ECO 시스템과 EGO 시스템을 인간 중심주의 관점과 생태 중심주의 관점에서 각각 옳게 서술한 경우
중	ECO 시스템과 EGO 시스템 중 한 가지만 인간 중심주의 관점과 생태 중심주의 관점에서 옳게 서술한 경우
하	ECO 시스템과 EGO 시스템 모두 인간 중심주의 관점과 생태 중심주의 관점에서 서술하였으나 내용이 미흡한 경우

(2) **예시 답안** 인간 중심주의는 오늘날 환경 문제의 원인을 제공했다는 점에서 한계를 인지하지만, 새로운 기술 개발로 환경 문제를 해결할 수 있다고 본다. 생태 중심주의는 자연과 인간을 동등한 위치에 두고 인간은 자연에 어떤 개입도 하지 말아야 한다는 입장이어서 비현실적이라는 비판을 받기도 한다.

＊ 채점 기준 ＊

상	인간 중심주의는 환경 문제의 원인이 된 점, 생태 중심주의는 인간의 개입을 인정하지 않아 비현실적이라는 점을 모두 옳게 서술한 경우
중	인간 중심주의와 생태 중심주의의 한계점을 모두 서술하였으나 일부 잘못된 내용이 포함된 경우
하	인간 중심주의와 생태 중심주의 한계점 중 한 가지만 간단히 서술한 경우

298

| **핵심 키워드** | 기후변화, 북극 항로, 수온 상승

예시 답안 기후변화는 우리나라의 물류, 농업 생산 등 산업 분야에 영향을 준다. 북극 항로 개방 기간이 늘어나 물류비를 절감하는 경제적 이익을 기대할 수 있다. 반면, 기후변화로 근해의 수온이 상승하면 어업 생산량이 감소하는 경제적 손실을 입게 된다.

＊ 채점 기준 ＊

상	기후변화로 인해 농업, 물류 등 산업 분야에 영향을 받는다는 점과, (가)의 경제적 이익, (나)의 경제적 손실을 모두 옳게 서술한 경우
중	산업 분야에 영향을 받는다는 점과, 기후변화로 인한 (가), (나) 현상만 서술한 경우
하	산업 분야에 영향을 받는다고만 서술할 경우

299

| **핵심 키워드** | 환경 문제 해결 주체, 정부

예시 답안 정부, 정부는 국내적으로 환경과 관련한 법과 제도를 마련하여 친환경적이고 지속가능한 발전을 추구하고, 건강하고 쾌적한 국민 생활을 도모한다.

＊ 채점 기준 ＊

상	노력의 주체로 정부를 언급하고, 환경 관련 법과 제도를 마련한다는 내용과 그 목적을 서술한 경우
중	노력의 주체를 언급하지 않고, 환경 관련 법과 제도를 마련한다는 내용과 그 목적을 서술한 경우
하	환경 관련 정책을 마련한다고만 간단히 서술한 경우

Ⅳ. 문화와 다양성

8 다양한 문화권과 삶의 방식

STEP 1 개념 확인 문제

083쪽

300 문화권 **301** 자연환경 **302** 이슬람교
303 앵글로아메리카 **304** 아프리카
305 오세아니아 **306** ○ **307** ○
308 × **309** × **310** ○ **311** ×
312 ○

STEP 2 예상 적중 기출 문제

083~087쪽

313 ⑤ **314** ② **315** ③ **316** ③ **317** ③ **318** ①
319 ③ **320** ② **321** ⑤ **322** ② **323** ④ **324** ⑤
325 ② **326** ② **327** ③ **328** ④ **329** ⑤ **330** ③
331 ②

313

정답 체크

A는 문화권이다. 문화권은 문화 요소나 경관이 비슷하게 나타나는 보다 넓은 지리적 범위를 하나의 권역으로 묶은 것이다. 문화권은 기후, 지형과 같은 자연환경과 종교, 산업과 같은 인문환경의 영향을 받아 형성되는데, 이는 구분 기준에 따라 달라질 수 있다. ㄷ. 같은 문화권 내에서는 일반적으로 문화적 특성이 유사하게 나타난다. ㄹ. 기후와 지형은 문화권을 형성하는 자연환경이다.

바로 알기

ㄱ. 문화권의 범위와 국가의 경계가 항상 일치하는 것은 아니다.
ㄴ. 문화권은 고정된 것이 아니라 인구의 이동, 문화 전파 등을 통해 변화하기도 한다.

개념 정리 | 다양한 기준에 따라 구분되는 문화권

문화권은 의식주, 종교, 민족, 언어 등 여러 문화 요소를 기준으로 다양하게 나눌 수 있다. 어떤 곡물을 주로 먹느냐에 따라 쌀 문화권, 밀 문화권, 옥수수 문화권 등으로 나눌 수 있고, 주로 믿는 종교에 따라 크리스트교 문화권, 이슬람교 문화권, 불교 문화권 등으로 나눌 수 있다. 또한 사용하는 언어에 따라 영어 문화권, 아랍어 문화권 등으로 구분할 수 있고, 산업이나 의식주와 같은 생활양식을 기준으로 구분할 수도 있다.

314

정답 체크

② 건조 기후 지역의 사람들은 강한 햇볕과 모래바람을 막기 위해 온몸을 감싸는 헐렁한 옷을 입는다.

바로 알기

① 각기 다른 지리적 특성을 가진 두 지역의 경계에 위치해 두 지역의 특성이 섞여서 나타나는 공간을 의미한다.
③ 지형에 따라 산지 · 평야 · 해안 지역 주민들의 생활양식이 다르게 나타나며, 평야 지역의 사람들은 주로 농경 생활을 한다.
④ 문화 경관은 인간이 자연환경에 적응하는 과정에서 땅 위에 만들어놓은 생활 모습을 말한다. 이슬람 문화권의 모스크는 이슬람 문화권에서 자주 눈에 띄는 문화 경관의 사례이다.
⑤ 산업화의 영향으로 2차, 3차 산업이 발달한 지역에서는 산업 시설과 고층 건물이 밀집한 도시적 경관이 나타난다.

315

정답 체크

③ A 종교는 이슬람교이다. 이슬람교는 알라를 유일신으로 섬기는 종교로, 돼지고기를 먹지 않으며, 여성들은 얼굴과 몸을 천으로 가리고 생활한다. 둥근 지붕과 첨탑이 특징인 모스크에서 하루에 다섯 번 예배를 드린다.

바로 알기

① 십자가와 종탑 등의 경관을 볼 수 있는 것은 크리스트교이다.
② 소를 숭배하여 소고기 섭취를 금하고 있는 것은 힌두교이다.
④ 갠지스강에서 목욕하는 종교 의식을 행하는 것은 힌두교이다.
⑤ 깨달음의 경지에 이르지 못하면 다시 태어난다는 윤회 사상을 믿는 것은 불교이다.

316

정답 체크

③ C는 힌디어로, 인도 헌법에 규정된 공용어 중 하나이다.

바로 알기

① 아랍어는 사우디아라비아, 이집트 등 중동 지역의 이슬람 문화권에서 주로 사용하고 있다.
② 프랑스어는 프랑스, 세네갈, 알제리 등이 사용하고 있다.
④ 영어는 영국, 미국, 캐나다, 오스트레일리아 등이 사용하고 있다.
⑤ 에스파냐어는 에스파냐, 아르헨티나, 멕시코 등에서 사용하고 있다.

317

정답 체크

③ 산업화의 영향으로 상공업이 발달한 문화권에서는 산업 시설과 고층 건물이 밀집한 도시적 경관이 나타나고, 도로가 잘 발달되어 있다.

바로 알기

① 농경 중심의 문화권에서는 주로 정착 생활을 하며 풍년을 기원하는 축제가 나타나기도 한다.
② 유목 중심의 문화권에서는 이동 생활을 하며 가축을 기르는 문화가 발달했다.
④ 상공업 중심의 문화권에서는 생산 활동을 하는 곳과 주거지가 분리되어 있어 가정에서 직장으로 출퇴근하는 문화가 형성되어 있다.
⑤ 유럽 문화권은 크리스트교의 비중이 높고 교회나 성당 등의 종교 경관이 나타난다.

318

정답 체크

① 상공업 중심의 문화권은 산업 중에서 상공업이 발달한 지역의 문화권이다. 계절풍의 영향을 받는 아시아 지역은 벼농사를 하기 때문에 쌀을 주식으로 하는 문화가 나타난다.

319

정답 체크

③ 냉대 기후 지역에서는 긴 겨울을 견딜 수 있는 침엽수림이 주로 분포하기 때문에 나무를 이용하여 집을 짓는다.

바로 알기

①, ② 돌집은 나무를 구하기 어려워 주변에서 쉽게 구할 수 있는 돌로 집을 짓는데, 대체로 높은 산지 지역에서 찾아볼 수 있다. 사막 지역에서는 비가 거의 내리지 않아 풀과 나무를 구하기 어려워 주변에서 쉽게 구할 수 있는 흙으로 집을 짓는다.
④ 계절풍 기후 지역은 기후가 온화하기 때문에 나무로 집을 짓는 경우가 많다.
⑤ 가축의 털가죽으로 지은 집은 유목 생활을 하는 한대 기후 지역에 많다. 이 지역에서는 나무나 흙을 구하기 어려워 유목 생활에서 구하기 쉬운 순록 가죽을 이용한 이동식 가옥을 짓는다.

320

정답 체크

A는 크리스트교, B는 이슬람교, C는 불교, D는 힌두교이다. ② 이슬람교는 모스크에서 집단 예배와 공공 행사를 하는 종교이다.

바로 알기

① 소를 신성시하여 소고기 섭취를 금기하는 것은 힌두교이다.
③ 예수를 구원자로 믿으며 성당이나 교회에서 예배를 드리는 것은 크리스트교이다.
④ 개인의 깨달음을 얻기 위한 수행과 자비를 중시하는 것은 불교이다.
⑤ 크리스트교는 유럽 문화권, 이슬람교는 건조 문화권에서 주로 믿는다.

개념 정리 문화권에 영향을 주는 종교

종교는 사람들의 이념이나 사상뿐만 아니라 그 지역의 관습이나 문화 경관에도 중요한 영향을 미치기 때문에 문화권을 형성하는 데 큰 역할을 한다. 세계의 주요 종교를 기준으로 문화를 구분하면 크리스트교 문화권, 불교 문화권, 이슬람교 문화권, 힌두교 문화권 등으로 나눌 수 있다.

크리스트교는 예수를 구원자로 믿으며 예배하는 문화를 가지고 있다. 크리스트교는 가톨릭교, 개신교 등 종파별로 다양한 교회나 성당이 존재하고, 건축물의 십자가와 스테인드글라스가 특징적이다.

불교는 사찰, 불상 등의 종교적 경관이 나타나고, 우리나라에서는 부처의 탄생일을 기념하는 연등 행사가 열린다. 불교의 교리는 살생을 금하기 때문에 사찰에서는 육류를 먹지 않는다.

이슬람교는 알라를 유일신으로 믿으며 이슬람 신도들은 하루에 다섯 번 메카를 향해 예배를 한다. 라마단 기간에는 단식을 하고, 종교 규율에 따라 돼지고기를 먹지 않는다.

힌두교는 다신교로 힌두교 문화권에서는 수많은 신이 조각된 사원을 볼 수 있다. 갠지스강에서 몸을 씻거나 죽은 사람을 화장하여 뿌리는 등의 종교 의식을 행한다. 흰 소와 같은 특정한 소를 신성하게 여기며 소고기를 먹지 않는다.

321

정답 체크

⑤ 스위스 주민들은 목축업과 낙농업을 발달시켜 다양한 치즈 요리를 만들어서 생활하고 있다. 중국 윈난성 쿤밍의 주민들은 계단식 논에서 생산한 붉은 쌀로 만든 음식을 만드는 것으로 유명하다. 두 사례 모두 농업, 목축업, 낙농업이라는 1차 산업의 영향으로 형성된 문화권의 생활 모습을 보여 주고 있다.

322

정답 체크

자료에서 설명하는 (가) 문화권은 아프리카 문화권이다. 아프리카 문화권은 사하라 사막 이남의 중남부 아프리카 일대로 대부분 열대 기후가 나타난다.

바로 알기

① A는 건조 문화권이다. 건조 문화권은 주로 서남아시아와 북부 아프리카에 위치하고, 주민들은 대부분 아랍어를 사용하며 이슬람교를 믿는다.
③ C는 동아시아 문화권이다. 우리나라, 중국, 일본이 해당하며, 벼농사가 발달하여 쌀을 주식으로 하고, 유교와 불교의 영향을 받은 문화 경관이 많다.
④ D는 앵글로아메리카 문화권이다. 리오그란데강 북쪽 지역으로 미국, 캐나다가 해당한다. 유럽의 영향을 받아 주로 영어를 사용하고

개신교를 믿는다.

⑤ E는 라틴 아메리카 문화권이다. 리오그란데강 남쪽 지역으로 멕시코, 브라질, 아르헨티나, 칠레 등이 해당한다. 에스파냐와 포르투갈의 식민 지배를 받아 대부분의 국가들은 에스파냐어와 포르투갈어를 사용한다. 가톨릭교를 믿으며 원주민, 유럽인, 아프리카인과 다양한 혼혈족으로 구성되어 있어 여러 가지 문화가 나타난다.

323

정답 체크

④ 한자를 사용하고, 식생활에서 젓가락을 사용하는 나라는 한국, 중국, 일본의 동아시아 문화권이다. 동아시아 문화권은 유교와 불교의 영향을 많이 받았으며 계절풍의 영향으로 벼농사를 주로 한다.

바로 알기

① 이동식 화전 농업 및 플랜테이션 농업이 발달한 곳은 아프리카 문화권이다.
② 물을 얻을 수 있는 곳에서 대추야자, 밀 등을 재배하는 곳은 건조 문화권이다.
③ 세계적인 경제 중심지이자 농산물 수출 지역이기도 한 곳은 미국이나 캐나다와 같은 앵글로아메리카 문화권이다.
⑤ 부족 중심의 공동체 생활을 주로 하며, 부족마다 생활양식이 다양한 곳은 아프리카 문화권이다.

개념 정리 아시아 문화권

아시아 문화권은 동양 문화권이라고도 하며 동아시아, 동남아시아, 남부 아시아 문화권으로 나뉜다. 이들 지역은 계절풍의 영향으로 여름철 기온이 높고 강수량이 풍부하여 벼농사가 발달하였다.

동아시아 문화권은 한국, 중국, 일본 등을 아우르는 지역으로 유교와 불교의 영향을 받은 생활양식이 공통적으로 나타나며, 언어는 다르지만 한자를 사용하는 공통점이 있다.

동남아시아 문화권은 인도양과 태평양을 연결하는 위치로 중국과 인도, 이슬람 문화 등이 혼재되어 있으며 전통문화와 외래문화가 공존하고 있다.

남부 아시아 문화권은 인도, 파키스탄, 방글라데시, 스리랑카 등이 포함된다. 인도에서는 주로 힌두교를 믿는데, 이들은 갠지스강을 성스럽게 여긴다.

324

정답 체크

⑤ (가)는 밀, 고기 등을 재배하는 앵글로아메리카 문화권이다. 앵글로아메리카는 산업이 발달하여 세계 경제의 중심지 역할을 하며, 기계를 이용하여 밀, 옥수수 등을 대량으로 생산하고 수출한다.

바로 알기

① 벼농사가 활발한 지역은 아시아 문화권이다.
② 전통적으로 이동식 화전 농업을 해 온 곳은 아프리카 문화권이다.
③ 해발 고도 2,000m 이상의 고원에 속하는 곳은 라틴 아메리카의 일부 지역이다.
④ 올리브, 포도, 오렌지 등을 재배하는 수목 농업이 활발한 곳은 지중해성 기후가 나타나는 남부 유럽 문화권이다.

325

정답 체크

사진은 이란의 바드기르라는 건물 냉각 시설이다. ㄱ. 이곳은 건조 문화권으로서 대부분 이슬람교를 믿으며 아랍어를 사용한다. ㄷ. 이슬람교의 상징인 모스크가 많이 분포하고 있다.

바로 알기

ㄴ. 주로 에스파냐와 포르투갈어를 사용하는 곳은 라틴 아메리카 문화권이다.
ㄹ. 건조 문화권에서는 통풍이 잘되는 옷을 즐겨 입지만 통나무집에서 생활하지 않는다. 사막이라 나무를 구하기가 어려우므로 주변에서 쉽게 구할 수 있는 흙으로 집을 짓는다.

326

정답 체크

② (가) 문화권은 건조 문화권이다. 주민들은 대부분 아랍어를 사용하며 이슬람교를 믿는다. 서남아시아 지역은 전통적으로 유목과 오아시스 농업을 하였으나, 풍부한 석유 자원이 매장된 지역에서는 자원 개발이 활발하게 이루어지고 있다.

바로 알기

① 음식을 먹을 때 주로 젓가락을 사용하는 곳은 동아시아 문화권에 해당한다.
③ 고온 다습한 계절풍의 영향으로 벼농사가 발달한 곳은 아시아 문화권이다.
④ 빵과 고기를 이용한 음식 문화가 발달한 곳은 유럽 문화권이다.
⑤ 고산 지역의 기후로 인해 감자와 옥수수를 이용한 음식 문화가 발달한 곳은 라틴 아메리카 문화권이다.

327

정답 체크

③ (나)는 앵글로아메리카 문화권, (다)는 라틴 아메리카 문화권이다. 리오그란데강을 기준으로 북쪽은 앵글로아메리카 문화권, 남쪽은 라틴 아메리가 문화권으로 구분한다.

아메리카 문화권은 리오그란데강을 기준으로 앵글로아메리카 문화권과 라틴 아메리카 문화권으로 나뉜다. 앵글로아메리카 문화권은 미국과 캐나다가 해당한다. 영어를 사용하고 주로 크리스트교를 믿으며 세계 경제의 중심지 역할을 하고 있다.

라틴 아메리카 문화권은 중앙아메리카 및 남아메리카 지역에 해당한다. 포르투갈과 에스파냐의 식민 지배로 인해 가톨릭교를 믿고 주로 포르투갈어와 에스파냐어를 사용한다. 원주민과 아프리카계, 유럽계 혼혈의 비율이 높아 독특한 문화가 형성되었다.

328

정답 체크

④ 벼농사는 강수량이 풍부한 아시아 문화권(C)에서 주로 이루어진다. 이동식 화전 농업은 열대 기후 지역인 아프리카 문화권(B)에서 주로 이루어진다.

바로 알기

A는 건조 문화권, D는 오세아니아 문화권, E는 라틴 아메리카 문화권이다.

329

정답 체크

⑤ 사우디아라비아와 나이지리아는 건조 문화권에 해당한다. 건조 문화권은 전통적으로 유목과 함께 오아시스 농업이 이루어졌고, 주민 대부분은 이슬람교를 믿는다.

바로 알기

① 마오리족 등 원주민 문화가 소멸될 위기에 있는 곳은 오세아니아 문화권이다.
② 이동식 화전 농업 및 플랜테이션 농업이 발달한 곳은 아프리카 문화권이다.
③ 일부 고산 지역에서 주식으로 감자와 옥수수를 먹는 곳은 라틴 아메리카 문화권이다.
④ 농업은 가능하지만 순록 유목 및 수렵 생활을 주로 하는 곳은 북극 문화권이다.

330

정답 체크

③ 계절풍의 영향을 받아 벼농사가 발달한 곳은 아시아 문화권(C)이다. 동아시아에서는 한자를 사용하며, 동남아시아는 종교, 언어, 문화가 다양하다.

바로 알기

A는 건조 문화권, B는 아프리카 문화권, D는 오세아니아 문화권, E는 아메리카 문화권이다.

331

정답 체크

② B 문화권은 아프리카 문화권으로서 전통적으로 이동식 화전 농업을 해 왔고 최근에는 플랜테이션 농업이 발달하고 있다.

바로 알기

① 연중 습윤하며 낙농업이 발달한 곳은 북서 유럽 문화권이다.
③ 오아시스 농업과 관개 농업이 발달한 곳은 건조 문화권이다.
④ 이슬람교의 교리가 일상생활에서 작용하는 곳은 건조 문화권이다.
⑤ 순록을 유목하거나 사냥을 하면서 생활하는 곳은 북극 문화권이다.

STEP 3 **기출 예상 서답형 문제** 088쪽

332

| 핵심 키워드 | 점이 지대, 튀르키예

(1) 점이 지대

(2) **예시 답안** 튀르키예의 이스탄불은 남부 아시아의 이슬람 문화를 받아들이면서도 유럽의 자유분방한 성격이 함께 가미되어 자유로운 분위기의 이슬람 문화가 나타난다.

★ 채점 기준 ★

상	이스탄불의 점이 지대적 성격을 남부 아시아의 이슬람 문화와 유럽의 자유분방한 성격을 근거로 정확하게 서술한 경우
중	이스탄불의 점이 지대적 성격을 남부 아시아의 이슬람 문화와 유럽의 자유분방한 성격을 근거로 일반적으로 서술한 경우
하	이스탄불의 점이 지대적 성격을 미흡하게 서술한 경우

333

| 핵심 키워드 | 문화권, 자연환경, 지형, 기후

예시 답안 기후, 지형 등의 자연환경은 의식주와 같은 기본적인 생활양식에 결정적인 영향을 끼쳐 문화권 형성에 중요한 역할을 한다.

★ 채점 기준 ★

상	기후, 지형 등의 자연환경이 사람들의 의식주에 영향을 주어 문화권을 형성한다는 내용을 모두 언급하여 서술한 경우
중	기후, 지형 등의 자연환경이 문화권을 형성한다는 내용을 언급하여 서술한 경우
하	자연환경이 문화권을 형성한다는 내용만을 서술한 경우

334

| 핵심 키워드 | 건조 문화권, 유목 생활, 오아시스 농업

(1) 건조 문화권

(2) **예시 답안** 건조 문화권 지역은 강수량이 적어 농작물 재배에 불리하므로 주민들은 전통적으로 염소나 양 등을 기르며 이동하는 유목 생활을 하였다. 주민들은 지하수나 외래 하천을 활용하여 대추야자나 밀 등을 재배하는 오아시스 농업에 종사하기도 한다.

★ **채점 기준** ★

상	건조 문화권 주민의 생활 방식, 재배 작물을 기후와 연결하여 정확하게 서술한 경우
중	건조 문화권 주민의 생활 방식, 재배 작물을 일반적으로 서술한 경우
하	건조 문화권 주민의 생활 방식, 재배 작물을 미흡하게 서술한 경우

335

| **핵심 키워드** | 아메리카 문화권, 리오그란데강

(1) 리오그란데강

(2) **예시 답안** (가)는 앵글로아메리카로 과거 영국의 식민 지배를 받아 영어를 사용하고, 개신교 신자의 비중이 높다. (나)는 라틴 아메리카로 과거 포르투갈과 에스파냐의 식민 지배의 영향으로 대체로 포르투칼어와 에스파냐어를 많이 사용하고 가톨릭교 신자의 비중이 높다.

★ **채점 기준** ★

상	앵글로아메리카 문화권과 라틴 아메리카 문화권의 특징을 역사적 배경, 언어, 종교의 측면에서 모두 정확하게 서술한 경우
중	앵글로아메리카 문화권과 라틴 아메리카 문화권의 특징을 역사적 배경, 언어, 종교 중 두 가지 측면에서 정확하게 서술한 경우
하	앵글로아메리카 문화권과 라틴 아메리카 문화권의 특징을 역사적 배경, 언어, 종교 중 한 가지 측면에서 서술한 경우

336

정답 체크

(가)는 식생이 빈약한 사막의 오아시스 근처 사람들이 흙으로 벽돌을 만들어 지은 흙벽돌집이다. (나)는 산지 지역에서 쉽게 구할 수 있는 돌을 사용하여 지은 돌집이다.

바로 알기

① 사막 지역에서 (가)와 같은 집을 짓는다.

④ 냉대 기후 지역의 삼림이 울창한 곳에서는 주변의 풍부한 목재로 집을 짓는 문화가 발달하였다.

⑤ (가)는 사막 지역에서, (나)는 일부 산지 지역에서 볼 수 있는 가옥이다.

337

정답 체크

① 제시된 사진의 문화권은 아프리카 문화권이다. 아프리카 문화권은 원시 농업, 수렵, 채집과 함께 이동식 화전 농업, 플랜테이션이 발달하였다.

바로 알기

② 사냥, 어로, 순록 유목 등을 하며 생활하는 곳은 북극 문화권이다.

③ 오아시스 농업과 관개 농업 등이 이루어지는 곳은 건조 문화권이다.

④ 유교, 불교 등의 종교와 더불어 한자 문화를 공유하는 곳은 동아시아 문화권이다.

⑤ 크리스트교가 생활양식과 사회 제도에 큰 영향을 끼쳤던 곳은 유럽 문화권이다.

338

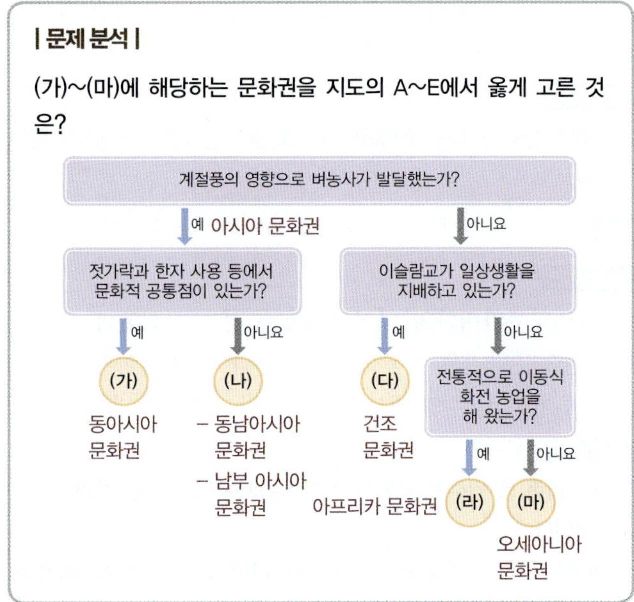

정답 체크

지도의 A~E에서 (가)는 동아시아 문화권(C), (나)는 동남 및 남부 아시아 문화권(D), (다)는 건조 문화권(A), (라)는 아프리카 문화권(B), (마)는 오세아니아 문화권(E)이다.

339

정답 체크

④ 왼쪽은 뉴욕의 모습으로, 앵글로 아메리카 문화권에 해당한다. 오른쪽은 멕시코의 타코라는 옥수수 음식이다. 이는 라틴 아메리카 문화권에 해당한다. 따라서 둘 다 아메리카 문화권에 속한다.

ㄹ. 한국 드라마를 통하여 동남아시아에 한국 문화가 알려지게 된 것은 텔레비전이라는 매개체를 통한 전파이므로 간접 전파에 해당한다.

09 문화 변동과 전통문화

STEP 1 개념 확인 문제
093쪽

340 문화 변동 **341** 자극 전파 **342** 문화 접변 **343** 문화 융합
344 전통문화 **345** ○ **346** × **347** ○
348 × **349** ○ **350** ○

STEP 2 예상 적중 기출 문제
093~097쪽

351 ①	**352** ②	**353** ①	**354** ②	**355** ④	**356** ①
357 ②	**358** ③	**359** ③	**360** ①	**361** ⑤	**362** ①
363 ④	**364** ③	**365** ③	**366** ④	**367** ③	**368** ④
369 ②					

351

정답 체크

① (가)는 외부에서 들어온 알파벳에서 아이디어를 얻어 새로운 체로키 문자를 발명한 것이므로 자극 전파이다. (나)는 인터넷이라는 매체를 통해 K-POP이 유행한 것이므로 간접 전파이다.

352

정답 체크

② 커피가 러시아 사람과의 직접적인 접촉을 통해 전파되었으므로 직접 전파에 의한 문화 변동 사례이다.

바로 알기

① 다른 문화에서 자극을 받아 발명이 이루어진 것은 자극 전파이다.
③ 커피의 전파가 강제적으로 이루어졌다는 내용은 찾아볼 수 없다.
④ 전파된 문화가 재해석되어 새로운 문화 요소가 만들어진 것은 문화 융합이다.
⑤ 제시문에서는 커피의 전파 경로만 나와 있으며, 커피가 우리의 문화 요소와 결합하여 새로운 문화 요소가 창조되었다는 내용은 없다.

353

정답 체크

A는 자극 전파, B는 발명, C는 발견, D는 직접 전파이다.
ㄱ. 한자의 음과 뜻을 이용하여 이두를 표기한 것은 전파와 발명이 결합한 것이므로 자극 전파이다. ㄴ. 국내 기업이 스팀 청소기를 개발한 것은 발명에 해당한다.

바로 알기

ㄷ. 문익점이 중국에서 목화씨를 붓뚜껑에 숨겨 들여와 퍼뜨린 것은

개념 정리 — 문화 변동의 요인

문화 변동의 요인은 한 사회 내부에서부터 발생하는 내재적 요인과 다른 사회와의 접촉 및 교류 과정에서 영향을 받아 발생하는 외재적 요인이 있다.

내재적 요인으로는 과거에 없던 새로운 문화 요소를 만들어 내는 발명과 이미 존재하고 있었으나 알려지지 않았던 것을 찾아내는 발견이 있다.

외재적 요인으로는 다른 사회로부터 문화 요소가 전해지는 문화 전파가 있다. 문화 변동의 외재적 요인인 문화 전파의 종류에는 직접 전파, 간접 전파, 자극 전파가 있다. 직접 전파는 다른 문화에 속해 있는 사람들과 직접적인 접촉을 통해 다른 사회의 문화 요소가 전파되는 것을 의미한다. 간접 전파는 인쇄물, 인터넷 등과 같은 매개체를 통해 다른 사회의 문화 요소가 전파되는 것을 의미한다. 자극 전파는 전파와 발명이 복합되어 일어나는 것으로 다른 사회에서 전파된 문화 요소로부터 아이디어를 얻어 새로운 문화 요소를 발명하는 것이다.

354

정답 체크

② 결혼식에서 웨딩드레스와 턱시도를 입는 것은 서양의 결혼 문화이다. 결혼식이 끝난 후 한복으로 갈아입고 집안 어른께 인사하는 것은 우리 고유의 결혼 문화이다. 오늘날 결혼식에서 우리 고유의 결혼 문화와 서양의 결혼 문화가 함께 존재하는 것이므로 문화 병존에 해당한다.

355

정답 체크

(가)는 문화 융합, (나)는 문화 병존이다. ④ 문화 병존은 서로 다른 두 문화가 한 사회 내에서 그대로 공존하는 것이고, 문화 융합은 고유문화와 외래문화가 서로 결합하여 새로운 문화 요소가 창조된 것이다.

바로 알기

① 모든 문화 변동은 강제적 문화 접변이나 자발적 문화 접변의 결과로 나타난다.
② 문화 병존은 직접 전파뿐만 아니라 간접 전파에 의해서도 나타날 수 있다.
③ 문화 융합과 문화 병존은 모두 고유문화의 정체성을 간직하고 있다.
⑤ 문화 융합과 문화 병존은 모두 외재적 요인에 의한 문화 변동의 양상이다.

356

정답 체크

① 동서양의 문화가 서로 영향을 주고받으며 새롭게 탄생한 간다라 양식은 문화 융합의 사례에 해당한다.

바로 알기

② 문화 동화는 다른 사회의 문화 요소가 전파되었을 때 기존의 문화 요소가 전파된 문화 요소에 흡수되어 사라지거나 대체되는 현상을 말한다.

③ 간접 전파는 인쇄물이나 인터넷 등 매개체를 통해 간접적으로 이루어지는 전파이다.

④ 문화 병존은 기존의 문화 요소와 전파된 문화 요소가 각각 고유한 성격을 유지하면서 한 사회 내에 함께 존재하는 현상을 말한다.

⑤ 문화 지체는 물질문화와 비물질 문화 간 변동 속도의 차이로 인해 간격이 벌어져서 생기는 혼란을 의미한다.

357

정답 체크

자극 전파는 다른 사회의 문화 요소로부터 아이디어를 얻어서 새로운 발명이 일어나는 것으로서 대체로 특정 문화 요소에 대한 일반적인 개념 또는 관념이 전파되어 발명을 자극하는 것을 말한다. 외래 종교에서 아이디어를 얻어 새로 등장한 신흥 종교, 중국에서 들어온 한자에서 아이디어를 얻어 이두를 발명한 것은 자극 전파의 예이다.

바로 알기

② 두 문화 체계 간에 직접적인 접촉에 의하여 전파가 이루어진 경우는 직접 전파이다.

358

정답 체크

③ 인도 화폐에 15개국의 언어가 함께 사용된 것은 문화 병존의 사례로, 서로 다른 사회의 문화가 한 사회 문화 체계 속에서 나란히 존재하는 현상이다.

바로 알기

① 문화 변동의 내재적 요인은 발명이나 발견이다. 인도 화폐에는 다른 나라의 언어가 기재되어 있으므로 외재적 요인에 의한 변동에 해당한다.

② 문화 변동의 결과 기존 사회의 고유한 문화가 사라진 것은 문화 동화이다. 인도 화폐에는 다른 나라 언어와 함께 인도 고유어도 있으므로 문화 동화가 발생한 것은 아니다.

④ 한 사회의 문화가 다른 사회의 문화 체계 속에서 흡수되어 정체성을 상실하는 현상은 문화 동화이다.

⑤ 외래문화와 기존의 문화가 결합하여 새로운 성격을 가진 제3의 문화가 나타나는 현상은 문화 융합에 대한 설명이다.

359

정답 체크

③ (가)는 문화 병존, (나)는 문화 동화이다. 문화 병존은 자문화의 정체성이 유지되지만, 문화 동화는 자문화의 정체성을 상실한다.

바로 알기

① 문화 병존과 문화 동화는 모두 외재적 요인에 의한 변동이다.

② (가), (나)의 사례를 자발적인가 강제적인가로 구분할 수 있는 근거가 없다.

④ 전파된 문화 요소가 기존의 문화 요소와 결합한 것은 문화 융합이다. 문화 병존과 문화 동화는 모두 기존의 문화 요소와 결합한 것이 아니다.

⑤ (가), (나)의 사례가 장기간에 걸쳐 변동하였는지, 단기간에 걸쳐 변동하였는지 구분할 수 있는 근거가 없다.

> **개념 정리 문화 변동의 양상**
>
> 서로 다른 사회가 오랜 기간에 걸쳐 접촉하면서 문화에 변동이 일어나는 것을 문화 접변이라고 한다. 문화 접변에 따른 대표적인 문화 변동의 양상에는 문화 동화, 문화 병존, 문화 융합이 있다.
>
> 문화 동화는 다른 사회의 문화 요소가 전파되었을 때 기존의 문화 요소가 전파된 문화 요소에 흡수되어 사라지거나 대체되는 현상을 말한다. 포르투갈의 식민 지배를 받았던 브라질은 세계에서 포르투갈어 사용자가 가장 많은 반면 토착어는 사라질 위기에 놓여 있는데, 이는 문화 동화의 사례에 해당한다.
>
> 문화 병존은 기존의 문화 요소와 전파된 문화 요소가 각각 고유한 성격을 유지하면서 한 사회 내에 함께 존재하는 현상을 말한다. 우리나라에는 전통 의학인 한의학과 개화기 때 유입된 서양 의학이 공존하고 있는데, 이는 문화 병존의 사례에 해당한다.
>
> 문화 융합은 기존의 문화 요소와 전파된 문화 요소가 결합하여 새로운 문화가 나타나는 현상을 말한다. 알렉산드로스의 동방 원정으로 동서양의 문화가 서로 영향을 주고받으며 새롭게 탄생한 간다라 양식은 문화 융합의 사례에 해당한다.
>
> 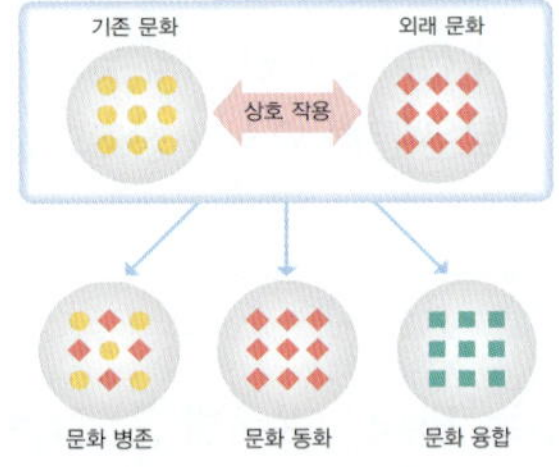
>

360

정답 체크

A는 문화 융합, B는 문화 병존이다. ㄱ. 전통적인 온돌 문화에 외래문화인 침대가 결합하여 돌침대라는 새로운 문화

요소가 만들어진 것은 문화 융합의 사례이다. ㄴ. 문화 병존은 서로 다른 사회의 문화가 각각의 정체성을 유지하면서 한 사회의 체계 안에 나란히 존재하는 현상이다.

바로 알기

ㄷ. 외래문화 요소가 변형되지 않고 정착된 것은 문화 병존에만 해당하는 특징이다.

ㄹ. 고유문화의 정체성 유지는 문화 융합과 문화 병존의 공통점이다.

361

정답 체크

갑국에서는 외래문화와의 접촉없이 자체적으로 음식을 개발했으므로 발명이 이루어졌다. 을국에서는 병국의 음식 문화에 자국의 고유 음식을 결합한 새로운 음식을 개발했으므로 문화 융합이 이루어졌다. ⑤ 갑국과 을국 모두 새로운 문화 요소를 창조하였다.

바로 알기

① 갑국의 △△ 음식은 갑국의 요리사가 외부와의 접촉 없이 스스로 개발한 것이므로 발명에 해당한다.

② 갑국에서는 외부와의 문화 접촉이 없었으므로 문화 융합이 나타나지 않았다.

③ 을국에서는 병국 유학생들에 의해 ○○ 음식이 전파되었으므로 직접 전파가 나타났다.

④ 을국에서는 병국의 ○○ 음식과 자국의 ●● 음식이 결합하여 새로운 제3의 ◉◉ 음식이 개발된 것이므로 문화 융합으로, 문화 융합은 고유문화의 정체성이 유지된다.

362

정답 체크

① 줄다리기는 일반적으로 벼농사를 기반으로 한 지역에서 풍작을 기원하고 공동체 구성원 간의 화합과 단결을 기원하는 의미를 담고 있다. 이처럼 전통문화는 사회 유지와 통합에 이바지한다.

개념 정리 | 전통문화의 의의

전통문화는 사회 구성원 간의 유대를 강화하고 사회를 통합하는 데 기여한다. 외국에서 한글을 사용하거나 김치를 먹는 사람을 보면 동질감을 느끼고, 외국인이 사물놀이를 보고 흥겨워하면 우리 문화에 대한 자부심을 느끼는 것처럼 전통문화는 같은 문화를 공유하는 사람들 간에 동질감을 느끼게 하고 자긍심을 고취시킨다. 또한 전통문화는 우리 문화의 고유성을 유지하는 역할을 한다. 전통문화에는 오랜 역사를 거쳐 전해지는 조상들의 소중한 정신과 가치가 담겨 있다. 이러한 정신과 가치는 구성원의 사고방식이나 행동에 많은 영향을 주며, 세대를 이어가면서 우리 문화만의 고유성을 유지해 나갈 수 있도록 한다.

363

정답 체크

④ 재일동포 정조문 씨가 우리 민족의 문화유산을 수집한 것은 동포 2세대들이 우리 말과 글, 전통문화 등을 접할 기회가 적어 세대 간 단절을 가져올 수도 있다는 우려 때문이다.

364

정답 체크

③ 동네 사람들이 함께 하는 김장 문화는 사회 구성원 간에 유대를 강화하고, 씨름은 선의의 경쟁을 통하여 사회 구성원들의 자긍심을 고취시킨다. 따라서 이러한 전통문화는 사회를 통합하는 데 기여한다.

365

정답 체크

한국 탈춤을 유네스코 인류 무형유산에 등재하기로 한 것은 탈춤의 풍자와 해학성, 다른 나라의 춤과는 구별되는 독특한 특성이 있음이 세계적으로 증명되었기 때문이다.

바로 알기

ㄱ. 한국 탈춤이 관광 상품으로서의 가치가 있어서 유네스코 인류 무형유산에 등재하기로 한 것은 아니다.

ㄹ. 유네스코 인류 무형유산에 등재하기로 했다고 해서 탈춤과 같은 전통문화를 원형 그대로 보존해야 하는 것은 아니다.

366

정답 체크

④ 전통문화를 창조적으로 계승하려면 사회 구성원들이 전통문화에 꾸준히 관심을 가지고 즐기면서도 전통 음악과 춤 등을 현대의 감각에 맞게 재해석하여 표현하려는 노력이 필요하다.

바로 알기

① 제시된 사례는 우리 전통문화를 원형 그대로 보존하는 것이 아니라 현대적 감각에 맞게 재구성한 것이다.

② 제시된 사례는 단순히 전통문화와 외래문화가 융합되어야 한다는 것이 아니라 전통문화를 현대적으로 재구성하고 재창조해야만 문화가 발전할 수 있다는 의미이다.

③ 제시된 사례에서 세계화 시대에 전통문화가 외래문화와 동질화되는 경향이 있다는 내용은 찾아볼 수 없다.

⑤ 교통·통신의 발달과 함께 외래문화가 무분별하게 유입되어 우리 고유문화의 정체성이 훼손되고 있다는 내용은 제시된 사례에서 찾아볼 수 없다.

367

정답 체크

③ 김장독을 현대적으로 재해석하여 김장독을 집안에 설치할 수 있는 형태인 김치 냉장고로 만들었다. 또한 난타 공연은 현대적 감각에 맞게 서양 음악과 결합한 것으로서 둘 다 전통문화의 창조적 계승과 관련된 자료이다.

368

정답 체크

④ 전통 한옥을 현대식으로 고쳐 생활하기가 편리하도록 한 것, 일부 학교에서 한복을 현대적인 교복으로 바꾼 것 등은 모두 전통문화를 시대적 감각에 맞게 재해석한 사례이다.

바로 알기

① 문화의 세계화는 전통문화를 원형 그대로 보존하는 것이 아니라 현대적 감각에 맞게 재구성하는 것이다.
② 제시된 자료에서 문화 교류를 통해 전통문화의 독창성이 강화된다는 내용은 찾아볼 수 없다.
③ 외래문화를 개방한다고 해서 문화의 질적 저하를 초래한다고 추론하기 어렵다.
⑤ 외래문화의 유입이 전통문화의 정체성을 약화시킨다는 내용은 제시된 자료에서 찾아볼 수 없다.

369

정답 체크

② 부탄은 자국의 환경이나 문화를 있는 그대로 보전하고 계승하기 위해 외국인 관광객의 입장을 제한하고 있다.

바로 알기

① 부탄은 외국인 관광객의 입장을 제한하며 전통문화를 있는 그대로 보존하려고 하기 때문에 현실 여건에 맞게 전통문화를 재해석한다고 보기 어렵다.
③ 제시문에서 선진 문화와 맞지 않는 전통문화를 폐기한다는 내용은 찾아볼 수 없다.
④ 부탄이 전통문화를 새로운 문화 산업으로 발전시킨다는 내용은 찾아볼 수 없다.
⑤ 부탄은 자국의 고유문화를 보존하기 위해 외래문화의 수용을 제한하려고 한다.

STEP 3 기출 예상 서답형 문제 098쪽

370

| 핵심 키워드 | 문화 변동의 요인, 발명, 직접 전파

(1) (가) 발명, (나) 직접 전파
(2) **예시 답안** 발명은 새로운 문화 요소나 원리를 만들어 내는 것을 말한다. 직접 전파는 문화 요소를 제공하는 사회와 그것을 수용하는 사회 구성원들 간의 직접적인 접촉 과정에서 문화 요소가 전달되어 정착하는 현상을 말한다. 발명은 외부와의 접촉 없이 한 사회 내에서 이루어지는 내재적 문화 변동의 요인인데 비해, 직접 전파는 외부와의 접촉에 의해 이루어지는 외재적 문화 변동의 요인이다.

＊ 채점 기준 ＊

상	발명과 직접 전파의 의미와 특징을 비교하여 정확하게 서술한 경우
중	발명과 직접 전파의 의미와 특징을 일반적으로 서술한 경우
하	발명과 직접 전파의 의미와 특징을 미흡하게 서술한 경우

371

| 핵심 키워드 | 문화 병존, 문화 융합, 자문화의 정체성

예시 답안 (가)는 문화 병존, (나)는 문화 융합이다. 문화 병존과 문화 융합은 모두 자문화의 정체성이 유지되어 문화적 다양성에 기여한다.

＊ 채점 기준 ＊

상	문화 병존, 문화 융합을 쓰고 공통점을 자문화의 정체성 측면에서 정확하게 서술한 경우
중	문화 병존, 문화 융합을 쓰고 공통점을 일반적으로 서술한 경우
하	문화 병존, 문화 융합을 썼으나 공통점을 미흡하게 서술한 경우

372

| 핵심 키워드 | 줄다리기, 전통문화의 의의

예시 답안 줄다리기는 일반적으로 벼농사를 기반으로 한 지역에서 풍작을 기원하고 공동체 구성원 간의 화합과 단결을 기원하는 의미를 담고 있다.

＊ 채점 기준 ＊

상	줄다리기가 풍작을 기원하고 단합과 단결을 기원하는 의미를 담고 있는 전통문화의 의의를 정확하게 서술한 경우
중	줄다리기에 담긴 전통문화의 의의를 일반적으로 서술한 경우
하	줄다리기에 담긴 전통문화의 의의를 미흡하게 서술한 경우

373

| 핵심 키워드 | 전통문화의 재해석

예시 답안 전통적인 온돌을 현대적인 보일러에 적용하여 온돌 난방으로 변화시킨 사례와 전통 가마솥의 원리를 이용하여 전기밥솥을 개발한 사례이다. 두 사례는 공통적으로 전통문화를 현대인의 시각에 맞게 재창조하여 계승·발전시킨 경우이다.

상	두 사례를 통해 알 수 있는 전통문화의 계승·발전을 논리적으로 정확하게 서술한 경우
중	두 사례를 통해 알 수 있는 전통문화의 계승·발전을 일반적으로 서술한 경우
하	두 사례를 통해 알 수 있는 전통문화의 계승·발전을 미흡하게 서술한 경우

STEP 4 | 기출 예상 고난도 문제

099쪽

374 ④　　**375** ④　　**376** ⑤　　**377** ④

374

| 문제 분석 |

그림은 문화 변동의 요인을 나타낸 것이다. A~C에 대한 설명으로 옳은 것은?

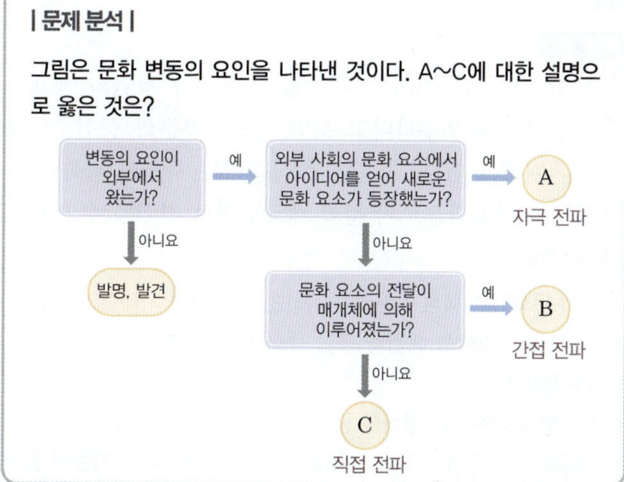

정답 체크

A는 자극 전파, B는 간접 전파, C는 직접 전파이다. ④ 간접 전파는 매개체에 의한 전파이므로 정보 통신 기술이 발달한 오늘날에는 더욱 활발하다.

바로 알기

① 자극 전파(A)에는 물질적인 것뿐만 아니라 문자와 같은 비물질적인 것도 포함한다.

② 임진왜란으로 조선에 고추가 전래된 것은 사람에 의해 전파된 것이므로 직접 전파(C)에 해당한다.

③ 인터넷으로 여행가고 싶은 나라의 문화를 알아보는 것은 인터넷이라는 매개체를 통한 문화 전파이므로 간접 전파(B)에 해당한다.

⑤ 모든 문화 전파는 인간의 문화 창조 능력에 의해 이루어진다.

375

| 문제 분석 |

표는 병국의 문화 요소와의 접촉에 의한 갑국과 을국의 문화 변동을 나타낸 것이다. 이에 대한 설명으로 옳은 것은? (단, 갑국과 을국 간에는 문화 교류가 없었음.)

정답 체크

④ 을국에서는 병국의 혼인 문화가 변형되지 않은 상태로 정착되었다. 대신 을국 고유의 혼인 문화는 소멸되었다.

바로 알기

① 갑국의 의복 문화에서는 문화 융합 현상이 발생하였다.

② 을국의 혼인 문화에서는 문화 동화 현상이 나타났다.

③ 갑국의 의복 문화에서는 문화 융합이 발생했으므로 갑국의 기존 문화의 정체성이 유지되었다.

⑤ 의복 문화는 직접 전파가, 혼인 문화는 간접 전파가 문화 변동의 원인이다.

376

정답 체크

ㄷ, ㄹ. 전통적인 사물놀이와 서양의 전자 악기를 접목하여 젊은이들이 즐겨 듣는 전자 음악으로 표현한 것이므로 현대 사회의 시대적 감각으로 전통문화를 재해석했고, 문화적 독창성을 지키며 전통문화를 창조적으로 발전시켜야 함을 엿볼 수 있다.

바로 알기

ㄱ. 전통문화를 상업적 효과를 위주로 재창조해야 하는 내용은 찾아볼 수 없다.

ㄴ. 우수한 외래문화라도 비판적으로 수용하여 전통문화와 조화를 이루도록 해야 한다.

377

정답 체크

④ 전주 비빔밥을 외국인도 맛있게 먹을 수 있도록 맵기의 단계를 조절한 소스를 개발하고, 외국에서 인기를 얻고 있

는 우리나라 방송 프로그램에 홍보하는 등의 활동을 통해 전통문화의 창조적 발전 방안을 모색하는 주제임을 알 수 있다.

바로 알기

① 전통문화의 유형을 알아보는 것이 아니라 전통문화를 세계인의 입맛에 맞게 창조적으로 발전시키는 방안을 모색해 보는 것이다.
② 제시된 자료에서 전주 비빔밥의 원형을 복원하자는 내용은 찾아볼 수 없다.
③ 전통문화의 문제점 수정 방안을 알아보는 것에서 그치지 않고 세계인에게 맞게 개발하는 것이다.
⑤ 전통문화와 외래문화의 단순한 공존이 아니라 우리의 전통문화를 세계인의 시각에 맞게 발전시키는 것이다.

10 문화 상대주의와 보편 윤리

STEP 1 개념 확인 문제　　　　103쪽

378 문화 사대주의	**379** 자문화 중심주의
380 문화 상대주의	**381** 보편 윤리 **382** 연고주의
383 ○　　**384** ×	**385** ×　　　**386** ○
387 ×　　**388** ○	

STEP 2 예상 적중 기출 문제　　　　103~107쪽

389 ②	**390** ⑤	**391** ⑤	**392** ②	**393** ②	**394** ④
395 ①	**396** ③	**397** ②	**398** ④	**399** ③	**400** ④
401 ①	**402** ②	**403** ①	**404** ④	**405** ③	**406** ①
407 ④	**408** ④				

389

정답 체크

② 프랑스인들은 자국의 개방형 벽난로가 독일의 폐쇄형 철제 난로보다 우수하다고 보았으므로 자문화 중심주의적 태도를 취하고 있다. 자문화 중심주의는 자신의 문화를 다른 사회에 강요함으로써 문화 제국주의로 변질될 수 있다.

바로 알기

① 자기 문화의 정체성 상실을 야기하는 것은 문화 사대주의이다.
③ 그 사회의 역사적 배경을 통한 문화 이해를 추구하는 것은 문화 상대주의이다.
④ 자문화 중심주의는 문화를 평가의 대상으로 인식한다.
⑤ 자문화 중심주의는 문화의 우열을 정하는 객관적인 기준이 존재한다고 본다.

개념 정리　자문화 중심주의와 문화 사대주의

문화를 절대적인 기준으로 평가하고 우열을 가리는 태도에는 자문화 중심주의와 문화 사대주의가 있다.
자문화 중심주의는 자신의 문화를 우수한 것으로 여기고 이를 기준으로 삼아 타 문화를 낮게 평가하는 태도이다. 이러한 태도는 타 문화를 배척하는 입장을 나타냄으로써 갈등을 유발할 수 있으며, 자신의 문화를 다른 사회에 강요하게 될 수 있다.
이와 반대로, 타 문화를 우수한 것으로 여기고 이를 기준으로 삼아 자신의 문화를 낮게 평가하는 태도를 문화 사대주의라고 한다. 이러한 태도는 타 문화를 맹목적으로 동경하고, 타 문화를 무분별하게 받아들임으로써 자기 문화에 대한 주체성과 자부심을 상실하게 될 수도 있다.

390

정답 체크

⑤ 제시문은 훈민정음 창제를 비판하면서 중국의 중화사상을 강조하고 있으므로 문화 사대주의적 태도가 나타나 있다. 문화 사대주의는 타 문화를 맹목적으로 숭상하고 자신의 문화를 열등한 것으로 여기기 때문에 자문화의 정체성을 상실하기 쉽다.

바로 알기

① 문화 사대주의는 남의 문화를 우수한 것으로 믿고 있으므로 타 문화 수용에 적극적이다.
② 문화 사대주의는 남의 문화는 우수한 것이고, 우리 문화는 열등한 것으로 생각하므로 문화 간 우열이 있다고 본다.
③ 문화 사대주의는 문화의 우열을 가리는 태도이므로 문화 다양성 유지를 방해한다.
④ 국수주의는 자기 안에 갇혀 있는 상태로 자문화 중심주의에서 나타날 수 있다.

391

정답 체크

A는 문화 상대주의, B는 문화 사대주의, C는 자문화 중심주의이다. ⑤ 자문화 중심주의는 자신의 문화를 다른 사회에 강요하게 될 우려가 있으므로 문화 제국주의로 변질될 가능성이 높다.

바로 알기

① 자기 문화의 정체성을 약화시킬 수 있는 것은 문화 사대주의이다.
② 문화의 다양성 확대에 기여할 수 있는 것은 문화 상대주의이다.
③ 자문화 중심주의는 사회 결속력이 높은 편이다.
④ 문화 사대주의는 외래문화 수용에 긍정적이다.

392

정답 체크

갑은 문화 사대주의, 을은 자문화 중심주의, 병은 문화 상대주의의 입장에서 학교 수업 방식을 바라보고 있다. ② 자문화 중심주의는 자신이 속한 문화만을 우수하다고 여기기 때문에 자기 문화에 대한 자부심을 갖게 하여 자기 문화의 주체성 유지에 도움을 준다.

바로 알기

① 문화 사대주의는 남의 문화를 우수한 것으로 믿는 태도이므로 외래문화의 수용에 긍정적이다.
③ 문화 제국주의는 자신의 문화를 다른 사회에 강제로 이식하려는 사상이므로 자문화 중심주의에서 발생할 가능성이 높다.
④ 문화 사대주의와 자문화 중심주의는 모두 문화 간 우열을 강조하

므로 문화를 평가의 대상으로 간주한다.
⑤ 자문화 중심주의는 자신의 문화만을 우수하다고 보고, 다른 문화를 비하하는 태도이므로 고립을 초래할 우려가 있다.

393

정답 체크

② 제시문에서 각각의 문화는 환경과 전통에 따라 각기 다르므로 어느 것이 더 낫다거나 못하다고 말할 수 없다고 주장한다. 이를 통해 문화 간의 우열을 인정하지 않는 문화 상대주의적 태도를 취하고 있음을 알 수 있다. 문화 상대주의는 다양한 문화들의 정체성을 인정하고 존중해야 함을 강조한다.

바로 알기

① 다양한 문화들을 비교하여 우열을 가려야 한다는 것은 문화 사대주의와 자문화 중심주의에서 나타난다.
③ 자신의 문화를 바탕으로 다른 문화를 판단해야 한다는 것은 자문화 중심주의에서 나타난다.
④ 다른 사회의 우수한 문화를 조건 없이 수용해야 한다는 것은 문화 사대주의에서 강조한다.
⑤ 다양한 문화를 통합하여 보편적인 문화를 창조해야 한다는 내용은 제시문에서 찾아볼 수 없다.

> **개념 정리 문화 상대주의**
>
> 문화 상대주의는 특정 문화를 기준으로 다른 문화를 평가하거나 우열을 가리는 태도에서 벗어나 그 사회의 특수한 환경과 역사적 · 사회적 맥락에서 문화를 이해하는 태도를 말한다. 문화 상대주의의 태도로 문화를 바라보면, 이해하기 어렵거나 익숙하지 않은 다른 사회의 문화를 편견이나 선입견을 버리고 있는 그대로 바라볼 수 있다. 이를 통해 서로 다른 문화의 고유한 의미와 가치를 존중하고 문화적 차이로 인해 발생할 수 있는 갈등을 방지할 수 있다. 그렇기 때문에 다양한 문화가 공존하고 있는 현대 사회에서는 문화 상대주의의 중요성이 더욱 커지고 있다.

394

정답 체크

④ 갑은 A국의 식사 문화를 비위생적이라고 비하했고, 우리나라의 식사 문화를 훨씬 우수한 것으로 생각했으므로 자문화 중심주의적 태도를 갖고 있다.

바로 알기

① 문화 상대주의는 특정 문화를 기준으로 다른 문화를 평가하거나 우열을 가리는 태도에서 벗어나 그 사회의 특수한 환경과 역사적 · 사회적 맥락에서 문화를 이해하는 태도이다.
② 문화 사대주의는 타 문화를 우수한 것으로 여기고 이를 기준으로

삼아 자신의 문화를 낮게 평가하는 태도이다.
③ 윤리 상대주의는 행위의 도덕적 옳고 그름이 사회 혹은 개인에 따라 다양하며, 보편적인 도덕 기준은 존재하지 않는다는 입장이다.
⑤ 극단적 문화 상대주의는 문화의 특수성을 근거로 인류의 보편적인 가치를 훼손하는 문화도 존중해야 한다는 입장이다.

395

정답 체크

① 자료는 한글보다 영어를 사용하는 간판이 늘어나고, 국산차보다는 수입차를 선호하는 내용이다. 이러한 태도는 자국 문화를 열등한 것으로 여기고 다른 나라의 문화를 우수한 것으로 여기는 문화 사대주의에서 나타난 것이다.

바로 알기

② 문화 상대주의는 특정 문화를 기준으로 다른 문화를 평가하거나 우열을 가리는 태도에서 벗어나 그 사회의 특수한 환경과 역사적·사회적 맥락에서 문화를 이해하는 태도이다.
③ 윤리 상대주의는 행위의 도덕적 옳고 그름이 사회 혹은 개인에 따라 다양하며, 보편적인 도덕 기준은 존재하지 않는다는 입장이다.
④ 문화 제국주의는 자기 문화의 우월성만을 강조하면서 자신의 문화를 다른 문화에 강요하는 것을 말한다.
⑤ 자문화 중심주의는 자신의 문화를 절대적 기준으로 삼아 자신의 문화는 가장 우월한 것으로 여기는 태도이다.

396

정답 체크

③ 필자는 다른 사회의 인사법을 그 사회의 자연환경에 비추어 이해했으므로 문화 상대주의적 태도를 갖고 있다. 문화 상대주의는 문화적 차이에 대한 갈등을 줄이고 문화의 다양성을 보존하는 데 기여할 수 있다.

바로 알기

① 문화의 우열을 평가할 수 있다고 보는 것은 자문화 중심주의와 문화 사대주의이다.
② 자기 문화의 주체성을 상실할 우려가 있는 것은 문화 사대주의이다.
④ 문화 상대주의는 다른 사회의 문화를 그 사회의 입장에서 이해하는 것이므로 타 문화에 대한 맥락적인 이해에 도움이 된다.
⑤ 문화 상대주의는 다른 사회의 문화를 그 사회의 입장에서 이해하려고 하므로 타 문화와의 접촉 과정에서 문화 간 갈등을 줄일 수 있다.

397

정답 체크

ㄱ. 문화 간에 우열을 평가할 수 있다고 보는 것은 문화 사대주의와 자문화 중심주의이다.
ㄹ. 서로 다른 문화를 발전 수준의 차이로 간주하는 것은

문화 간 우열을 인정하는 것이므로 문화 사대주의와 자문화 중심주의이다. 국수주의적 태도로 문화적 마찰을 발생시킬 수 있는 것은 자문화 중심주의이다.

바로 알기

ㄴ. A가 자문화 중심주의, B가 문화 사대주의라면, C는 문화 상대주의이다. '문화 제국주의로 변질될 가능성이 높은 것'은 자문화 중심주의이므로 주어진 질문은 (나)에 들어갈 수 없다.
ㄷ. 다른 사회의 문화가 지닌 가치를 인정하는 것은 문화 상대주의와 문화 사대주의이다. 따라서 A와 C는 각각 문화 상대주의와 문화 사대주의 중 하나이며, B는 자문화 중심주의이다. 자기 문화의 정체성을 상실할 우려가 있는 것은 문화 사대주의이다.

398

정답 체크

ㄴ, ㄹ. 국제 올림픽 위원회는 이슬람교도 선수가 속한 나라의 규범을 이해하고 히잡 착용을 허용했으므로 문화 상대주의적 태도를 취하고 있다. 문화 상대주의는 모든 문화가 고유한 가치를 지닌다고 전제하고 문화를 평가의 대상이 아니라 이해의 대상으로 본다.

바로 알기

ㄱ, ㄷ. 문화의 차이를 발전 수준의 차이로 인식한다는 것은 문화의 우열을 평가한다는 의미이므로 문화 사대주의와 자문화 중심주의에서 나타난다.

399

정답 체크

갑은 자문화 중심주의, 을은 문화 상대주의를 취하고 있다.
③ 자문화 중심주의는 자기 문화만을 우수한 문화로 인식하고 다른 사회의 문화를 열등하다고 여기므로 국제적 고립을 초래할 수 있다.

바로 알기

① 자기 문화의 정체성을 약화시는 것은 문화 사대주의이다.
② 문화 상대주의는 다른 사회의 문화를 편견이나 선입견을 버리고 있는 그대로 바라보는 태도이므로 서로 다른 문화의 고유한 의미와 가치를 존중하고 문화적 갈등을 방지할 수 있다.
④ 문화 상대주의는 모든 문화는 그 나름대로 가치가 있다고 보는 것이므로 문화 간에 우열이 존재하지 않는다고 생각한다.
⑤ 자문화 중심주의는 자기 문화만 우수한 것으로 생각하고 타 문화를 열등한 것으로 보는 태도이므로 타 문화의 수용에 대해 부정적이다.

400

정답 체크

ㄴ, ㄹ. 갑은 극단적 문화 상대주의, 을은 보편 윤리의 관점

을 취하고 있다. 을은 보편 윤리의 관점에서 극단적 문화 상대주의를 경계해야 한다고 본다.

바로 알기
ㄱ. 문화 상대주의는 문화 간에 우열이 존재하지 않는다고 본다.
ㄷ. 문화 상대주의는 모든 문화를 사실 그대로 인정하므로 문화 다양성 보존에 유리하다. 보편 윤리의 관점도 보편 윤리에 어긋나지 않으면 문화적 가치를 인정하므로 문화 다양성 보존에 유리하다.

401

정답 체크
① (가)는 보편 윤리이다. 진정한 의미에서 자문화와 타 문화를 올바르게 이해하기 위해서는 문화 상대주의의 태도를 기본으로 하면서도 보편 윤리에 비추어 문화를 성찰하는 자세가 필요하다.

바로 알기
② 문화 상대주의는 특정 문화를 기준으로 다른 문화를 평가하거나 우열을 가리는 태도에서 벗어나 그 사회의 특수한 환경과 역사적·사회적 맥락에서 문화를 이해하는 태도이다.
③ 문화 제국주의는 자기 문화의 우월성만을 강조하면서 자신의 문화를 다른 문화에 강요하는 것을 말한다.
④ 문화 사대주의는 타 문화를 우수한 것으로 여기고 이를 기준으로 삼아 자신의 문화를 낮게 평가하는 태도를 말한다.
⑤ 자문화 중심주의는 자신의 문화를 절대적 기준으로 삼아 자신의 문화는 우월한 것으로 여기고, 다른 문화는 수준이 낮거나 미개하다고 판단하는 태도를 말한다.

개념 정리 **보편 윤리**

> 보편 윤리란, '무고한 사람을 살해하면 안 된다.', '남의 물건을 훔치지 마라.' 등과 같이 시대와 장소를 초월하여 모든 사람이 따라야 할 행위의 원칙을 말한다. 보편 윤리의 관점에서 문화를 성찰하지 않으면 사회 구성원의 인간다운 삶을 침해하는 문화를 비판하거나 개선을 요구할 수 없고, 나아가 인류 문화의 발전을 기대하기도 어렵다. 따라서 우리는 문화적 차이를 인정하면서도 인권이나 자유, 평등과 같은 보편 윤리의 차원에서 문화를 비판적으로 성찰해야 한다.

402

정답 체크
② 밑줄 친 부분은 극단적 문화 상대주의의 관점이다. 짐바브웨의 조혼 풍습은 여자아이들의 인권을 침해하므로 보편 윤리에 어긋난다. 극단적 문화 상대주의를 경계하면서 보편 윤리의 관점에서 문화를 성찰해야 그 문화를 올바로 이해할 수 있다.

403

정답 체크
① 카렌족의 여성들이 어려서부터 목에 고리를 걸어 목의 길이를 늘리는 풍습에 대해 필자는 여성의 인권을 침해하므로 비판받아야 한다고 본다. 일부 관광객들이 문화 상대주의의 입장에서 이들의 문화를 인정해야 한다고 주장하는 것에 대해 보편 윤리에 어긋나므로 극단적 문화 상대주의를 경계해야 한다고 주장한다.

바로 알기
② 그 사회의 고유문화라도 보편 윤리에 어긋나는 것은 인정해서는 안 된다는 입장이다.
③ 모든 문화를 그 사회의 맥락에서 고려해야 한다는 극단적 문화 상대주의를 경계하고 있다.
④ 다른 문화라도 보편 윤리에 어긋나면 비판해야 한다는 것이다.
⑤ 필자는 열등한 문화에 대한 비판이 아니라 보편 윤리에 어긋나는지를 성찰해야 한다고 주장한다.

404

정답 체크
④ 중국의 전족 문화에 대해 갑은 극단적 문화 상대주의, 을은 보편 윤리의 관점에서 보고 있다. 을은 전족 문화가 여성들의 인권을 침해하므로 보편 윤리에 어긋난다고 본다.

바로 알기
① 갑은 중국의 전족 문화를 중국의 입장에서 이해해야 한다고 본다.
② 갑은 극단적 문화 상대주의로 중국의 전족 문화를 바라보고 있다.
③ 을은 전족 문화가 여성의 인권을 침해하므로 인정해서는 안 된다고 주장하므로 중국의 전족 문화를 그 사회의 맥락이 아니라 보편 윤리의 관점에서 성찰하고 있다.
⑤ 극단적 문화 상대주의와 보편 윤리의 관점 모두 문화에는 우열이 존재하지 않는다고 본다.

405

정답 체크
일본의 가미가제 특공대의 자살 의식에 대해 갑은 문화 사대주의, 을은 극단적 문화 상대주의, 병은 보편 윤리의 관점에서 보고 있다. ③ 병은 생명의 존엄성을 침해하는 행위로서 문화 상대주의로 이해하는 것은 잘못이라고 본다.

바로 알기
① 문화 제국주의로 변질될 가능성이 높은 것은 자문화 중심주의이다.
② 문화 상대주의는 모든 문화를 있는 그대로 존중하는 태도이므로 문화를 문명과 야만으로 나누어 이해하고 있지 않다.
④ 문화 사대주의는 남의 문화를 우수하다고 생각하지만 자신의 문

화는 열등한 것으로 생각하므로 문화의 다양성 보존을 방해한다.
⑤ 보편 윤리는 특정 문화를 기준으로 문화의 우열을 판단하지는 않는다.

406

[정답 체크]

① 능력이나 실력이 아니라 임직원의 자녀라는 이유로 채용한 것이므로 연고주의의 모습이 나타나며 이것은 사회 정의라는 보편 윤리에 어긋난다.

407

[정답 체크]

ㄴ, ㄹ. 우리나라의 위계적인 조직 문화는 지시와 복종으로만 이어진다는 측면에서 인간의 존엄성을 침해하고, 인권적인 측면에서 개선되어야 할 문화이다.

408

[정답 체크]

④ 보편 윤리는 시대와 장소를 초월하여 모든 인간에게 타당하다고 여겨지는 윤리 규범으로서 인간 존엄성, 자유, 평등의 가치를 중시한다.

 **STEP 3 기출 예상 서답형 문제** 108쪽

409

| 핵심 키워드 | 자문화 중심주의, 문화적 갈등, 문화 제국주의

(1) 자문화 중심주의

(2) **[예시 답안]** 자문화 중심주의는 자기 문화만 우월하고 다른 문화는 열등하다고 보기 때문에 다른 사회와의 문화적 갈등을 초래할 수도 있고, 다른 사회에 자신의 문화를 강요하는 문화 제국주의로 변질될 수도 있다.

★ 채점 기준 ★

상	자문화 중심주의의 문제점을 문화적 갈등, 문화 제국주의로 모두 정확하게 서술한 경우
중	자문화 중심주의의 문제점을 일반적으로 서술한 경우
하	자문화 중심주의의 문제점을 미흡하게 서술한 경우

410

| 핵심 키워드 | 문화 사대주의, 문화 상대주의

[예시 답안] 갑은 문화 사대주의, 을은 문화 상대주의의 입장을 취하고 있다. 문화 상대주의는 다른 사회의 문화를 그 사회의 환경과 역사적 맥락 속에서 이해하려고 하므로 문화적 차이에 따른 갈등을 예방하고 문화의 다양성을 유지할 수 있다.

★ 채점 기준 ★

상	갑의 태도는 문화 사대주의, 을의 태도는 문화 상대주의라고 쓰고, 문화 상대주의 태도가 바람직한 이유를 갈등 예방, 문화의 다양성 유지로 정확하게 서술한 경우
중	갑의 태도는 문화 사대주의, 을의 태도는 문화 상대주의를 쓰고, 문화 상대주의라고 태도가 바람직한 이유를 갈등 예방과 문화의 다양성 유지 중 한 가지만 정확하게 서술한 경우
하	갑의 태도는 문화 사대주의, 을의 태도는 문화 상대주의의 태도가 바람직한 이유를 미흡하게 서술한 경우

411

| 핵심 키워드 | 극단적 문화 상대주의, 보편 윤리

(1) 극단적 문화 상대주의

(2) **[예시 답안]** 극단적 문화 상대주의의 태도로 문화를 이해하려고 하면 그 문화가 지닌 윤리적 문제를 간과하거나 대수롭지 않게 여길 수 있다. 이에 다른 사회의 문화를 바라볼 때는 개별 문화의 특수성과 더불어 시대와 지역을 초월하여 모든 사람이 존중하고 따라야 할 도덕 원리가 필요한데, 그 기준이 바로 보편 윤리이다. 따라서 어떠한 문화를 제대로 이해하고 성찰하기 위해서는 보편 윤리 차원에서 살펴보는 자세가 필요하다.

★ 채점 기준 ★

상	극단적 문화 상대주의의 문제점과 보편 윤리의 필요성을 논리적으로 모두 서술한 경우
중	극단적 문화 상대주의의 문제점과 보편 윤리의 필요성을 일반적으로 서술한 경우
하	극단적 문화 상대주의의 문제점과 보편 윤리의 필요성을 미흡하게 서술한 경우

412

| 핵심 키워드 | 보편 윤리

[예시 답안] 보편 윤리는 생명 존중, 인간의 존엄성, 자유, 평등과 같이 인류가 보편적으로 공유하고 추구하는 도덕이나 가치이다. 소싸움은 싸우지 않는 온순한 소를 일부러 싸우게 하고, 대회 출전을 대비해 보양식을 먹이거나 훈련을 시켜 싸움소로 육성하는 행위는 동물 학대에 해당하므로 소싸움 축제는 보편 윤리의 관점에서 바람직하지 않다.

★ 채점 기준 ★

상	소싸움 축제의 문제점을 보편 윤리의 관점에서 논리적으로 정확하게 서술한 경우
중	소싸움 축제의 문제점을 보편 윤리의 관점에서 일반적으로 서술한 경우
하	소싸움 축제의 문제점을 미흡하게 서술한 경우

413 ④	414 ⑤	415 ②	416 ⑤

413

정답 체크

A 부족의 일처다부제에 대해 갑은 자문화 중심주의, 을은 문화 상대주의의 입장이다. ④ 문화 상대주의는 그 사회의 문화를 역사적 맥락이나 환경에 따라 이해하므로 타 문화와의 갈등을 줄이고 문화의 다양성 확보에 유리하다.

바로 알기

① 자문화 정체성을 상실할 우려가 있다는 비판을 받는 것은 문화 사대주의이다.
② 국수주의로 변질될 수 있다는 비판을 받는 것은 자문화 중심주의이다.
③ 각 사회의 문화가 동등한 가치를 지닌다는 것은 알 수 없다.
⑤ 자문화 중심주의는 자신의 문화를 기준으로 타 문화를 평가하지만, 문화 상대주의는 모든 문화는 그 나름대로의 가치가 있으므로 특정 사회의 문화를 기준으로 타 문화를 평가할 수 없다고 본다.

414

| 문제 분석 |

A~C에 대한 설명으로 옳은 것은? (단, A~C는 각각 문화 사대주의, 문화 상대주의, 자문화 중심주의 중 하나임.)

구분	다른 두 가지 태도와 구분되는 특징
문화 사대주의 A	자기 문화의 정체성을 상실할 우려가 높다.
문화 상대주의 B	문화를 평가가 아닌 이해의 대상으로 본다.
C 자문화 중심주의	(가)

정답 체크

A는 문화 사대주의, B는 문화 상대주의, C는 자문화 중심주의이다. ⑤ 자문화 중심주의는 자기 문화만을 우수한 것으로 여기고 타 문화에 대해 배타적인 태도를 취한다.

바로 알기

① 국수주의는 자신의 문화, 전통 등을 매우 중요하게 생각하며 다른 문화를 배척하는 태도로, 이는 자문화 중심주의에서 초래된다.
② 문화 제국주의를 정당화한다는 비판을 받는 것은 자문화 중심주의이다.
③ 자문화 중심주의는 타 문화를 그 사회 내부자가 아니라 외부인의 관점에서 평가하고자 한다.
④ 문화 간 우열이 존재한다고 보는 것은 문화 사대주의와 자문화 중심주의이다. 문화 상대주의는 문화 간 우열이 존재하지 않는다고 본다.

415

정답 체크

A는 보편 윤리이다. ② 각 문화가 가진 고유한 가치를 무조건 존중하게 되면 보편적인 가치에 어긋나는 문화도 존중할 만한 가치가 있다고 주장할 수 있으므로 옳지 않은 설명이다.

바로 알기

① 다른 문화뿐만 아니라 자문화도 보편 윤리 차원에서 성찰하고 평가해야 자문화의 문제점을 개선할 수 있다.
③ 보편 윤리를 바탕으로 문화를 바라보면 인간의 기본적인 권리를 존중할 수 있으므로 타 문화를 볼 때 인권 감수성으로 접근할 수 있다.
④ 보편 윤리의 관점으로 문화를 바라보면 보편적인 가치에 부합하는 바람직한 문화와 보편적인 가치에 어긋나 바람직하지 않은 문화를 구분할 수 있다.
⑤ 보편 윤리의 관점에서 문화를 성찰할 경우 기존의 문화를 발전시키고 윤리적인 문화를 창조할 수 있다.

416

| 문제 분석 |

다음 사례에 나타난 문화를 보편 윤리의 관점에서 평가한 내용으로 가장 적절한 것은?

무르시족은 여성의 아랫입술에 금속이나 진흙으로 만든 둥근 판을 끼워 넣는 전통을 지키고 있다. 이는 남편에 대한 절대 복종의 의미를 담고 있으며, 접시의 크기가 클수록 미인으로 여겨져 큰 접시를 끼우기 위해 치아를 뽑기도 한다.
양성평등에 어긋남.
여성의 신체를 훼손하여 인간의 존엄성 침해함.

정답 체크

⑤ 남편에 대한 절대 복종을 표현하기 위해 여성의 입술에 판을 끼워 넣는 전통은 여성의 신체를 훼손하는 행위로서 인권 존중의 보편 윤리에 위배되기 때문에 바람직하지 않다.

바로 알기

① 무르시족의 전통은 오랫동안 내려져 온 관습이므로 역사적 배경을 갖고 있다.
② 무르시족의 경우 여성의 아름다움을 위해 접시를 끼운 것이지만 여성의 인권을 침해했기 때문에 보편 윤리의 관점에서 바람직하지 않다.
③ 무르시족의 관습이 다른 사회의 문화를 배제했다는 내용은 제시문에서 찾아볼 수 없다.
④ 무르시족의 관습이 자신의 문화만을 우수하다고 믿기 때문이 아니라 보편 윤리에 어긋나기 때문에 바람직하지 않다.

11 다문화 사회와 문화 다양성

STEP 1 개념 확인 문제
113쪽

417 다문화 사회　　**418** 노동력　**419** 갈등
420 다문화주의　　**421** 동화주의
422 ○　　**423** ×　　**424** ×　　**425** ○
426 ○　　**427** ×

STEP 2 예상 적중 기출 문제
113~117쪽

428 ⑤	**429** ③	**430** ⑤	**431** ④	**432** ②	**433** ②
434 ⑤	**435** ①	**436** ⑤	**437** ③	**438** ④	**439** ④
440 ①	**441** ②	**442** ⑤	**443** ③	**444** ⑤	**445** ⑤
446 ②					

428

정답 체크

⑤ 그래프를 통해 국내 거주 외국인 주민 수가 늘어나고 있으므로 우리나라는 다문화 사회에 접어들고 있음을 알 수 있다. 다문화 사회에서는 다양한 민족이 공존하므로 문화적 이질성이 높아질 수 있다.

바로 알기

① 외국인 근로자가 일손이 부족한 공장이나 농촌에 필요한 노동력을 제공하여 노동력 부족 문제에 도움을 줄 수 있다.
② 다문화 사회로 변화하면 다른 나라의 문화를 쉽게 경험할 수 있고, 일상생활에서 선택의 폭도 넓어진다.
③ 서로 다른 문화적 배경을 가진 사람들이 함께 살아가는 사회에서는 구성원 간에 생활 방식, 관습 등 문화적 차이를 이해하지 못하거나 의사소통의 어려움으로 오해나 갈등이 생길 수 있다.
④ 외국인 노동자 수의 증가로 일자리 경쟁이 심화되어 우리나라 근로자와 갈등을 빚을 수 있다.

개념 정리　우리나라의 다문화 사회 현황

　2022년 현재 우리나라에 거주하는 외국인 주민 수는 총인구의 4.4%를 차지한다. 외국인 근로자의 비중이 가장 높고, 외국 국적 동포, 유학생, 결혼 이민자 등으로 구성되어 있다.

429

정답 체크

③ A 사회는 다문화 사회이다. 다문화 사회에서는 다양한 문화가 공존하면서 문화적 편견으로 인한 갈등이 증가할 수 있다.

바로 알기

① 다양한 문화가 들어와 한 사회 내에 서로 다른 문화가 공존하면 다른 나라의 문화를 쉽게 경험할 수 있는 계기가 되고, 일상생활에서 선택의 폭도 넓어진다.
② 외국인 근로자들이 인력이 부족한 곳에 노동력을 제공하여 노동력 부족 문제를 해결할 수 있다.
④ 다양한 문화 간의 교류와 접촉은 새로운 문화를 탄생시켜 그 사회의 문화를 더욱 풍부하게 만드는 요인이 된다.
⑤ 다양한 정체성을 지닌 사람들의 상호 작용은 사회 발전의 밑바탕이 될 수 있다.

개념 정리　다문화 수용성 관련 지표 국제 비교

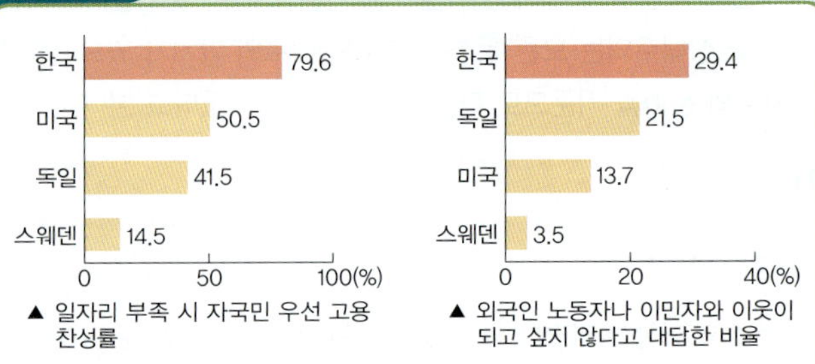

　다문화 수용성은 다문화 사회로의 변화를 긍정적으로 받아들이고 다양한 민족과 인종의 공존이라는 사회적 가치를 받아들이는 태도를 말한다.
　다문화 수용성 관련 지표 국제 비교에서는 우리나라가 다른 선진국보다 일자리 부족 시 자국민 우선 고용 찬성률과 외국인 노동자나 이민자와 이웃이 되고 싶지 않다고 대답한 비율 모두 높게 나타났다. 외국인 주민에 대한 차별적 태도는 사회 통합에 부정적인 요인으로 작용하며, 더 나아가 집단 간 갈등을 유발하는 주요 원인이 된다.

430

정답 체크

⑤ 일자리 부족 시 자국민을 우선 고용하겠다는 비율은 한국이 가장 높다. 또한 외국인 노동자나 이민자를 이웃으로 생각하지 않는다는 응답 비율도 한국이 가장 높다. 이를 통해 한국은 다른 나라에 비해 외국인 노동자나 이민자에 대한 배타성이 강함을 알 수 있다.

바로 알기

① 제시된 자료에서는 한국의 자국민 실업 사태를 알 수 없다.
② 제시된 자료에서는 외국인 노동자나 이민자의 수가 나와 있지 않

으로 스웨덴이 한국에 비해 외국인 노동자나 이민자가 많은 편인
지는 알 수 없다.
③ 제시된 자료에서 한국과 미국의 총인구가 나와 있지 않으므로 자
국민 우선 고용에 찬성하는 사람의 수가 한국이 미국보다 많은지는
알 수 없다.
④ 외국인 노동자나 이민자를 이웃으로 생각하지 않은 사람의 비율
이 독일보다 한국이 많다는 것이 외국인 노동자나 이민자가 이웃인
사람이 독일이 한국보다 많다는 의미는 아니다.

431

정답 체크

④ 외국인 주민 수와 주민 비중이 증가하고 있음을 통해 우
리 사회가 다문화 사회로 되어감을 알 수 있다. 다문화 사
회에서는 문화 간 차이로 인한 갈등이나 편견, 차별 등이
나타날 수 있다.

432

정답 체크

② 우리나라가 다문화 사회로 접어들었다는 것은 우리나라
에 거주하는 외국인이 늘었다는 뜻이다. 일자리를 찾아 해
외로 나가는 사람들이 많아지는 것은 우리나라의 다문화
사회가 되어감의 근거가 될 수 없다.

바로 알기

① 전체 혼인 건수에서 국제결혼의 비중이 높아졌다는 사실을 통해
국제결혼에 따른 외국인 주민 수가 늘어났음을 알 수 있다.
③ 국내 기업에서 다양한 국적의 직원들을 채용에 따른 외국인 주민
수가 늘어났음을 알 수 있다.
④ 국내 대학에서 외국인 유학생의 비율이 늘어나고 있는 것은 외국
인 주민 중에서 유학생이 많아지고 있다는 것이다.
⑤ 외국의 전통 음식을 판매하는 음식점이 생겨나고 있는 것은 국내
에 외국인이 많아졌기 때문이다.

433

정답 체크

ㄱ, ㄹ. 외국인 유학생과 국제결혼 이민자의 현황을 확인
함으로써 우리나라의 다문화 현황이 어떠한지 확인할 수
있다.

바로 알기

ㄴ. 해외 진출 한국 기업의 매출 현황이 다문화 사회의 지표는 될 수
없다.
ㄷ. 우리나라 국민 1인당 해외 출입 횟수는 여행 문화나 국제 수지를
알아볼 때 필요하므로 우리나라가 다문화 사회로 접어들었음을 나타
내는 지표로 보기는 어렵다.

434

정답 체크

⑤ 안산에서 열리는 태국 전통 축제를 통해 태국의 문화를
접할 수 있다. 인천의 차이나타운은 중국인들이 집단으로
거주하고 있는 지역으로, 중국의 문화를 엿볼 수 있다. 이러
한 현상은 사람들에게 문화의 선택 폭을 넓히고 다른 문화
에 대한 이해와 관용의 자세를 배우는 계기가 된다. 하지만
우리 민족 문화에 대한 자부심이 강해진다는 것을 추론하기
는 어렵다.

435

정답 체크

ㄱ, ㄴ. 여러 나라의 다양한 문화를 체험하며 다른 문화를
이해하는 계기가 되어 문화 다양성을 존중하는 태도를 배
울 수 있다.

바로 알기

ㄷ. 다양한 문화가 공존하면 문화의 이질성이 늘어날 수도 있다.
ㄹ. 다문화 사회에서는 서로 다른 문화가 함께 공존하면서 조화를 이
루는 것이므로 하나의 문화로 통합되는 것은 아니다.

436

정답 체크

⑤ 외국인 주민 중에서 외국인 근로자가 가장 많은 비중을
차지하고 있다. 이를 통해 노동 현장에서 외국인 근로자와
의 갈등이 나타날 가능성을 추론할 수 있다.

바로 알기

① 문화의 획일성을 약화시킬 것이다.
② 외국인 주민 유형별 비중에서 결혼 이민자의 비율이 10%인 것으
로 볼 때 국제결혼 가정을 찾아보기 어렵다는 것은 옳지 않다.
③ 우리 사회가 다양한 국적을 가진 사람들로 구성되므로 단일 민족
의식 고취보다는 다양한 민족 간의 화합이 정책의 초점이 될 것이다.
④ 제시된 자료에서 난민은 찾아볼 수 없다.

437

정답 체크

③ 한국에 거주하는 이주민들은 흉악 범인과 비슷한 말투
를 쓴다든지 출신 지역이 같다는 이유로 경계의 대상이 된
다는 점에서 이주민에 대한 편견이 작용하고 있음을 알 수
있다.

438

정답 체크

④ 국제결혼 이주민 여성들이 시댁과 종교 및 음식 문화 등

에서 차이를 둘러싸고 갈등을 겪고 있다. 이러한 갈등을 극복하기 위해서는 상대방 문화를 이해하는 자세가 필요하다. 이주민의 문화를 체험하는 프로그램을 실시한다면 문화 차이에 대한 갈등을 어느 정도 해소하는 데 도움이 될 수 있다.

바로 알기

① 제시된 상황에서는 한국인 가족들이 이주민의 문화를 이해하지 못해서 생긴 갈등이므로 한국인 가족들이 이주민의 문화를 이해할 수 있도록 해야 한다.
② 이주민의 한국 입국 자격을 까다롭게 하는 것이 이주민 여성들이 겪는 갈등을 해결하는 것과는 관련이 적다.
③ 이주민에게 한국 문화를 체계적으로 교육한다는 것은 이주민에게 고유의 문화를 버리고 한국 문화를 따르라는 요구이므로 적절하지 않다.
⑤ 제시된 상황에서 이주민이 겪는 갈등은 한국 문화에 대한 편견 때문이 아니라 한국인 가족들이 이주민 문화를 이해하지 못하는 것이다.

개념 정리 다문화 사회에서 나타나는 갈등

다문화 사회에서는 다양한 문화를 가진 사람들이 함께 살아가기 때문에 문화적 차이로 인한 갈등이나 새로운 문제가 발생하기도 한다.

먼저, 문화적 차이에 관한 이해가 부족하여 갈등이 발생할 수 있다. 서로 다른 언어와 가치관, 생활양식 등에 관한 지식이 부족하여 서로에 대해 이해하지 못하면서 갈등이 나타나기도 한다. 이러한 갈등이 심화하면 서로 다른 문화 간의 충돌로 이어질 수 있다.

또한, 외국인에 관한 사회적 편견과 차별로 인해 갈등이 발생할 수 있다. 피부색이나 언어, 국적이 다르다는 이유에서 비롯한 편견이 차별로 이어지는 경우, 사회적 대립과 갈등으로 확대될 수 있다.

439

정답 체크

제시된 자료를 보면 모두 한국의 문화를 우수한 것으로 여기도록 하고, 한국의 문화에 동화하도록 하는 내용으로 되어 있다. 이주민 문화가 우리의 사회 발전에 도움이 된다는 점을 인정하지 않으며, 이주민 문화에 대한 배려가 부족함을 알 수 있다.

440

정답 체크

① 이주민 강사가 학교에 와서 자국의 문화를 소개하고, 이주민 자녀들이 한국어와 본국의 언어를 말하는 등의 활동을 통해 학생들은 이 세상에는 다양한 문화가 존재하며 각각의 문화는 나름대로 가치가 있으므로 존중해야 한다는 태도를 함양할 수 있다.

바로 알기

② 이주민 강사가 학교에 와서 학업을 지도하는 것은 아니므로 다문화 가정 자녀의 학업 능력 향상과는 관련이 적다.
③ 자료에 나타난 활동은 우리 한국인이 다문화 가정에 대해 좀 더 이해하는 계기가 되는 것이지 다문화 가정 자녀의 한국 생활 적응을 촉진하는 것과는 거리가 멀다.
④ 자료에서 다문화 가정 자녀로 하여금 한민족 정체성을 강화시키는 내용을 찾아볼 수는 없다.
⑤ 자료에서 여러 문화의 공통점을 모아 새로운 문화를 창조한다는 내용은 찾아볼 수 없다.

441

정답 체크

ㄱ. 다문화 사회에서 나타나는 갈등을 해결하기 위해서는 개인이 문화 상대주의적인 태도를 가지고 서로 소통하면서 다른 나라의 문화를 그 사회의 맥락에서 이해하려는 노력이 필요하다.
ㄷ. 다문화 사회에서 나타나는 갈등을 해결하기 위해 다른 문화에 대한 편견이나 고정 관념을 버리고 관용의 자세를 지녀야 한다.

바로 알기

ㄴ. 다른 문화를 이해하려고 하지 않고 우리 문화의 우수성만을 강조한다면 이주민과의 갈등을 초래할 수 있다.
ㄹ. 서로 다른 문화의 이해를 위한 다문화 교육을 강화하는 것은 사회적 차원의 노력이다.

개념 정리 다문화 사회에서 갈등 해결을 위한 개인적 차원의 노력

다문화 사회에서 나타날 수 있는 갈등을 해결하기 위해서는 문화 다양성을 존중하는 태도가 필요하다. 문화에는 각 사회의 고유한 자연환경과 인문환경이 반영되어 있으므로 다른 문화적 배경을 가진 사람들을 낯설게 느끼거나 그들과의 차이를 인식하는 것은 자연스러운 현상이다. 상대방의 입장에서 문화를 이해하고 문화 정체성을 존중하려고 노력해야 다양한 문화가 조화롭게 공존할 수 있다.

또한 편견과 차별적인 태도를 지양해야 한다. 특정 피부색, 출신 국가, 종교 등에 대한 편견과 차별은 인권을 침해하는 문제를 초래할 수 있다. 이와 같은 문제가 지속될 경우 이주민이 우리 사회에 적응하기 어려워지며, 다양한 권리를 행사하는 데 걸림돌이 될 수 있다. 따라서 나와 다른 문화적 배경을 가진 사람들을 동등한 사회 구성원으로 인정하는 자세를 함양하고, 이를 실천해야 한다.

442

정답 체크

⑤ 다문화 가족 지원법은 이주민이 우리 사회에 정착할 수

있도록 이주민을 지원하는 정책이다. 다문화 가족의 요건 취득 절차는 다문화 가족 지원과는 거리가 있는 내용이므로 이 법에 규정되어 있다고 보기 어렵다.

바로 알기

① 국가와 지방 자치 단체는 다문화 가족에 대한 사회적 차별 및 편견을 예방하고 사회 구성원이 문화적 다양성을 인정하고 존중할 수 있도록 다문화 이해 교육을 실시한다.

② 국가와 지방 자치 단체는 결혼 이민자 등에게 사회 적응 교육과 직업 교육·훈련 및 언어 소통 능력 향상을 위한 한국어 교육 등을 받을 수 있도록 한다.

③ 국가와 지방 자치 단체는 다문화 가족 구성원인 아동·청소년이 학교생활에 신속히 적응할 수 있도록 교육 지원 대책을 마련한다.

④ 국가와 지방 자치 단체는 결혼 이민자 등이 건강하게 생활할 수 있도록 영양·건강에 대한 교육, 산전·산후 도우미 파견, 건강 검진 등의 의료 서비스를 지원한다.

443

정답 체크

이주민 정책과 관련하여 갑은 동화주의, 을은 다문화주의를 주장하고 있다. ㄴ. 다문화주의는 이주민의 문화를 주류 문화와 동등하게 보존하는 것을 강조하므로 다양한 문화의 이질성 보존을 지향한다. ㄷ. 동화주의(갑)는 다양성을 실현하기 어렵고 다문화주의(을)은 이주민의 문화도 보존해야 한다고 주장하므로 문화 다양성 실현에 유리하다.

바로 알기

ㄱ. 동화주의(갑)은 주류 문화에 비주류 문화가 포함되도록 하므로 주류 문화와 비주류 문화를 동등하게 인정하지 않는다.

ㄹ. 다문화주의(을)는 비주류 문화도 주류 문화와 동등하게 인정하므로 비주류 문화의 보존을 강조하지만 동화주의(갑)는 비주류 문화가 주류 문화에 동화되어야 함을 주장하므로 비주류 문화의 보존을 강조하지 않는다.

개념 정리 | **다문화 사회에서의 이민자 정책**

다문화 정책의 바탕이 되는 이론에는 대표적으로 동화주의와 다문화주의가 있다. 동화주의는 문화적 동질화를 추구하며 소수 집단의 동화를 통한 사회 통합을 목표로 한다. 다양한 문화권의 이주민들을 기존의 주류 사회에 동화 또는 융합하고자 하며, 용광로(Melting pot) 정책으로 나타난다.

다문화주의는 문화적 이질성을 존중하며 소수 집단의 고유성을 인정하고 다양한 문화의 공존을 추구한다. 한 사회 내에서 다양한 집단의 독특한 정체성을 유지·보존하고자 하며, 샐러드 볼(Salad bowl) 정책으로 나타난다.

444

정답 체크

⑤ A는 동화주의, B는 다문화주의이다. 동화주의는 문화적 동질화를 추구하며 소수 집단의 동화를 통한 사회 통합을 목표로 한다. 즉, 다양한 문화권의 이주민들을 기존의 주류 사회에 동화 또는 융합하고자 한다. 다문화주의는 문화적 이질성을 존중하며 소수 집단의 고유성을 인정하고 다양한 문화의 공존을 추구한다.

445

정답 체크

⑤ 제시문에서는 다른 문화적 배경을 가진 사람들과 함께 어울리는 사회를 만드는 것이므로 이주민 문화를 존중해야 한다. 한국 문화를 의무적으로 배우도록 하는 것은 이주민의 문화를 존중하지 않는 것이므로 바람직하지 않다.

446

정답 체크

② 싱가포르는 언어, 공휴일 등에서 민족 간 차별을 두지 않았다. 이를 통해 이주민과 내국인 간의 모든 차별을 없애고자함을 확인할 수 있다.

바로 알기

① 싱가포르는 단일 문화가 아니라 다양한 문화가 함께 공존하는 정책을 통하여 사회 통합을 이루고자 한다.

③ 싱가포르가 특별히 사회적 소수자에 대한 우대 조치를 마련한다는 내용은 제시문에서 찾아볼 수 없다.

④ 싱가포르는 다양한 문화가 공존하도록 정책을 추진하고 있는 것이지 소수 문화가 다수 문화에 동화되도록 유도하지 않는다.

⑤ 제시문에서 싱가포르가 민족주의를 고취하여 문화의 주체성을 강화한다는 내용은 찾아볼 수 없다.

STEP 3 | **기출 예상 서답형 문제** 118쪽

447

| **핵심 키워드** | 다문화 사회, 문화 공존, 문화 발전

(1) 다문화 사회

(2) **예시 답안** 다문화 사회는 다양한 문화가 공존하기 때문에 문화적 경험을 할 수 있는 선택의 폭이 넓어져 일상생활이 풍요로워진다. 이러한 경험은 다른 문화에 대한 이해를 높여 주며, 문화 간 상호 작용을 통해 제3의 문화를 형성하여 문화 발전의 계기가 된다.

448

| 핵심 키워드 | 문화 갈등, 개인적 차원의 해결 방안

(1) **예시 답안** 한국인 시어머니는 에스파냐의 낮잠 문화를 알지 못했기 때문에 며느리 A 씨가 점심을 먹은 후 낮잠을 잔 것에 대해 게으르다고 오해를 했다.

(2) **예시 답안** 시어머니는 며느리와의 대화를 통해 상대방 문화를 이해하고 문화 상대주의적 관점에서 문화 간 차이를 자연스러운 것으로 인정해야 한다.

449

| 핵심 키워드 | 외국인 근로자, 노동 환경 개선

(1) 외국인 근로자의 고용 등에 관한 법률

(2) **예시 답안** 외국인 근로자를 보호하기 위한 법률이 마련되어 있지만 외국인 근로자들은 여전히 노동 환경이 열악하다고 주장한다. 이것은 관련 법률이 미흡하기 때문이다. 따라서 외국인 근로자의 의견을 적극적으로 수렴하여 미흡한 규정을 보완하여 이들이 사회적으로 차별받지 않고 안정적인 생활을 할 수 있도록 도와주어야 한다.

450

| 핵심 키워드 | 동화주의, 다문화주의

(1) (가) 동화주의 (나) 다문화주의

(2) **예시 답안** 동화주의는 이민자가 출신 국가의 문화적 특성을 완전히 포기하고 주류 사회의 일원이 되는 것을 목표로 하지만, 다문화주의는 이민자가 자신의 문화를 유지하면서 사회 구성원으로 살아갈 수 있게 소수자 집단의 문화 고유성을 인정하고 다양한 문화의 공존을 추구하는 정책이다. 따라서 다문화주의는 문화적 이질성을 존중하며 소수 집단의 고유성을 인정하고 다양한 문화의 공존을 추구한다.

| **451** ③ | **452** ① | **453** ⑤ | **454** ⑤ |

451

정답 체크

자료는 낯선 문화에 대한 이해 부족에서 나타난 갈등 상황을 보여 주고 있다. ㄴ. 다문화 사회의 갈등을 해결하기 위해서는 외국인에 대한 편견이나 차별적인 태도를 지양해야 한다. ㄷ. 상대방의 입장에서 문화를 이해하고 문화 정체성을 존중하려고 노력해야 다양한 문화가 조화롭게 공존할 수 있다.

바로 알기

ㄱ. 다문화 교육을 활성화하는 것은 국가나 지방 자치 단체가 해야 하는 사회적 차원의 노력이다.

ㄹ. 자신의 입장에서 상대방의 문화를 평가하면 갈등이 심화될 수 있으므로, 상대방이 입장에서 그 사회의 문화를 이해하려고 노력해야 한다.

452

정답 체크

① 국제결혼 이주민이 늘어나면서 이들의 경제적 빈곤과 심리적 위축감 등이 사회 문제가 되고 있다. 이들의 적응을 돕기 위해 언어 교육, 취업 알선, 문화 교류 등이 필요하며, 국제결혼 부부의 출산율 증대 사업은 문제 해결 방안과 거리가 멀다.

453

특정 피부색, 출신 국가, 종교 등에 대한 편견과 차별은 인권은 초래하는 문제를 초개할 수 있다. 따라서 나와 다른 문화적 배경을 가진 사람들을 동등한 사회 구성원으로 인정하는 자세를 함양하고, 이를 실천해야 한다.

① 이주민이나 다른 문화에 대해 편견을 가져서는 안 된다.

② 다름에서 오는 차이를 인정해야 한다.

③ 상대방의 입장에서 그 문화를 이해해야 한다.

④ 하나의 문화만 있는 사회가 좋다고 생각하면 다른 문화를 인정하지 않게 된다.

454

| 문제 분석 |

(가)의 입장에 비해 (나)의 입장이 갖는 상대적 특징을 그림의 ㉠ ~㉤ 중에서 고른 것은?

(가) 다양한 문화를 융합하여 하나의 정체성을 갖는 국가를 만들고자 한다. → 동화주의

(나) 다양한 문화를 최대한 보장함으로써 서로 다른 문화가 각각의 정체성을 유지하면서 조화를 이루는 국가를 만들고자 한다. → 다문화주의

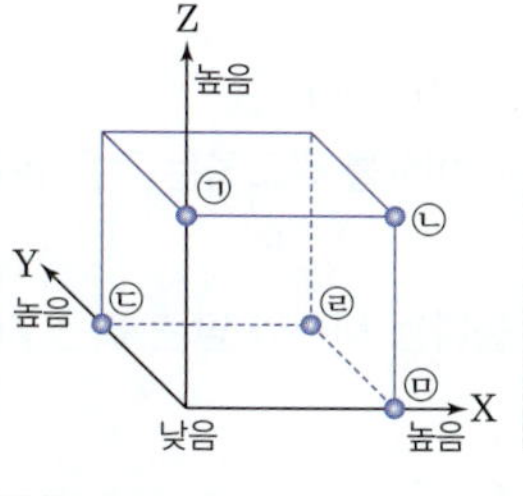

⑤ (가)는 동화주의, (나)는 다문화주의이다. 다문화주의는 소수 문화의 정체성을 인정하는 정도가 높지만 주류 문화로의 통합이나 문화 간 우열을 인정하는 정도는 낮다.

 마무리 문제

120~122쪽

455 ③	456 ④	457 ②	458 ⑤
459 ②	460 ④	461 ①	462 ④
463 ①	464 ②	465 ①	466 ③

455

③ A는 크리스트교, B는 이슬람교, C는 힌두교, D는 불교이다. 크리스트교는 성당이나 교회에서 예배를 드린다.

① 이스탄불의 모스크와 첨탑으로서 이슬람교(B)의 경관이다.

② 인도의 스리미낙시 사원으로서 힌두교(C)의 경관이다.

④ 우리나라의 사찰로서 불교(D) 경관을 나타낸다.

⑤ 인도네시아의 보로부드루 불교(D) 사원이다.

456

④ B는 이슬람교이다. 이슬람교 신도는 건조 문화권에서 가장 많이 거주하고 있다. 건조 문화권은 강수량이 적어 농작물 재배에 불리하므로 주민들은 전통적으로 염소나 양 등을 기르며 이동하는 유목 생활을 하였다. 주민들은 지하수나 외래 하천을 활용하여 대추야자나 밀 등을 재배하는 오아시스 농업에 종사하기도 한다. 최근에는 과학 기술의 발달로 관개 농업을 하기도 한다.

① 대부분 목축업과 관광 산업에 종사하는 곳은 오세아니아 문화권이다.

② 사냥, 어로, 순록 유목 등을 하며 생활하고 있는 곳은 북극 문화권이다.

③ 부족 단위의 공동체 생활을 하는 지역이 많은 곳은 아프리카 문화권이다.

⑤ 한자 문화를 공유하고 있으며, 벼농사를 주로 하는 곳은 동아시아 문화권이다.

457

② (가)는 유럽 문화권(A), (나)는 아프리카 문화권(C)에 대한 설명이다.

지도에서 B는 건조 문화권, D는 남부 아시아 문화권, E는 오세아니아 문화권, F는 라틴 아메리카 문화권이다.

458

⑤ A국은 요르단이다. 요르단의 화폐에는 후세인 1세 국왕의 초상화가 그려져 있다. 강한 햇빛과 모래바람을 피하기 위해 수건으로 머리와 목을 감싸는 모습을 통해 건조 문화권임을 알 수 있다. 건조 문화권은 물이 적어 유목 생활을

하거나 지하수나 외래 하천을 이용하여 대추야자나 밀 등을 재배한다.

바로 알기
① 밀을 이용한 빵과 파스타 등을 즐겨 먹는 곳은 유럽 문화권이다.
② 주로 벼농사가 이루어져 쌀을 주식으로 하는 곳은 아시아 문화권이다.
③ 풍부한 침엽수를 이용하여 통나무집을 짓는 곳은 북극 문화권이다.
④ 대규모로 상품 작물을 재배하는 플랜테이션 농업을 하는 곳은 아프리카 문화권이다.

459

정답 체크
(가)는 문화 병존, (나)는 문화 동화, (다)는 문화 융합이다. ㄱ. 우리나라에서 전통 다과와 서양식 다과가 함께 존재하는 것은 문화 병존의 사례이다. ㄹ. 문화 병존과 문화 융합은 기존 문화의 정체성이 유지되지만, 문화 동화는 기존 문화의 정체성이 상실된다.

바로 알기
ㄴ. 서양 음악과 아프리카 음악이 결합하여 재즈 음악이 등장한 것은 새로운 음악이 만들어진 것이므로 문화 융합(다)의 사례이다.
ㄷ. 외래 종교로 인해 토착 종교가 사라지는 것은 외래문화가 상실되는 것이므로 문화 동화(나)의 사례이다.

460

정답 체크
(가)는 발명, (나)는 간접 전파, (다)는 자극 전파이다. ④ 기존에 존재하고 있었지만 알려지지 않았던 것을 찾아내는 것은 발견이다.

바로 알기
① 발명은 기존에 존재하지 않았던 새로운 문화 요소를 만들어 내는 것이다.
② 간접 전파는 인터넷, 신문, 텔레비전 등 매개체를 통한 간접적인 접촉에 의해 문화 요소가 전파되는 현상이다.
③ 발명이나 발견은 외부와의 접촉 없이 내재적 요인에 의해 문화가 변동한 경우이다.
⑤ 간접 전파와 자극 전파는 모두 외부와의 접촉에 의해 문화가 변동한 경우이다.

461

정답 체크
① 설날에 마을 어르신들에게 집단으로 세배드리는 전통은 웃어른에 대한 공경심과 예절을 배우고, 자기 마을의 전통에 대한 자부심을 갖도록 함으로써 사회 통합에 이바지하는 기능을 수행한다.

바로 알기
② 설날에 세배하는 문화가 경제적인 이득을 목적으로 하는 것은 아니다.
③ 설날의 세배 문화는 우리 고유의 전통문화이다.
④ 자료에서 설날의 세배 문화를 세계인에 맞게 보편화시킨 근거를 찾아볼 수 없다.
⑤ 자료에서 전통문화와 외래문화의 공통점을 지향한다는 내용은 찾아볼 수 없다.

462

정답 체크
④ 한식의 백반 문화를 현지인의 입맛에 맞게 변형한 음식을 내놓아 성공을 거두었다. 이를 통해 전통문화에 현지인의 기호를 접목해 부가 가치를 만들 수 있다는 점을 파악할 수 있다.

463

정답 체크
① 영어 등의 외국어가 더 멋있다는 인식은 문화 사대주의의 입장이다. 문화 사대주의는 자문화를 열등시하므로 자문화의 정체성을 상실할 우려가 있다.

바로 알기
② 자기 문화를 기준으로 다른 문화를 평가하는 것은 자문화 중심주의이다.
③ 문화 사대주의는 보편 윤리와는 관련이 적다.
④ 사회적 환경과 맥락을 고려한 문화 이해를 강조하는 것은 문화 상대주의이다.
⑤ 문화 제국주의에 빠질 가능성이 높다는 비판을 받는 것은 자문화 중심주의이다.

464

정답 체크
② (가)에서는 극단적 문화 상대주의를 경계해야 한다고 주장하므로 보편 윤리를 통해 자문화와 타 문화를 성찰해야 한다는 내용이 ㉠에 들어가야 한다.

바로 알기
① 문화에 우열이 있다고 보는 것은 자문화 중심주의와 문화 사대주의이다.
③ 자기 문화보다 우수한 선진국의 문화를 수용하려고 노력하는 것은 문화 사대주의이다.
④ 자신의 문화적 기준을 바탕으로 다른 문화의 내용을 평가하는 것은 자문화 중심주의이다.
⑤ 각 문화는 고유한 가치가 있음을 인식하고 그 문화를 존중하는 것

은 문화 상대주의이다.

465

정답 체크

(가)는 동화주의, (나)는 다문화주의이다. ㄱ. 동화주의는 주류 문화 속에 모든 소수 문화를 편입시키는 것이므로 문화적 동질성을 추구한다. ㄴ. 다문화주의는 각자의 문화를 존중하므로 문화 공존을 중시한다.

바로 알기

ㄷ. 주류 집단과 소수 집단을 분리하는 것은 동화주의(가)에 대한 설명이다.
ㄹ. 문화 상대주의적 태도를 기본으로 하는 것은 다문화주의(나)이므로 동화주의(가)는 해당하지 않는다.

466

정답 체크

③ 호주에서 실시하는 다문화 축제는 다양한 민족의 고유 문화를 소개하고 체험하도록 함으로써 다양한 민족 간 화합을 도모하는 것이 목적이다.

대단원 마무리 서답형 문제

123쪽

467

| 핵심 키워드 | 오세아니아 문화권, 마오리족

(1) 오세아니아 문화권

(2) **예시 답안** 오세아니아 문화권은 오스트레일리아, 뉴질랜드, 태평양 제도를 아우르는 지역이다. 오스트레일리아와 뉴질랜드는 유럽인의 정착으로 백인이 다수를 차지하고 개신교의 비중이 높다. 오스트레일리아와 뉴질랜드는 세계적인 목축업 지역이며, 어업과 관광 산업이 발달하였다.

＊ 채점 기준 ＊

상	오세아니아 문화권의 범위, 역사적 배경, 종교, 산업 등을 모두 언급하여 정확하게 서술한 경우
중	오세아니아 문화권의 범위, 역사적 배경, 종교, 산업 중 세 가지 언급하여 서술한 경우
하	오세아니아 문화권의 범위, 역사적 배경, 종교, 산업 중 두 가지만 언급하여 서술한 경우

468

| 핵심 키워드 | 전통문화의 재창조, 호미

예시 답안 우리의 전통문화인 호미는 모종삽보다 손목에 힘을 많이 주지 않아도 되기 때문에 편하면서 튼튼해 미국과 유럽의 정원사 사이에서 인기가 많다. 우리의 전통문화를 세계인의 기호에 맞게 연구하고 재창조하는 노력을 기울여야 한다.

＊ 채점 기준 ＊

상	호미가 인기 상품이 된 이유, 전통문화의 재창조 등을 모두 논리적으로 서술한 경우
중	호미가 인기 상품이 된 이유, 전통문화의 재창조 등을 일반적으로 서술한 경우
하	호미가 인기 상품이 된 이유, 전통문화의 재창조 등을 미흡하게 서술한 경우

469

| 핵심 키워드 | 보편 윤리, 극단적 상대주의

예시 답안 알라 카추라는 풍습은 여성의 혼인 선택의 자유, 신체의 자유를 침해하기 때문에 보편 윤리의 관점에서 허용할 수 없다. 이러한 인권 침해적인 풍습을 극단적 문화 상대주의로 이해하려는 것은 경계해야 한다.

＊ 채점 기준 ＊

상	보편 윤리의 관점에서 알라 카추를 논리적으로 비판하여 서술한 경우
중	보편 윤리의 관점에서 알라 카추를 일반적으로 비판하여 서술한 경우
하	보편 윤리의 관점에서 알라 카추를 미흡하게 비판하여 서술한 경우

470

| 핵심 키워드 | 문화 다양성 존중, 개인적 노력

예시 답안 문화 다양성을 존중하기 위해서는 개방적인 자세를 바탕으로 서로 소통하면서 다른 나라의 문화를 그 사회의 맥락에서 이해하려는 문화 상대주의적 태도가 필요하다. 이를 통해 나와 다른 민족, 나와 다른 인종이 아니라 나와 함께 더불어 살아가는 이웃으로서 대할 수 있다.

＊ 채점 기준 ＊

상	개방적 자세, 문화 상대주의적 태도 등을 포함하여 논리적으로 서술한 경우
중	개방적 자세, 문화 상대주의적 태도 중 어느 하나만을 포함하여 서술한 경우
하	문화 다양성 존중을 위한 개인적 노력을 미흡하게 서술한 경우

V. 생활공간과 사회

12 산업화와 도시화에 따른 변화

STEP 1 개념 확인 문제 127쪽

471 산업화	**472** 도시화	**473** 교외화	**474** 다양성
475 도시성	**476** 인간 소외 현상		**477** ○
478 ×	**479** ○	**480** ×	**481** ○
482 ○	**483** ×		

STEP 2 예상 적중 기출 문제 127~131쪽

484 ②	**485** ③	**486** ②	**487** ③	**488** ④	**489** ④
490 ④	**491** ⑤	**492** ③	**493** ①	**494** ⑤	**495** ②
496 ②	**497** ①	**498** ④	**499** ①	**500** ②	**501** ①

484

정답 체크

ㄱ. ㉠은 산업화, ㉡은 도시화이다.
ㄹ. 산업화로 인해 이촌 향도 현상이 발생하면서 도시화가 급격하게 진행되었다.

바로 알기

ㄴ. 우리나라의 산업화는 1960년대에 시작되었다.
ㄷ. 도시화가 진행되면 토지 이용의 집약도가 높아진다.

485

정답 체크

(가)는 농림어업, (나)는 사회 간접 자본 및 서비스업이다.
③ 우리나라는 1960년대에 산업화가 시작되면서 1차 산업인 농림어업의 취업자 수 비율은 낮아진 반면, 3차 산업인 사회 간접 자본 및 서비스업의 취업자 수 비율은 높아졌다.

자료 분석 우리나라의 산업 구조 변화

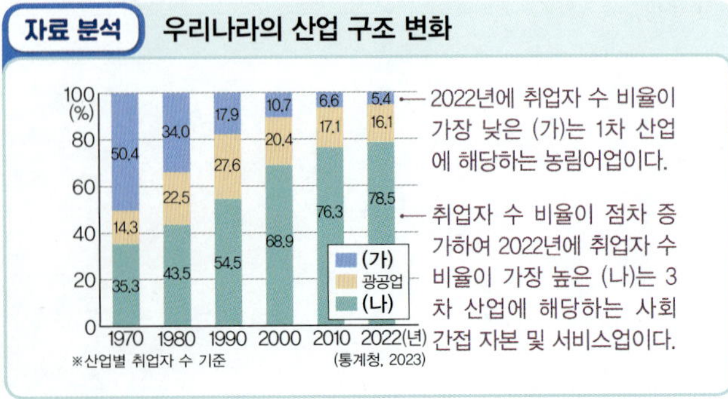

→ 2022년에 취업자 수 비율이 가장 낮은 (가)는 1차 산업에 해당하는 농림어업이다.

→ 취업자 수 비율이 점차 증가하여 2022년에 취업자 수 비율이 가장 높은 (나)는 3차 산업에 해당하는 사회 간접 자본 및 서비스업이다.

486

정답 체크

(가)는 촌락, (나)는 도시이다. 우리나라는 1960년대 이후 산업화와 함께 도시화가 진행되기 시작하여 도시 인구가 빠르게 증가하였다.
② 우리나라의 수도인 서울은 도시에 해당한다.

바로 알기

① 전체 인구 중 도시에 거주하는 인구의 비율이 높아지는 현상을 도시화라고 한다.
③ 촌락은 도시보다 3차 산업 취업자 수 비율이 상대적으로 낮다.
④ 도시는 촌락보다 아스팔트, 콘크리트 등으로 포장된 지표의 면적이 넓으므로 불투수 면적의 비율이 높다.
⑤ 도시화율은 총인구에서 도시 인구가 차지하는 비율이다. 그래프를 보면 1960년대에는 도시 인구보다 촌락 인구가 많으므로 도시화율은 50% 미만이다.

487

정답 체크

사진을 보면 해당 지역은 (가) 시기에 토지의 대부분이 논, 밭으로 이루어진 촌락 지역이었으나, 산업화와 도시화가 진행되어 (나) 시기에는 고층 건물이 밀집한 도시로 변화하였다.
③ 산업화와 도시화 이후인 (나) 시기에는 해당 지역의 1차 산업 종사자 수는 적고, 인구 밀도가 높으며, 직업 선택의 범위가 넓어졌다.

488

정답 체크

(가)는 대규모 아파트 단지가 들어선 것으로 보아 도시화 이후인 2022년이고, (나)는 토지의 대부분이 논과 밭으로 이용되는 것으로 보아 도시화가 본격적으로 진행되기 이전인 1966년이라는 것을 알 수 있다.
④ 도시화가 진행되면 고층 건물이 늘어나면서 토지 이용의 집약도가 높아진다.

바로 알기

① (가) 시기는 2022년, (나) 시기는 1966년이다.
② 도시화 이후인 (가) 시기에는 산업 구조가 고도화되었으므로 1차 산업 취업자 수보다 3차 산업 취업자 수가 많다.
③ 도시화 이전인 (나) 시기에는 대부분의 주택이 단독 주택이고 아파트 수가 적었다.
⑤ 도시화 이전인 (나) 시기보다 도시화 이후인 (가) 시기에 직업의 종류가 다양해졌다.

489

정답 체크

도시화 이후에는 강수 시 하천의 수위가 빠르게 상승하여 짧은 시간 안에 정점에 도달하게 되므로 홍수가 발생할 위험이 커졌다.

④ 도시 내에 아스팔트, 콘크리트 등으로 포장된 지표 면적이 증가함에 따라 불투수 면적이 늘어나게 되었다.

바로 알기

① 연 강수량의 감소는 하천 유량을 오히려 감소시키게 된다.

② 도시 내 녹지는 강수 시 빗물을 흡수 및 저장하는 역할을 하므로 하천 수위 조절에 도움이 된다.

③ 제시된 자료와는 관련이 없는 내용이다.

⑤ 도시 내 열섬 현상과 관련 있는 내용이다.

개념 정리 **도시화로 인한 지표 환경의 변화**

콘크리트, 아스팔트 등으로 포장된 지표 면적은 물이 스며들거나 통과할 수 없으므로 불투수 면적이라고 한다. 도시화로 인해 불투수 면적의 비율이 높아지게 되면 강수 현상이 나타났을 때 빗물이 토양층으로 잘 흡수되지 못하고, 지표면 위를 흐르다가 도시 내 하천으로 빠르게 흘러들게 된다. 이로 인해 도시 내 하천의 유량이 급격히 증가하여 홍수 발생 가능성이 높아지게 된다.

490

정답 체크

제시문은 산업화와 도시화에 따른 생활양식의 변화를 설명하고 있다.

ㄱ. ㉠은 도시성이다.

ㄷ. 이해타산에 기초한 인간관계를 2차적 인간관계라고 한다.

ㄹ. 쇼핑 시설, 영화관 등 다양한 상업·여가 시설 이용을 도시적 생활양식의 사례로 들 수 있다.

바로 알기

ㄴ. 도시성이 확산되면서 개개인의 자율성과 다양성이 존중되는 반면 사회적 유대감이 약화된다.

491

정답 체크

㉡ 아스팔트, 콘크리트로 포장된 지표에는 녹지가 조성되기 어렵다. 따라서 포장 면적이 증가하면 녹지 면적이 감소하게 되고, 녹지 면적의 감소는 생물종 다양성 감소로 이어지게 된다.

㉢ 하천을 직선화하면 유속이 증가하게 되며, 이로 인해

하천 주변 동식물의 서식 환경이 변화하게 된다.

㉣ 산업화 및 도시화로 인해 도시 내 인구 및 산업 시설이 늘어나면 오염 물질 배출량이 증가하게 된다.

바로 알기

㉠ 아스팔트, 콘크리트 등으로 포장된 지표 면적이 확대되면 강수 시 빗물이 지표면으로 흡수되는 양이 감소하므로 홍수 위험성이 증가하게 된다.

492

정답 체크

㉠은 열섬 현상이다.

병: 열섬 현상은 인구와 산업 시설이 밀집해 있고 인공 열 방출량이 많은 대도시의 도심에서 뚜렷하게 나타난다.

493

정답 체크

갑이 거주하는 지역은 촌락, 을이 거주하는 지역은 도시이다. 따라서 (가)에는 촌락의 생활양식, (나)에는 도시의 생활양식과 관련된 내용이 들어가야 한다.

① ㄱ, ㄴ이 촌락의 생활양식에 해당하고, ㄷ, ㄹ이 도시의 생활양식에 해당한다.

494

정답 체크

제시문은 산업화와 도시화 이후 개인주의 가치관 확산에 따른 인간관계의 변화를 보여준다.

⑤ ㉠에 들어갈 말은 인간 소외 현상이다.

495

정답 체크

공동체 주택은 입주자들이 공동체 공간을 가꾸고 공동체의 약속을 만들어 지키며 생활하는 주택이다. (가)에는 지방 자치 단체에서 공동체 주택을 활성화하고자 하는 이유가 들어가야 한다.

ㄱ. 공동체 주택의 공급을 통해 공동체 해체에 따른 고립을 해소할 수 있다.

ㄷ. 저렴한 공동체 주택 공급을 통해 주택 가격 상승으로 인한 주거비 상승 및 주거 불안 문제를 해결할 수 있다.

바로 알기

ㄴ. 공동체 주택의 공급은 대도시인 ○○시에서 시행하는 정책으로 촌락의 쇠퇴와는 관련이 없다.

ㄹ. 대도시권의 형성은 공동체 주택 공급과 관련이 없다.

496

[정답 체크]

② 승용차 요일제를 폐지하면 교통량이 증가하게 되어 교통 체증은 더욱 심화된다.

497

[정답 체크]

제시문은 산업화와 도시화로 인해 발생하는 문제와 해결 방안을 나타낸 것이다.

① 국가적 차원에서 인구와 산업의 지역 분산 정책을 통해 국토 균형 발전을 추구함으로써 지역 간 불균형을 해소할 수 있다.

498

[정답 체크]

ㄴ, ㄹ. 1인 가구의 비율이 증가하고 주거 형태가 아파트 중심으로 변화하면서 이웃과의 소통이 어려워졌다.

[바로 알기]

ㄱ. 인구 밀도의 상승이 이웃과의 소통이 줄어든 원인이라고 보기는 어렵다.

ㄷ. 산업화와 도시화로 공동체의 결속력이 약화되었다.

499

[정답 체크]

① 도시 내 하천을 복원하면 하천이 도심의 평균 기온을 낮춰주는 기능을 하므로 열섬 현상이 완화된다. 이는 산업화와 도시화에 따른 문제점으로 볼 수 없다.

500

[정답 체크]

(가)는 주택 문제, (나) 교통 문제를 나타낸 것이다.

ㄱ. 신도시 건설을 통해 주택 공급량을 늘려 주택 문제를 해결할 수 있다.

ㄷ. 대중교통 수단을 확충하여 교통 체증을 해소할 수 있다.

[바로 알기]

ㄴ. 옥상 정원 조성은 도시 내 열섬 현상을 완화하기 위한 방안이다.

ㄹ. 지리적 표시제 실시는 촌락 지역의 소득 증대를 통해 도시와 촌락 간의 지역 격차를 줄이기 위한 방안이다.

501

[정답 체크]

제시문은 쇠락했던 지역이 도시 재생 사업을 통해 변화한 모습을 설명하고 있다.

ㄱ, ㄴ. 마을의 환경 변화로 관광객이 증가하고, 주민의 주거 환경이 개선되었을 것이다.

[바로 알기]

ㄷ, ㄹ. 조선업의 불황으로 지역이 쇠락했다는 내용을 통해 제조업 종사자의 비율이 낮아지고 조선업과 관련 제조업의 밀집도가 낮아졌을 것이라고 추측할 수 있다.

STEP 3 기출 예상 서답형 문제
132쪽

502

| 핵심 키워드 | 산업화와 도시화, 인구 밀도, 건물의 평균 층수, 3차 산업 취업자 수

[예시 답안] 우리나라는 산업화와 도시화가 진행됨에 따라 도시의 인구 밀도가 높아졌고, 고층 건물이 많아져 건물의 평균 층수가 높아졌으며, 산업 구조가 고도화되어 3차 산업 취업자 수 비율이 높아졌다.

* 채점 기준 *

상	도시화 이후 생활공간의 변화 모습을 세 가지 제시어를 모두 사용하여 정확히 서술한 경우
중	도시화 이후 생활공간의 변화 모습을 제시어 중 두 가지만 사용하여 정확히 서술한 경우
하	도시화 이후 생활공간의 변화 모습을 제시어 중 한 가지만 사용하여 정확히 서술한 경우

503

| 핵심 키워드 | 도시화, 제조업 출하액, 농가 인구 비율, 불투수 면적

[예시 답안] 울산시는 산업화와 도시화가 진행됨에 따라 2·3차 산업의 비중이 증가하여 제조업 출하액이 늘어났고, 총인구 중 농가 인구 비율이 낮아졌으며, 시가지 확대로 아스팔트 및 콘크리트 포장 면적이 확대되어 불투수 면적이 넓어졌다.

* 채점 기준 *

상	도시화 이후 울산 지역의 변화의 특징을 세 가지 제시어를 모두 사용하여 정확히 서술한 경우
중	도시화 이후 울산 지역의 변화의 특징을 제시어 중 두 가지만 사용하여 정확히 서술한 경우
하	도시화 이후 울산 지역의 변화의 특징을 제시어 중 한 가지만 사용하여 정확히 서술한 경우

504

| 핵심 키워드 | 세대 구성 변화, 1인 가구, 인간 소외 현상

(1) [예시 답안] 1990년대 이후 2세대 가구와 3세대 이상 가

구의 비율이 감소한 반면 1세대 가구와 1인 가구의 비율이 증가하여 평균 가구원 수가 줄어들었다.

상	우리나라 가족 구성 변화의 특징을 세대 구성 변화와 평균 가구원 수 변화 측면에서 정확히 서술한 경우
하	우리나라 가족 구성 변화의 특징을 세대 구성이 변화하였다는 내용 또는 평균 가구원 수 줄어들었다는 내용으로만 서술한 경우

(2) **예시 답안** 1세대 가구와 1인 가구의 비율이 증가함에 따라 개인주의적 성향이 강화되어 공동체의 결속력이 약해지고, 인간 소외 현상이 심화되어 사회적 불안정성이 더욱 높아질 것으로 예상된다.

상	우리나라 가족 구성 변화 경향이 지속될 경우 나타날 수 있는 문제점을 두 가지 모두 적절히 서술한 경우
하	우리나라 가족 구성 변화 경향이 지속될 경우 나타날 수 있는 문제점을 한 가지만 적절히 서술한 경우

505

| 핵심 키워드 | 혁신 도시, 균형 발전, 지역 격차

(1) 혁신 도시

(2) **예시 답안** 혁신 도시를 건설하여 지역의 새로운 성장 동력을 창출함으로써 지역 간 경제적 격차를 줄여 국토 균형 발전을 실현할 수 있다. 또한 지역 특색을 살린 정책을 수립 및 시행하여 지속가능 성장을 추진할 수 있다.

상	혁신 도시 건설을 통해 기대할 수 있는 효과를 두 가지 모두 적절히 서술한 경우
하	혁신 도시 건설을 통해 기대할 수 있는 효과를 한 가지만 적절히 서술한 경우

506

제시된 사진을 비교해 보면 (가)는 논, 밭 등의 경지가 대부분이므로 도시화 이전이고, (나)는 대규모 아파트 단지와 도로가 들어서 있으므로 도시화 이후임을 알 수 있다.

ㄷ. 대규모 아파트 단지가 건설된 것은 교외화 현상, 수도권 신도시 건설과 관련이 있다. 신도시 건설로 인구가 많이

유입되어 서울로 통근·통학하는 인구가 늘어났을 것이다.

ㄹ. 논, 밭 등이 있던 자리에 대규모 아파트 단지가 들어섰으므로 아파트의 비율이 높아졌을 것이다.

ㄱ. 도시화 이후 논, 밭 등의 경지 면적은 감소하였다.

ㄴ. 도시화가 진행되어 1차 산업 종사자 수와 비율 모두 감소하였다.

507

| 문제 분석 | (가)는 (나)보다 인구가 적고 경지 면적이 넓으며 제조업 사업체 수가 적다. 따라서 (가)는 촌락, (나)는 도시 지역이다.

다음 표는 두 지역의 특성을 나타낸 것이다. (가), (나) 지역에 대한 설명으로 옳은 것은? (단, (가), (나) 지역의 면적은 비슷하며, 각각 도시, 촌락 중 하나이다.)

구분	(가)	(나)
인구(명)	33,579	347,221
경지 면적(ha)	6,575	2,443
제조업 사업체 수(개)	374	4,373

(통계청, 2019)

① (가)는 도시, (나)는 촌락에 해당한다. [촌락 / 도시]
② (가)의 산업 구조는 2·3차 산업 중심이다. [1차 산업]
③ (나)는 3차 산업 취업자 수보다 1차 산업 취업자 수가 많다. [적다.]
④ (가)는 (나)보다 인구 밀도가 높다. [낮다.]
❺ (나)의 상업 지역은 (가)보다 평균 지가가 높다. [도시 지역이 촌락 지역보다 지가가 높게 나타남.]

(가)는 촌락, (나)는 도시 지역에 해당한다.

⑤ 도시에 위치한 상업 지역의 지가가 촌락보다 상대적으로 더 높다.

② (가)는 촌락 지역으로, 경지 면적이 넓고 제조업 사업체 수가 적으므로 1차 산업 중심일 것이다.

③ (나)는 도시 지역으로, 1차 산업 취업자 수보다 3차 산업 취업자 수가 상대적으로 많다.

④ (가), (나) 지역의 면적이 비슷하지만 (나) 지역의 인구가 (가) 지역의 10배 이상이므로 도시 지역인 (나)의 인구 밀도가 더 높다.

508

⑤ 기존 시설을 완전히 철거하고 새로운 시설물로 대체하는 방식의 재개발을 시행하면 저층 건물을 고층 아파트 단지로 대체할 수 있으므로 토지 이용의 집약도를 높이는 데 효과적이다.

① 도시 재개발은 주택 문제의 해결 방안에 해당한다.

② 도시 재개발은 주택 부족 문제와 같은 도시 문제를 완화시킨다.

③ ⓒ에는 역사·문화적으로 보존할 가치가 있는 시설물이 들어가야 하므로 불량 주택 지구는 ⓒ에 들어갈 말로 적절하지 않다.

④ 대규모 아파트 단지를 조성하기 위해서는 기존 건물을 완전히 철거해야 하므로 ⓒ과 같은 부분 수리 및 개조 방식은 적절하지 않다.

509

정답 체크

③ 유류세 인하 조치는 개인이 아닌 국가나 지방 자치 단체 차원에서 실행할 수 있는 방안에 해당한다.

13 교통·통신 및 과학기술의 발달에 따른 변화

STEP 1 개념 확인 문제

137쪽

510 접근성	**511** 다국적 기업	**512** 전자 상거래
513 빨대효과	**514** 생태 통로	**515** 인공지능(AI)
516 사물 인터넷	**517** 빅 데이터	**518** ○
519 ○	**520** ×	**521** ×

STEP 2 예상 적중 기출 문제

137~141쪽

522 ①	**523** ②	**524** ⑤	**525** ⑤	**526** ③	**527** ⑤
528 ④	**529** ②	**530** ⑤	**531** ③	**532** ④	**533** ③
534 ①	**535** ③	**536** ①	**537** ②	**538** ⑤	**539** ①

522

정답 체크

① 교통 발달로 지역 간 접근성이 향상되어 그림과 같이 마치 지구의 크기가 축소된 것과 같은 상태로 변화하였다.

523

정답 체크

고속 철도(KTX)와 고속 국도의 개통으로 서울과 강릉, 양양 지역 간 접근성이 크게 향상되었다.

ㄱ. 서울과 강릉, 양양 지역 간의 접근성이 크게 향상되어 관광객 수도 증가할 것이다.

ㄷ. 고속 철도(KTX) 이용객이 늘어나면서 철도 정차역 주변의 유동 인구 증가로 상권이 확대될 것이다.

바로 알기

ㄴ. 교통 발달에 따라 대도시로의 접근성이 향상되면 빨대효과로 대도시와 중소 도시 간의 지역 격차가 심화된다. 빨대효과로 인해 대도시인 서울의 인구가 감소할 것이라고 보기는 어렵다.

ㄹ. 서울-양양 간 고속 국도가 개통되어 두 지역 간 육로 교통을 이용한 접근성이 크게 향상되었으므로 항공 교통 이용객은 오히려 감소할 것이라고 예측할 수 있다.

개념 정리 | 빨대효과

빨대효과는 좁은 빨대로 컵의 음료를 빨아들이듯이 대도시가 주변 중소 도시의 인구와 경제력을 흡수하여 대도시 집중 현상이 심화되는 것을 말한다. 빨대효과는 교통 여건 개선이 지역 간 균형 개발로 이어지지 않고 오히려 지역 간 격차를 심화시키는 부작용 사례에 해당한다.

524

정답 체크

병. 2022년 온라인 쇼핑 거래액은 206.5조 원이고 모바일 쇼핑 거래액은 153.7조 원이다. 따라서 2022년에 온라인 쇼핑 거래액에서 모바일 쇼핑 거래액이 차지하는 비율은 50% 이상이다.

정. 2022년 온라인 쇼핑 거래액 중에서 서비스 부문의 거래액이 가장 높은 비중을 차지하고 있다.

바로 알기

갑. 그래프를 보면 온라인 쇼핑 거래액은 2020년 이후 매년 꾸준히 증가하였다.

을. 그래프를 보면 모바일 쇼핑 거래액의 증가 폭은 2020~2021년에 27.4조 원이고, 2021~2022년에 18.2조 원이다. 따라서 2020~2021년에 모바일 쇼핑 거래액의 증가 폭이 더 크다.

525

정답 체크

⑤ 광역 교통망 확충으로 접근성이 향상되어 수도권 주민들의 통근 범위가 넓어졌다.

바로 알기

① 더 먼 지역에서 서울로 통근하는 인구가 많아졌으므로, 집과 직장의 거리가 더 멀어졌다고 볼 수 있다.

② 수도권 주민들의 통근 범위는 넓어지고 있다.

③ 신도시 개발 이후 서울로 통근하는 인구는 증가하였다.

④ 광역 교통망이 발달하는 과정에서 대도시의 영향력이 커지고 대도시의 기능이 도시 주변 지역까지 확산되며 대도시권이 형성된다.

526

정답 체크

ㄴ. 세계 각지에서 생산과 경영 활동이 이루어지는 기업을 다국적 기업이라고 한다.

ㄹ. 교통과 통신의 발달로 경제활동의 범위가 확대되면서 다국적 기업의 공간적 분업이 가능해졌다.

바로 알기

ㄱ. 이 기업의 본사는 제품의 개발 및 디자인과 같은 핵심 공정이 이루어지는 미국에 있을 것이라고 추측할 수 있다.

ㄷ. 제조 공정이 전 세계 각지에서 이루어지고 있으므로 경제 활동의 범위도 미국에 한정되지 않는다.

527

정답 체크

(가)는 도매상과 소매상을 거쳐서 소비자에게 상품이 전달

되는 오프라인 유통 방식이고, (나)는 전자 상거래 사이트를 통해 거래하면 소비자에게 상품이 직접 전달되는 온라인 유통 방식이다.

⑤ 통신 발달에 따른 온라인 금융 거래의 활성화는 오프라인 유통 방식보다 온라인 유통 방식의 확산에 많은 영향을 주었다.

바로 알기

① 온라인 유통 방식이 택배업의 발달에 큰 영향을 끼쳤다.

② 오프라인 유통 방식은 온라인 유통 방식보다 소비자가 상품 구매 시 시·공간적 제약을 많이 받는다.

③ 온라인 유통 방식은 판매자와 소비자가 전자 상거래 사이트를 통해 직접 거래하므로 도매상과 소매상을 거치는 오프라인 유통 방식보다 유통 단계가 단순하다.

④ 온라인 유통 방식은 교통과 통신의 발달로 등장하였으므로 전통적 유통 방식인 오프라인 유통 방식보다 늦게 도입되었다.

528

정답 체크

ㄴ, ㄹ. 4차 산업 혁명은 인공지능(AI) 소프트웨어의 적용, 빅 데이터, 사물 인터넷 활용 등 첨단 정보 통신 기술의 발달을 배경으로 등장하였다.

바로 알기

ㄱ. 소품종 대량 생산 체제는 산업화 시기에 주로 적용되었던 제조업의 생산 방식이다.

ㄷ. 4차 산업 혁명 시기에는 지능 정보 기술을 활용하여 친환경 신재생 에너지를 개발하기 위해 노력하고 있다.

> **개념 정리** **4차 산업 혁명**
>
> 4차 산업 혁명은 사물 인터넷이나 인공지능, 빅 데이터 등을 이용한 지능정보화사회로의 변화를 의미한다. 4차 산업 혁명의 주창자인 클라우스 슈바프는 4차 산업 혁명을 "지금까지 우리가 살아왔고 일하고 있던 삶의 방식을 근본적으로 바꿀 기술 혁명이며, 이는 이전에 인류가 경험했던 것과는 전혀 다를 것이다. 4차 산업 혁명 시대에는 혁신과 창의성이 가장 중요한 요소이다."라고 말했다.

529

정답 체크

(가)는 인공지능, (나)는 사물 인터넷, (다)는 빅 데이터에 대한 설명이다.

530

정답 체크

⑤ 과학기술의 발달에 따라 지리 정보 시스템(GIS)과 같은

공간 정보 기술이 재난·재해, 교통 등 다양한 분야에 활용되고 있다.

바로 알기
① 정보화로 인해 지역 간, 계층 간 정보 격차가 심화되고 있다.
② 가상 공간에서 새롭고 다양한 사회적 관계가 형성되고 있으며, 대면적 인간 관계의 중요성이 낮아지고 있다.
③ 전기 에너지 기반의 대량 생산 혁명은 19~20세기에 발생한 2차 산업 혁명에 해당한다.
④ 인터넷 설치 기사, 제조업체 근로자는 4차 산업 혁명 이전부터 존재했던 직업이다.

531
정답 체크
③ 선박 평형수 관리 협약은 선박 평형수로 인한 해양 생물의 국가 간 이동과 이에 따른 생태계 교란을 막기 위해 체결한 협약이다. 생태 통로를 설치하여 도로, 철도 건설로 인한 야생 동물의 이동 제한 문제를 해소할 수 있다.

532
정답 체크
④ 다국적 기업이 운영하는 대규모 숙박 시설을 이용하면 이익의 대부분이 현지인보다는 외국계 기업에게 돌아가게 된다. 따라서 이를 지역 주민과 공존하는 공정 여행 실천 방안으로 보기는 어렵다.

533
정답 체크
ㄴ, ㄷ. 대형 선박 입출항 과정에서 배출하는 평형수로 인해 발생하는 환경 오염 문제로 박테리아에 의한 토속 생물종 폐사, 외래 생물종 유입으로 인한 해당 수역 생태계 교란 및 파괴 등이 있다.

바로 알기
ㄱ. 기름 유출로 인한 해양 오염은 유조선 충돌로 인해 발생하는 경우가 많다.
ㄹ. 미세 플라스틱 배출량 증가로 인한 해양 오염은 해양에 무단으로 배출한 플라스틱 쓰레기가 원인이 되어 발생한다.

534
정답 체크
제시된 사진은 생태 통로의 모습으로, 야생 동물의 안전한 이동을 보장하고 서식지를 보호하기 위한 목적으로 설치하는 시설물이다.

535
정답 체크
노동 시장이 정규직과 비정규직으로 나누어졌다는 내용을 통해 제시문에 나타난 문제가 노동 시장 양극화 문제임을 알 수 있다.
ㄴ, ㄷ. 직업 훈련 및 취업 지원 서비스 확대, 비정규직 근로자의 사회 보험 적용 확대 등이 노동 시장 양극화를 해결하기 위한 방안에 해당한다.

바로 알기
ㄱ. 4차 산업 혁명 이후에 단순 생산직에 대한 수요는 감소할 것으로 예상되므로 단순 생산직 중심의 일자리 확대는 노동 시장 양극화를 해결하기 위한 방안으로 보기 어렵다.
ㄹ. 정규직 근로자의 고용 안정성 확대 및 임금 인상은 정규직과 비정규직 간의 격차를 확대하여 노동 시장 양극화를 오히려 심화시키게 된다.

536
정답 체크
그래프를 보면 장애인, 저소득층, 고령층, 농어민 등 정보 소외 계층의 디지털 정보화 수준이 일반 국민에 비해 낮음을 알 수 있다.
ㄱ, ㄴ. 일반 국민과 정보 소외 계층간의 정보 격차 문제를 해소하기 위해 정보화 교육을 시행하고 디지털 서비스에 대한 정보 소외 계층의 접근성을 높이는 방안을 제시할 수 있다.

바로 알기
ㄷ. 노동 시장 양극화 문제의 해결 방안이다.
ㄹ. 디지털 중독 문제의 해결 방안이다.

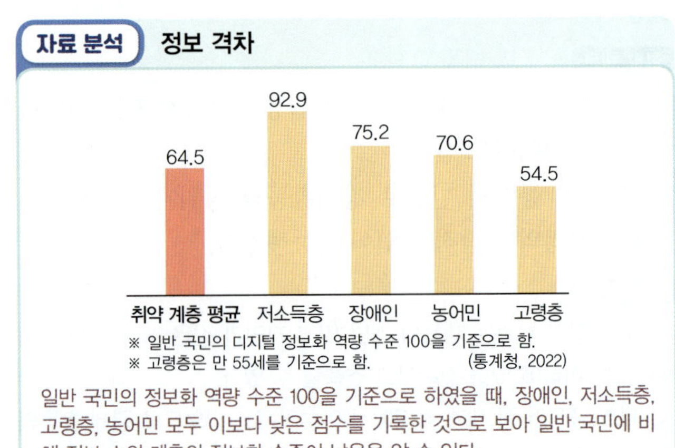

일반 국민의 정보화 역량 수준 100을 기준으로 하였을 때, 장애인, 저소득층, 고령층, 농어민 모두 이보다 낮은 점수를 기록한 것으로 보아 일반 국민에 비해 정보 소외 계층의 정보화 수준이 낮음을 알 수 있다.

537
정답 체크
(가)에는 정보 소외 계층을 위한 편의성 제공과 관련된 기

능이 들어가야 한다.

② 보안 강화는 사이버 범죄를 예방하기 위한 방안에 해당한다. 보안 강화라는 명목으로 복잡한 인증 절차를 지나치게 요구하게 되면 정보 소외 계층의 편의성이 낮아지는 부작용이 나타날 수 있다.

538

정답 체크

ㄱ, ㄷ, ㄹ. 로봇 밀도의 증가는 단순 생산직 일자리를 감소시켜 고용 감소, 노동 시장을 양극화로 이어지게 되며, 생산 비용 절감으로 로봇 관련 산업의 성장을 유발할 수 있다.

바로 알기

ㄴ. 로봇을 사용하면 공정이 자동화되어 인건비가 감소하므로 생산 비용은 감소하게 된다.

539

정답 체크

사이버 범죄 문제 해결 방안으로 보안 프로그램 및 관련 법과 제도 강화, 개개인의 올바른 디지털 기기 사용 및 가상 공간에서의 정보 윤리 실천 등이 있다.

바로 알기

② 학생들의 인터넷 및 스마트폰 사용 시간을 늘리면 디지털 중독 문제가 오히려 심화된다.
③ 소외 계층의 정보화 기기 접근성을 높이기 위한 교육 확대는 정보 격차의 해결 방안이다.
④ 사물 인터넷을 활용하는 생활 환경 조성은 과학기술의 발달에 따른 생활의 편리성 증대와 관련된 내용이다.
⑤ 전자 상거래에서 익명성을 강화하면 사이버 금융 범죄가 늘어날 우려가 커진다.

STEP 3 **기출 예상 서답형 문제**　　　142쪽

540

| **핵심 키워드** | **교통 발달, 광역 교통망, 대도시권, 통근 · 통학권**

(1) **예시 답안** 수도권 철도 노선이 증가하면서 종점의 수도 증가하였으며, 종점의 위치가 수도권 외곽으로 이동하였다.

＊ 채점 기준 ＊

상	수도권 철도 노선의 종점 수와 종점의 위치 변화를 모두 정확히 서술한 경우
하	수도권 철도 노선의 종점 수와 종점의 위치 변화 중 한 가지만 정확히 서술한 경우

(2) **예시 답안** 수도권 철도 노선이 증가하고 수도권 외곽까지 확대되면서 통근 · 통학자 비율이 높아졌고, 수도권 외곽에 거주하는 주민들의 서울과 서울 인근 지역에 대한 접근성이 좋아져 수도권의 통근 · 통학권도 확대되었다.

＊ 채점 기준 ＊

상	수도권 철도 노선 확대가 수도권의 통근·통학권 범위에 미친 영향을 정확히 서술한 경우
하	수도권의 통근·통학권 범위가 넓어졌다고만 서술한 경우

541

| **핵심 키워드** | **교통 발달, 전염병의 세계적 확산**

예시 답안 교통과 통신의 발달에 따라 무역, 여행과 같은 국가 간 교류의 증가

＊ 채점 기준 ＊

상	교통 발달, 국가 간 교류의 증가와 관련된 내용을 포함하여 적절히 서술한 경우
하	교통 발달 또는 교류 증가라고만 서술한 경우

542

| **핵심 키워드** | **통신의 발달, 정보 격차**

(1) **예시 답안** 우리나라 5G 무선국이 서울, 경기, 인천 등 수도권에 집중적으로 분포되어 있어 수도권과 비수도권 간 5G 무선국 수의 차이가 크게 나타난다.

＊ 채점 기준 ＊

상	수도권과 비수도권 간 5G 무선국 수의 차이가 크게 나타나고 있다는 내용을 포함하여 적절히 서술한 경우
하	수도권과 비수도권 간 5G 무선국 수에 차이가 있다고만 서술한 경우

(2) **예시 답안** 5G 무선국이 설치되어 있지 않아 해당 서비스를 전혀 이용하지 못하는 지역도 있어 수도권과 비수도권 간 통신 서비스 접근성의 격차 문제가 발생하고 있다.

＊ 채점 기준 ＊

상	수도권과 비수도권 간 통신 서비스 접근성의 격차 문제가 발생하고 있다는 내용을 포함하여 정확히 서술한 경우
하	수도권과 비수도권 간 격차가 있다는 내용으로만 서술한 경우

543

| **핵심 키워드** | **인공지능(AI), 소득 불평등, 노동 시장 양극화**

(1) **예시 답안** 인공지능(AI)
(2) **예시 답안** (가)에 들어갈 내용은 노동 시장 양극화, 소득 불평등 등이다. 이러한 문제의 해결 방안으로 새로운 기술과 직업에 대한 지속적인 교육 및 직업 훈련 지원, 노동 시장 변화에 대응한 사회 보장 시스템 개편 등이 있다.

★ 채점 기준 ★

상	인공지능 발달에 따라 예상되는 문제와 해결 방안을 모두 적절히 서술한 경우
하	인공지능 발달에 따라 예상되는 문제와 해결 방안 중 한 가지만 적절히 서술한 경우

STEP 4 기출 예상 **고난도 문제** 143쪽

544 ①   **545** ③   **546** ①   **547** ②

544

정답 체크

① 18세기에 발생한 1차 산업 혁명은 정보 사회로의 변화와는 관련이 적다.

개념 정리 **지리 정보 시스템(GIS)**

지리 정보 시스템(GIS)은 다양한 지리 정보를 수치화하여 컴퓨터에 입력 · 저장하고, 이용자의 요구에 따라 가공 · 분석 · 처리하여 다양하게 표현해 주는 종합 정보 시스템을 말한다. 지리 정보 시스템의 중첩 분석 등을 활용하여 복잡한 지리 정보를 빠르고 정확하게 처리하고, 합리적인 공간적 의사 결정에 도움을 받을 수 있으며, 최적의 입지나 경로 선정, 재난 · 재해 관리, 도시 계획 및 관리 등에 이용할 수 있다.

545

| 문제 분석 |

(가)에 들어갈 학생의 답변으로 가장 적절한 것은?

교사: 서울과 강릉을 연결하는 고속 철도(KTX)와 서울 – 양양 고속 국도의 개통으로 나타날 수 있는 변화에 대해 말해볼까요? ― 서울과 강릉, 양양 간 교통 수단의 확충으로 접근성이 크게 향상되었다.

학생: ________________ (가)

① 서울의 대학 병원 방문자 수가 줄어들 것입니다.
    └ 늘어날
② 고속 철도 강릉역 주변의 상권이 축소될 것입니다.
    └ 확대
❸ 양양 해수욕장의 여름철 관광객 수가 증가할 것입니다.
    └ 접근성 향상으로 서울에서 양양을 찾는 관광객이 증가할 것으로 예상됨.
④ 서울 – 양양 간 항공 교통 이용객 수가 증가할 것입니다.
    └ 감소
⑤ 서울 – 양양 간 물류 이동에 소요되는 시간이 증가할 것입니다.
    └ 감소

정답 체크

③ 고속 국도 개통으로 서울과 양양 간의 접근성이 향상되면 수도권에서 양양의 해수욕장을 찾는 관광객이 늘어날 것이라 예측할 수 있다.

바로 알기

① 접근성이 좋아져 서울의 대학 병원까지 가는 시간이 단축되므로 강릉과 양양에서 서울의 대학 병원을 방문하는 사람이 늘어날 것이다.
② 고속 철도를 이용해 강릉을 방문하는 관광객 수가 늘어나 고속 철도 강릉역 주변의 상권이 확대될 것이다.
④ 서울 – 양양 간 육상 교통을 이용한 접근성이 크게 향상되면 항공 교통의 이용객은 상대적으로 감소할 것이라고 예측할 수 있다.
⑤ 서울 – 양양 간 고속 국도 개통으로 접근성이 향상되면 물류 이동에 소요되는 시간이 감소할 것이다.

546

정답 체크

㉠ 국가 간 인적 자원과 물적 자원의 이동에서 국경이 갖는 의미가 약화되었으므로, (1)은 '아니오'에 ∨표 하여야 한다.
㉡ 기업 활동의 공간적 범위가 확대되어 세계 곳곳에서 공간적 분업이 이루어지고 있으므로, (2)는 '예'에 ∨표 하여야 한다.

바로 알기

㉢ 도로, 철도 등의 교통로 건설로 야생 동물의 이동로가 단절되는 경우가 많아졌으므로, (3)은 '아니요'에 ∨표 하여야 한다.
㉣ 전자 상거래 활성화로 물품 구매의 시 · 공간적 제약이 감소하였으므로, (4)는 '예'에 ∨표 하여야 한다.

547

정답 체크

ㄱ, ㄷ. 사이버 렉카로 인한 사생활 침해, 개인 정보 침해 등의 문제를 해결하기 위해서는 정보 윤리 실천 교육을 강화하여 사이버 렉카 활동이 잘못되었음을 알리고, 개인 정보 보호, 사생활 침해 방지를 위한 법률을 정비하여 피해자를 보호하고 가해자 처벌을 강화해야 한다.

바로 알기

ㄴ. 정보 격차 문제의 해결 방안에 해당한다.
ㄹ. 노동 시장 양극화 문제의 해결 방안에 해당한다.

STEP 1 개념 확인 문제

146쪽

548 지역 **549** 지역성 **550** 실내 조사 **551** 야외 조사
552 보고서 **553** 지속가능성 **554** 민주적
555 × **556** × **557** ○ **558** ○
559 × **560** ×

STEP 2 예상 적중 기출 문제

146~149쪽

561 ④ **562** ③ **563** ④ **564** ③ **565** ② **566** ⑤
567 ② **568** ④ **569** ① **570** ③ **571** ③ **572** ②
573 ③ **574** ③

561

정답 체크

ⓒ 지역성은 고정되어 있지 않고 여러 요인에 의해 끊임없이 변화하므로, (2)는 '예'에 ∨표 하여야 한다.
ⓔ 지역의 경계 부근에서 두 지역의 지역성이 공통적으로 나타날 수 있으므로, (4)는 '아니요'에 ∨표 하여야 한다.

바로 알기

⊙ 지역은 다양한 자연환경과 인문환경으로 구성되므로, (1)은 '예'에 ∨표 하여야 한다.
ⓒ 지역은 인접한 다른 지역과 상호 작용하며 끊임없이 변화하므로, (3)은 '예'에 ∨표 하여야 한다.

562

정답 체크

첫 번째 진술에는 ×, 두 번째, 세 번째, 네 번째 진술에는 ○를 표시해야 옳은 답변이다. 따라서 모두 옳게 답변한 학생은 병이다.

바로 알기

산업화와 도시화로 인해 공간 변화가 나타나면 논, 밭 등의 경지 면적은 줄어들게 된다.

563

정답 체크

(가) 시기에 논, 밭이었던 곳이 (나) 시기에는 대규모 아파트 단지, 도로 등으로 바뀌었다. 따라서 (나) 시기가 산업화와 도시화 이후라는 것을 알 수 있다.

을. (가) 시기는 산업화와 도시화 이전이므로 대규모 아파트 단지가 들어선 (나) 시기보다 인구 밀도가 낮다.
정. 산업화와 도시화 이후인 (나) 시기는 (가) 시기보다 1차 산업 취업자 수 비율이 낮은 반면 3차 산업 취업자 수 비율은 높다.

바로 알기

갑. 제시된 항공 사진을 보면 (가) 시기에 논, 밭이 있던 자리에 (나) 시기에 대규모 아파트 단지가 들어서 있다. 따라서 (가) 시기는 (나) 시기보다 아파트 수가 적다.
병. (나) 시기가 산업화와 도시화 이후이므로 (가) 시기보다 최근에 가깝다.

564

정답 체크

제시된 신문 기사를 통해 A시는 신도시 건설과 대기업 입주로 인해 많은 인구가 유입되면서 빠르게 도시화가 진행된 것을 알 수 있다.
③ 도시화가 진행되면 총인구 중 농가 인구의 비율은 낮아진다.

바로 알기

② 도시화가 진행되면서 대규모 아파트 단지가 들어서게 되어 주택 유형 중 아파트의 비율이 높아졌을 것이다.
①, ④ 총인구가 증가함에 따라 도로 면적이 넓어지고 교통량이 늘어났을 것이다.
⑤ 젊은 층 인구가 많이 유입되어 30~40대 인구 비율이 전국 평균보다 높아졌을 것이다.

565

정답 체크

지역 조사는 (나) 지역 조사 계획 수립 → (다) 지역 정보 수집 → (라) 지역 정보 분석 및 정리 → (가) 조사 보고서 작성의 순서로 진행한다.

566

정답 체크

ㄷ, ㄹ. 설문 조사에 사용할 설문 조사지를 제작하고 도서관에서 조사 지역과 관련된 통계 자료를 찾아보는 활동이 실내 조사 단계에서 수행하는 활동에 해당한다.
ㄱ, ㄴ. 조사 지역에 방문하여 사진을 촬영하고, 지역 주민을 대상으로 설문 조사를 실시하는 활동이 야외 조사 단계에서 수행하는 활동에 해당한다.

567

정답 체크

② 1968년보다 2020년에 가구수가 20배 정도 증가하였고, 총인구는 10배 정도 증가하였으므로 가구당 인구는 줄어들었다.

자료 분석 **도시화로 인한 변화**

─ 도시화가 진행되면서 경지와 삼림이 대부분이었던 지역에 도로, 지하철역, 대규모 아파트 단지가 들어서게 되었다.

구분		1968년	2020년
토지 이용 변화		자연 상태의 토지 이용이 대부분이었음.	지하철역이 생기고 높은 건물이 들어섬.
	인구	98,700명	1,090,907명
	가구	16,568가구	386,929가구
산업 구조		2차 산업 0.9 3차 산업 1차 산업 62.1 37.0(%)	1차 산업 0.1 2차 산업 15.1 3차 산업 84.8(%)

─ 총인구를 가구로 나누면 가구당 인구를 구할 수 있다. 도시화로 대규모 아파트 단지가 많이 들어서게 되면서 인구 밀도는 크게 높아졌지만 핵가족화가 진행되어 가구당 인구는 감소하였다.

568

정답 체크

(가) 조사 주제 선정 → (마) 실내 조사 → (라) 야외 조사 → (다) 자료 분석 및 정리 → (나) 보고서 작성 순으로 지역 조사를 진행한다.

569

정답 체크

ㄴ. ⓒ은 지역 정보 분석 및 종합 단계에서 자료를 도표, 그래프, 통계 지도 등으로 시각화하여 표현하는 활동이다.

ㄱ. ⊙ 통계청 누리집에서 통계 자료를 검색하는 활동은 실내 조사에 해당하고, ⓒ 아파트 단지 건설 현장을 사진으로 촬영하는 활동은 야외 조사에 해당한다.

바로 알기

ㄷ. 갑의 활동은 실내 조사와 야외 조사이므로 지역 정보 수집 단계에 해당한다.

ㄹ. 보고서 작성은 지역 조사의 가장 마지막 단계에 해당한다. 따라서 지역 정보를 분석 및 종합하여 결론을 도출한 을의 활동은 보고서 작성 이전에 진행되어야 한다.

570

정답 체크

③ 야외 조사를 위해 이동 경로를 찾아보고 설문 조사지를 제작하는 활동은 실내 조사 단계에 해당한다.

571

정답 체크

③ 지역의 공간 변화가 생활 환경에 긍정적 영향을 주기도 하지만 부정적 영향을 주어 문제를 유발하기도 한다.

572

정답 체크

ㄱ. 토지 이용의 변화를 조사한 것으로 보아 조사 목적이 산업화와 도시화에 따른 ○○시의 변화 파악이라는 것을 알 수 있다.

ㄷ. 주민 면담을 통해 주민들의 인식과 가치관 변화 등을 파악할 수 있다.

바로 알기

ㄴ. 통계 자료를 검색하는 활동은 지역 조사 과정 중 실내 조사 단계에 해당한다.

ㄹ. ⓔ에는 산업화와 도시화로 인해 면적이 감소한 논, 밭, 삼림, ⓜ에는 산업화와 도시화로 인해 면적이 증가한 건축 용지, 공장 용지와 같은 도시적 토지 이용과 관련된 용지가 들어갈 수 있다.

573

정답 체크

ㄴ, ㄷ. 공동체 의식 약화와 주택 부족, 교통 체증 등이 인구가 밀집한 대도시에서 주로 발생하는 문제에 해당한다.

ㄱ, ㄹ. 인구 유출에 따른 노동력 부족과 지역 경제 침체 등이 지방 중소 도시와 촌락 지역에서 주로 발생하는 문제에 해당한다.

574

정답 체크

을. 그래프와 같은 조사 결과는 A 지역 주민을 대상으로 설문 조사를 진행하여 얻을 수 있는 자료이다.

병. 조사 결과를 보면 A 지역 주민들이 이웃과 서로 알고 지내지 않고, 이웃과 서로 잘 돕지 못하며, 동네 행사와 모임 참여가 적은 것으로 보아 공동체 의식이 약화된 상태라는 것을 파악할 수 있다.

바로 알기

갑. 대도시에서 주로 지역 공동체 의식이 약하게 나타나므로, A 지역은 도시일 것으로 추측할 수 있다.

정. 도시성 확산을 위한 정책을 시행하면 공동체 의식의 약화로 인한 문제가 더욱 심화될 수 있다.

575

| 핵심 키워드 | 지역 조사, 실내 조사, 야외 조사

예시 답안 (가): 국토 정보 플랫폼에서 ○○시의 항공 사진 수집, 통계 연보에서 토지 이용 현황 수집

(나): 통계 연보, 통계청 누리집 등에서 ○○시의 산업별 사업체 수 및 종사자 수 정보 수집

* 채점 기준 *

상	(가), (나)에 들어갈 조사 방법을 모두 정확히 서술한 경우
하	(가), (나)에 들어갈 조사 방법 중 한 가지만 정확히 서술한 경우

576

| 핵심 키워드 | 지역 조사 단계, 실내 조사, 야외 조사

(1) (다) − (라) − (가) − (나)

(2) **예시 답안** ㉠: 도서관을 방문하거나 인터넷을 이용해 문헌, 지도, 항공 사진, 통계 자료 등의 정보 수집, 설문 조사지 제작, 야외 조사의 경로와 일정 계획

㉡: 현장에서 주민 면담 및 설문 조사 진행, 관찰, 실측, 촬영 등

* 채점 기준 *

상	㉠과 ㉡에 들어갈 활동을 각각 두 가지씩 정확히 제시한 경우
중	㉠과 ㉡에 들어갈 활동을 각각 한 가지 이상 정확히 제시한 경우
하	㉠과 ㉡에 들어갈 활동 중 한 가지만 정확히 제시한 경우

577

| 핵심 키워드 | 지역의 공간 변화, 도시화, 산업화, 지역 문제

(1) **예시 답안** 총 산업 종사자 수가 크게 늘어나고 3차 산업의 비중이 증가한 것으로 보아 도시화와 산업화가 진행됨에 따라 포장된 지표 면적 비율이 늘어나고 건물의 평균 층수가 높아졌으며, 인구 밀도가 높아졌을 것으로 추측할 수 있다.

* 채점 기준 *

상	제시어를 모두 사용하여 지역의 공간 변화를 적절히 제시한 경우
중	제시어 중 두 가지만 사용하여 지역의 공간 변화를 적절히 제시한 경우
하	제시어 중 한 가지만 사용하여 지역의 공간 변화를 적절히 제시한 경우

(2) **예시 답안** 도시화로 인구 밀도가 높아지면서 주택 부족, 교통 체증 등의 문제가 발생하였을 것이다. 주택 공급을 늘려 주택 부족 문제를 해결하고, 대중교통 수단을 확충하여 교통 체증을 해소할 수 있다.

* 채점 기준 *

상	지역의 공간 변화에 따른 문제점과 해결 방안을 각각 두 가지씩 정확히 서술한 경우
중	지역의 공간 변화에 따른 문제점과 해결 방안을 각각 한 가지 이상 정확히 서술한 경우
하	지역의 공간 변화에 따른 문제점과 해결 방안 중 한 가지만 정확히 서술한 경우

578

| 핵심 키워드 | 지역 문제, 해결 방안

(1) 공업 단지에서 배출되는 매연으로 인한 대기 오염 문제

(2) **예시 답안** 대기 오염 문제의 해결 방안으로 대기 오염 물질 단속 강화, 미래 세대를 고려하여 환경을 보호하는 방향으로 관련 법령을 정비하는 것 등을 들 수 있다.

* 채점 기준 *

상	대기 오염 문제의 해결 방안을 두 가지 모두 정확히 서술한 경우
하	대기 오염 문제의 해결 방안을 한 가지만 정확히 서술한 경우

STEP 4 기출 예상 **고난도 문제**   151쪽

579 ①	580 ③	581 ⑤	582 ②

579

| 문제 분석 |

다음은 지역 조사 과정을 나타낸 것이다. (가) 단계에서 수행하는 활동으로 적절하지 **않은** 것은?

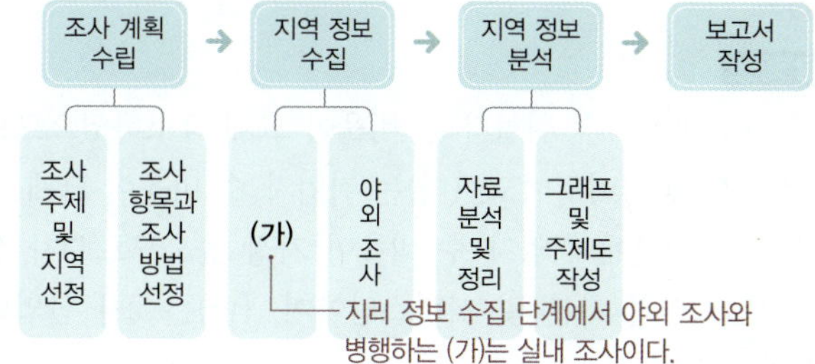

❶ 현장에서 주민을 면담한다. − 야외 조사

② 도서관에서 관련 문헌을 찾아본다. − 실내 조사

③ 인터넷을 이용하여 통계 자료를 찾아본다. − 실내 조사

④ 주민에게 배포할 설문 조사지를 제작한다. − 실내 조사

⑤ 현장에서 이동할 경로와 일정을 계획한다. − 실내 조사

정답 체크

(가)는 실내 조사 단계이다.

① 현장에서 주민 면담을 진행하는 것은 조사 대상 지역에 직접 방문해서 해야하는 활동이므로 야외 조사에 해당한다.

580

정답 체크

③ 총인구 정보는 인공위성 영상 촬영을 통해 수집하기는 어렵다.

581

정답 체크

⑤ 지역 공간 변화에 따른 문제점을 인식하고 해결 방안을 제시하는 활동은 지역 조사의 가장 마지막 단계인 결론 도출 및 보고서 작성 단계에 해당한다.

582

정답 체크

지역 문제의 해결 방안을 모색할 때는 지속가능성과 지역 공동체의 이익을 고려해야 하며, 민주적 토의를 통해 합리적인 해결 방안을 모색해야 한다

대단원 마무리 문제
152~154쪽

583 ②	**584** ④	**585** ①	**586** ②
587 ⑤	**588** ①	**589** ③	**590** ②
591 ①	**592** ②	**593** ④	**594** ③

583

정답 체크

(가)는 1970년 이후 취업자 수 비율이 크게 감소하였으므로 1차 산업인 농림어업이고, (다)는 취업자 수 비율이 크게 증가하여 2022년에 취업자 수 비율이 가장 높으므로 3차 산업인 사회 간접 자본 및 서비스업이며, (나)는 2차 산업인 광공업이다.

ㄱ. 농림어업은 1차 산업, 광공업은 2차 산업에 해당한다.

ㄹ. 대도시인 서울에는 광공업 취업자 수보다 3차 산업인 사회 간접 자본 및 서비스업 취업자 수가 많다.

바로 알기

ㄴ. 산업화가 진행되면서 1차 산업인 농림어업의 취업자 수 비율은 감소하였다.

ㄷ. 토지와 노동력은 농업의 가장 중요한 생산 요소이다.

584

정답 체크

ㄱ. 산업화와 도시화로 인해 다양한 산업들이 새롭게 생겨나게 되므로 직업의 종류도 다양해진다.

ㄴ. 산업화와 도시화로 인해 고층 건물이 들어섬에 따라 건물의 평균 층수가 높아진다.

ㄷ. 산업화와 도시화로 인해 산업 시설, 자동차 등이 많아지면서 대기 오염 물질 배출량이 많아지게 된다.

바로 알기

ㄹ. 산업화와 도시화가 진행되면 논, 밭 등의 경지에 건물과 공장이 들어서게 되므로 총 토지 면적 중 경지 면적의 비율이 낮아진다.

585

정답 체크

ㄱ. 그래프를 보면 도시 인구가 빠르게 증가하고 도시화율도 높아지고 있다.

ㄴ. 1970년의 도시화율은 50.2%로 50% 이상이므로 촌락 인구보다 도시 인구가 많다.

바로 알기

ㄷ. 그래프를 보면 이촌 향도 현상으로 인해 빠르게 도시화가 진행된 1960~1970년이 최근인 2010~2020년보다 도시화율의 증가 폭이 크게 나타난다.

ㄹ. 도시화율이 높을수록 총인구 중 촌락 인구가 차지하는 비율이 낮다. 1990년보다 도시화율이 높은 2022년에는 총인구 중 촌락 인구가 차지하는 비율이 낮다.

586

정답 체크

(가) 지역은 논밭이 넓게 펼쳐져 있고 건물의 높이가 낮으므로 촌락에 해당한다. (나) 지역은 포장된 지표의 비율이 높고 고층 건물이 많으므로 도시에 해당한다.

② 불투수 면적은 아스팔트, 콘크리트 등으로 포장되어 있어 빗물이 흡수되지 않는 지표 면적을 말한다. 포장된 지표 면적이 넓은 도시 지역이 촌락보다 불투수 면적의 비율이 높다.

587

정답 체크

⑤ 익명성의 확산, 공동체의 결속력 약화는 도시성 확산에 따른 문제점에 해당한다. 따라서 이러한 문제 해결을 위해 도시성 확산 정책을 실시하는 것은 적절하지 않다.

588

(나) 시기는 (가) 시기보다 교통이 발달하여 지역 간 물자 이동의 양이 많아지고 지역 간 접근성이 높아졌으며, 일상 생활의 공간적 범위가 넓어졌다.

589

③ 교통이 발달한 지역은 접근성이 향상되어 지역 간 교류가 활발해지고 경제 성장이 빨라지는 반면, 교통 조건이 불리한 지역은 접근성 저하로 발전이 뒤처져 지역 격차가 발생하게 된다.

590

② 새로운 기술을 통해 야생 동물 이동의 안전을 보장할 수 있고 야생 동물의 교통사고를 줄일 수 있다.

591

갑, 을. 정보 격차 문제를 해결하기 위해서는 정보 취약 계층에 대한 정보화 교육을 강화하고, 디지털 관련 서비스에 대한 정보 소외 계층의 접근성을 향상시켜야 한다.

병. 노동 시장 양극화 문제의 해결 방안이다.
정. 사이버 범죄 문제의 해결 방안이다.

592

1차 산업 혁명은 증기 기관 사용, 2차 산업 혁명은 전기 에너지를 이용한 대량 생산, 3차 산업 혁명은 컴퓨터와 인터넷 기반의 디지털 혁명, 4차 산업 혁명은 인공지능 기반의 지능화 및 초연결화를 특징으로 한다.

593

ㄴ. 지리 정보 시스템(GIS)은 각종 지리 정보를 데이터베이스화하고 컴퓨터를 통해 분석·가공하여 실생활에 다양하게 활용할 수 있도록 만든 시스템을 말한다. 위성 사진을 통해 얻은 지리 정보를 지리 정보 시스템(GIS)에서 활용할 수 있다.
ㄹ. 야외 조사에 사용할 설문 조사지 제작은 실내 조사 단계의 활동이다.

ㄱ. ⊙은 실내 조사, ⓒ은 야외 조사이다.
ㄷ. 야외 조사를 시행하기 전에 실내 조사 단계에서 설문 조사지 제작, 야외 조사의 경로와 일정 계획 등 야외 조사 시 필요한 사항을 준비해야 한다.

594

(가)는 조사 계획 수립 단계, (나)는 결론 도출 및 보고서 작성 단계, (다)는 지역 정보 분석 단계, (라)는 지역 정보 수집 단계에 해당한다. 따라서 지역 조사는 (가) – (라) – (다) – (나) 순으로 진행하여야 한다.

대단원 마무리 서답형 문제　　　155쪽

595

| 핵심 키워드 | 도시화, 포장된 지표 면적, 홍수 발생 가능성

(1) (가): 도시화 이후, (나): 도시화 이전
(2) **예시 답안** 도시화 이후인 (가) 시기는 도시화 이전인 (나) 시기보다 아스팔트, 콘크리트 등으로 포장된 지표 면적의 비율이 높아 강수 시 빠르게 하천의 최고 수위에 도달하게 되므로 홍수 발생 가능성이 더 높다.

* 채점 기준 *

상	도시화 이후 시기의 상대적 특징을 세 가지 제시어를 모두 사용하여 적절히 서술한 경우
중	도시화 이후 시기의 상대적 특징을 제시어 두 가지만 사용하여 적절히 서술한 경우
하	도시화 이후 시기의 상대적 특징을 제시어 한 가지만 사용하여 적절히 서술한 경우

596

| 핵심 키워드 | 산업화, 도시화, 용도별 토지 이용

예시 답안 (나) 시기는 (가) 시기보다 산업화와 도시화가 많이 진행되었으므로 1차 산업 취업자 수 비율이 낮고, 제한된 도시 내 공간을 효율적으로 활용하기 위해 토지 이용의 집약도가 높아졌으며, 인구 밀도가 높다.

* 채점 기준 *

상	도시화 이후 시기의 상대적 특징을 세 가지 제시어를 모두 사용하여 적절히 서술한 경우
중	도시화 이후 시기의 상대적 특징을 제시어 두 가지만 사용하여 적절히 서술한 경우
하	도시화 이후 시기의 상대적 특징을 제시어 한 가지만 사용하여 적절히 서술한 경우

정답 및 해설

597

| **핵심 키워드** | 교통수단 발달, 세계 무역량, 국경의 의미, 다국적 기업

예시 답안 (나) 시기에는 (가) 시기보다 교통수단 발달로 지역 간 접근성이 크게 향상되었으므로 세계 무역량이 늘어나고, 국경이 갖는 의미의 중요성이 낮아졌으며, 세계를 대상으로 기업 활동을 하는 다국적 기업의 수가 많아졌다.

★ 채점 기준 ★

상	교통수단 발달에 따른 변화를 세 가지 제시어를 모두 사용하여 적절히 서술한 경우
중	교통수단 발달에 따른 변화를 제시어 두 가지만 사용하여 적절히 서술한 경우
하	교통수단 발달에 따른 변화를 제시어 한 가지만 사용하여 적절히 서술한 경우

598

| **핵심 키워드** | 지역 조사 단계, 실내 조사, 야외 조사

(1) **예시 답안** 야외 조사를 진행하기 전 조사 경로와 절차를 정하지 않았고, 설문 조사 계획이 있었으나 설문지를 미리 작성하지 않았다.

★ 채점 기준 ★

상	학생들이 답사 현장에서 겪고 있는 어려움 두 가지를 모두 정확히 서술한 경우
하	학생들이 답사 현장에서 겪고 있는 어려움을 한 가지만 정확히 서술한 경우

(2) **예시 답안** 답사 경로와 절차를 정하는 활동과 설문 조사지를 제작하는 활동은 지역 조사 단계 중 실내 조사 단계에서 수행해야 하는 활동이다. 야외 조사 전에 실내 조사를 충실하게 시행하지 않았기 때문에 야외 조사 현장에서 어려움을 겪게 되었다고 볼 수 있다.

★ 채점 기준 ★

상	지역 조사 과정을 언급하며, 야외 조사를 수행하기 전 실내 조사가 미흡했다는 내용을 정확히 서술한 경우
하	실내 조사가 미흡했다고만 서술한 경우

1회 시험 대비 문제

156~159쪽

599 ④	**600** ③	**601** ⑤	**602** ①
603 ②	**604** ②	**605** ④	**606** ④
607 ③	**608** ②	**609** ③	**610** ②
611 ②	**612** ③		

주관식·서술형

613 ~ 614 해설 참조

599

정답 체크

제시문은 영국의 가옥 형태가 형성된 배경을 과거의 시대적 상황을 고려하여 분석한 것이므로 시간적 관점에서 설명한 것이다. ④ 시간적 관점은 과거의 발생한 사건이나 삶의 자취에 초점을 두고 당시의 시대적 상황과 역사적 사실을 현재와 연결 지어 의미를 부여하는 것이므로, 사회현상에 대해 과거의 경험을 기반으로 우리 사회가 나아가야 할 미래의 방향을 예측할 수 있도록 한다.

바로 알기

① 하나의 사회현상을 여러 관점에서 살펴보는 것은 통합적 관점이다.
② 인간과 사회, 자연이 상호 작용하는 방식을 파악하는 데 도움을 주는 것은 공간적 관점이다.
③ 인간의 행위를 도덕적 기준에서 탐색하고 바람직한 삶의 방향을 살펴보는 것은 윤리적 관점이다.
⑤ 개인의 행동과 의식 또는 사회현상이 사회 구조와 사회 제도의 영향을 받는 양상을 파악할 수 있는 것은 사회적 관점이다.

600

정답 체크

ㄴ. 공간적 관점(B)은 장소와 지역, 공간적 상호 작용에 초점을 둔 것이다.
ㄷ. 사회적 관점(C)은 사회 구조 및 제도의 영향력에 초점을 둔 것이다.

바로 알기

ㄱ. 시간적 관점(A)은 역사적 배경과 시대적 맥락에 초점을 둔 것이다. 해당 질문은 윤리적 관점과 관련된 내용이다.
ㄹ. 윤리적 관점(D)은 도덕적 가치와 규범을 고려한 것이다. 해당 질문은 시간적 관점과 관련된 내용이다.

601

정답 체크

장소와 공간적 상호 작용 등에 중점을 두고 인간과 세상을 이해하는 관점은 공간적 관점이다. ⑤ 저상 버스 노선 확대가 가능한 지역을 파악하는 활동이므로, 공간적 관점과 가장 관계 깊다.

바로 알기
①은 사회적 관점, ②는 윤리적 관점, ③은 사회적 관점, ④는 시간적 관점에 중점을 두고 탐구한 내용이다.

602

정답 체크
ㄱ. 노인 인구 비율이 증가하는 시대적 배경을 조사하는 것은 역사적 배경과 시대적 맥락에 초점을 두고 사회현상을 살펴보는 시간적 관점에서 탐구한 것이다.
ㄴ. 도시와 농촌의 노인 인구 비율을 비교하는 것은 장소와 지역 및 공간적 상호 작용에 중점을 두고 사회현상을 살펴보는 공간적 관점으로 탐구한 것이다.

바로 알기
ㄷ. 노인 인구 증가에 따른 노인 소외 등의 문제에 대응하는 바람직한 자세를 알아보는 것은 도덕적 가치와 윤리적 규범을 중심으로 인간을 이해하는 윤리적 관점에서 탐구한 것이다.
ㄹ. 노인 인구 증가에 대비하는 정부 정책을 파악하는 것은 사회 구조와 사회 제도를 중심으로 사회현상을 탐구하고 대안을 살펴보는 사회적 관점에서 탐구한 것이다.

603

정답 체크
② 제시문 속 내용을 주장한 사상은 유교 사상(공자)이다. 유교 사상에서는 부유하지 않더라도 배우고 익히는 데서 얻는 즐거움을 누리며 의롭게 살아야 한다고 주장하였다.

바로 알기
① 유교에서는 이상 사회로 대동 사회를 제시한다.
③ 유교에서는 하늘로부터 부여받은 선한 본성을 보존·함양해서 군자가 되고 인(仁)을 실천하는 것이 행복이라고 보았다.
④ 유교에서는 인간이 태어날 때부터 지니고 있는 선한 본성이 하늘로부터 왔다고 주장한다.
⑤ 유교에서는 인륜이 구현되는 대동 사회에서 행복해질 수 있다고 보았다.

604

정답 체크
② 아리스토텔레스는 행복에 도달하기 위해서는 특정 상황에서 올바른 판단과 행위를 선택하는 중용의 태도가 필요하다고 주장하였다. 그러나 이 중용은 산술적 중간을 선택하는 것이 아니라, 모자람과 지나침 사이의 적절함을 선택

하는 것이다.

605

정답 체크
④ 행복한 삶을 실현하기 위한 조건에는 ㄴ. 질 높은 정주 환경(인문환경, 자연환경)과 ㄹ. 도덕적 실천이 있다.

바로 알기
ㄱ. 행복한 삶을 실현하려면 민주주의가 실현되어야 하고, 이에 민주주의의 발전을 이루기 위해서는 권력 분립 제도를 확립하여 국가 권력이 남용되지 않도록 해야 한다.
ㄷ. 일반적으로 소득이 높아질수록 행복 지수가 비례하여 올라가는 경우가 많다. 그러나 행복이 경제적 요인에 의해서만 결정되는 것은 아니기 때문에 소득과 행복 지수가 항상 비례하지는 않는다.

606

정답 체크
(가)는 동남아시아에 위치한 인도네시아이다. 이 지역의 기후는 열대 우림 기후이다. (나)는 남아메리카 안데스 산지의 열대 고산 기후 지역이다. (가) 지역은 평균 기온이 높고 강수량이 많아 벼농사가 활발하다. 안데스 산지의 고산 지대보다 해발 고도는 낮다.

607

정답 체크
제시된 자료는 노르웨이의 빙하 지형을 나타낸 것이다. 피오르는 빙하 침식에 의해 형성된 좁고 깊은 만으로, 주로 한랭한 기후를 가진 고위도 지역에서 볼 수 있다. 빙하기 동안 산악 지역에 쌓인 빙하가 흘러내리면서 주변 지표를 강하게 침식하며 U자형 골짜기를 만들고, 이후 빙하기가 끝나고 기온이 상승하면서 빙하가 녹아 후퇴하면, 이 골짜기에 바닷물이 들어차면서 피오르가 만들어지게 된다. 노르웨이, 뉴질랜드, 칠레, 캐나다, 알래스카 등에서 피오르와 같은 빙하 지형을 볼 수 있다.

608

정답 체크
트로피 사냥은 동물을 트로피로 삼으려고 사냥하는 행위로, 주로 희귀하거나 멸종 위기종인 동물을 대상으로 하며, 이는 생물 다양성을 위협하고 생태계의 균형을 파괴하는 행위로 비판받고 있다. 이러한 트로피 사냥은 인간 중심주의가 반영된 사례로 볼 수 있다. 인간 중심주의는 인간을 자연보다 우월한 존재로 보고, 자연 개발이 인간 삶을 풍요롭게 하는 데 기여한다고 본다.

바로 알기

을, 정, 무는 생태 중심주의에 대한 설명이다.

609

정답 체크

(가)는 태평양 적도 부근에 위치한 섬나라, 키리바시이다. 지구 온난화에 따른 빙하 감소 등의 영향으로 평균 해수면이 상승함에 따라 이곳은 침수 피해가 심각하게 나타난다. 주거지, 농경지 등이 물에 잠겨 삶의 터전을 잃은 환경 난민이 늘어나고 있다. (나)는 브라질의 아마존 열대림 지역이다. 이곳은 세계에서 가장 큰 열대 우림으로, '지구의 허파'라고 불릴 만큼 탄소 흡수와 생물 다양성 유지에 중요한 역할을 한다. 그러나 벌목, 농지 개발, 광산 채굴, 가축 사육 등 인간의 활동으로 빠르게 훼손되고 있다. 이러한 파괴는 기후변화, 동식물 서식지 감소, 토양 침식 등을 초래하며 지구 생태계에 심각한 영향을 미친다.

610

정답 체크

제시된 퀴즈의 정답은 1) 자연재해, 2) 간헐천, 3) 지구 온난화이다. 따라서 글자판에 남은 글자는 '산성비'이다. 산성비는 공장, 발전소, 자동차 등에서 배출된 황산화물과 질소 산화물이 대기 중에서 물, 산소와 결합하여 산성 물질로 변한 뒤, 비, 눈, 안개 형태로 지표에 내리는 현상이다. 산성비는 토양과 수질의 산성화를 초래하여 식물 생장에 악영향을 미치고, 호수와 하천에 내려 물고기와 수생 생물의 서식 환경을 파괴한다. 또한, 건축물과 문화재의 부식을 가속화하며, 사람의 경우 호흡기 질환을 일으킬 수 있다.

611

정답 체크

엘니뇨 현상은 태평양의 무역풍이 약해지면서 동태평양(남아메리카 해안) 해수면 온도가 비정상적으로 상승하는 현상이다. 원인은 대기와 해양의 상호 작용으로, 무역풍이 약화되거나 역전되면서 따뜻한 해수가 동태평양으로 몰리기 때문이다. 이 과정에서 서태평양(인도네시아, 오스트레일리아)은 상대적으로 해수면 온도가 낮아지고 강수량이 줄어 가뭄이 심해질 수 있고, 강수 부족으로 농업 생산량 감소, 산불 증가와 같은 문제가 발생할 수 있다. 동태평양에서는 해수 온도 상승으로 어류 감소와 어업 피해가 발생하고, 폭우와 홍수 등 극단적인 기상 현상이 나타날 수 있다.

612

정답 체크

시민사회는 다양한 활동과 노력을 통해 지속가능한 미래를 위한 중요한 역할을 하고 있다. 시민사회 단체(NGO)와 환경 운동가들은 환경 보호를 위한 캠페인, 정책 제안, 대중 교육을 통해 환경 문제에 대한 인식을 높이고 행동을 촉구한다. 또한, 정부와 기업이 책임감 있는 환경 정책과 지속가능한 경영을 채택하도록 견제한다.

주관식·서술형

613

| 핵심 키워드 | 행복의 의미, 행복의 기준

(1) 행복

(2) **예시 답안** 헬레니즘 시대에는 지속적인 전쟁으로 혼란스러웠기 때문에 고통 없이 마음의 평온함을 누리는 것이 행복의 기준이었다. 또한 마실 물이 부족한 지역에 사는 사람들은 깨끗한 물을 구하는 것을 행복의 기준으로 삼았다.

★ 채점 기준 ★

상	시대적 상황과 지역적 여건에 따라 다른 행복의 기준 사례를 정확하게 서술한 경우
하	시대적 상황과 지역적 여건에 따라 다른 행복의 기준 사례 중 한 가지 사례만 서술한 경우

614

| 핵심 키워드 | 생태시민

(1) 생태시민

(2) **예시 답안** 자전거나 대중교통 자주 이용하기, 쓰레기 분리배출 생활화하기, 사용하지 않는 전자제품 전원 끄기, 일회용품 사용 줄이기 등

★ 채점 기준 ★

상	생태시민으로서 일상생활에서 실천할 수 있는 행동을 두 가지 이상 서술한 경우
중	생태시민으로서 일상생활에서 실천할 수 있는 행동을 한 가지만 서술한 경우
하	'생태시민'만 언급한 경우

2회 시험 대비 문제

615 ④	**616** ⑤	**617** ②	**618** ④
619 ③	**620** ⑤	**621** ④	**622** ⑤
623 ③	**624** ⑤	**625** ①	**626** ①
627 ①			

주관식·서술형

628 ~ 630 해설 참조

615

정답 체크

제시된 화폐는 요르단에서 사용한다. 요르단은 건조 문화권에 속하며, ④ 건조 문화권은 강수량이 적어 주민들은 지하수나 외래 하천을 활용하여 대추야자나 밀 등을 재배하는 오아시스 농업에 종사하기도 한다.

바로 알기

① 계절풍의 영향을 많이 받아 벼농사가 발달한 동양 문화권이다.
② 전통적으로 순록을 유목하거나 사냥을 하면서 생활하는 곳은 북극 문화권이다.
③ 부족 단위의 공동체 생활을 하는 곳이 많아 언어와 종교가 다양한 곳은 아프리카 문화권이다.
⑤ 세계 경제의 중심지 역할을 하며, 세계적인 농산물 수출 지역인 곳은 앵글로아메리카 문화권이다.

616

정답 체크

제시된 특징을 가진 지역은 라틴 아메리카 문화권이다. 과거 남부 유럽의 식민 지배를 받아 주로 에스파냐어와 포르투갈어를 사용하고 가톨릭교를 믿는다.

바로 알기

지도에서 A는 건조 문화권, B는 아프리카 문화권, C는 동양 문화권, D는 오세아니아 문화권, E는 라틴 아메리카 문화권이다.

617

정답 체크

ㄱ. 갑국에서는 갑국의 ●●주택과 병국의 ◇◇주택이 함께 존재했으므로 문화 병존이 나타났다. ㄷ. 을국에서는 을국 고유 주택인 ◆◆주택과 병국의 ◇◇주택이 결합하여 새로운 ◈◈주택이라는 문화 요소가 만들어졌다.

바로 알기

ㄴ. 을국에서는 문화 융합이 나타났으므로 자문화의 정체성이 유지되었다.

ㄹ. 갑국에서는 병국의 건축업자들이 들어와서 병국의 ◇◇주택이 전파되었으므로 직접 전파에 의한 문화 변동이 나타났다. 을국에서는 드라마를 통해 병국의 ◇◇주택이 소개되어 전파되었으므로 간접 전파에 의한 문화 변동이 나타났다.

618

정답 체크

④ 한국 방문을 홍보하면서 한복의 문양을 입힌 서체 디자인과 전통문화인 갓을 사용하여 전통과 현대가 조화롭게 공존하는 모습을 나타냈다. 이를 통해 전통문화를 현대적인 감각에 맞게 재구성하는 것이 전통문화의 창조적 계승 방안임을 파악할 수 있다.

619

정답 체크

③ 제시문에서는 다른 사회의 문화를 존중하려는 입장을 가지는 것이 중요하지만, 그 문화가 도덕적으로 정당한지를 비판적으로 살펴보는 자세도 필요하다고 주장한다. 즉, 인간의 존엄성과 같은 보편적인 윤리 기준으로 문화를 성찰해야 함을 강조하고 있다.

620

정답 체크

⑤ 갑국의 다문화 정책은 동화주의, 을국의 다문화 정책은 다문화주의이다. 따라서 여러 문화를 합쳐 하나의 문화를 만드는 것은 동화주의에 해당하는 설명이다.

바로 알기

① 갑국 정책은 이민자 문화를 열등한 것으로 보고 주류문화에 따르도록 하고 있으므로 이질적 문화 간의 위계를 인정하고 있다.
② 을국 정책은 이민자 문화를 인정하고 있으므로 각 문화의 정체성과 가치를 존중하고 있다.
③ 갑국 정책은 이민자의 문화를 인정하지 않으므로 이민자의 문화 정체성을 훼손할 우려가 있다.
④ 을국 정책은 이민자 문화를 인정하므로 문화 간 차이를 인정하는 관용의 자세를 중시한다.

621

정답 체크

우리나라는 1960년에 산업화와 도시화가 진행되기 시작하였으며 이후 1차 산업 종사자 비율은 낮아진 반면 3차 산업 종사자 비율은 높아졌다. 따라서 2022년에 비율이 가장 높은 (가)는 3차 산업에 해당하는 사회 간접 자본 및 기타 서비스업이고, 비율이 가장 낮은 (다)는 1차 산업에 해당하는 농림어업이며, 나머지 (나)는 2차 산업에 해당하는 광공업이다.
④ 우리나라는 1970년에 도시화율이 50%를 넘으므로 촌락 인구보다 도시 인구가 많다.

바로 알기

① 산업화가 진행되면서 산업 구조가 고도화되면 3차 산업 종사자 수 비율은 높아지게 된다.
② (가)는 사회 간접 자본 및 기타 서비스이므로 3차 산업에 해당하고, (나)는 광공업이므로 2차 산업에 해당한다.
③ 농림어업 중심의 산업 구조가 나타나는 촌락은 1차 산업 종사자 수보다 3차 산업 종사자 수가 적다.
⑤ 우리나라의 도시화율 변화를 나타낸 그래프를 보면 우리나라는 이촌향도 현상이 나타나 도시 인구가 급격히 증가한 1970~1980년보다 2010~2020년의 도시화율 증가 폭이 작다.

622

정답 체크

⑤ 도시화가 진행되면서 고층 건물과 아파트 등이 빼곡히 건설되어 토지 이용의 집약도가 증가한다.

바로 알기

① 우리나라에서 산업화는 1960년대에 시작되었다.
② 산업 구조의 고도화는 1차 산업의 비율이 감소하고 2, 3차 산업 중심의 산업 구조로 변화하는 현상을 말한다.
③ ⓒ에 들어갈 알맞은 말은 '이촌향도'이다.
④ 도시에 거주하는 인구 비율은 도시화율에 해당한다. 도시화율은 선진국보다 개발도상국에서 낮게 나타난다.

623

정답 체크

(가) 시기는 (나) 시기보다 임야 면적과 논밭 면적이 좁은 반면 건물을 지을 수 있는 땅인 대지 면적이 넓고 도로 면적이 넓다. 따라서 (가) 시기는 도시화가 많이 진행된 2023년이고, (나) 시기는 1980년이다.
ㄴ. (가) 2023년은 (나) 1980년보다 핵가족화가 많이 진행되었고 1인 가구의 비율이 높으므로 가구당 구성원 수가 적다.
ㄷ. 우리나라는 1960년대 이후 꾸준히 도시화가 진행되었으므로, (나) 1980년은 (가) 2023년보다 도시화율이 낮다.

바로 알기

ㄱ. 경지율은 총면적에서 경지 면적이 차지하는 비율을 말한다. 도시화가 많이 진행된 2023년에는 많은 논, 밭 등이 대지, 도로 등으로 용도가 변경되었다. 따라서 (가) 2023년은 (나) 1980년보다 경지율이 낮다.

ㄹ. (나) 1980년은 산업화와 도시화가 많이 진행된 (가) 2023년보다 3차 산업 종사자의 비율이 낮다.

624

정답 체크

ㄷ, ㄹ. 브라질 리우데자네이루의 도시 문제를 해결하려면 도시 재생 사업을 통해 노후 불량 주택을 개량하고 도시 기반 시설을 확충하여 생활환경을 개선해야 한다.

625

정답 체크

(가) 시기에 비해 (나) 시기에 교통이 발달하면서 접근성이 향상되고 생활공간과 경제활동의 범위가 확대되었다. 따라서 (가) 시기보다 (나) 시기에는 지역 간 교류가 활발하고 교류의 범위가 넓어 전염병의 확산 속도가 빠르다. 또한 국경이 갖는 의미의 중요성이 낮으며, 경제활동의 범위가 넓어지면서 다국적 기업이 증가하여 다국적 기업의 수도 많다.

626

정답 체크

(가)는 야외 조사, (나) 자료 분석 및 정리 단계이다. 야외 조사에서는 조사 현장을 답사하고, 면담 조사를 실시할 수 있다. 자료 분석 및 정리 단계에서는 수집한 자료를 분석하여 도표나 지도 등으로 정리하고 결론을 도출한다.

바로 알기

ㄷ. 설문지를 제작하고, ㄹ. 답사 일정과 이동 경로, 방문 기관을 정하는 것은 실내 조사 단계에서 수행하는 활동에 해당한다.

627

정답 체크

제4차 산업 혁명은 사물 인터넷이나 인공지능, 빅 데이터 등을 이용한 지능정보화사회를 의미한다. 이러한 변화에 따라 사람들의 생활공간과 생활양식이 변화하는데, 특히 노동 시장의 양극화가 심해질 수 있다. 이에 대한 대책으로는 미래의 유망 직업이나 기술 예측 및 필요한 노동력 양성, 기존 노동력의 재취업을 위한 직업 훈련 지원, 노동 시장 변화에 대응한 사회 보장 시스템 개편, 미래 사회에 필요한 역량을 갖춘 창의적 인재 육성 등이 있다.
① ㉠에 들어갈 말은 '감소', ㉡에 들어갈 말은 '증가'이다.

628

| 핵심 키워드 | 문화 전파

(1) (가) 직접 전파, (나) 간접 전파, (다) 자극 전파

(2) **예시 답안** 자극 전파는 서로 다른 문화 체계 간에 문화 요소와 관련된 추상적인 개념이나 아이디어가 전파되어 새로운 문화 요소를 만들어 내는 현상을 말한다. 자극 전파의 대표적인 예로 문자가 없던 아메리카 원주민인 체로키족이 백인에게서 전파된 알파벳에 자극받아 새로운 체로키 문자를 만든 것이 있다.

★ 채점 기준 ★

상	자극 전파의 의미와 사례를 모두 정확하게 서술한 경우
중	자극 전파의 의미와 사례 중 한 가지만 정확하게 서술한 경우
하	자극 전파의 의미와 사례를 모두 미흡하게 서술한 경우

629

| 핵심 키워드 | 문화 이해 태도

(1) 자문화 중심주의

(2) **예시 답안** 자문화 중심주의는 자기 문화만이 우월하다고 보기 때문에 다른 문화와의 갈등을 초래할 수 있으며, 국수주의로 이어져 자기 문화의 발전 가능성을 저해할 수 있다.

★ 채점 기준 ★

상	제시된 사례의 문제점을 자문화 중심주의와 연결지어 정확하게 서술한 경우
중	제시된 사례의 문제점을 자문화 중심주의와 연결짓지 않았으나 비교적 정확하게 서술한 경우
하	제시된 사례의 문제점을 자문화 중심주의와 연결짓지 않고 미흡하게 서술한 경우

630

| 핵심 키워드 | 정보 격차, 정보화 교육

(1) 정보 격차

(2) **예시 답안** 계층 간 정보 격차를 해결하기 위해 정부는 디지털 소외 계층이 관련 서비스에 쉽게 접근하고 이용할 수 있는 기술을 개발하고 관련 제품을 제공해야 하며, 정보 격차 해소를 위해 취약 계층 대상의 정보화 교육을 강화해야 한다.

★ 채점 기준 ★

상	정보 격차의 해결 방안 두 가지를 모두 정확하게 서술한 경우
하	정보 격차의 해결 방안을 한 가지만 정확하게 서술한 경우

올쏘 기출ALL

하이탑의 새로운 내신서! 내신 탑티어

과학 1등급으로 티어 오른다

HIGH TOP

1등급으로 티어 오르는
내신 탑티어
중학교
과학

중학교
1~3학년 1·2학기

HIGH TOP

22개정 NEW

1등급으로 티어 오르는
내신 탑티어
고등학교
통합과학 1

고등학교
통합과학 1·2

01 한 권으로
내신 완벽 대비

02 유형별, 난이도별
풍부한 문제 수록

03 개념, 탐구, 고난도
문제 풀이 영상 제공

동아출판